KB260838

현대 미국의 사회운동

현대 미국의 사회운동

김덕호 · 김연진 / 엮음

比峰出版社

우리 편저자들은 원래 미국의 사회사라는 큰 주제를 놓고 소 주제 별로 각각의 논문을 만들 의도를 갖고 있었으나, 그것이 하나의 주제로 묶기에는 너무 광범위하다는 생각에 이르러, 차라리 주제를 좁혀 사회운동에 초점을 맞추기로 하였다. 미국 역사에 있어 사회운동은 기존의 사회를 변화시키기 위한 사회개혁의 견인차 역할을 해왔거나, 혹은 종종 기존의 가치를 지키기 위한 보수지향적 반개혁의 아성 노릇을 해왔다. 그러므로, 사회운동을 통해 미국의 사회적 변화와 사회상을 살펴본다는 것은 나름대로 적절성을 가지고 있다고 할 수 있다.

우리의 시각으로 볼 때, 사회운동의 매력은 무엇보다도 실천에 있다. 즉, 역사를 바꾸어 나가는 적극적인 동인으로서의 사회운동은 특정 사회 구성원의 특정한 목표에 대한 실천 영역이다. 사회운동은 이론이 아니라 실천이며, 지배 엘리트가 앞장서는 '위로부터의 운동'이 아니라, 차라리 '밑으로부터의 운동'이다. 그리하여 우리는 행동과 실천 영역으로서의 사회운동이라는 역사적으로 흥미로운 주제를 다루고 싶었다.

시기는 1945년 이후부터 현재까지로 정하여, 미국의 사회운동을 분석, 평가하는 것을 목표로 하였다. 우리는 이 시기의 사회운동을 전통적 사회운동과 새로운 사회운동으로 구분하여, 1부와 2부에서 각각 다루었다. 그러나 주된 초점은 '신사회 운동(new social movement)'이 일어났던 1960년대와 1970년대에 맞추었다. 우리는 사회운동을 사회적 변화의 필요성을 인식하고 새로운 사회를 이룩하려는 목적을 가진 이들에 의한 조직의 구성과 활동, 운동의 내적 움직임, 그리고 사회적·정치적 환경과의 상호작용 속에서 변화를 거듭해 가는 동적인 것으로 보았다. 나아가, 당시의 상황 또는 당대의 성패만이 아니라 후대의 변화 속에서 이들 운동의 유산 또한 살펴보고, 이들 운동에 대한 평가를 시도하였다.

각각의 운동을 서술하는 데 있어, 우선적으로 서론에서는 1945년 이전의 사회운동의 역사를 간략하게 개관하여 이전의 사회개혁 운동과 우리가 다룬 특정한 사회운동과는 어떠한 연관성이 있는지 논하였다. 본론으로 들어가서, 각 운동의 성격 규명을 시도하였다. 우리는 특정의 사회운동이 어떠한 역사적 배경과 동기 속에서 등장하게 되었는지를 먼저 살펴보았다. 즉, 원인(distant causes)과 근인(immediate causes)으로 나누어, 원인으로는 사회운동의 밑바닥에 흐르는 미국사회의 구조적 요인들을 찾아내었으며, 근인으로는 어떤 인물, 사상, 사건들이 특정 사회운동에 어떻게 영향을 미치게 되었는가를 설명하였다. 그리하여 우리는 특정 사회운동에서 누가 지도자 혹은 중심 인물이었으며, 추종자 집단 및 후원자들은 누구였으며, 이들이 어떻게 조직을 형성하게 되었는지, 나아가 그러한 조직이 어떠한 전략과 전술 하에 기존의 미국사회를 변화시키고자 했는지, 어떠한 목표와 범위를 가지고 있었는지도 분석하였다.

마지막으로, 평가 분야에서는 우리가 다루게 될 각각의 사회운동이 이후 미국 사회에 어떠한 영향을 미쳤는가를 다루어 보았다. 특정 운동의 현 상태 및 1980년대 이후 오늘날까지 미국사회 전반 — 예를 들어, 정치, 경제, 법, 정당, 교육, 대중매체 등의 분야 — 에 어떻게 그 운동이 반영되었으며, 1960년대와 70년대에 태어난 세대들에게는 어떠한 형태의 유산을 남겼는가를 분석하고 평가하였다.

우리들은 큰 포부를 가지고 현대 미국의 사회운동이라는 주제에 접근하여 가능한 한 다양한 운동들을 다루어보고 싶었었다. 그러나, 세상일이 그러하듯이 우리들 뜻대로만 되지는 않았다. 예를 들어, 요즘 들어 우리 사회에서도 본격적으로 문제가 되고 있는 동성애와 관련된 미국의 동성애 운동을 원래는 다룰 예정이었으나, 유감스럽게도 그렇게 하지를 못했다. 그리하여 결과적으로는 처음의 기대에 못 미치는 상황에 이르게 되었다. 각자 바쁜 일정을 가진 필자들의 사정이 있었을 뿐 아니라, 특정 주제에 대한 적절한 필자를 찾기가 생각보다 쉬운 일이 아니었기 때문이다. 우리들의 역할 또한 그리 수월한 것이 아님도 깨닫게 되었다. 우리들은 이 연구서가 나름대로의 일관성과 통일성을 갖게 하도록 노력을 기울이기는 했으나, 이 책을 내게 되는 시점에 와서는 모든 것이 아쉬울 따름이다. 그러나, 우리들이 알고 있기로는, 한국에서는 물론이거니와 미국에서조차도 현대 미국의 다양한 사회운동에 대한 총체적, 역사적 연구가 없기 때문에, 이 연구서가 조금이나마 중요한 의미를 가지지 않을까 위안을 삼아본다. 혹시 이 책이 상업성을 갖게 되어 언젠가 다시 한번 새로운 판을 찍어낼 기회가 온다면, 보다 확충되고 심화된 내용을 담고 싶은 것이 우리들의 희망사항이다.

끝으로, 우리들의 개인적 사정 때문에 책 만드는 작업을 서둘렀음에도 불구하고 묵묵히 최선을 다해 주신 비봉출판사의 박기봉 사장님 이하 편집부 여러분들에게 감사의 뜻을 표하고 싶다. 또한 여러모로 도움을 주신 이주영 선생님께도 감사드린다.

2001년 1월 초

김덕호 · 김연진

차 례 ◆◆◆◆◆◆◆

제2장 반공운동 (안윤모)

제3장 신좌파운동 (김봉중)

제5장 극우파운동: 백인민병대 (이주영)

◇ 제2부 현대 미국의 신사회 운동

제1장 민권운동 (이신행)

제2장 대항문화 (조지형)

제3장 소수인종운동 (김연진)

제4장 여성운동 (이창신)

제5장 소비자운동 (김철규)

제6장 환경운동 (김덕호)

현대 미국의 사회운동을 어떻게 볼 것인가

I. 머리말

오늘날 우리는 '세계화'와 '정보화'로 상징되는 거대한 변화의 흐름 속에 살고 있다. 이같은 변화의 흐름 속에서 한국사회에도 '새로운 사회운동'이 등장하여 우리의 의식과 행동양식에 상당한 영향을 미치고 있다. 지난 1999년 총선거를 통해 분출된 시민 주도의 낙선운동뿐 아니라 여성운동, 환경운동, 소비자운동 등 새로운 사회운동이 등장하여 전방위적인 사회운동의 물결이 일고 있다. 새로운 사회운동은 직업적 사회변혁 운동가들에 의해 주도되어 왔던 사회운동과는 다른 형태로, 사회 구성원의 적극적 참여와 연대를 바탕으로 기존의 사회운동의 관심 영역 밖에 있던 다양한 사회, 경제적 문제를 이슈화하며, 이를 시민적 관심의 영역으로 끌어들였다. 즉, 새로운 사회운동은 기존의 전통적 사회운동과는 달리 운동주체를 계급을 탈피한 시민으로 설정하고, 폭넓은 참여와 지지를 기반으로 하는 범참여적, 범시민적 형태의 운동을 전개하고 있다고 할 수 있다. 또한 시민운동으로서의 새로운 사회운동은 한국사회의 변화에 중요한 한 축을 담당하고 있다고 볼·수 있다.

물론 이전에도 한국사회는 '운동사회'라고 불릴 수 있을 정도로 민주화 운동이라는 우산 하에 노동운동, 농민운동, 그리고 학생운동 등이 지속되어 왔다. 이러한 기존의 운동들은 계급적 기반을 노동자, 농민, 빈민에 둔 민중지향적, 변혁지향적 운동들이었다. 그러나 1987년의 '민주화 항쟁'을 분기점으로 1990년대 초반부터 변혁지향적, 이념지향적 민중운동을 중심으로 한 기존의 운동과는 달리 개인의 생활세계, 인간적인 삶의 문제, 시민적 권리의 문제 등 탈계급적, 일상의 삶의 문제와 결부된 '생활정치'적 특징을 갖는 운동이 등장한 것이다. 즉, 새로운 사회운동은 물질적 보상이나 분배의 문제가 아니라 위협받고 있는 생활양식을 방어하기 위해, 조작과 통제, 관료제와 규율 등으로 특징되는 조직화된 자본주의 사회에서 자율성과 정체성을 확보하려는 운동이라 볼 수 있다. 이와 같은 운동은 우리 사회가 당면한 문제들을 광범위한 시민적 동참, 즉 참여적 풀뿌리민주주의를 통해 제도정치에 대한 직접적인 도전으로 풀어나가려 하고 있다.

한국사회가 이같이 '운동사회'였고, 또 현재에도 운동이 진행되고 있는 사회임에도 불구하고 우리의 사회운동에 대한 연구는 아직 미미하다고 할 수 있다. 또한 앞서 이러한 운동들을 경험한 미국과 유럽의 운동에 대한 연구도 부족하다고 해도 과언이 아니다. 그같은 연구가 있다고 해도 지나친 이론적 접근과 이론적 논의에 그침으로써 실제 구미의 사회운동이 어떤 배경에서 일어났으며, 어떠한 가치관과 어떤 전략을 통해, 또 어떻게 대중성을 띤 운동으로 성장할 수 있었는가, 그리고 어떠한 성과를 가져왔는가에 대한 이해는 매우 부족하다고 할 수 있다. 이러한 점에서 미국의 사회운동, 특히 1960년대 이래의 새로운 사회운동에 대한 역사적 연구가 우리 사회에서도 시의성을 가질 수 있다고 본다.

1960년대 이후 미국사회에서도 바로 우리가 경험하고 있는 여러 사회운동이 분출하였다. 기존의 노동운동, 좌파나 우파의 계급 중심적, 이 넘지향적 운동뿐 아니라 이를 넘어서 민권운동, 소수인종운동 등 미국적 특수성에 기인한 운동과 여성운동, 환경운동, 대항문화운동, 소비자운동 등 선진자본주의, 탈산업주의, 그리고 대의제 민주주의의 보편적 문제에 기반을 둔 운동 등이 등장하여 현대 미국사회를 구성하는 다양한 구성원들이 직접 행동을 통해 자신들의 목소리를 내면서 미국의 변화를 이끌어 왔다. 물론 미국이라는 공간은 우리의 상황과 매우 다르다고 할 수 있다. 그러나, 그같은 다른 점에도 불구하고 미국의 운동들은 정치, 사회, 문화적으로 현대사회의 여러 쟁점들이 서로 공존하며 현대 사회운동의 다양성을 보여주었던 표본이라고 할 수 있을 것이다. 그러므로 우리는 미국 현대 사회운동에 대한 연구를 통해 오늘날 우리 사회의 운동에 대한 인식을 새로이 하며, 이들의 공과를 평가함으로써 한국의 사회운동 또한 재조명할 수 있는 기회를 제공할 수 있을 것으로 기대해 본다.

Ⅱ. 사회운동이란 무엇인가

1. 사회운동의 정의

사회운동은 "사회 혹은 집단 내에서 변화를 추진하거나 변화에 저항하기 위한 집단적 시도"[1]라 정의되기도 하며, "몇몇 사회제도들에 변화를 가져오거나 전혀 새로운 질서를 만들기 위한 여러 종류의 집단적 시도"라고 이해되기도 한다.[2]

---

1) Robert Benford, "Social Movements", in *Encyclopedia of Sociology*, Edgar F. Borgatta and Marie L. Borgatta, eds.(New York: Macmillan Publishing Company, 1992), v. 4, p. 1880.
2) Rudolf Heberle, "Social Movement" in *International Encyclopedia of the Social Sciences,* David L. Sills, ed.(New York: Macmillan Company and Free Press,

또한 독일의 사회학자 요아힘 라쉬케(Joachim Raschke)는 사회운동에 참여한 사람들을 "보다 근본적인 사회변화를 유발하거나 저지 또는 철회시킬 것을 목적으로 하여 동원된 집합적 행위자들"[3]로 파악하고 있다. 한마디로, 사회운동은 사회를 변화시키고자 일어선 일군의 사람들의 공식적, 비공식적 집단행동을 포함하는 실천영역의 사회적 행위이다.

그렇다면 언제 어떠한 상황하에서 사회운동은 발생하는 것일까? 왜 사람들은 하나의 사회운동을 조직하거나, 참여하거나, 저항이 필요한 경우 자신의 희생까지도 각오하는 것일까? 왜 사람들은 '집단의식(group consciousness)'으로 무장하여 사회운동에 참여하게 되는 것일까? 사회운동의 발생 원인에 대한 기존의 이론은 대체적으로 다음과 같이 정리할 수 있다. 첫째, 불만 모델 혹은 '상대적 박탈(relative deprivation)' 이론이다. 이 이론은 사회에서 상대적으로 자신들의 몫이 정당하지 못하다고 느낀 사람들의 집단적 행동으로 이해한다. 그러나 사회운동의 주 참여자가 역사적으로 피해를 본 사람들이기보다는 중간계급 사람들이라는 점에서 이 이론은 인기를 잃고 있다.

둘째는, 자기 이해에 입각한 '합리적 선택' 이론이다. 이 이론은 무엇보다도 어떤 개인이 사회운동에 참여하는 것은 자기 이익을 충족시키기 위해서라고 보고 있다. 참여해서 얻는 이득이 참여하지 않음으로써 받는 불이익보다 클 때 사람들은 사회운동에 참여하게 된다는 것이다. 그러나 '공공선(public goods)'의 경우, 사람들은 자신의 사적인 이익과는 관계없이, 나아가 자신을 희생하면서까지 행동하는 것이다.

셋째는, '자원동원(resource mobilization)' 모델이다. 이 시각은

1968), v. 14, pp. 438 - 439.

3) Joachim Raschke, Soziale Bewegungen(1985), 막스 카아즈, "사회운동과 정치개혁", 러셀 달턴 · 만프레드 퀴흘러 엮음, 「새로운 사회운동의 도전」(한울, 1996), p. 124에서 재인용.

사회운동이 성장하는 데 무엇보다도 조직의 힘이 좌지우지한다고 본다. 이 모델은 특히 미국의 사회운동을 설명할 때 많이 사용되고 있다.

그런데 이 모델의 문제는 이념의 '비정치성' 때문에 특정한 사회운동이 왜 나타나게 되었는지에 대해서 설명할 수 없을 뿐만 아니라 관심도 별로 기울이지 않는다는 것이다. 기존의 이론들이 각각의 결함을 가지고 있다고 볼 때, 어떤 상황에서 사회운동이 발생하는가의 문제는 사례별 실증적 연구가 충분히 이루어져 어느 정도의 일반화가 가능할 때 비로소 이론화가 가능해지는 것이 아닐까? 이같은 점에서 우리의 연구는 그에 대한 기반을 마련해줄 수 있으리라 기대한다.

2. 구사회 운동과 신사회 운동

사회운동은 일반적으로 크게 두 부류로 나뉘어 이해되고 있다. 전통적 의미의 구사회 운동과 이와는 성격을 달리한다고 생각되는 신사회 운동이 그것이다. 신사회 운동은 일반적으로, 미국의 경우를 예로 보면, 1960년대 이후의 사회운동을 지칭한다. 그러나 하나의 특성으로 언급하기에는 다양한 색깔을 지니고 있다. 그럼에도 불구하고 신사회 운동은 구사회 운동과 분명 다른 성격을 갖고 있다. 무엇보다도 신사회 운동은 근대화와 산업사회가 가져온 부정적 결과들에 저항하고 도전했다. 즉, 구사회 운동과 신사회 운동의 차이는 산업사회와 탈산업사회의 패러다임에 있다고 볼 수 있다. 구사회 운동이 산업사회의 문제에 저항하고 개혁을 요구한 것이라면, 신사회 운동은 탈산업사회의 문제에 직면하여 이의 수정을 요구한 것이라고 볼 수 있다. 즉, 이들 운동들은 각기 다른 새로운 사회, 문화적 패러다임을 제창하려 한다는 것이다. 구사회 운동이 그 계급적 토대를 강조한다면, 신사회 운동은 탈계급적이다. 구사회 운동이 이념지향적이라면, 신사회 운동은 탈이념적이라고 할 수 있다.

위르겐 하버마스(Jurgen Habermas)는 후기자본주의 시대의 '정당성 위기'에서 신사회 운동의 가능성을 찾고 있으며, 나아가 신사회 운동을 "'생활세계(Lebenswelt)'의 '내부 식민지화'의 과정에 대한 방어적 저항과 동일시"하고 있다.[4] 그러나 로날드 잉글하트(Ronald Inglehart)는 구사회 운동과 신사회 운동은 무엇보다도 가치관의 차이로, 다름 아닌 물질주의와 탈물질주의(postmaterialsim)로 구분이 가능하다고 주장하였다. 즉, 잉글하트는 신사회 운동의 참여와 탈 물질주의적 가치는 상당히 밀접한 상관관계가 있음을 확인했다. 그의 연구에 따르면, 탈물질주의적 가치를 지닌 사람들이 물질주의적 가치를 지닌 사람들보다 신사회 운동에 참여할 가능성이 3배 혹은 4~5 배나 된다는 것이다. 따라서 물질주의 · 탈물질주의라는 범주는 신사회 운동과 기존의 사회운동을 구별하는 데 중요한 척도를 제공한다고 볼 수 있다.[5]

그러나 이러한 구분을 무의미한 것으로 보는 시각이 존재하는 것도 사실이다. 즉, 신 · 구 사회운동의 구분은 사실상 큰 의미가 없다고 보는 것이다. 심지어 '새로운'이라는 형용사가 사회과학에서 남용되고 있다고 보는 견해도 있다. 하인츠 오일라우(Heinz Eulau)는 학계에서 "'새로운'이라는 단어만큼 우리를 현혹시키는 것은 없다. 하지만 '새로운'이라는 단어가 우리에게 실제로 말해주는 것은 새로운 접근방식에 의해 포착된 새로운 현상이 그리 새롭지 않다는 것이며, 결국은 새로운 접근방식이라는 것도 사물을 보고 다루는 '종래의' 방식의 재생에 불과하다"고 주장한다.[6] 오일라우적 관점을 갖는다면, 당연히 신사회 운동이라는 것도 본질적으로 구사회 운동과 별 차이가 나지 않을 것이다.

신 · 구 사회운동이 연속적인 것인지 혹은 불연속적인 것인지는 학자

---

4) 앨런 스콧트, 「이데올로기와 신사회 운동」(한울, 1995), pp. 87, 90.
5) 잉글하트, "새로운 사회운동의 가치, 이데올로기, 그리고 인지적 동원", 「새로운 사회운동의 도전」, pp. 78 – 81, 84~86.
6) Eulau, ed., Crossroads of Social Science (1989), 막스 카아즈, "사회운동과 정치개혁", 「새로운 사회운동의 도전」, pp. 123~124에서 재인용.

들의 관점에 따라 다를 것이다. 게다가 현재 신사회 운동에 대한 이론들은 일반화가 어려우며, 특정 국가의 범위를 넘어서기 힘들다. 무엇보다도 국가 단위의 실증적 자료에 입각한 저술들이 축적된 후에야 위에서 언급한 이론들의 타당성 및 적용의 범위가 확정될 것이기 때문이다. 이러한 점에서도 미국 현대의 신·구 사회운동에 대한 비교연구가 필요할 뿐 아니라 중요성을 가지고 있다고 생각한다.

Ⅲ. 현대 미국의 사회운동 개요

　미국의 경우, 20세기를 연대기적으로 이해한다면, 보수와 개혁간의 주기 비슷한 것을 발견할 수 있다. 제1차세계대전 이전의 시기가 이른바 혁신주의 시대로서 개혁의 시기였다면, 전후 20년대는 보수의 시기로, 대공황 이후의 30년대는 미국적 경제제도에 변화를 가져올 수 있었던 또 다른 개혁의 시기로 이해할 수 있을 것이다. 이후 제2차세계대전과 전후 50년대의 경제적 성장에 입각한 보수의 시기, 그리고 60년대의 격렬한 개혁의 요구로 이어지던 보수와 개혁의 이중주 또한 찾아볼 수 있을 것이다. 그러나 우리는 20세기 미국의 사회운동 전반을 모두 다루기보다는 주로 제2차세계대전 이후에 초점을 맞추어 개혁과 反개혁 혹은 정체성(identity)을 지향하던 사회운동을 가능한 한 생생하게 보여주고자 한다.

　이 연구에서는 현대 미국의 사회운동을 "구사회 운동"과 "신사회 운동"으로 구분하여, 구사회 운동으로는 노동운동, 반공운동, 신좌파운동, 신우파운동, 그리고 극우파운동을, 신사회 운동으로는 민권운동, 대항문화, 소수인종운동, 여성운동, 소비자운동, 환경운동으로 구분하여 다룬다. 물론 신좌파, 신우파, 그리고 극우파운동이 구사회 운동으로 이해될 수 있는가의 문제에 대해서는 이론이 있을 수 있다. 그러나 이 연구에서는 이들 운동에 물질주의적 가치관과 이념지향성이 여전히 존재하고 있다는 점에서 이 운동을 구사회 운동의 영역에서 이해하고자 한다.

1. 현대 미국의 구사회 운동

구사회 운동의 대표적인 운동이자 현대 미국의 사회운동 중 타 운동 분야에 비해 침체의 늪에 빠져 있는 것이 바로 노동운동이라고 할 수 있다. 필자(류두하)는 미국 노동운동의 특징을 간략히 소개하고, 미국 노동 총연맹(AFL)과 산업노동자 조직회의(CIO)를 중심으로 전개된 미국 노동운동 약사를 서술하고 있다. 자본주의 체제를 인정하는 틀 안에서 경제적 지위향상을 목표로 하는 미국 노동조합은 특정 정당과 연계를 맺지 않는 무정파주의, 분권화된 단체협상을 그 기조로 하고 있다고 보았다. 그같은 기반 위에서 노동자의 이익을 대변하던 노동조합의 활동이 1950년대 중반 이후 극도로 위축되어 오늘날 상당한 위기에 봉착하고 있음을 지적하고 있다. 미국의 노동조합은 1930년대, 40년대의 뉴딜 노동법과 민주당의 친 노동적 자세, 그리고 전쟁 중과 직후 노동수요의 증가라는 제도적, 체제적, 경제적 환경에서 성장을 거듭하여 1950년대 초 그 영향력은 정점에 다다른 후, 점차 그 정점으로부터 수직적 하강의 길을 걷게 되었다고 보고 있다.

그렇다면 미국의 경우 왜 이같이 노동조합의 위상이 추락하고 영향력이 감소하게 되었는가? 필자는 실제 이러한 현상이 노동자측에 긍정적인 조건들과 부정적인 조건들의 교차 속에서 전개되었다고 보고 있다. 즉, 실질임금의 점진적 향상, 정부주도적 사회복지 프로그램의 채택, 노동인구의 증가와 함께 서비스산업 분야의 고용확대, 그리고 사용자의 강력한 反노조운동 등으로 인해 노동조합이 활동의 폭을 확대시킬 수 있는 여건이 갖추어지지 않았다고 주장한다. 미국 국내적 조건 외에도, 국제적으로 자본력과 기술력의 무한경쟁 시대에 돌입한 오늘날,

미국 노동운동이 다시 부흥기를 맞을 수 있을지 필자는 미국 노동운동의 앞날에도 의문을 제기하고 있다.

현대 미국의 사회운동 중 가장 이념적 성향을 짙게 띠고 있는 운동 중 하나라고 할 수 있는 것이 반공운동일 것이다. 필자(안윤모)는 미국의 반공운동을 미국의 전통적 공화주의(republicanism)라는 이념에 기반을 둔 운동으로 파악하고 있다. 공화주의를 신봉하는, 특히 "재산과 교양을 가진 중간계급에 속하는 사람들, 개인의 자유를 중요시하는 앵글로 색슨족 사람의 생활방식에 익숙한 사람들, 그리고 캘빈주의적 프로테스탄트 신앙을 가지고 있는 사람들"이 반공운동의 핵심세력을 이루고 있다고 보고 있다. 그리하여 이들은 미국사회가 공산주의의 위협에 빠졌다고 생각되었을 때 정부의 공권력과는 별도로 스스로 조직을 형성하여, 필요한 경우 무력을 동원해서라도, 공산주의 세력을 분쇄해온 '자경단 전통(vigilante tradition)'을 갖고 있었다.

반공운동은 1871년 프랑스에서의 '파리 코뮌' 사건이 가져다 준 충격으로 시작되었다고 볼 수 있는데, 미국사회에서 19세기 후반 벌어진 일련의 무력에 호소하던 노동운동, 사회주의 운동에 공포를 느낀 데서 출발한다고 보고 있다. 이후 20세기에 들어와서도 러시아혁명 이후 1920년대 초 미국 내에서 벌어진 '적색 공포(red scare)', 1930년대에는 뉴딜 정책에 대한 의구심, 루즈벨트 대통령의 대소 유화정책에 대한 불만, 나아가 의회 내의 공산주의자들을 겨냥한 '비미국적 활동조사 위원회' 활동 등 반공주의 세력은 여전히 존재했다. 그러나 20세기 최대의 반공운동은 제2차세계대전 직후에 나타났다. 전후 미·소간의 갈등이 증폭되면서 냉전체제가 출현하게 되었는데, 이러한 배경 하에서 조셉 맥카시 상원의원이 주도하는 20세기 최대 규모의 반공운동이 출현하게 되었다. '맥카시즘'으로 불린 반공운동은 미국사회 전체를 '반공주의적 합의'에 이르게 만들기도 했다. 그 후 맥카시 개인은 몰락의 길을 걷게 되었지만, 1950년대 미국사회 전체는 '적색공포' 문화에 익숙하게 되었다. 그후 1960년 이후 반공주의 세력은 약화되었으며, 단지 소수의 근본주의적 개신교 목사를 중심으로 반공운동이 지속되었다. 그러나 이는 단지 소수파의 저항일 뿐이었다. 그럼에도 불구하고 미국인들의 반공주의적 성향은 미국의 베트남전 개입을 통해서도 알 수 있듯이 근본적으로 남아 있다.

1960년대 미국을 휩쓸었던 사회운동들 중 가장 포괄적인 성격을 지니고 있었던 것이 백인 중산층 대학생 주도의 신좌파운동이었다. 신좌파운동을 필자(김봉중)는 "20세기 중반의 가장 이례적인 정치적 현상"이라고 파악하며, 이 운동은 구좌파운동의 연장이기보다는 전후 미국사회의 시대적 흐름을 거부했던 다소 "돌발적", "산발적", 그리고 "심미적인" 시대저항 운동으로 이해하고 있다. 흑인민권의 문제로부터 여성해방까지, 또 반전운동을 포함한 미국의 냉전정책을 포함한 다양하고도 포괄적인 국내, 국외적 문제를 내걸고 시작된 저항운동으로서, 신좌파운동은 추상적 이념을 내거는 대신 미국사회의 현실과 정책을 비판하고 구체적인 변혁을 요구하였다.

신좌파는 미국이 국내적으로는 민주주의의 약속도, 사회적 정의와 평등도 제대로 이루고 있지 못하다고 비판하였고, 국외적으로 각국의 상황을 무시한 냉전논리에 기반을 둔 미국의 외교정책 또한 이들의 비판의 대상이 되었다. 신좌파는 냉전시대 구좌파의 반공주의를 거부하였을 뿐 아니라, 기존 좌파들의 계급투쟁에 대한 주장보다는 기술진보에 따른 非인간화와 인간의 소외문제를 부르짖었고, 이에 대한 대책으로 참여민주주의와 공동체 운동을 통하여 소외받는 계층의 인간적 단절감을 극복해 보고자 하였다. 또 그렇게 함으로써 전후 풍요의 세대에서 사회적 위치를 찾지 못하고 방황하던 자신들의 소외감을 극복하며 자신들의 정체성을 찾고자 했던 것이다.

1960년 초에 결성된 민주학생연합(SDS) 주도의 신좌파운동은 흑인민권운동과 반전운동을 통하여 그 동조세력들의 확대를 가져왔으나,

이는 또한 내부적 갈등을 촉진시켰고, 1970년대 반전운동이 활기를 잃게 되면서 이를 대체할 이슈를 찾지 못하자 내부적인 와해가 급격히 진행되었다. 여기에 또 정부의 강경대응과 중산층의 反급진주의적 정서, 타 계층들과의 연대의 어려움 등도 복합적으로 신좌파운동의 쇠퇴를 가져왔다. 그러나 신좌파운동은 냉전과 반공주의의 강요라는 시대적 분위기에서 적극적으로 미국사회의 문제점을 비판하고 투쟁함으로써 미국의 급진주의 운동의 계보를 연결시킨 것이며, 또한 하나의 비판적 사회집단으로서의 학생들이 미국 자본주의의 병폐에 반기를 들고 사회변혁의 추진 세력이 되었던 것이다. 비록 정치적으로는 성공을 거두지 못했으나, 대학 강단에서 미국의 과거와 현재에 대한 비판적 시각으로 소리는 없으나 강력하고 지속적인 투쟁을 계속하였다.

1960년대가 신좌파를 탄생시켰다면, 1970년대는 신우파를 탄생시켰다. 즉, 기존의 사회질서, 문화, 정치에 대한 60년대의 반발, 세계에서의 미국의 지위의 하락과 경제적 후퇴, 불확실한 미래는 70년대의 "반동"적 움직임을 가져왔고, 이같은 상황에서 등장한 신우파는 70년대와 80년대를 통틀어 미국의 정치, 사회에 있어 가장 강력한 집단을 형성하였다고 할 수 있을 것이다. 필자(이형대)는 새로운 우파가 기존의 전통적 가치와 관습을 기반으로 혼란과 좌절에 하나의 지침을 제공하고, 이를 미국의 기반으로 삼아야 한다고 주장하는 이들이었다고 본다.

신우파는 이전의 구우파와는 분명히 다른 점을 가지고 있었다. 이들은 구우파와 함께 반공주의, 경제적 자유주의, 정부의 개입 제한, 종교와 전통적 가치 존중을 특징으로 한다. 그러나 구우파가 반공주의, 자유기업 체제를 강조하는 데 반하여, 신우파는 민중주의적 성격을 가지고 동부의 기존 체제에 반대하며, 가족의 중요성을 강조하는 등, 전통적 도덕적 가치를 옹호하고, 근본주의적 기독교적 가치를 강조하였다. 즉, 신우파는 정치적 보수주의(신보수주의, Neoconservative)와도 결합하지만, 정부의 자유주의적 정책, 새로운 사회현상과 생활방식, 새로운 가치와 도덕으로 드러난 자유화와 세속화에 대한 반항으로 형성된 세력이었다. 신우파는 종교적 신우파와 정치적 신우파로도 구분될 수 있으나, 이들의 지향점과 추구하는 바는 거의 일치할 뿐 아니라 이들의 중심 세력이 거의 기독교인이므로, 신우파를 신기독교 우파라고 부르기도 한다.

미국에서의 극우파운동을 어떻게 이해할 것인가? 필자(이주영)는 이 운동을 주류에서 벗어난 '이상한' 운동이 아니라 이념적으로는 미국의 공화주의에 기초한 전통주의자에 의해 주도된 사회운동으로 분류한다. 필자는 그들을 경제정책에 있어 자유방임을 지지하고, '미국의 꿈'을 믿는 개인주의자들로서 이해한다. 또한 그들은 연방정부와 엘리트 관료들을 불신했던 민중주의자들로서 정치이념상으로는 자유지상주의자들(libertarians)로 분류될 수 있는 사람들이었다고 본다. 그리하여 필자는 최근의 극우파운동이 미국 정치사에 있어 일탈이 아닌 주류의 흐름에 포함되어야 한다고 주장한다. 미국에서의 이러한 극우파운동은 유럽의 경우처럼 파시스트 체제를 지지하는 것이 아니라 개인의 자유와 캘빈주의를 지지하던 사람들에 의해 지지되었다.

백인 민병대로 구체적으로 표현된 극우파들은 미국사회가 좌경화되는 정도가 심각하여 자신들의 사회의 존립을 위협할 단계에까지 이르렀다고 파악한다. 그들은 또한 미국사회가 대항문화와 다문화주의로 인해, 소수세력 우대정책(affirmative action)에 의해, 언론인, 대학교수, 여성해방운동가 등에 의해 기독교적 가치관을 부정하는 방향으로 나아가고 있다고 본다. 그렇기 때문에 그들은 헌법 근본주의 운동을 벌이고, 反유태주의를 표방하고, 총기 휴대권을 당연한 권리로 생각하며, 연방정부가 자신들을 탄압하려 할 때 무장할 권리가 있다고 보았다. 그 대표적 조직이 미시간 주와 몬태나 주의 민병대였다. 결과적으로 이러한 식의 극우운동은 극소수 사람들에게만 호소력을 지녔을 뿐이며, 이러한 추세가 바뀔 가능성은 없어 보인다. 필자의 견해로는, 그렇다고 이러한 운동이 미국에서 예외적인 현상이라기보다는 개인주의 전통에 기초한 정상적인 현상이라고 파악하고 있다.

2. 현대 미국의 신사회 운동

현대 미국의 사회운동 중 미국사회에 미친 영향과 또 여러 사회운동들에 미친 영향을 고려할 때, 최초의 신사회 운동이라고 할 수 있는 민권운동을 첫째로 손꼽는 것도 무리가 아닐 것이다. 이 운동은 60년대, 70년대 전세계적 사회운동에 하나의 모델을 제시했을 뿐 아니라, 이후 미국의 사회운동들에 사회적 정당성과 권위를 부여하였다고 해도 과언이 아닐 것이다. 필자(이신행)는 사회변동을 추구하는 한 운동이 사회, 정치적 변동을 가져오기 위해서는 조직화된 운동이 독자적 상징을 지니며, 기존 사회관행에 제동을 걸고, 사회 구성원의 복합체, 즉 "공공권역"의 지지를 받을 때 성공할 수 있다고 규정하면서, 민권운동이 "완벽한 변동운동의 모델을 제시"하고 있다고 본다. 이러한 시각에서 출발하여 필자는 민권운동을 "대중의 힘을 기반으로 하는 운동"과 "주류 사회 안에서 기관적 관성을 확립하는 조직체 운동"으로 구분하며, 전자에 해당되는 것이 마르틴 루터 킹(Martin Luther King, Jr)과 말콤 엑스(Malcom X)가 각각 주도한 운동이고, 후자에 해당하는 것이 전국 유색인 지위향상 위원회(NAACP)를 중심으로 한 운동이라고 구분하였다.

필자는 킹 주도의 통합주의적 운동은 주류사회의 뒷받침을 받아 흑인사회의 한계를 넘어서는 세력화를 추구하고 백인 중심 체제에로의 편입을 목적으로 하였으나, 이에 반해 말콤 X 주도의 분리주의적 운동은 흑인 무슬렘을 중심으로 백인 주도 사회로부터의 자유와 자기 정체성을 확보하기 위해 배타적 세력화를 추구한 운동이라고 파악하였다. 그리고 필자는 NAACP는 자기 계몽적 시민의 참정성을 가지고 조직적 기반을 통해 일상의 문제를 중심으로 점진적 방식의 운동을 전개한 것으로, 민권운동의 전성기에 활발한 활동을 벌이던 대중운동 조직이었던 인종평등 위원회(CORE)와 남부 기독교 지도자 회의(SCLC)의 세력이 쇠퇴한 이후, 흑인운동을 "기관 지향적" 운동, 시민 운동적 사회사업 프로그램으로 전환시키며 흑인사회의 제 관심 부문별 운동을 지속적으로 펼칠 수 있도록 견인차의 역할을 한 것으로 그 의미를 강조하고 있다.

신좌파운동이 청년세대의 저항과 비판의식의 정치적 표현이었다면, 그 문화적 표현이라고 할 수 있는 것이 바로 대항문화였다. 대항문화는 필자(조지형)가 지적한 대로, 미국의 현상만은 아니었으나, 유럽의 이데올로기적 급진성이나 이론적 정교성 대신 한층 더 실천적 실험성을 가졌던 1960년대 미국 "기성 사회의 주류 문화에 반대되는 대안적 삶의 방식과 의미체계를 제시한" 사회운동이었다. 대항문화는 제2차세계대전 이후의 사회경제적으로 풍요로운 삶과 가부장적인 가정 속에서 성장한 자녀들이 자신들 세대만의 청년문화를 가지고 근대적 효율과 합리로 무장된 기존의 권력구조, 과학적 합리주의, 그리고 그에 기반을 둔 사회구조에 반기를 든 것이었다. 1950년대 비트 세대의 미국사회에 대한 비판과 유럽 망명 지식인의 이론이 제공한 지적, 문화적 통찰 위에서 이들은 사회에 대한 비판과 성찰을 통해 새로운 사회를 건설하고자 하였다.

미국사회의 물질주의적, 개인주의적, 청교도적 가치를 거부하고 새로운 가치질서, 새로운 의식, 새로운 삶의 형태를 추구했던 대항문화는 성, 약물, 록, 히피 생활방식을 통해 자신들의 반항정신을 문화적으로 표현한 것이었다. 사회비판적 목소리를 담은 록음악, 청교도적 규범적 성의 통제에서의 해방을 추구한 성 혁명, 기성체제가 제공하는 환상으로부터 벗어나기 위한 수단으로서의 약물의 사용, 기존 질서 체제와 가치에 대항하여 대안적 가치를 제시하며 대안적 공동체적 삶을 시도한 히피문화는 대항 문화를 구성한 중요하는 요소들이었다. 비록 대항문화의 결과 사회 전체에 걸친 권위파괴와 모독, 극단주의의 팽배, 그리고 쾌락주의로 인한 미국인의 지적 황폐화가 초래되기도 했으나, 이는 다른 한편 일상의 가치질서를 새로이 재조정하며, 가치의 다양성을 인정하는 다문화주의의 지적, 문화적 뿌리가 되었다고 할 수 있을 것이다.

1960년대 미국의 사회운동 중 인종에 기반을 둔 운동으로서는 가장 잘 알려진 것이 흑인운동이며, 또 미국사회를 뒤흔든 큰 사건이라면 반전운동을 꼽을 수 있을 것이다. 그러나 흑인운동과 반전운동의 물결 속에 덮여 큰 이목을 끌지 못했으나, 오늘날의 미국의 변화에 있어 중요한 위치를 차지하는 것이 소수인종운동이라고 할 수 있다. 필자(김연진)는 1960년대 후반에 등장한 라티노 운동의 경우 치카노 운동을 중심으로 살펴보고, 또 아시아계 미국인 운동의 경우 汎민족적 아시아계 인종운동을 중심으로 살펴보면서, 이 운동들은 기존 체제가 가지고 있던 자신들에 대한 인식을 거부하고 새로운 집단적 정체성을 형성하고자 했던 신사회 운동이라고 파악하고 있다.

1960년대에 이르기까지 사회, 경제, 정치적으로 차별과 억압, 그리고 소외를 경험했을 뿐 아니라 문화적으로도 멸시와 부정의 대상이었던 미국의 라티노와 아시아인들이 60년대 미국사회의 여러 국면에서의 저항에 영향을 받아 자신들의 목소리를, 자신들이 잃었던 것을 되찾고, 또 자신들의 정당한 사회적 지위를 획득하고자 공통의 경험을 강조하면서 자신들의 조직을 결성하여 공동의 목표를 향해 함께 행동한 것이 바로 소수인종운동이었다.

이 운동을 통해 각 소수인종, 민족집단 구성원들은 자신들의 정체성을 새로 정립하고, 잊혀졌던 자신들의 문화를 재구성하고, 정치적으로도 하나의 집단으로서 자신들의 힘을 과시하기 시작하며 미국사회에 자신들의 자리를 정립해 갔다. 그러나 이 운동은 1970년대 중반에 들어와 미국의 보수주의의 대두, 베트남에서의 미군 철수, 그리고 새로운 이민들의 물결 속에서 그 결속력과 급진성을 상실하고, 체제부정적 성격으로부터 체제 내에서 자신들의 이익을 추구하는 성격으로 전환되었다.

그러나 이 운동을 통해 소수인종, 소수민족들은 자신들도 당당한 미국 사회의 구성원이라는 것을 인식하고, 또 이를 일반 대중에게 일깨워주고, 미국사회에서 인종과 민족에 대한 새로운 의식을 창조함으로써 다민족, 다인종, 다문화적 미국을 향한 움직임에 중요한 디딤돌이 되었다.

여성운동이란 온건, 급진 여성세력을 모두 포괄하는 운동으로, 필자(이창신)는 여권운동과 여성해방운동이라는 구분을 통해 접근하고 있다. 여권운동은 19세기 중반에 시작된, 사회구조 속에서의 성차별을 없애기 위한 법적, 경제적, 교육적 개혁운동이다. 이에 반해 여성해방운동은 1960년대 학생운동에서 그 기원을 찾을 수 있는 급진적 운동으로서, 사회구조 속에서 여성 억압의 기원, 성격, 정도를 분석하고 집단적 연대를 통해 여성문제를 이슈화하고 교육시키는 운동을 가리킨다. 필자는 여권운동을 제1기의 여성운동이라고 보아, 19세기 중엽부터 1920년 참정권 획득까지를 그 시기로 삼는다. 이 시기에 운동가들은 남성과는 다른 차원에서의 여성을 강조하기보다 남성과 동등한 대우를 받는 것에 주목하여 여성운동을 전개시켜 온 한계점이 있다고 지적한다.

이에 비해 제2기의 여성운동, 즉 1960년대 이후의 여성해방운동은 이전까지는 개인적인 것으로 간주되어 왔던 미국사회 내의 통상적 성차별 철폐 개념까지도 없애는 것을 주장하였다. 즉, 성 역할 구분이라는 것조차 문화적 소산이자 사회화 과정의 산물이지 생물학적 차이에 기인하는 것이 아님을 주장하고, 이들은 또한 생물학적인 가정의 전제를 종식시킬 것까지도 주장하였다. 필자는 특히 1960년대 이후의 여성해방 운동에 주목하여 이들의 "자매애"의 개념, 항의데모, 의식화 교육 등을 논하며, 이들의 활동을 통해 여성들이 자신들의 성에 대한 통제권을 갖게 됐을 뿐 아니라 교육과 고용기회를 확대시켰고, 법적 차별을 종식시켰으며, 경제적 독립권 또한 획득하게 되었다고 보고 있다.

19세기 말 이후 미국에서의 소비자운동의 생성과정을 검토하면서 필자(김철규)는 특히 1960년대 이후 랠프 네이더(Ralph Nader)를 중심으로 한 소비자운동 조직들의 활동을 중점적으로 다루고 있다. 그의 글은 초기 소비자운동이 경제적, 경제외적 상황과 맞물려 주기적으로 부침을 되풀이하고 있음을 보여준다. 분명한 것은, 소비자운동의 시작은 대기업의 성장과 연관을 맺고 있었다는 점이다. 19세기 말 20세기 초 대량생산과 대량소비의 포디즘적 시스템이 작동하면서, 특히 유통구조의 변화로 인한 상품의 무차별적 범람으로 인한 부작용이 마침내 1899년 '전국소비자연맹'의 탄생을 가져왔다. 그러나 제1차세계대전과 1920년대 경제적 번영기 동안 소비자운동은 상대적으로 침체되었다. 그런데 대공황 이후 연방정부는 소비자 보호에 관심을 기울이기 시작했다. 그러나 제2차세계대전과 전후 1950년대의 경제적 번영기 동안 소비자운동은 다시 한번 침체일로를 걸었다. 무엇보다도 1950년대는 맥카시즘으로 대변되는 극우주의가 대기업에 대한 비판을 어렵게 만들었다.

그러나 1960년대에 들어와서 소비자운동이 비약적으로 발전할 수 있는 계기가 마련되었다. 특히 케네디의 민주당 행정부는 소비자 권리장전을 만들어 소비자들이 대기업에 이의를 제기할 수 있는 발판을 만들어 주었다. 이러한 외부적 조건하에 네이더라는 젊은 변호사가 초대형 기업인 GM(General Motors)을 상대로 소비자운동을 전개하였다. 여러 우여곡절 끝에 미국의 자동차회사들은 자신들이 만든 차의 안전에 보다 신경을 쓰게 되었다.

네이더는 이후 여러 분야에 걸쳐서 소비자 권리옹호와 이익을 보호할 수 있도록 입법조치를 이끌어 내었다. 그 결과 다수의 시민들이 자발적으로 참여하는 소비자 단체들이 만들어지게 되었다. 그러면서 동시에 여러 성격의 소비자 단체들이 형성되었다. 예를 들어 '소비자 동맹'은 자신의 단체에서 만든 잡지인 『컨수머 리포트(Consumer Report)』를 판매한 수익금으로 조직을 운영해오고 있는데, 그들은 소비자들에 대한 상품정보와 교육에만 관심을 가지고 있을 뿐, 네이더와는 달리 직접적인 기업비판은 하지 않고 있다.

1980년대 이후 미국의 소비자운동은 다양한 색깔을 지니면서 안정적으로 활동해 오고 있는데, 이들은 크게 전국적인 조직, 풀뿌리 조직, 전문가적 조직으로 구분될 수 있다. 그러나 근본적으로는 소비자의 책임을 강조하는 자유주의적 시각을 지닌 소비자 단체들과 대기업 비판을 강조하는 소비자 단체들로 양분된 상태이다. 그럼에도 불구하고 양 조직 모두 자국의 자본주의 질서를 인정하는 체제순응적 성격을 지니고 있다. 특히 1990년대 이후 세계화라는 이름 아래 소비자운동은 그 세력이 약화되는 것처럼 보인다.

미국 환경운동의 기원은 19세기 후반까지 거슬러 올라갈 수 있으나, 필자(김덕호)는 진정한 의미에서의 환경운동은 1960년대에 시작되었다고 본다. 즉, 1960년대에 들어와서야 환경운동은 기존의 자연보전 운동에서 심화된 환경운동으로 발전되었다. 특히 레이첼 카슨의 『침묵의 봄(Silent Spring)』은 환경오염이 가져온 무서운 결과에 대해 많은 미국인들에게 경종을 울렸다. 이후 60년대의 개혁과 변화의 상황에서 환경 운동은 박차를 가하게 되었다. '오드번 협회' 같은 기존의 환경단체에 더하여 시민운동 차원에서 새로운 환경단체들이 우후죽순격으로 만들어졌다.

그런데 1970년대 들어 연방정부가 적극적인 환경정책을 펼치게 되자 오히려 시민 차원에서의 주류 환경운동은 위축되었다. 그렇다고 환경운동자체가 위축되었다는 것은 아니다. 대신에 심층생태학에 기초한 보다 급진적인 환경단체들이 나타났다. 이들은 환경을 파괴하는 산업사회 자체를 공격했다. 그럼에도 불구하고 다양한 시각이 존재했는데, 생태 페미니즘과 사회생태론, 나아가 필요한 경우 폭력도 불사하는 '지구 먼저'나 '그린피스'와 같은, 상대적으로 과격한 환경단체들이 만들어졌다. 또 다른 한편으로는, 지역 단위에서 시민들이 지역에서의 환경오염을 고발하고 직접 해결하려는 풀뿌리 환경운동이 시작되었다. 1978

년 러브운하 사건으로 폭발된 이러한 운동은 소수인종 거주지역에서의 환경오염 고발 등 '환경 정의'의 문제로까지 확대되었다.

1980년대는 레이건으로 대표되는 시장경제주의자와 보수주의 철학이 지배한 시기였다. 레이건 대통령은 노골적으로 反환경 정책을 추구했는데, 의도와는 반대로 오히려 많은 미국인들이 환경운동에 관심을 표명하게 되었으며, 환경단체들의 열기가 되살아나게 되었다. 동시에 레이건 철학을 지지하는 反환경 단체들의 움직임도 만만치 않았다. 그들은 '현명한 사용 운동(wise use movement)'을 전개하면서 환경운동 단체와 직접적인 대결도 마다하지 않았다. 특히 첨예한 이해관계를 갖고 있는 농부, 광산업자, 벌목업자들이 적극적으로 이들 단체를 지지했다. 그리하여 1990년대는 환경단체와 反환경 단체들의 대결국면을 목격하게 되었다. 오늘날 클린턴 행정부의 친환경 정책은 공화당이 다수인 의회를 상대로 버거운 싸움을 계속해 오고 있다.

Ⅳ. 맺음말

오늘날의 미국을 한마디로 정의한다면 무엇이 적절할까? 아마도 '다원적 민주주의'를 지향하는 사회가 아닐까? '다원적/다문화적 미국(Multicultural America)'은 바로 미국사회 내에서 부단히 지속되어 온 다양한 사회운동에 대한 실증적 개별 연구를 통하여 개별운동의 운동성뿐 아니라 이같은 운동들이 가져온 미국 현대사회의 변화상을 살펴보고 각각의 운동들이 어떻게 오늘날의 미국사회를 만들었는가를 살펴보았다.

그렇다면 미국의 사회운동의 성격은 유럽의 사회운동 연구자들이 주장하듯이 미국만의 "예외적"인 것인가? 우리는 미국의 사회운동이 미국적 특수성과 함께 선진 자본주의와 탈산업사회를 그 축으로 하는 구미사회의 제 문제에 기반을 둔 보편성을 함께 가지고 있다고 본다. 그러므로 미국의 사회운동에 대한 우리의 연구는 유럽의 사회운동을 기반으로 한 기존의 이론구성에 문제를 제기할 수 있다고 생각한다. 우리는 '미국적 예외성(American Exceptionalism)'에 대한 강조보다는 지역적, 국가적 특수성을 고려한 보다 포괄적인 이론의 제기가 있기를 기대한다.

또한 우리는 미국의 사회운동이 오늘날 한국사회에서 분출되는 여러 종류의 사회운동에 대해서도 시사하는 바가 많을 것으로 생각한다. 그러므로 우리의 연구가 오늘날 한국 내에서 펼쳐지고 있는 다양한 시민운동들이 일시적으로 지나가는 통과의례로서가 아니라 진정한 의미의 풀뿌리민주주의와 참여민주주의를 실현시키는 데 있어 조금이나마 기여하는 바 있기를 바란다.

제1부 현대 미국의 구사회 운동

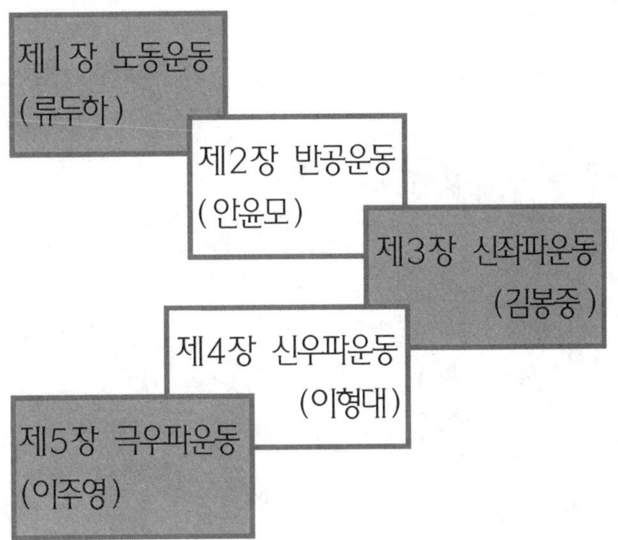

제1장 노동운동

류 두 하 (계명대)

I. 서론

미국은 제2차세계대전 이후 자본주의를 대표하는 국가로 부상한 이래, 1970년대에 경제적 침체를 겪기는 하였지만, 1990년대 이후 현재에 이르기까지 지속적인 경제호황을 누리고 있다. 이에 따라 전 세계적으로 미국식 자본주의 경제체제의 운영방식에 대한 관심이 과거 어느 때보다 고조되고 있다. 그러나 미국적 체제 아래서 경제는 비약적으로 발전하고 있는 반면, 생산활동의 한 축을 이루고 있는 노동자들의 지위는 여타 선진국에 비해 상대적으로 위축되어 있는 것이 현실이다. 특히 1980년대 이후 노동자들을 대표하는 단체인 노동조합은 그 세력이 급격히 약화되면서 현재에는 노조가입률이 10%를 조금 상회하는 수준에 머물고 있다. 이러한 현 상황에서 생산활동의 주된 역할을 담당하고 있는 노동자들이 그들의 경제적 이익을 증진시키기 위해서 역사적으로 어떤 노력을 기울여 왔으며, 그들과 연관된 사회적 주요 문제들에 대해서 어떻게 대처해 왔는지를 살펴보고, 그들 세력의 약화를 가져온 원인을 규명하고 향후 노동운동의 활성화를 위해 어떠한 처방이 요구되는지 알아보고자 한다.

미국의 노동운동이 함축하고 있는 일반적 특성을 고찰한 다음, 1945년을 중심으로 그 이전의 노동운동의 변화를 간략하게 살펴보고, 그 이후부터 현재까지의 노동운동의 변천과정을 주로 언급할 것이다. 특히 그 과정에서 노동조직에 대한 법적·제도적·경제적 환경의 변화와 이에 따른 노사관계의 변화를 중점적으로 다룰 것이다.

Ⅱ. 미국 노동운동의 특성

미국은 그 탄생 배경에서부터 유럽의 국가들에서 찾아볼 수 없는 독특한 특색을 지니고 있다. 미국은 정치적, 종교적, 경제적 자유를 찾아 유럽의 여러 나라에서 건너온 다양한 이민자들로 구성된 국가이다. 이러한 국가 탄생의 특이성과 다양성은 미국의 노동자계층의 의식구조에도 반영되어, 그들의 노동운동은 유럽의 주요 국가와 구별되는 모습을 보여주고 있다. 미국의 노동운동을 역사적 맥락에서 기술하기에 앞서 미국의 노동운동이 어떠한 특성을 갖고 있는지 간단히 살펴보자.

첫째, 서구 대다수 국가의 노동운동은 자본주의체제에 대한 불신에서 비롯되어 정치적·사회적 개혁을 통한 노동자의 지위를 향상시키는 것을 목표로 하고 있는 반면, 미국의 노동운동은 전반적으로 자유방임주의적 자본주의 체제를 인정하는 틀 안에서 노동자의 경제적 지위를 향상시키는 것을 주된 목표로 하고 있다. 물론 미국에서도 19세기 후반 및 20세기 초반 무렵 자본주의체제에 불만을 가지고 근본적 변화를 추구하는 급진적 노동단체나 정당이 등장한 적이 있으나, 지속적인 대중의 지지를 얻지 못하고 소멸하였다.[1]

둘째, 노동계급 주도의 정당이 존재하지 않고, 노동조합과 특정 정당의 지속적 유대관계도 찾아볼 수 없다는 점을 들 수 있다. 미국의 노동운동이 정치적 측면에서 유럽국가의 노동운동과 다른 이러한 특성을 보이고 있는 것은 미국 탄생 당시의 환경에 기인한다고 볼 수 있다. 유럽의 여러 국가들은 오랜 기간의 봉건제도로 인하여 계급적 갈등이 심하였던 반면, 미국은 탄생 초기부터 비교적 동질적 집단이 유럽으로부터 이주하여 계층간의 비교적 갈등이 적었고, 이주자들은 풍부한 천연자원을 바탕으로 개인의 노력 여하에 따라서 사회적 신분이동이 얼마든지 가능하다고 생각하였다. 이는 노동자들이 그들이 속해 있는 사회체제를 긍정적으로 여기는 보수적 자세를 가지게 되었다는 것을 의미한다. 따라서 사회체제의 근본적 개혁을 추구하는 정치적 성향의 노동운동은 대다수 노동자들의 호응을 얻기가 어려웠다. 또한 노동계의 지도자들은 특정 정당과의 영속적 연계는 노사문제를 정치에 종속시키게 됨으로써 노조의 독립성을 훼손시켜 노조원들의 경제적 이익 향상을 저해한다고 판단하였다. 따라서 미국의 노동조합은 특정 정당과 지속적 유대관계를 맺기보다는 노동자들에게 유리한 법안의 제정을 위해 노력하거나 그들에게 호의적인 태도를 보이는 후보의 당선을 위해 지원하는 정도에 그쳤다. 이와 같은 성향을 지닌 미국의 노동조합은 원칙적으로 노사문제에 대한 정부의 개입을 배제하고, 사용자와 자율적 단체협상을 하는 것을 선호하였다.[2]

셋째, 유럽국가의 경우 노사간의 단체협상이 산업 전체 또는 국가단위로 이루어지는 데 비해, 미국은 상당히 분권화되어 있다. 국토가 광활하여 공업지역이 분산 배치되어 발전함으로써 중앙집권적인 단체교섭이 근로자의 주된 관심사 중의 하나인 작업환경의 개선에 도움을 주지

---

1) Robert E. Allen and Timothy J. Keaveny, *Contemporary Labor Relations*, 2nd ed. (Reading, MA : Addison – Wesley Publishing Co., 1988), p. 39.
2) F. Ray Marshall and Vernon M. Briggs, Jr., *Labor Economics: Theory, Institutions, and Policy*(Boston : Richard D. Irwin, Inc., 1989), pp. 303 – 304

못할 뿐 아니라, 개별 기업의 실정을 임금협상에 반영하기 어렵다는 인식이 널리 퍼져 있었다. 따라서 지역단위 노조를 중심으로 고용주와 단체협상에 임하는 것이 일반적 관행이 되었다.

Ⅲ. 1945년 이전의 미국의 노동운동

1. 산업화와 전국적 노동조합의 등장

미국은 유럽의 국가들보다 다소 늦은 1840년대에 이르러 근대적 산업화가 시작되었고, 1850년대, 1860년대에 공장제도가 본격적으로 도입되었다. 산업화가 진행되면서 운송과 통신수단도 급속도로 발전함에 따라 경제교류가 활성화되고, 상품시장이 전국으로 확대되면서 노동력의 이동도 활발해졌다. 또한 산업화 과정에서 공장제 공업의 등장 및 확대는 대규모의 임금노동자를 등장시켰고 노동자간의 고용경쟁을 심화시켰다. 이에 따라 1850년대에는 노동자들이 그들의 권익을 보호하기 위해 전국 규모의 노동단체를 결성하기 시작하였고, 1870년대 초반 무렵에는 26개의 전국 규모의 노동조합이 존재하였다. 이들 초기의 대부분의 노동조합은 숙련공만을 가입대상으로 삼아, 작업권 규제와 경쟁 완화를 통해 임금 하락을 방지하고 동일 직종 내에서의 단일임금체제를 유지하는 것을 목표로 하였다.[3]

---

3) Richard Scheuch, *Labor in the American Economy: Labor Problems and Union-Management Relations*(New York: Harper and Row, 1981), pp. 247-248. Seymour E. Harris, ed., *American Economic History*(New York: McGraw Hill, 1961), p. 383.

2. 급진적 노동조합의 등장

그러나 초기의 모든 노동조합이 임금인상이라는 미시적인 권익향상만을 목표로 하지는 않았다. 그 대표적인 예로 노동기사단을 들 수 있다. 1869년부터 지역별로 노동조합을 결성하던 '노동기사단(Knights of Labor)'은 1878년 전국 규모의 조직체로 변모하였다. 과거의 노동단체들이 숙련공만을 가입대상으로 한 것과는 달리, 노동기사단은 숙련, 비숙련 여부와 관계없이 모든 노동자들을 가입대상으로 하였으며, 임금제도의 타파와 토지의 민간소유 반대를 주장하는 등 전반적인 사회개혁을 목표로 하고 있었다. 동 조직은 점차 세력이 확대되면서 1886년경에는 가입자 수가 약 70만 명에 이르렀으나, 가입 구성원의 다양성으로 인한 결집력의 부족, 그들이 주도한 다수 파업의 실패로 인하여 노동자들의 관심에서 멀어져 20세기 초반에는 소멸하였다.

3. 미국 노동연맹의 등장

노동기사단이 활발히 활동하고 있던 시기인 1880년대 초반, 노동기사단과는 그 성향을 달리하는 새로운 전국적 규모의 노동조합연합이 결성되었다. 노동기사단의 사회개혁 지향성과 비숙련공의 노조가입 허용에 불만을 가진 일단의 노조 지도자들이 숙련공만을 가입대상으로 하여 직능별 조합주의(craft unionism)를 천명하면서 전국 규모의 노동단체를 결성하였다. 이 조직이 발전하여 1886년에는 '미국노동연맹(American Federation of Labor)'이란 명칭 아래 새로운 출발을 하였다. 미국노동연맹이 추구하는 목표는 근본적으로 자본주의 체제를 인정하는 범위 내에서 사용자와의 자율적인 노사협상을 통해 그들의 경제적 권익을 보호하는 것이었다. 즉, 사회적 체제의 개혁보다는 사용자와의 단체협상을 통해 노조원들의 임금과 근로조건을 개선하는 것이 주된 목표였다. 미국노동연맹은 비숙련공을 가입대상에서 제외시킴으로써 노동자를 대표하는 단체로서의 한계를 지니고 있었으나, 정치적 목표보다는 가입노조원들의 경제적 권익향상을 주된 목표로 설정함으로써 대중으로부터 소외되지 않고 지속적으로 그 조직이 확대되면서 노동단체로서의 영속성을 가질 수 있었다. 미국노동연맹은 1930년대 후반 산업조직회의가 출현하기까지 노동자를 대표하는 유일한 연합체로서 노동운동의 중추적 역할을 담당하였다.

미국노동연맹이 전국적인 노동단체로서 출발한 직후인 1890년대에는 노동조합에 가입한 전체 숫자가 40만여 명에 불과하였으나, 1897년 이후에는 광업, 철도산업, 건설업 및 인쇄업 등의 분야에서 기존의 노동조합을 중심으로 가입자 수가 급증하면서 1904년 경에는 약 200만여 명에 이르게 되었다. 당시 경제가 호황기로 들어서면서 고용주들은 노조와의 단체협상을 통해 산업평화를 유지하는 것이 그들의 경제적 이익에 유리할 것으로 판단하여 노조결성을 용인하는 태도를 견지하였다. 그러나 이후 1910년에 이르는 기간 동안 다시 경제가 침체기에 들어서면서 고용주들이 노동조합에 적대적인 태도를 보임에 따라 노조원의 수는 더 이상 증가하지 못하고 정체상태에 머무르게 되었다. 그리고 이 시기에는 정부가 노사문제에 개입하기보다는 자유방임적인 자세를 취함으로써 경기의 변화가 노동운동의 부침에 큰 영향을 미쳤다. 종합적으로, 19세기 후반기에는 노조가입자수는 경제가 호황인 시기에는 증가하고 불황기에는 감소하는 것이 일반적인 경향이었다.

4. 제1차세계대전과 노동운동

유럽을 무대로 한 제1차세계대전이 발발하자 미국에서는 전시 특수를 누리게 되었고, 이는 노동수요의 확대를 유발함으로써 노동운동에 유리한 환경이 조성되었다. 전시 생산확대를 위해 노동자들의 적극

적인 협조가 필요하였던 정부는 노동조합과 사용자와의 단체협상을 적
극적으로 권고하였고, 사용자들도 노동자들의 노조가입을 용인하는 자
세를 취하였다. 이러한 분위기에 힘입어 노조원수는 1911년 210만 명
에서 1920년 경에는 500만여 명으로 대폭 늘어났다.

5. 1920년대의 경제호황과 노동운동의 침체

1920년대에는 미국경제가 초기에 일시적인 침체를 겪은 이후 지속
적인 호황을 누렸음에도 불구하고, 즉 노동자들에게 유리한 환경이 조
성되었음에도 불구하고, 노조원수는 전반적으로 감소하는 특이한 양상
을 보였다. 19세기 후반기 경기의 변화에 따라서 노조원수가 비례적으
로 증감했던 것과는 달리, 위와 같은 대조적 현상이 발생한 이유로는
아래와 같은 요인들을 들 수 있다.

우선 1917년 러시아혁명이 발생하고 미국이 유럽의 전쟁에 참여하
면서 사회적 안정을 해치는 급진주의적 사상을 두려워하고 경계하는
경향이 나타났다. 이러한 분위기가 팽배한 가운데 전후 소비재의 일시
적 부족으로 물가가 급등하자 노동조합은 소속원의 경제적 지위 향상
을 위해 여러 차례 대규모의 파업을 감행하였다. 노동조합의 이러한 파
업행위는 대중들에게 노조가 전후 사회적 안정이 필요한 시기에 이를
해치는 행위를 주도하는 급진적 단체라는 인식을 심어 주었다.

따라서 사용자들은 노조에 대한 부정적인 여론을 바탕으로 다양한
反노조운동을 전개하였다. 노사가 개별적으로 자유로운 계약을 맺는 개
방형 공장제도(open shop)가 가장 미국적이라고 주장하면서 폭력배,
노동스파이, 파업대체인력을 고용하여 노동조합의 힘을 약화시키고, 새로
운 노동조합의 결성을 위협적으로 저지하였다. 또한 사용자들은 종업원
들의 복지향상을 위해 노력함으로써 노조가 개입할 여지를 줄이는 한편,
대안으로 노사협의체를 구성하여 종업원들을 효과적으로 관리하였다.

그리고 과학적 경영방법의 도입과 신기술의 발달로 인하여 경제가 호황임에도 불구하고 많은 실업자가 존재하였기 때문에, 사용자들은 유리한 입장에서 노조에 강력하게 대처할 수 있었다.

당시 미국의 노동계가 처한 입장은 1919년과 1929년의 파업참가자수와 파업회수를 비교해 보면 잘 알 수 있다. 1919년에는 파업에 참가한 노동자수가 400만여 명, 파업회수가 3,600 회였는 데 반해, 1929년에는 파업참가자수는 약 29만 명, 파업회수는 900여 회에 불과하였다. 종합적으로, 1920년대에는 당시 노조에 적대적인 사회적 분위기와 이에 따른 사용자의 강력한 反노조운동 및 복지자본주의정책 등이 맞물려 노동운동은 침체기를 맞이하였던 것이다.[4]

6. 뉴딜의 도래와 노사관계의 변화

1920년대에 미국경제가 지속적으로 팽창하면서 미국인들은 번영이 영원히 지속되리라 믿었다. 그러나 미국 탄생 이후 자본주의의 발전과정에서 축적되어온 모순들이 노출되면서 1920년대 후반기에 시작된 경제 대공황은 미국의 노동운동에도 심각한 타격을 가하였다. 미국경제의 급격한 퇴조와 더불어 노동시장에 나타난 가장 심각한 현상은 대규모 실업의 발생이었다.

1930년대 초반 대규모 실업의 발생과 실업의 장기화로 인해 노동자의 지위가 매우 약화됨으로써 노조원수는 급격하게 감소하였다. 그러나 대공황으로 인한 자본주의체제의 붕괴 위기는 미국사회 전반에 대한 개혁이 불가피하다는 인식을 가져다 주었다. 1933년 새로 들어선 루즈벨트행정부는 공황의 지속으로 빈곤층이 급속히 불어나고 실업이 보편

---

4) Robert H. Zieger, *American Workers, American Unions: 1920 – 1985*(Baltimore: Johns Hopkins University Press, 1986), p. 6; F. Ray Marshall and Vernon M. Briggs, Jr., *Laber Economics*, p. 312.

화되는 등 사회적 불안과 갈등이 심각한 지경에 이르자, 자본주의체제의 모순을 극복하고 이를 더욱 공고히 하기 위해 사회의 전반적 분야에 걸쳐 뉴딜(New Deal)이라 불리는 새로운 개혁정책을 추진하였다.

노동분야도 예외는 아니었다. 정부는 노동자의 권리를 신장시키고 그들의 노동력 제공에 대한 합당한 대우를 받을 수 있도록 하기 위해 노동조합의 존재를 인정하는 일련의 법들을 제정하였다. 전국산업부흥법(National Industrial Recovery Act of 1933)과 전국노동관계법(National Labor Relations Act of 1935)의 제정을 통해 노동조합을 결성할 수 있는 권리, 노동조합을 통해 사용자와 단체협상을 할 수 있는 권리, 파업을 할 수 있는 권리 등을 근로자에게 부여하였다. 특히 와그너법(Wagner Act)이라고 불리는 1935년의 전국노동관계법의 제정은 향후 미국의 노사관계를 획기적으로 바꾸는 계기가 되었다.

당시 자율적으로 노사문제를 해결하기를 원했던 노동조합의 일부 지도자들은 정부가 노사관계에 제도적 장치를 통해 개입하는 것을 불안하게 생각하였지만, 미국의 노동운동은 노동조합에 호의적인 법의 제정과 여론에 힘입어 그 가입자수가 크게 증가함으로써 새로운 전기를 맞이하였다.

7. 산업조직회의의 등장

한편, 1930년대에 국가적 차원에서 노동조합에 유리한 제도가 도입되면서 새로운 전국적 노동조합단체인 '산업조직회의(Congress of Industrial Organization)'가 등장함으로써 노조원의 수는 크게 늘어났다. 노동조합 결성에 호의적인 분위기에서 1937년 미국노동연맹으로부터 독립하여 새로운 전국적 연합을 결성한 산업조직회의는 기존의 미국노동연맹과는 달리 노동자의 숙련 여부와 관계없이 관련 산업 전체의 노동자들을 대상으로 대대적인 노조원 증원운동을 전개하여 45개의 전국노조를 거느리게 되었고, 약 300만 명의 노조원을 확보하였다. 그리하여 1930년대 중반까지 미국노동연맹이 노동자를 대표하는 유일한 단체로서노동운동을 주도하였지만, 그 이후 새로운 성격을 가진 산업조직회의가 등장함으로써 노동운동은 내부적으로 새로운 국면에 돌입하게 되었다.

8. 제2차세계대전과 미국의 노동운동

제2차세계대전 기간 중에도 1930년대의 노동조합에 호의적인 분위기가 지속되면서 전시의 특수로 노동에 대한 수요가 확대되자 노조가입자의 수는 더욱 늘어났다. 정부는 전시 중 전쟁물자의 원활한 공급과 물가안정을 위해 노동자의 협력이 절대적으로 필요하게 됨에 따라 사용자에게 압력을 가하여 노동조합에게 조직상의 안정을 보장해 주는 대신 파업과 임금인상 자제를 요구하였다. 노동조합은 정부의 이러한 요청을 받아들임으로써 근로조건 협상에 있어서 제약을 받은 반면, 조직원의 증가를 위한 안전판을 확보하게 됨에 따라 적극적으로 조합원 확보를 위해 노력하였다. 전쟁이 끝날 무렵 노동조합 가입자수는 1,450만 명이 되었고, 민간 노동력 인구의 약 35%의 비중을 차지하게 되었다. 미국 노동연맹(AFL)은 1,000만여 명, 산업조직회의(CIO)는 450만 명의 조합원을 확보하였다. 특히 CIO는 전통적인 AFL에 비해 그 노조원수는 적었지만 건설업이나 자동차산업과 같은 핵심적 산업분야의 노동자들을 대표하면서 GM이나 U. S. Steel과 같은 거대한 회사와 단체교섭을 실현하였다.[5]

---

5) George H. Hildebrand, *Amerrican Unionism: An Historical and Analytical Survey*(Reading, MA : Addison – Wesley Publishing co.,1979), pp. 25 – 26. 전시노동위원회가 보장한 조합원 유지 정책은 노조에게 union shop을 보장해 주는 것이었다. union shop 제도 아래서는 노동조합과 단체협상을 체결한 기업에 새로이 고용된 근로자는 일정기간 이내에 반드시 노동조합에 가입해야 한다.

IV. 1945년 이후의 미국의 노동운동

1. 제2차세계대전의 종료와 대량 파업의 발생

제2차세계대전의 종료가 다가오면서 제1차세계대전 직후 심한 경제적 침체와 노사갈등의 경험과, 대공황으로 인한 경제적, 사회적 고통의 기억을 가지고 있던 미국인들에게는 전시에서 평시로의 순조로운 전환이 초미의 관심사였다. 그러나 노사 양측은 평시로의 전환과정에 대해 다른 시각을 가지고 있었다. 노동자들은 전쟁기간 동안 경제적, 육체적 희생을 감수하면서 전체주의에 대항해서 혼신의 노력을 다한 반면, 기업은 전시 특수로 인하여 높은 이윤을 획득하였다고 믿었다. 따라서 그들은 사용자와 정부로부터 더욱 공정한 대접을 받아야 하고 보다 높은 생활수준을 누릴 수 있어야 한다고 생각하였다. 반면, 사용자들은 뉴딜시대와 전쟁을 거치는 동안 정부의 역할이 확대되고 노동자의 목소리가 커지면서 기업의 경제활동이 심하게 제약을 받았기 때문에, 전후에는 기업의 자유로운 경제활동을 보장하는 쪽으로 국가의 정책방향이 정해져야 하고 노동자들이 사용자의 경영상의 특권에 대해서 간섭해서는 안 된다는 시각을 가지고 있었다.

이러한 노사간의 시각 차이가 전후 파업을 유발시킨 중요한 요인이 되었다. 전시 동안 노동자들은 작업환경과 임금수준에 대해서 불만을 가지고 있었으나 국가적인 위기를 맞이하여 정부의 중재 아래 파업중지 및 임금인상 요구 자제를 약속하였다. 그런데 전쟁기간 동안 임금인상의 기회를 포기하는 대신 연장근무로 그들의 소득을 보충하였던 노동자들은 평상시로 전환하는 과정에서 연장근무가 없어지면서 소득감소에 직면하였다. 따라서 노동조합은 기업이 전쟁기간 동안 노동자들의 희생을 바탕으로 많은 이윤을 확보하였기 때문에 노동자의 실질구매력 향상을 위해 임금을 대폭 인상해 주는 반면, 제품의 가격은 전쟁 전

수준을 유지해야 한다고 주장하였다. 예를 들어 연합자동차노조(United Auto Workers)의 지도자 월터 러터(Walter Reuther)는 노조원들에 대한 30%의 임금인상과 자동차가격의 전전 수준 유지를 주장하였다. 자동차노조는 정부의 중재로 열린 노사협상이 실패로 돌아가자 GM을 상대로 113일간 파업을 강행하였다. 1945년 말 자동차노조의 파업을 시발점으로 분출되기 시작한 파업은 1946년에 들어서면서 석탄, 철도, 철강 및 고무산업, 정육업 등 거의 전 산업분야로 확산되었다. 1946년에는 1919년을 제외하고는 과거 어느 해보다도 파업으로 인한 많은 작업손실 일수를 기록하였다. 이러한 파업은 전시에서 평상시로 전환하는 과정에서 흔히 발생할 수 있는 것이었으나, 노동조합이 사회적 안정이 필요한 시기에 혼란을 유발하고 있다는 비난 여론에 직면하도록 하였다. 한편, 노동조합은 파업을 통해서 임금수준의 향상을 이끌어 내면서 조직상의 안정을 확보하였지만, 노동자의 측면에서는 정부의 경제통제정책이 철폐되면서 임금상승과 동시에 물가도 급속히 상승하여 실질구매력의 증대는 거의 이루어지지 않았다.[6]

2. 태프트 – 하틀리 법의 제정과 노동조합의 대응

전후 노동조합 주도의 빈번한 파업이 발생하고 물가가 급속히 인상되자 사회적으로 反노조, 反민주당 분위기가 형성되면서 공화당은 1946년의 중간선거에서 승리함으로써 상·하 양원에서 다수당의 지위를 차지하였다. 기업의 자유로운 활동 보장을 모토로 하고 있는 공화당은 종전 18개월 만에 여론과 기업계의 지지를 바탕으로 다수의 反노조

---

6) Kim Moody, *An Injury to All*: *The Decline of American Unionism* (Verso: New York, 1988), p. 18; Joshua Freeman et al., *Who Built America?*: *Working People & The Nation's Economy, Politics, Culture & Society*, Vol. 2 (Pantheon Books: New York, 1992), pp. 469 – 477.

법안을 의회에 제출하였다. 특히 관심의 대상이 되는 것은 트루만 대통령이 거부권을 행사하였음에도 불구하고 입법화된 1947년의 노사관계법(Labor - Management Relations Act)이다. 태프트 - 하틀리 법(Taft - Hartley Act)으로 불리는 동 법은 노조의 불법적 행위를 처벌할 수 있게 하였으며, 동조파업 및 보이코트의 사용을 극히 제한하였고, 유니온 숍(union shop)을 불법화함으로써 각 주가 스스로의 의사에 따라서 근로권법(right to work law)을 제정하는 것을 허용하였다. 또한 노조가 어떤 회사에서 노조인정 선거에 참가하려면 노조의 지도자들이 공산당원이 아니라는 것을 선언해야 했으며, 대통령에게 국가비상사태 발생시 80일 동안 파업중지를 명령할 수 있는 권한을 부여하였다. 동 법은 노사관계에 있어서 이전에 제정된 와그너 법과는 그 성격이 다른 새로운 의미를 부여하고 있다. 연방정부가 노동조합도 사용자와 마찬가지로 성숙단계에 들어서서 그들에게 부여된 법적인 의무를 다할 수 있을 정도가 되었다고 판단하였다는 점이 그것이다.

노동조합은 전후 그들에게 불리한 정치적, 사회적, 제도적 환경이 형성된 가운데 노동운동의 국면을 전환시키고자 두 가지 정치적 전략을 추구하였다. 그 중 하나는 CIO가 중심이 되어 전통적으로 노조세력이 취약하였던 남부지역에서 인종차별과 저임금노동을 공격함으로써 보수주의적인 지주와 기업가의 정치적 영향력을 약화시키는 것이었고, 다음은 1948년의 선거에서 노조에 우호적인 정치적 세력을 형성하는 것이었다. 먼저 CIO 지도부는 수백 명의 노조조직 전담원을 고용하고 남부에 사무실을 개설하면서 직물업, 목재업, 담배제조업을 포함한 여러 산업 분야에 노조를 결성하기 위해 상당한 노력을 기울였다. 그러나 이러한 노력은 남부의 기존 보수세력의 강력한 저항과 인종적인 문제에 직면하여 수포로 돌아가고 말았다. 한편, 노동조합은 그들에게 우호적인 정치세력을 형성하기 위해 두 가지 방안을 두고 고심하고 있었다. 하나는 민주당 내에서 그들의 세력을 강화하는 것이었고, 다른 하나는 진보적인 세력과 결합하여 완전히 새로운 제3당을 결성하는 것이었다. 1948년의 대통령 선거를 맞이하여 현 트루만(Truman) 행정부의 노동조합에 대한 태도에 불만을 가진 노동조합의 상당수의 지도자들은 1948년 초반까지만 해도 트루만을 지지하는 것을 거부하고 제3당인 진보당의 후보 월리스(Wallace)를 지지하는 자세를 보였다. 그러나 냉전 대처에 대한 국민적 합의가 이루어지고 있는 상황에서 월리스의 급진적이고 공산주의를 용인하는 듯한 견해에 동조하는 것은 노동계의 입장에서는 매우 위험한 것이었다. 따라서 선거가 가까워지면서 월리스에 대한 지지를 철회하고 트루만의 지지로 돌아섰다. 1948년의 대통령선거에서 노동조합의 트루만에 대한 지지는 여론조사에서 패배가 예견되었던 트루만이 대통령으로 당선되게 하는데 결정적인 역할을 하였다. 대통령에 당선된 트루만은 노동계의 염원인 태프트 – 하틀리 법 폐지를 위해 노력하였지만, 보수적인 남부 민주당 세력과 공화당이 결합하여 이를 저지함으로써 실패하였다.

3. 미국 노동자 연맹과 산업조직회의의 합병

1937년 AFL과 CIO가 분리된 이후 전전에 이르는 기간에 두 단체를 합병하려는 노력이 간헐적으로 시도되었으나 수포로 돌아갔다. 그러나 전후 양 단체는 노동운동에 대한 위기를 인식하고 합병을 적극적으로 모색하기 시작하였다. 전전에는 정치권을 중심으로 노동자의 권리신장을 위해 노력하면서 노동운동에 유리한 환경이 조성되었던 반면, 전후에는 노동조합의 빈번한 파업에 대한 적대적 여론이 형성되면서 노동조합의 활동을 제약하는 태프트 – 하틀리 법이 제정된 이후 이를 반전시킬 만한 새로운 계기가 주어지지 않았다. 그리고 전후 AFL과 CIO가 노조원수 확대를 위해 적극적으로 노력했음에도 불구하고 노동력 인구의 증가에 비해 노조가입자수는 기대했던 것보다도 아주 저조했다. 또

AFL과 CIO가 분리될 때 노동조합의 구조에 관하여 심한 견해차이를 가지고 있었지만, 1950년대에 들어설 시점에는 설립 초기 숙련공만을 가입대상으로 하였던 AFL도 이미 상당수의 산별노조를 그 산하에 포함하고 있었고, CIO가 공산주의 성향을 가진 노조를 축출하였기 때문에, 양측의 견해 차이는 거의 해소되었다. 그리고 1952년 AFL과 CIO 의장을 맡고 있던 윌리엄 그린 (William Green)과 필립 머레이(Phillip Murray)가 사망하고 새로운 지도자가 등장하였다는 점을 들 수 있다. 새로이 등장한 양측의 지도자들은 과거 양 진영간의 갈등에 직접적으로 개입되어 있었던 인물들이 아니었다. 위에서 언급한 여러 가지 요인을 바탕으로 합병작업이 진행되어 양측 통합단체인 AFL – CIO가 등장하게 되었다.

4. 랜드럼 – 그리핀 법의 제정

한편, 1950년대 후반 단위노조 지도자들의 부정 및 부패행위가 주된 관심사로 부각되면서 단위노동조합의 자치권이 약화되고 연맹의 힘이 강화되었다. 노조의 부패행위가 노동문제의 주된 관심사로 부각되자 AFL – CIO는 집행위원회에 단위노조의 부정한 영향력 행사와 관련있는 사건을 조사하고, 그 부정행위가 사실로 밝혀질 경우 2/3 이상의 찬성을 얻어 단위노조의 직무를 정지시킬 수 있는 권한을 부여하였다. 1957년 연방의회 역시 노조지도자의 부정행위에 관심을 가지고 맥클랜(McClellan)을 의장으로 하는 노사문제 부당행위 색출위원회를 구성하여 조사를 진행하고 청문회를 개최하였다. 동 청문회를 통해 노조 간부들의 불법행위 및 부적절한 행위가 드러남에 따라 연방정부가 노동조합의 내부문제를 규제할 필요가 있다는 여론이 강력하게 대두되었다. 따라서 의회는 청문회의 결과를 바탕으로 1959년에 럼 그리핀 법(Landrum – Griffin Act)을 제정하였다. 와그너 법이 주로 사용자의 부당행위를 규제하고, 태프트 – 하틀리 법이 노조의 부당행위를 규제하는 것이 주요 목적인 반면, 동 법은 단위노조로부터 노조연맹에 이르는 모든 노동단체의 내부적 문제에 대해서 연방정부의 직접적 간섭이 가능토록 하였다.[7]

5. 변화와 개혁 시기의 노동운동

가. 진보적 행정부의 등장과 노동운동

미국의 노동운동은 1960년대에 들어서면서 노조에 대해서 호의적인 자세를 가지고 있는 민주당 출신의 존 F. 케네디(John. F. Kennedy)와 린든 B. 존슨(Lyndon. B. Johnson)이 연속적으로 대통령직을 수행하게 됨으로써 새로운 전기를 맞이하였다. 노동조합은 '빈곤으로부터의 탈피'를 모토로 내걸고 '위대한 사회' 건설을 추구하였던 존슨행정부의 프로그램을 적극적으로 지지하였으며, 노동조합에 비교적 호의적인 민주당 행정부는 노동조합이 요구하였던 대량공공근로, 공공주택 건설, 병원건설, 의료보험제도 확립, 훈련 프로그램의 확대, 사회복지의 확충 등과 같은 각종 사회프로그램을 채택하였다. 또한 노동자들은 높은 고용수준을 누려 실업률이 평균적으로 4.9%에 불과하였고, 물가에 비해 임금이 상대적으로 더욱 증가함으로써 노동자의 실질임금이 증가하였다. 특히 1966년 인플레이션이 도래한 이후에도 사용자와의 단체협상에서 생계비 연동 조항이 유지됨으로써 실질임금의 증가는 계속되었다. 또한 대부분의 대규모 노동조합에서는 사용자가 제공하는 의료보험, 연금 인상, 휴가수당의 인상 등의 혜택을 누릴 수 있었다.

그러나 1960년대에 노동조합은 과거에 비해 내부적으로 어느 정도의 안정을 찾고 노조원들은 각종 사내 복지혜택을 누렸지만, 노조원

---

7) Walter Galenson, The American Labor Movement, 1955~1995(Westport, CT: Green Wood Press, 1996), pp. 7 – 14.

확보에 유리한 환경이 조성되었음에도 불구하고 늘어나는 노동력의 수만큼 노조원을 확보하지 못하였다. 1960년대에 노조원의 숫자가 약 200만 명이 증가하였지만, 이는 케네디 행정부의 행정명령에 힘입은 공공부문의 노조원 증가로 인한 것으로서 민간부문의 노조원 증가는 아주 미미한 수준이었다.

나. 사회적 변혁기의 노동조합에 대한 비판

한편, 1960년대의 미국사회는 미국의 베트남전쟁 개입, 흑인 및 기타 소수민족의 경제적 불만 고조 등으로 인하여 20세기에 들어와서 가장 격렬한 사회운동이 전개되었다. 특히 1960년대 후반기에는 사회갈등이 고조되면서 젊은층과 진보적 지식인들이 중심이 되어 미국사회의 기존의 모든 제도와 관습을 부정적으로 보고 이에 대한 공격을 감행하였다.

노동조합도 예외가 될 수 없었다. 특히 노동자계층이 사회변혁의 최첨단에 서야 한다는 생각을 가지고 있는 이들은 기존 노동조합의 정치적, 사회적, 인종적 측면에서의 보수적 태도에 대해서도 부정적인 시각을 가졌다. 기존의 노동조합에 대한 비난은 노조의 베트남전쟁 개입에 대한 찬성, 흑인들의 염원에 대한 무반응 등에 집중되었다. AFL – CIO 지도부는 1945년 이후 냉전이 전개되자 정부의 반공산주의 외교노선을 지지하고, 정부의 베트남전쟁 개입 결정에 대해서도 일관적으로 찬성하는 입장을 취하였다.

노조 지도부의 이러한 자세는 개혁을 앞장서서 이끌어 가야 할 당위성을 가지고 있는 노동조합이 지극히 보수화되어 있다는 비난을 받기에 충분한 것이었다. 또한 노동조합은 흑인의 권리신장 문제에 대해서도 이중적 자세를 취하고 있었다. AFL – CIO는 새로운 헌장의 제정을 통하여 인종차별을 금지하고 민권법안의 통과를 위해 열심히 노력하였으나, 내부적 인종차별 문제를 적극적으로 해소하려는 의지를 보이지 않았다. 상당히 많은 노조 지부에서 흑인들이 노조에 가입하는 것이 불가능하였다. 또한 노조는 지도자그룹에서 거의 흑인을 찾아볼 수 없고 흑인들의 직장에서의 지위향상에 대해서 소극적인 입장을 취하였다는 비난을 받았다.

종합적으로, 노동조합은 사회 전반적으로 진보적 개혁의 분위기가 고조되면서 그들의 세력을 확장할 수 있는 새로운 호기를 맞이하였음에도 불구하고 내부의 구조적 문제로 인해 흑인의 권리신장에 대해 소극적인 자세를 취하고, 정부의 베트남전쟁 개입에 대해서도 보수적 자세를 견지함으로써 개혁의 주체가 아니라 개혁의 대상으로까지 여겨지게 되었다.

6. 전후 번영기(1947~73)의 노사협상의 형태

미국의 자본주의가 지속적으로 확장되기 시작되었던 1940년대 후반기부터 주요 산업분야의 단체협상을 통해서 사용자들은 노동자의 임금인상과 복지혜택의 증진을 제시하는 대신 독자적인 경영전략 수립의 권리를 보장받았고, 노조는 계약기간 동안 지속적인 생산활동을 약속하였다. 단체협상의 또 다른 중요한 특징은 패턴 협상의 출현이었다. GM이나 US Steel과 같이 어떤 업종을 대표하는 회사와 관련노조가 단체협상을 체결하면 그 업종에 있는 모든 기업이 노조의 존재 유무와는 관계없이 이와 거의 유사한 계약을 맺는 것이 일반화된 관행이 되었다. 이 시기의 단체협상을 통해서 합의된 일반적 계약의 형태는 계약기간은 2－3년으로 하고, 계약기간 동안에는 노조는 파업을 하지 않을 것을 보장하는 조항이 포함되어 있었다.[8]

---

8) Glenn Perusek and Kent Worcester, "Introduction: Patterns of Class Conflict in the United States since the 1960s": Glenn W. Perusek and Kent Worcester eds, *Trade Union Politics: American Unions and Economic Change 1960s－1990s* (New Jersey: Humanity Press International, Inc., 1995), pp. 8－15

이와 같은 단체협상의 형태는 중요한 의미를 지니고 있다. 먼저 패턴협상의 관행화는 노동비용을 경쟁의 대상에서 제외하는 것이다. 특정 산업을 대표하는 회사가 임금인상을 허용하는 단체협약을 체결하더라도 동종 분야의 타 회사들도 이를 따름으로써 노동비용 인상에 따른 기업간의 경쟁을 염려할 필요가 없었다. 또 임금인상에 따른 비용부담은 제품가격을 인상함으로써 보전될 수 있었다. 패턴협상이 지속적으로 유지될 수 있었던 이유는 제2차세계대전으로 인하여 세계 주요국가의 경쟁력이 완전히 상실되어 국내시장이 보호될 수 있었고, 국내산업은 규제로 인하여 과점의 상태를 유지할 수 있었기 때문이다. 이러한 국내외적으로 유리한 경제적 여건은 기업으로 하여금 생산활동을 지속적으로 보장받는 대신 노동자의 요구사항을 긍정적으로 받아들이게 함으로써 노사관계의 안정을 가져오게 한 계기가 되었다. 예를 들면, 1948년 연합자동차노조와 GM과의 단체협상에서 물가인상분만큼 임금을 올려주는 생계비연동 조항이 채택되었으며, 그 이후 여타 단체협상에서도 이의 채택이 보편화되었다. 따라서 노동조합과 기업과의 조화로운 동반자 관계는 미국경제가 위기를 맞이한 1970년대 초반까지 지속되었다.

한편, 이러한 합의는 노조의 지도자들이 구성원들로 하여금 합의된 계약을 받아들이도록 할 수 있다는 가정을 전제로 하고 있었다. 1950년대와 1960년대 전반기까지는 일반적으로 노조 지도부와 고용주가 합의한 단체협상안에 대해서 일반 노조원들이 이를 수용하는 분위기였지만, 1960년대 후반부터 1970년대 전반의 시기에는 이와 반대되는 경우가 자주 발생하였다. 예를 들면, 1968년의 경우 노조 지도부가 합의한 안을 거부하는 경우가 12.5%나 되었다. 그리고 노조 지도부의 통제를 벗어난 파업이 빈번하게 발생하였으며, 계약기간내에 발생하는 불법파업의 수도 증가하였다. 또한 이러한 파업이 자주 성공을 거둠으로써 일반 근로자들은 더욱 자신감을 가지고 더 많은 요구를 하였으며, 노조 지도부의 정책을 반대하는 경우가 허다하였다. 한편, 1960년대 초반기 노조의 파업이 다소 줄어들기는 하였지만, 1960년대 말기와 1970년대 초기에 걸쳐 물가가 급등하면서 노동자들의 파업은 다시 증가하게 되어, 1968년에는 파업회수가 15년 만에 5,000회를 넘어섰다. 그리고 여러 노조가 연합하여 General Electric을 상대로 파업을 감행하였고, 1970년에는 General Motors에 대항하여 40만 명의 근로자들이 파업에 참가하였다.

7. 경제침체기의 노동운동

가. 에너지 위기의 도래

1950년대 이후 1967년에 이르는 기간 동안 경기의 지속적 확대와 더불어 실질임금이 비록 큰 폭은 아니었지만 지속적으로 증가하였으며, 이후 1967~73년의 기간에도 근로자들은 물가의 상승에도 불구하고 사용자에게 호전적으로 도전함으로써 실질임금을 인상시킬 수 있었다.

그러나, 아랍권 국가와 이스라엘 사이에 전쟁이 발생하면서 1973년 11월 아랍국가들은 이스라엘에 호의적인 미국과 유럽국가들에 대해서 원유수출을 금지하였다. 그에 따라서 원유가격이 급등하면서 이와 관련된 산업은 심각한 침체상태에 돌입하였고, 전체 실업자수는 이전보다 2배나 증가하였다. 또한 일본과 서유럽의 경제가 급속히 성장하면서 미국산업의 경쟁력이 더욱 약화되어 경제의 침체가 가속화되었다. 이러한 경제의 급격한 후퇴기를 맞이하여 노동자들이 직장에서 그들의 권리를 강력히 주장하는 데는 한계가 있을 수밖에 없었다. 실업의 대폭 증가는 노동시장의 위축을 가져옴으로써 노동자들은 임금의 향상이나 근로조건의 개선 대신에 그들의 일자리를 유지하는 것을 우선적으로 고려하게 되었다. 따라서 파업회수도 이전에 비해 크게 감소하였으며, 1967~73년의 시기와는 달리 노조지도부의 통제를 벗어난 파업도 거의 발생하지 않았다.

한편, 사용자들은 1970년대 중반, 경제가 심각한 침체기에 들어서면서 노조가 국제경쟁력을 약화시키는 주된 요인의 하나라는 비난 여론이 대두하자 사용자들은 이를 호기로 삼아 반노조활동을 강화하였다. 따라서 이 시기에는 노조가입률이 지속적으로 하락하고 노조원들의 임금과 근로조건이 지속적으로 악화되는 것이 일반적 현상이었다. 1954년 34%에 달했던 노조가입률이 1983년에는 20%에 머물 정도로 지속적으로 하락하였고, 1950년대 이후 1970년대 중반에 이를 때가지 대기업의 노사협상에서 일반적으로 관행으로 채택되었던 생계비조항은 1983년에 이르면 그 채택률이 20% 아래로 감소하게 된다.

나. 노동계의 국면전환의 실패

한편, 1974년 경제의 심각한 침체와 더불어 대규모의 실업이 발생하자 노동시장이 위축되어 작업장에서의 호전적인 분위기가 사라지고, 고용주들은 노동조합을 공격하기 위한 다양한 전략을 구사하였다. 일반적으로는 1980년대 초 레이건 행정부가 들어서면서 사용자들이 노조를 공격하기 시작하였다고 알려지고 있지만, 실제로는 1970년대 중반을 그 시발점으로 볼 수 있다. 1975년 태프트-하틀리 법의 조항 중 하나인 2차 보이콧트(secondary boycott) 금지를 완화시키려는 목적을 가진 법안이 의회를 통과하였지만 포드대통령이 이에 대한 거부권을 행사함으로써 노동자의 지위를 강화하려는 1차 시도가 무산되었으며, 1977년에는 민주당이 우세한 하원에 동 법안이 다시 상정되었으나 일부 민주당 인사들이 반대편에 가담함으로써 의안통과가 무산되었다. 1978년 노동조합의 활성화를 목표로 하는 노동법개혁안(labor law reform bill)의 상원 통과가 무산됨에 따라 노동계의 어려움은 가중되었다. 동 법안은 대형 고용주들이 의도적으로 기존 노동법을 위배할 경우 처벌을 강화한다는 내용이 주를 이루고 있었다. 사용자들은 동 법안의 통과 저지를 위해 조직적으로 로비를 하였고, 그들의 노력이 성공을 거두면서 더욱 자신감을 가지고 반노조운동을 강력하게 전개하였다.

8. 1980년대 이후의 노동운동

1980년대에 들어서면서 미국의 노동운동은 1970년대 초반 경제적 침체와 더불어 시작되었던 사용자의 노동조합에 대한 적대적 자세가 계속 이어지는 가운데 보수적인 레이건 행정부가 등장함으로써 더욱 어려움에 처하게 된다. 특히 이 시기에 노동운동의 약화를 가져다 준 상징적인 사건으로 항공관제사노조의 파업실패를 들 수 있다.

가. 항공관제사노조의 파업실패

노동운동의 미래를 가늠하는 상징적 사건의 하나로서 1981년에 발생한 항공관제사노조의 파업실패를 들 수 있다. 양보협상이 관행적으로 이루어지고 있던 이 시기에 항공관제사노조가 열악한 근로조건의 개선과 항공관제국의 개혁을 요구조건으로 내걸고 전면적인 파업을 감행하였다. 항공관제사노조는 1980년의 대통령선거에서 레이건을 지지한 소수의 노조 중의 하나였기 때문에 대통령이 그들의 파업을 용인할 것으로 믿었다. 그러나 파업이 발생하자 레이건 대통령은 노조원들에게 24시간 이내에 직장에 복귀할 것을 요구하고, 그렇지 않으면 해고할 것이라는 최종통고를 하였다. 노조원들이 이를 거부하자 레이건 행정부는 단호하게 노조원들을 해고하고, 관리자들과 비노조원, 군 인력과 신규 고용으로 대체하였다. 노조의 예상과는 달리 항공관제업무는 일주일 만에 70~80% 정도 정상화되었다. 이러한 정부의 강경대응에 직면하여 노동계 지도자들은 항공관제사노조의 파업을 지지한다는 견해만 표명하였을 뿐 항공기 운항을 정지시키는 등의 동조파업에 대해서는 명백하게 반대하는 수동적 입장을 견지하였다.

나. 노조의 협상력 약화

1980년대 초반 정부의 항공관제사노조의 파업에 대한 강력한 대처

이후 노동조합에 대한 적대적 분위기를 바탕으로 고용주들은 노조와의 단체협상에서 강경한 자세를 견지하면서 많은 양보를 끌어낼 수 있었다. 그후 노사관계에 있어서 사용자들의 적대적 자세를 저지할 만한 어떠한 상황의 변화도 발생하지 않았다. 오히려 1970년대 중반 미국경제가 침체기에 들어선 이후 시작된 기업의 이윤 감소, 규제해제, 외국과의 경쟁 심화, 신기술과 신공정의 개발, 자본의 해외이동 등의 여러 요소가 노사갈등에 있어서 사용자에게 유리한 환경을 제공할 뿐이었다. 자동차나 철강산업처럼 심각한 해외경쟁에 직면한 분야에서는 노조는 무기력하게 양보협상을 받아들일 수밖에 없었다. 또한 규제해제가 진행되었던 항공 및 운송산업 분야, 그리고 통신산업 분야에서는 과거의 전통적 협상관행이 완전히 바뀌어 노조는 단체협상시 임금과 근로조건에 대해서 양보하지 않을 수 없었다. 1982년 체결된 화물운송협약에서는 일반적인 임금인상 조항도 포함되지 않았고, 생계비연동 조항도 약화되었다. 특히 포드와 G.M과 같은 회사는 상당한 이윤을 올렸음에도 불구하고 자동차노조와의 단체협상에서 노조에게 생계비연동 조항의 실행 유보를 요구하여 이를 관철시켜 임금을 동결시켰다. 1980년대 초반 이후 단체협상에서 노조가 임금과 고용조건에서 양보하는 경우가 자주 발생하였으며, 특히 1984년 – 85년 경에는 39개 산업분야의 기업들이 노동조합으로부터 임금동결이라는 양보를 이끌어 내었다. 그리고 노조가 없는 산업에서의 노동자들의 일반적인 임금과 복지수준의 하락은 언급할 필요조차 없는 너무나 당연한 현상이었다.

V. 노동운동의 침체 요인

미국의 노동운동은 노동자를 대표하는 단체인 노동조합의 조직률이 1953년 이후 지속적으로 쇠퇴하여 현재 10%를 조금 상회하는 수준에 이름으로써 심각한 위기를 맞이하고 있다. 이러한 현상이 발생하게 된 원인은 다음과 같이 정리할 수 있다.

첫째, 1947년 노동조합의 권한을 제약하기 위한 태프트- 하틀리 법이 제정된 이후 노사관계의 근본적 틀을 바꿀 수 있는 새로운 법이 마련되지 않음으로써 제도적으로 노동조합에 불리한 환경이 지속되었다. 캐나다는 미국과 유사한 경제구조와 노동력을 보유하고 있고 같은 경제적 변화를 경험하고 있음에도 불구하고, 1963년과 1983년 사이에 노조 참가율이 미국의 경우에는 약 30%에서 20%로 하락한 반면에 캐나다는 30%에서 40%로 증가하였는데, 노조의 지도자들은 그 이유가 미국에 비해 캐나다가 노조에 대한 법적인 보호장치가 강력하기 때문이라고 생각하였다.

둘째, 노동력 구성의 변화를 들 수 있다. 미국의 경제구조가 고도화됨에 따라 전통적으로 노조강세 분야인 제조업의 고용인구는 정체상태에 머문 반면, 직업의 특성상 노조화가 상대적으로 어려운 서비스분야의 고용이 크게 확대되었다. 예를 들어 1960년에서 1990년의 기간 동안 생산직 분야의 고용자의 수는 2,000만 명에서 2,490만 명으로 약 25% 정도 증가한 반면, 서비스분야에서는 3,375만 명에서 8,450만 명으로 약 150% 증가하였다.

셋째, 1960년대에 들어오면서 '위대한 사회' 건설이라는 기치 아래 정부 주도로 각종 사회보장제도가 마련되고 노동자의 근로환경을 개선하는 각종 법안들이 제정됨에 따라 노동조합의 전통적 역할이 축소되면서, 노동자의 입장에서는 과거에 비해 노동조합에 가입할 필요성이 줄어들었다. 즉, 정부가 전통적인 노동조합의 기능을 일부 대체함으로써 대체효과가 발생하였다고 할 수 있다.

넷째, 사용자의 강력한 反노조운동이 노조의 세력을 약화시키는 요인이 되었다. 1970년대에 들어와 미국경제가 침체하고 무역적자가 발생하면서 노조의 과다한 임금인상 요구가 국제경쟁력을 약화시키는 주요 요인 중의 하나라는 비난이 대두하였다.

이러한 분위기에 편승하여 사용자들은 강력한 反노조운동을 전개하였다. 사용자들은 노동조합 결성 및 해체 선거에서 승리하기 위하여 노사관계 전문상담원을 고용하거나, 親노조 성향의 노동자를 가려내 해고하는 등의 불법행위를 서슴치 않았다. 또한 사용자들은 노동조합의 세력이 강한 북동부 지역에 있는 기존 공장을 축소 또는 폐쇄하고 노동조합에 적대적 성향이 높은 남부나 남서부 지역으로 공장을 이전하였다.

다섯째, 일부 학자들은, 노동단체가 기존의 노조가입자의 권익보호에만 관심을 기울이고, 경제의 구조가 고도화되어 가는 과정에서 그 종사자의 수가 증가하고 있는 서비스직 분야나 전문직 분야에서 새로운 노조원을 확보하기 위한 적극적인 노력을 하지 않음으로써 노조의 침체를 가져왔다고 주장한다. 특히 동 분야의 종사자 중 상당수가 소수계 민족이거나 여성들인데도 불구하고 노동조합은 그들이 벌이고 있는 민권운동이나 여성지위향상 운동에 소극적으로 대처함으로써 새로운 노조원 확보에 실패했다는 것이다.[9]

VI. 결론 : 노동운동의 미래

1945년 이후 1970년대 초반에 이를 때가지 미국은 고도의 경제적 번영기를 맞이하면서 기업들은 노동자들의 요구사항을 수용하고도 충분한 이윤을 확보할 수 있었다. 그리고 노동조합은 사용자와의 단체협상을 통하여 고용안정과 지속적인 생활수준의 향상을 확보할 수 있었다. 따라서 동 시기에는 노사관계는 적대적인 상태를 완전히 벗어난 것

---

9) Dan Clawson and Mary Ann Clawson, "What has happened to the US labor movement?: Union Decline and Renewal", *Annual Reviews of Sociology*, vol. 25, 1999, pp. 98 – 100

은 아니었지만 경제적 번영을 바탕으로 어느 정도의 안정을 찾을 수 있었다. 따라서 노동조합도 비교적 안정적 기반 위에서 그들의 성장을 추구할 수 있었다. 그러나 1970년대 초반 이후 미국경제가 침체기에 돌입하면서 미국의 노동운동은 새로운 상황을 맞이하였다.

1970년대 초반 이후 현재에 이르기까지 서비스산업의 확대에 따른 고용구조의 변화, 세계경제의 글로벌화에 따른 국제시장에서의 경쟁심화와 자본이동의 자유화, 사용자의 강력한 反노조운동, 지식·정보산업 중심의 경제구조 개편 등으로 미국의 노동운동은 침체일로를 거듭하여 미국사회의 힘의 균형이 일방적으로 사용자측으로 기울어져 갔다. 그러나 이러한 힘의 균형 상실은 생산의 직접적 담당자인 노동자들의 심리적 좌절감을 유발함으로써 국가 전체의 생산력을 약화시키고 심각한 사회문제를 야기시킬 수 있다. 따라서 국가적 차원에서 사용자와 노동자의 힘의 균형을 복원시키기 위해 노동조합의 부활을 유도할 수 있는 강력한 법적, 제도적 장치를 마련해야 할 것이다. 그리고 노동조합은 조합 내부 구성원의 경제적 이익을 추구하는 데만 초점을 맞출 것이 아니라, 확장되고 있는 서비스분야나 전문직분야의 종사자들을 조합원으로 끌어들일 수 있도록 적극적으로 자원을 투자하고, 소수민족의 지위 향상이나 여성의 지위 향상과 같은 사회운동에도 적극 동참함으로써 조직의 저변확대를 위해 노력해야 할 것이다.

제2장 반공운동

안 윤 모(서울여대)

I. 서론

현대사에서 반공주의(Anticommunism)는 파시즘이나 군국주의와 일치하는 것으로 생각되는 경우가 많다. 그러한 생각을 뒷받침해 주는 증거로는, 제2차세계대전 이전에 이탈리아와 독일에서 무솔리니의 파시스트 당과 히틀러의 나찌 당이 공산당 타도에 앞장섰던 사실, 그리고 1935년에 소련이 주도하는 코민테른(국제공산당)이 파시스트 세력에 대항하기 위해 모든 진보세력을 결집시켜 인민전선을 조직했던 사실을 지적할 수 있다. 이러한 사실들에 비추어 볼 때, 파시즘과 공산주의는 숙적의 관계이며, 따라서 반공주의 운동의 중심은 파시스트가 될 수밖에 없다는 주장은 큰 설득력을 가진다.

그러나 이와 같은 도식적 설명은 미국의 경우에는 맞지 않는다. 미국에도 파시스트 세력은 있었고, 또한 그들은 반공운동에 가담하기도 했다. 그러나 미국에서 파시스트는 중요한 정치세력으로 인정될 만큼 강력했던 적이 전혀 없었다. 이처럼 파시스트 세력이 사실상 없었음에도

불구하고 다른 나라에서는 보기 힘들 정도의 강력한 반공운동이 있었
다는 사실은 아주 흥미로운 문제가 될 수 있다.

　이러한 문제에 대한 해답을 찾는 데 있어서 공화주의(Republicanism)
의 개념을 그 도구로 사용할 수 있을 것이다. 즉, 미국의 반공운동은 아
메리카 공화국(American Republic)과 그것이 전통적으로 표방해 온
기본원리들을 지키려는 사람들에 의해 전개되어 왔다고 생각된다. 바꾸
어 말하면, 미국의 반공운동은 유럽의 파시스트들과는 전혀 관계가 없
는 공화국의 시민들, 즉 재산과 교양을 가진 중산계급에 속하는 사람들,
개인의 자유를 중요시하는 앵글로색슨족의 생활방식에 익숙한 사람들,
그리고 캘빈주의적 프로테스탄트 신앙을 가지고 있는 사람들에 의해
주도되어 왔던 것이다.[1]

Ⅱ. 반공운동과 '자경단 전통'

　미국인들이 공산주의에 대해 본격적으로 두려움을 가지게 된 것은
1871년 프랑스의 '파리 코뮌' 사건이었다. 독일과의 전쟁에서 패배한
뒤, 항복을 거부하는 급진파들이 장악한 파리에서는 재산 몰수, 채무의
무효화, 지주 공격, 카톨릭 신부 살해 등과 같은 "붉은 혁명"의 끔찍한
일들이 발생했고, 이런 사실들이 미국 신문에 보도되자 미국인들은 그
러한 공산주의 혁명의 물결이 자신들에게도 밀어닥칠지 모른다는 두려
움을 가지기 시작하였던 것이다.

　그와 같은 두려움은 뒤이어 일어난 사건들로 더욱 커졌다. 그 사건

---

1) 이러한 관점에서 1975년 이후의 신우파(the New Right)와 1990년대의 백인민병대
　(militia)를 다룬 연구로서는 다음과 같은 것들이 있다. 이주영, "미국 신우파의 역사적
　위치(1974 – 1989)," 『북미연구』 제5집(2000. 2), 이주영, "미국 극우파의 성격
　(1980 – 1995),"『미국사연구』 제11집(2000. 5).

들은 1877년의 대규모 철도노동자 파업, 1886년 시카고 헤이마켓의 무정부주의자 폭동, 1901년의 맥킨리 대통령 피살사건, 앤드루 카네기의 홈스테드 제철회사 파업 등이었다. 파업현장에는 언제나 붉은 깃발이 휘날렸고, "가진 자"로서의 자본가 계급과 "못 가진 자"로서의 노동계급 사이의 극한대립 양상이 나타났다. 그러므로 미국인들이 공산주의를 두려워하고 반대한 첫째 이유는 계급적인 것이었다.[2]

여기서 미국인들이라 함은 공산주의 혁명이 일어났을 경우에 적어도 잃어버릴 것을 가지고 있는 "유복한 계급(the respectable classes)"에 속하는 시민들이었다. 이때 시민이란 공화국을 유지하기 위한 세금을 낼 수 있는 유산계급이어야 했고, 또한 공화국을 지키기 위해 무기를 들 수 있는 애국자여야 했다.

따라서 스스로 자기 운명을 개척하지 못하고 남에게 의존해 사는 빈민은 아메리카 공화국의 시민이 될 자격이 없었다. 그리고 그러한 빈민에게 정부가 복지를 제공해야 한다는 공산주의자들의 국가주의적, 집단주의적 발상은 아메리카 공화국의 건국정신에 어긋나는 것이었다. 그것은 "非미국적인(un‒American)" 것이며, 그것을 주장하는 것은 공화국을 파괴하려는 음모로 간주되었다.

그러나 이러한 파괴음모를 분쇄하는 데 정부의 공권력을 사용하는 것은 좋은 방법이 아니었다. 왜냐하면, 그것은 정부의 권한을 강화시킴으로써 시민의 자유를 침해할 위험이 있었기 때문이다. 따라서 시민들이 자발적으로 대응하는 것이 가장 좋은 방법이었다.

이와 같은 "적극적인 시민계급(an active citizenry)"의 의식 때문에 미국에서는 건국 초부터 시민군(민병대)이 치안과 국방을 담당해야 한다는 자경단 전통(the vigilante tradition)이 형성되었다.[3] 그래서

---

2) 영국인 M.J. Heale은 미국의 반공주의를 계급, 인종, 종교의 세 가지 요소로 설명하고 있다. M.J. Heale, *American Communism* .(Baltimore: Johns Hopkins University Press, 1990), p. xi.

1877년에 세인트루이스에서 코뮌의 건설을 외치는 노동자들의 파업이 일어났을 때, '시민 민병대(citizens' militia)'가 조직되어 진압에 나섰다. 그리고 시카고에서는 '시민연합(citizens' association)'과 '핑커튼 탐정단'이 조직되었다. 그리고 공산주의자들과 무정부주의자들에 대항해 싸우기 위해 '미국혁명의 아들들', '미국혁명의 딸들', '건국자들과 애국자들의 모임' 같은 애국단체들이 결성되었다.

시민들의 반공운동에는 인종적인 동기도 있었다. 그것은 미국에서 태어나지 않은 새로운 이민들, 그리고 앵글로색슨족에 속하지 않은 이민들에 대한 "진정한 미국인들"의 두려움이었다.

이러한 인종적인 두려움은 1917년의 러시아 혁명으로 소비에트 정권이 들어서면서 더욱 커졌다. 공산주의 혁명의 물결이 전세계로 퍼져나가자, 미국인들은 외국인들에 의해 혁명이 수입되고 있다는 두려움에 사로 잡혔다. 실제로 코민테른(국제공산당)은 1923년에 미국 공산주의자들에게 머지 않아 백악관에 붉은 깃발을 올리게 될 날이 오리라는 희망적인 메시지를 보내기도 하였다.

그러한 두려움은 다시 시민들 사이에 자발적으로 공화국을 지키려는 자경단의 정신을 불러일으켰다. 그래서 1919년의 시애틀 조선소 파업에서 소련식 '붉은 혁명'의 조짐이 보이고 워싱턴주의 센트랄리아에서 무정부주의자들의 폭동이 일어나자, 재향군인회를 비롯한 시민단체들은 가담자들을 살해하는 등 과격한 행동으로 맞섰다. 그리고 시민들의 압력으로 대부분의 주들은 노동조합을 규제하고 붉은 깃발을 휘두르지 못하게 하는 보안법을 제정하였다. 윌슨의 민주당 행정부도 1919년 말에 249명의 '불순한' 외국인을 소련으로 추방했다. "적색 공포"가 시작된 것이다.

여기서 중요한 것은, 1920년대의 "적색 공포(Red Scare)"를 가져오

____

3) *Ibid.*, p. 4.

는 데 시민단체들이 앞장을 섰다는 사실이다. 그것은 "신을 두려워하는 앵글로색슨족의 미국"을 '사악한' 유럽의 세계주의적인 공산주의 문화로부터 보호해야 한다는 우파운동이었다. 바꾸어 말하면, 그것은 건국 초기의 공화주의적 조화라는 문화적 동질성을 지키려는 이데올로기적 십자군운동이었다.

그 한 가지 예가 '재향군인회(American Legion)'가 벌인 미국화(Americanization) 사업이었다. 그들은 "100 퍼센트 아메리카니즘(One Hundred Percent Americanism)"의 목표를 달성하기 위해 새로운 이민들에게 영어와 국민윤리를 가르치고, 학교 교육에서 애국심을 고취시키도록 장려하고, 애국적 문헌을 배포하고, 글짓기 대회를 열고, 청소년 야구대회를 열었다. 이것은 미국에 들어오는 외국인은 공산주의자일지도 모른다는 인종주의적인 편견에서 나온 것이기도 했다.

이러한 인종주의적 편견은 미국의 노동자들에게서도 나타났다. 미국 태생의 백인 노동자들이 이민과 공산주의를 거부한 이유는 새로운 이민들이 자기들의 일자리를 빼앗을 것이라는 두려움 때문이기도 했다. 백인 노동자들에게는 자신들이 노동자 계급이라는 사실보다 미국 태생의 백인이라는 사실이 더 중요했다. 즉, 그들에게는 앵글로색슨족의 인종적 순수성과 공화주의의 전통을 유지하는 일이 더 중요하였다. 1920년대의 큐 클럭스 클랜(KKK) 운동에 육체노동자, 사무원, 경찰, 소농민들이 동조한 것은 바로 이러한 이유에서였다.

반공운동에 기업가들이 적극적이었던 것은 너무나 당연하였다. 전국 제조업자협회, 전국 창업자협회와 같은 기업가 조직들은 노동조합 운동을 유럽에서 건너온 외래적인 것으로 규정하였다. 그 때문에 그들은 노동조합들과의 단체교섭을 거부하고, "미국적 계획"으로 알려진 "노조없는 공장(open shop)"이 미국의 전통과 맞는 것이라고 주장하였다. 그들은 "모든 사람은 자신의 구원을 위해 일한다"는 개인주의적인 기업윤리를 내세웠다.

반공운동의 세번째 동기로 종교적인 요인이 작용하였다. 1917년에 러시아 혁명에서 볼셰비키들이 정권을 잡고 혹독하게 종교를 탄압한 사실을 보고, 미국의 기독교인들은 공산주의와 교회는 결코 화합할 수 없다는 사실을 확인하게 되었다. 그들은 무신론적인 공산주의가 "신을 두려워하는 국민"인 미국인들의 기독교적 공화주의 원리들을 모두 부정한다고 생각하였다. 그 때문에 오히려 미국의 기독교는 공산주의에 대한 해독제가 되어야 한다고 생각하게 되었다.[4] 그래서 근본주의 신앙을 내세우는 프로테스탄트 교회들은 미국적 가치를 존중하기 위한 애국주의적인 교육을 강조하고, 교사들에게 충성 서약을 하도록 요구하고, "비미국적인" 내용이 담긴 학교 교과서를 검열하려 했던 것이다.

Ⅲ. 반공운동과 인민전선 노선

미국의 반공운동은 1930년대에 루즈벨트의 민주당 행정부가 뉴딜 정책을 통해 사회주의적인 국가계획의 개념과 국가통제의 개념을 구현하려 하자 새로운 국면을 맞이하게 되었다. 왜냐하면, 이제 반공주의자들의 공격목표가 공산주의자들이나 이민이 아니라 "사회주의적" 성향을 강하게 띠어 가는 민주당 행정부로 옮겨졌기 때문이다. 그에 따라 반공운동은 이제 反정부적인 성격을 띠게 되었고, 투쟁 무대는 지방에서 워싱톤으로 옮겨지게 되었다.

반공주의자들은 뉴딜 정책이 개인주의적인 미국사회에서 소련의 국가주의적 또는 집단주의적인 통제의 개념을 도입하고 있다고 두려워

---

4) 이러한 기독교적 입장은 그후 1950년 2월에 조셉 맥카시 상원의원의 다음과 같은 말 속에서 그대로 나타나고 있다. "오늘날 우리는 공산주의적 무신론과 기독교 사이의 최종적이고 전면적인 싸움에 휘말려 있다. 공산주의의 현대적 투사들은 이 때를 적당한 시기로 선택하였다.... 전쟁은 진행되고 있다." David H. Bennett, *The Party of Fear*(New York : Vintage Books, 1995), p. 293.

하였다. 뉴딜 이전에는 "모든 사람들은 자기 운명에 대한 자기의 책임을 받아들였고, 자기의 태만 또는 불운에 대해 자기를 원망하였다. 그것은 자기의 과실, 자기의 어리석음, 자기의 능력부족 때문이었다. 그러나 뉴딜 행정부에 와서는 그렇지 않았다. 실패한 것은 사람들이 아니라 체제라고 주장하였다. 그러므로 개인의 불행에 정부가 책임이 있고, 따라서 뉴딜 정책의 경제적, 사회적 프로그램은 연방정부의 권한과 책임을 영구히 크게 해 놓았다"고 어느 반공주자는 말하였다.[5]

이들 반공세력들은 뉴딜 정책에 반대하기 위해 허버트 후버(Herbert Hoover)와 오그덴 밀즈를 중심으로 듀퐁과 제네랄 모터즈의 협력을 얻어 1934년에 자유연맹(The Liberty League)을 조직하였다.

그것은 국가통제와 집단주의를 강조하는 공산주의에 대항해 자유방임(laissez‒faire)의 원리를 천명하였다. 뉴딜이 추구하고 있는 국가계획의 수립(planning)은 결국은 국가사회주의나 사회주의 독재로 이끌고 말 것이라고 생각하였다. 그러한 정부의 적극적인 간섭주의는 "미국 국민의 창의력과 근면성을 무너뜨릴 것이며", "우리 국민 속에 있는 기회균등을 파괴하고, 우리 문명의 기반이 되고 있는 이상들을 부정하는 것이다"고[6] 허버트 후버는 주장하였다.

이들의 감정은 1934년에 애국단체들과 관련된 엘리자베스 딜링 여사가 쓴 『빨갱이 조직망』의 출간에서 나타났다. "애국자들을 위한 급진주의 안내서"라는 부제가 붙은 이 책은 많은 중요한 단체에서 460명의 공산주의자, 급진적 평화주의자, 무정부주의자, 사회주의자, 세계 산업노동조합주의자가 활동하고 있다고 폭로하였다. 그러한 단체들은

---

5) *Ibid.*, p. 282

6) William Starr Myers, *The State Papers and Other Public Writings of Herbert Hoover* (New York: Doubleday, 1934), pp. 526‒527. 후버는 덧붙여 "진정한 자유는 관료제를 확산시키려는 노력에서 찾아지는 것이 아니라 그것을 막기 위한 노력에서 찾아지는 것이다"고 말하고 있다; (Herbert Hoover, *The Challenge to Liberty*(New York: Charles Scribner's Sons, 1934, p. 136)

'미국시민 자유연맹(ACLU)', '미국노동연맹(AFL)', '유색인종 지위 향상협회', 'YMCA', '여성유권자연맹' 등과 같은 것들이었다.

거기에는 사회사업가 제인 애덤스, 작가 셔우드 앤더슨, 알버트 아인슈타인, 엘리노어 루즈벨트와 같은 위험한 저명인사 1300명의 명단이 들어 있었다. "우리는 정부에 거대한 관료조직을 가져다 준 과격한 간섭주의자들(뉴딜주의자들)로부터 정부를 구출할 강건한 옛 미국인을 필요로한다"고 말함으로써 그녀는 반공의 십자군정신을 불러일으켰다. 1936년의 대통령 선거에서 언론재벌 허스트(William Randolph Hearst)는 루즈벨트를 "코민테른의 비공식적인 후보"라고 불렀다.

뉴딜 정책의 입안자들 가운데는 마르크스주의에 동조하는 교수들도 있었다. 그 대표적인 예가 1933년에 미국노동자당을 조직한 시드니 후크였다. 그 때문에 반공주의자들은 대학 내부의 공산주의자들을 몰아내려고 하였다. 그래서 허스트는 뉴욕대학 당국에게 시드니 후크와 제임스 번햄을 해고하도록 요구하였다. 부호 찰스 월그린은 시카고 대학이 공산주의에 물들어 있다는 이유로 조카를 자퇴시킴으로써 대학 당국에 항의하였다. 위스콘신 주의회는 위스콘신 대학이 공산주의를 가르치고 공산주의자들을 포용하고 있는 데 대해 경고하였다.

연방정부가 공산주의에 물들어 있다고 하는 주장에는 그 나름대로 근거가 있었다. 왜냐하면, "붉은 30년대"로 불리는 뉴딜 시기에는 공산주의자들이 파시스트 세력에 공동으로 대항하기 위해 온건한 개혁세력들을 끌어들여 인민전선(Popular Front)을 조직했기 때문이다. 그 때문에 공산주의자들은 존 루이스가 이끄는 '산업노조회의(CIO)' 소속 노동조합들을 지원하였다. 그에 따라 "CIO의 정책 결정은 모스크바의 공산당 본부에서 이루어진다"든가, "CIO 가입은 소비에트 미국의 건설을 돕는 것"이라는 비난이 나오게 되었던 것이다.

그러한 비난은 모두 노동운동과 공산주의운동을 동일시하고 있음을 드러낸 것이었고, 따라서 노동조합을 돕고 있는 루즈벨트의 민주당 정부도 공산주의적인 것으로 보고 있었음을 나타낸 것이다. 이러한 비난에는 전국제조업자협회와 같은 기업조직이 앞장 섰지만, 재향군인회, "공산주의, 파시즘, 비애국적인 평화주의에 대항하기 위한 감리교 연맹"이나 남침례교회협의회 같은 종교단체들도 적극 가담하였다.

이러한 시민들에 의한 反뉴딜, 반공운동은 정치인들의 호응도 얻었다. 그 중심은 공화당 소속 의원들과 민주당의 남부 출신 의원들이었다. 그들은 자유방임주의 노선에 입각하여, 공산주의자들이 민주당과 뉴딜 집행 기구에 침투하고 있다고 경고하였다.

1938년에 텍사스 출신 하원의원 마틴 다이스(Martin Dies)는 "파괴적이고 非미국적인 선전"을 조사할 결의안을 통과시키고, 하원의 非미국적 활동조사위원회의 위원장이 되어 전국노동관계청이나 연방연극작가지원사업 같은 뉴딜 기관들, 그리고 CIO 소속 노동조합들이나 평화민주주의연맹과 같은 좌파적 민간단체들의 공산주의 감염에 대해서도 조사하려고 하였다. 그는 인민전선 세력이 "공산전선"으로 바뀌어 가고 있다고 생각하였다. 이것은 루즈벨트 행정부를 공산주의적인 것으로 의심하고 있었음을 의미한다.

그에 따라 미국의 정치판도는 뉴딜 지지세력과 뉴딜 반대세력으로 명확히 구분되었다. 뉴딜 지지세력은 CIO 소속 노동조합들, 공산당, 민주당 진보파였고, 뉴딜 반대세력은 기업가와 애국자, 근본주의적인 프로테스탄트교도, 남부 백인, 그리고 일부의 카톨릭 교도와 일부의 노동자들이었다.

반공주의자들의 입장은, 1939년에 소련이 나찌 독일과 불가침조약을 체결하고 독일과 함께 폴란드를 침략하면서 더욱 유리해졌다. 소련이 침략자로 비난을 받게 되었기 때문에 공산주의자들은 더욱 수세에 몰리게 되었다.

그러한 반소, 반공의 분위기 속에서 공산주의자들을 규제할 법들이 의회에서 제정되었다. 해치 법은 정부 전복을 옹호하는 공산당 조직의 가입자들이 연방정부 기구에 취업할 수 없도록 만들었다. 스미스 법(Smith Act: 외국인 등록법)은 외국인과 공산주의자들이 정부에 등록하고, 지문 채취를 받고, 정부전복을 옹호할 경우 추방할 수 있도록 규정하였다.

그에 따라 공산주의자인 얼 브라우더는 체포되어 4년형을 선고받았다. 제이 에드가 후버(J. Edgar Hoover)가 이끄는 FBI는 위험인물로 분류된 노조, 관료, 목사, 교사, 대학교수, 작가, 정치가들에 대한 감시를 강화하였다.

이러한 의회의 반공운동에는 온건한 노동조합 운동가들도 합세하였다. 왜냐하면, 당시는 제2차세계대전이 진행되고 있었으므로 공산주의자들이 장악한 노동조합들이 방위산업을 마비시킴으로써 전쟁수행을 어렵게 할 위험이 있었기 때문이다.

그래서 미국노동연맹(AFL)의 존 프라이는 1938년에 다이스 위원회에 나가 공산주의자들은 산업조직회의(CIO) 소속 10개 노조를 장악하고 있고 민주당에도 침투해 있다고 증언하였다. 공산주의자들은 보수적인 AFL 소속 노조들에도 침투했고, 그 때문에 1946년 AFL 전국대회에서 이미 국무부에 침투한 공산주의자들에 대한 문제가 제기되었다.

"정부 부처에 고용된 많은 공산당원들이 주와 다른 기관의 문서를 분류하기도 전에 상당부분 훔쳐내어 모스크바로 보내기 위해 복사했다"는 것은 잘 알려진 사실이라고 AFL의 한 간부는 말했다.[7] 그리고 필립 머레이나 시드니 힐만 같은 CIO의 온건한 지도자들까지도 1941년의 방위산업체에서의 파업을 뒤에서 조종했음을 증언하였다.

반공주의자들은 공산주의자들의 공립학교 침투에 대해서도 경계심을 가졌다. 실제로 교사들 가운데는 마르크스주의자들이 많았는데, 그 대표적인 경우가 콜럼비아대학교 사범대학 출신들이었다.

---

7) Proceedings of the Seventy – Fifth Annual Convention of the American Federation of Labor(1946), pp. 553 – 4.

그리고 교과서에 나타난 마르크스주의적인 경향은 해롤드 러그즈의 사회과목 교과서들에서 두드러졌다. 이와 같은 "교과서에 나타난 반역"에 대처하기 위해 아메리카 광고연합, 아메리카 연합, 전국 제조업자협회, 허스트 계 신문, 지역 교육위원회는 그 책들의 배포를 막으려고 노력하였다.

Ⅳ. 민주당의 소극적 반공정책

1945년에 제2차세계대전이 소련을 가장 중요한 전승국으로 올려놓으면서 끝나자, 공산주의의 위신은 더없이 높아졌고, 그것의 위력은 전 세계로 퍼져나갔다. 이제 공산주의는 시대의 대세인 것처럼 보였다.

그 결과, 미국의 공산주의자들도 더욱 더 노골적으로 스탈린주의를 표방하였고, 그에 따라 인민전선을 "공산주의자 전선(Communist Front)"으로 바꾸어 갔다. 그러한 증거는 공산주의 지도자로서 온건한 얼 브라우더가 물러나고 강경한 스탈린주의자인 윌리엄 포스터가 떠오른 사실에서 드러났다. 포스터는 인민전선 노선이 자본주의에 대한 굴종주의의 산물이라고 비난하였다.

공산주의자들의 득세와 더불어 노동조합들의 대대적인 파업이 연달아 일어났다. 그러므로 허스트 계 신문들은 파업이 소련에 봉사하려는 것이라고 공격하였다. 상공회의소는 1946년에 노동운동과 정부에서의 파괴활동을 조명한 『미국에서의 공산주의 침투』라는 책자 20만 부를 배포하였다.

스탈린주의자들이 공격적인 자세로 나오자 인민전선 노선을 지지했던 온건한 진보세력들이 공산주의자들과 손을 끊으려 하였다. 그래서 뉴딜주의자들 일부는 민주행동연합을 새로 조직하였다. 월터 로이터의 연합자동차노조도 공산주의 세력과의 결별을 선언하였다. CIO 안에서도 반공세력이 형성됨으로써 온건한 필 머레이가 새로운 지도자로 등장하게 되었다.

전시에 인민전선 노선을 지지했던 민주당도 이제는 공산당과 동일시되고 있는 데 부담감을 느끼기 시작하였다. 그 때문에 공산주의자들과 거리를 두려고 하였다. 민주당은 1946년의 중간선거 패배로 충격을 받았다. 민주당은 공화당으로부터 "모스크바에서 만들어진 상표"가 붙어 있다는 비난을 받았다.

그러므로 민주당 행정부는 반공의 입장을 뚜렷이 할 수밖에 없었고, 그 결과로 나온 것이 공무원들에 대한 충성도 심사(Loyalty Program)였다. 그것은 연방정부의 공무원들이 "불충", 다시 말해 "전체주의적, 파시스트적, 공산주의적 또는 파괴적"인 조직에 가입하거나 동조한 데 대해 심사를 받도록 한 조치였는데, 그 주요 목적은 공산주의적 오염에 대한 조사에 있었다.

그렇다고 해서 공화당이 그 정도로 변신한 민주당 행정부의 조치에 만족한 것은 아니었다. 그래서 1947년에 공화당은 태프트-하틀리 법(Taft-Hartely Act)을 제정하였다. 그것은 뉴딜 시기의 와그너 법을 뒤집기 위한 것으로서, 노조 간부들에게 공산주의자가 아님을 분명히 선언하도록 압박함으로써 CIO가 공산당과 손을 끊도록 하려는 것이었다.

공화당 의원들과 민주당의 남부 출신 의원들로 이루어진 '하원 非미국적 활동 조사위원회(HUAC)'는 1947년 가을에 공산주의자들의 헐리우드 침투에 대한 청문회에 착수하였고, 마침내 "헐리우드 10인"으로 불리는 친공적인 영화인들을 의회 모독죄로 실형선고를 내리게 하는 데 성공하였다. 또한 동 위원회는 노동조합들, 급진적 학생들, 남부 인간복지회의 같은 인민전선 세력들, 다시 말해 뉴딜 연합세력의 좌파들의 활동에 대해서도 조사를 벌였다.

기업가들도 반공운동에 가담하였다. 대기업들은 대체로 반공주의 문제에 휘말리지 않으려는 소극적이고도 중립적인 태도를 보였다. 오히려 적극적인 태도를 보인 것은 중소기업들이었다. 그래서 중소기업을 대변하는 상공회의소는 1948년에 대중의 반공정신을 일깨우기 위해『반공활동 사업계획』이란 책자를 배포하였다. 재향군인회도 <빨갱이 폭로: 파괴적 영향에 대한 연구>를 발표하여 공산주의자들의 정부, 학교, 영화계 침투를 폭로하였다.

근본주의적인 신앙을 내세우는 프로테스탄트 교회들도 다시 적극적으로 반공운동을 벌였다. ‘전국복음주의자연합’ 과 같은 개신교 단체들은 뉴딜이 “혁명적인” 것이라고 비난하고, “빨갱이들”이 정부, 노동조합, 교회에 침투하고 있다고 경고하였다.

카톨릭 교회의 일부 세력도 반공운동에 참여하였다. 그리하여 프랜시스 카디날 스펠만, 풀톤 쉰 주교는 “붉은 파시즘”, 즉 공산주의적 전체주의에 물든 “황색 여행자들”의 위험성에 대해 경고하였고, 그들의 노선에 따라 ‘카톨릭 참전용사회’, ‘콜럼버스 기사단’, ‘카톨릭 노동조합연합’ 과 같은 민간단체들이 행동하였다.

반공운동에서는 백인의 우월성을 주장하는 남부인들의 역할도 컸다. 그들은 흑인들의 지위를 향상시키려는 트루먼 행정부의 민권정책이 국제 공산주의로부터 온 것이라고 생각하였다. 마침내 1948년의 선거에서 민주당이 정강에 민권 항목을 포함시키자, 민주당의 남부 세력은 떨어져 나가 주권당을 만들고 스트롬 서몬드를 대통령 후보로 내세웠다. 남부에서는 백인우월주의가 반공주의로 연결되었던 것이다.

1948년의 선거에서 민주당은 또 다른 일부 세력이 떨어져 나가 진보당을 결성함으로써 더욱 더 어려운 위치에 놓이게 되었다. 진보당은 인민전선 노선을 다시 뚜렷이 천명하려는 좌파세력으로서, 뉴딜 정책에서 농업문제를 담당했던 헨리 윌리스를 대통령 후보로 내세웠다.

진보당은 공산당과 거리를 둠으로써 소련의 앞잡이라는 비난을 받지 않으려는 의도에서 만들어졌지만, 실제로는 공산당과 같은 것으로 비난을 받았다. 공산당도 진보당을 지지하고 나섰고, 그 때문에 진보당은 제랄드 스미스와 같은 반공주의자들로부터 "스탈린 침투의 위장" 또는 "공산주의 전선"이란 비난을 받았다. 트루먼 대통령과 「뉴욕타임스」같은 온건한 진보주의 세력까지도 진보당을 공산주의적인 것이라고 비판하였다.

진보당의 용공성 시비는 1948년에 체코슬로바키아에서 인민전선 노선의 정부가 공산주의자들의 쿠데타에 의해 무너지면서 더욱 커졌다. 결국 인민전선 노선을 내세운 미국의 진보당도 체코슬로바키아에서처럼 공산주의자들의 숨은 의도에 끌려가게 될 것이라고 의심하였다. 게다가 소련의 베를린 봉쇄가 일어났을 때 헨리 월리스가 소련을 옹호했는데, 이 사실도 진보당이 소련의 앞잡이라는 의심을 더욱 크게 만들었다.

그 때문에 트루먼의 민주당 행정부도 자신의 진보주의(뉴딜주의)의 한계를 분명히 설정하기 위해 공산주의와는 물론 진보당과도 거리를 분명히 두지 않을 수 없었고, 또한 공화당이 주도하는 하원의 '非미국적 활동 조사위원회'의 노선에 동조할 수밖에 없었다. 즉, 민주당도 반공주의자들의 "적색공포" 전략을 사용하게 되었다.

마침내 트루먼의 민주당 행정부는 1948년에 12명의 공산주의자들이 공산당을 조직하여 정부를 폭력으로 전복할 의도를 가지고 있다는 이유로 그들을 스미스 법에 따라 기소하였다. 이것은 공산주의자들을 공공생활로부터 추방함으로써 공산당의 존속 자체를 위협하는 것이었다. 또한 이것은 트루먼의 민주당 행정부도 결국 공산당이 국제공산주의자들의 음모 조직이라는 공화당의 반공적 견해를 받아들였음을 의미했다.

또한 이것은 이제부터 공산주의 통제의 문제가 지방의 자경단체들로부터 중앙정부의 사찰기관으로 옮겨가게 되었음을 의미하였다. 그리고 이것은 좌파를 공동의 적으로 하여 우파와 중도파가 손을 잡았음을 의미하였다.

실제로, 민주당 행정부 안에 공산주의자들이 깊숙히 침투해 있다고 주장하는 공화당의 비난을 뒷받침하는 사건들이 제2차세계대전 직후에 일어났다.

1948년에 간첩혐의로 체포된 국무부 고위관리 앨저 히스 사건, 그리고 1949년에 또 다른 간첩혐의로 체포된 법무부 관리 쥬디스 코플론 사건, 1950년에 로스알라모스에서 원자탄 개발과 관련하여 소련을 위한 스파이 활동을 한 혐의로 체포된 영국인 과학자 클라우스 푹스 박사 사건은 공산주의자들이 민주당 행정부의 심장부까지 침투해 있다는 공화당의 주장을 뒷받침하기에 충분한 증거가 되었다. 그리고 이러한 간첩사건들은 뉴딜 정책이 왜 사회주의적인 성격을 띠게 되었는지, 그리고 냉전에서 미국이 왜 소련에게 밀리게 되었는지를 분명히 설명해 주고 있는 것 같았다.

이처럼 공공생활로부터 공산주의자들을 추방하려는 움직임이 활발해지자, 진보 - 좌파 세력들은 살아남기 위한 전략을 새로이 찾게 되었다. CIO는 태프트 - 하틀리 법을 폐지하려고 하기보다는 그것에 적응한다는 수정된 노선을 채택하였다. 그래서 그들은 1949년의 전국대의원회의에서 공산당 가입자들이 운영위원회에 들어오지 못하도록 한 월터 로이터의 결의안을 통과시키고, 공산주의 혐의를 받고 있는 11개 노조를 추방하였다. 그리고 다른 수십 개의 개별노조들도 공산주의자들이 간부직을 맡지 못하게 규정을 바꾸었다.

다른 진보적인 단체들도 공산주의와의 연루에서 오는 부담으로부터 벗어나려고 하였다. 인종평등회의(CORE), 유색인 지위향상협회(NAACP), 시민자유연합(ACLU)은 공산주의자들이 장악하고 있는 지부들을 폐쇄하였다. 전국교육협회도 공산주의자들의 회원가입을 금지하고, 공산당 당원이 교사로 채용될 수 없도록 건의하였다.

V. 공화당의 적극적 반공정책과 맥카시즘

이러한 분위기 속에서 제2차 "적색공포"가 일어나게 되었는데, 그 계기는 1950년에 위스콘신 출신의 상원의원 조셉 맥카시의 반공운동 가담으로 찾아왔다.

1950년 2월에 조셉 맥카시(Joseph McCarthy)는 웨스트 버지니아의 휠링에서 국무부 안에 205명의 공산주의자들이 있다는 폭탄선언을 함으로써 정부 안에 공산주의자들이 있다는, 그리고 정부 안의 반역자들이 미국을 소련에게 팔아먹고 있다는 공화당의 주장을 공식화하였다.

새로운 "적색공포"는 1950년 9월에 공화당이 우세한 의회가 국내보안법(맥카란 법)을 제정함으로써 절정에 이르렀다. 그 법은 공산주의자들과 그 동조자들을 공공생활로부터 추방하려는 것으로서, 트루먼의 민주당 행정부가 시행하고 있던 충성도 심사를 무의미하게 만들었다. 트루먼 대통령은 그 법을 거부하였지만, 결국 통과되고 말았다. 이 법은 공산당이나 "공산당 전선"에게 정부에 등록하도록 요구한 것으로서, 정치사찰 대상의 범위를 연방정부 공무원으로부터 민간단체들과 개인들에게까지 확대한 것이었다. 등록된 공산주의적 단체들에게는 간행물에 "공산주의 조직"의 것임을 밝히도록 했는데, 그것은 공산주의자들의 충성심을 사회의 모든 분야에서 확인하려는 것이었다.

트루먼 대통령은 국내보안법과 맥카시 상원의원의 극단적인 방식을 거부하면서도, 공산주의자들을 영향력 있는 자리에서 몰아내라는 요구에는 동의하였다. 그러므로 민주당 행정부와 공화당 의회는 수단에 있어서만 약간 달랐을 뿐, 목적에 있어서는 같았던 것이다. 그러므로 1947년 이후 6년 동안 수천 명의 공무원이 조사를 받아 사임하였다. 그리고 1956년 말까지 100명 이상의 공산당 지도자들이 스미스 법에 따라 유죄를 선고받았다.

트루먼 행정부의 반공전략은 로젠버그 사건으로 절정에 이르렀다.

원자력 비밀을 소련에게 제공했다는 혐의로 재판에 회부된 로젠버그 부부는 유죄판결을 받고 나중에 처형되었다. 판사는 판결문에서, 원자탄 기밀을 소련에게 넘겨준 것은 "신을 두려워하는 국민을 파괴하려는 사악한 음모"였다고 주장하였다.

한국전쟁이 일어나면서 민주당 행정부의 극동정책이 공산주의와 소련에 봉사하는 반역적인 것이며, 따라서 민주당이 "반역의 정당"이라고 규탄해 온 공화당의 주장이 더욱더 신뢰감을 가지게 되었다. 한국전쟁 기간에 트루먼 대통령이 조지 마샬 장군을 국방장관에 임명하자, 윌리엄 제너 상원의원은 그 임명을 미국 병사들을 팔아넘기기 위한 반역적인 것이라고 비난하고, 태프트 상원의원은 "극동정책에서 공산주의에 대해 동조적인 태도"를 보인 것이라고 비난하였다.

하원의 非미국적 활동조사위원회(HUAC)는 공산주의 혐의로 소환된 증인들이 헌법 수정조항 제5조를 내세워 증언을 거부하자, 의회 모독죄를 적용하는 방법을 사용하였다. 그 경우에 증인들은 감옥에는 가지 않았지만, 해고될 수는 있었다. 그리고 그 위원회는 영화계와 대결하여 "헐리우드 10인"을 감옥에 보내는 데 성공하였다.

팻 맥카란(Pat McCarran) 상원의원이 이끄는 상원 국내안보소위원회(SISS)도 공화당의 반공 명분을 강화해 주었다. 그 위원회의 가장 큰 업적은 국무부를 조종하여 중국 대륙을 공산주의자들에게 넘겨준 데 책임이 있는 것으로 비난받던 태평양관계연구소에 대한 조사였다.

그것은 1949년에 중국 공산당이 중국 대륙을 차지하게 된 책임이 국민당 정부에 비판적이고 공산주의자들을 단순한 농촌개혁가라고 주장하면서 트루먼 행정부의 중국정책을 잘못 이끈 진보적인 지식인들과 국무부 관리들에게 있다는 의심의 분위기에서 나온 조치의 하나였다. 실제로 그들 가운데는 미국 정부가 중국에서 국민당 정부 대신에 공산당을 인정해 줄 것을 요구할 정도로 공산당의 공식 노선과 비슷한 사람들도 있었다.

실제로 연구소 관련자들 가운데는 공산주의자들이 있었고, 그 때문에 존스 홉킨스 대학의 오웬 래티모어를 위증죄로 기소하였다. 청문회에서 전직 소련 장군이었던 바민(Alexander Barmine)은 그가 소련 군 수사국 요원이었다고 증언했고, 전 공산주의자였던 번디즈(Louis Bundez)도 타이딩스 위원회에서 그가 공산주의자였다고 증언했다. 그에 따라 매카란 위원회는 래티모어가 "소련 음모의 의도적이고 분명한 도구였다"고 결론을 내렸다.

1952년의 선거에서 공화당은 공산주의 문제를 잘 활용하여 승리했다. 즉, 공화당은 민주당이 "20년 동안의 반역"에 대한 책임이 있음을 부각시켰던 것이다. 그리고 그 선거에서 열렬한 반공주의자인 리차드 닉슨이 온건한 아이젠하워의 "러닝메이트"가 되어 부통령이 된 것이 반공 세력들에게는 큰 승리였다.

국제공산주의 음모에 대한 의심의 분위기는 이민에 대한 규제로도 나타났다. 트루먼 정부의 발표대로 공산당 지도자의 4분의 3이 외국 태생이었으므로, 반공주의자인 팻 맥카란의 주도로 제정된 1950년과 1952년의 이민법은 외국인들의 추방, 법적 보호의 축소, 시민권의 박탈을 쉽게 이행할 수 있도록 만들어 놓았다.

추방은 한국전쟁 기간에 많이 이루어졌다. 그리고 공산당원에게만 적용되었던 여권 발급 거부가 "해외에서의 행동이 미국의 최대 이익에 배치될 가능성이 있는" 모든 사람에게로 확대되었다. 그 때문에 오웬 래티모어, 듀보이스, 윌리엄 오 다글라스가 여권을 받지 못했다. 또한 사상적으로 의심스러운 외국 방문객에 대해 비자 발급을 거부함으로써 여러 차례에 걸쳐 국제 과학자회의를 무산시켰다. 미국에 오래 거주했던 영국인 배우 찰리 채플린이 재입국 허가를 받지 못했던 것도 이런 이유 때문이었다.

Ⅵ. 1950년대의 "반공주의적 합의"

1950년대 초 미국인들의 공공생활에서 반공주의적 합의(Anticommunist Consensus), 즉 미국사회에서 공산당은 합법적인 활동을 할 수 없다는 데 대한 국민 전체의 합의가 대체로 이루어졌다. 그것은 1954년에 공산 당통제법이 공화, 민주 두 당의 압도적인 지지로 통과되고, 행정부도 그것을 받아들인 사실에서 확인되었다.

그리고 여기에는 노동조합, 교회 및 수많은 민간단체들이 동의하였 다. 언론의 대부분도 반공주의적 합의에 동의하였다. 허스트 계 신문들, 스크립스 – 하워드 신문들, 로버트 맥코믹 계통의 신문들, 특히 시카고 트리뷴과 워싱톤 타임즈 – 헤랄드가 그 앞장을 섰다. 그러나 뉴욕타임 즈와 워싱턴포스트 같은 진보적인 일간지는 가담하지 않았다.

이와 같은 지도층의 반공주의적인 합의는 폭넓은 대중적 지지에 뿌 리를 두고 있었다. 교육을 많이 받지 못한 노동자들, 소수인종인 카톨릭 교도들, 중소기업인들도 공산주의에 대한 두려움을 가지고 있었고, 그 때문에 반공주의적 합의를 지지해 주었다. 이러한 폭넓은 국민적 합의 가 있었기 때문에 제2의 "적색공포"가 가능했던 것이다.

이처럼 대중이 적색공포 문화를 지지한 데는 1950년대 초의 경제적 번영과 그에 따른 국민 대중의 미국적 체제에 대한 확신감이 작용하였 다. 1933년에 25 퍼센트였던 실업률이 1953년에는 2.5 퍼센트로 크게 떨어짐으로써 미국경제는 마르크스주의자들의 비관적 예측과는 반대로 번영하였는데, 이 사실은 자유기업체제의 장점을 미화하는 데 중요한 역할을 담당하였다.

대중의 반공주의 지지는 1950년대에 일어난 종교부흥 때문이기도 하였다. 복음주의적 프로테스탄티즘의 풍미로 1950년과 1960년 사이에 교회와 관련된 사람은 55퍼센트에서 69퍼센트로 크게 늘어났다. 이렇 게 종교에 관심이 커진 것은 냉전에서 소련의 "무신론적 공산주의"와 대결하면서 미국의 정신적 강함을 강조하는 과정에서 비롯되었다. 미국이 소련보다 우세한 것은 신에 대한 믿음 때문인 것으로 생각되었다. 조셉 맥카시 자신도 현대의 위기를 "공산주의적 무신론과 기독교 사이의 최후의 전면적인 싸움"이라고 규정하였다.

그래서 종교적 근본주의자들의 모임인 '전국 복음주의자 협회'는 교회와 정부 안의 "빨갱이들"을 규탄하고, "기독교만이… 자유기업이 뒤집어지는 것을 막을 수 있다"고 주장하였다. '기독교회의'의 칼 맥킨타이어(Carl McIntyre) 목사, '기독교 반공십자군'의 프레데릭 슈와츠 박사, '기독교 십자군'의 빌리 제임스 하기스(Billy James Hargis) 목사를 비롯한 근본주의자들은 노조 없는 공장 운동, 유엔 반대 운동, 공산주의 음모, 그리고 뉴딜 이후 발전되어온 복지-민권 사업에 반대하는 운동을 벌였다.

그리고 공산당의 침투와 선전에 대해 국민을 보호하기 위해 교과서와 학교 공부의 검열을 요구하였다. 빌리 제임스 하기스 목사의 말대로, 반공주의자들은 "미국의 에덴동산"을 악마적인 공산주의의 침투로부터 구출하려 했던 것이다.

여기에는 카톨릭 교회도 참여하였다. 소련이 폴란드나 헝가리같은 동유럽의 카톨릭 나라들을 점령하고 교도들을 탄압하자, 미국의 카톨릭 교도들은 국제공산주의를 싫어하게 되었다.

풀톤 쉬인 주교와 같은 신부들은 공산주의의 무신론적, 非미국적 성격을 공격하였고, 콜럼버스 기사단, 카톨릭 참전용사회, 카톨릭 노동조합연합같은 단체들이 그들을 지지하였다. 조셉 맥카시 자신도 카톨릭이었다. 1952년의 대통령 선거에서는 카톨릭 교도들의 상당수가 민주당 지지에서 공화당 지지로 바꾸었다.

'재향군인회', '외국전쟁 참전용사회', '미국혁명의 아들과 딸들', '여성 민병대'와 같은 애국단체들의 애국심 고취 운동도 반공주의를 강화하였다. 이들은 학교 교과서의 "불순한" 내용에 주목하였다. 그들은 어린이들에게 공식적으로 인정된 역사만을 가르쳐야 한다고 주장하고, "전통적인 미국적 생활방식"의 수호를 강조하였다. 특히 재향군인회는 이민에 대한 미국화 사업을 계속 추진하였다.

노동조합도 반공운동에 가담하였다. 제임스 캐리가 이끄는 새로 조직된 국제전기노동자연합을 중심으로 CIO 조직 내부의 공산주의 성향을 띤 노조들이나 노조 운동가들을 추방하고 있었다. 그 때문에 1955년에 CIO는 온건한 AFL과 통합되어, '전국노동총연합(AFL-CIO)'을 탄생시키게 되었다. 초대 위원장인 조지 미니는 "공산주의의 무신론적 이데올로기로 전 세계를 지배할" 목표를 가진 소련의 숨은 의도를 지적하였다.

인종문제에 집착한 남부 백인들도 반공운동에 가담하였다. 남부 백인들은 학교 안의 흑백 차별을 철폐한 1954년의 브라운 판결에 대해 분개하였다. 미시시피 출신의 상원의원 제임스 이스틀랜드는 "대법원이 빨갱이들에 의해 영향을 받고 침투되었다"고 분개하였다. 1957년에 루이지아나 주 의회의 한 위원회는 인종적 불안이 국제 공산주의 음모와 관련이 있다는 선언문을 발표하였다. 그들에게 있어서 음모자들은 NAACP, ACLU, 마틴 루터 킹의 남부 기독교지도자회의였다. 그렇지만, 대기업이나 명문대학들은 반공운동에 가담하지 않았다.

계급적으로 보아, 반공운동의 주축은 중서부와 남부의 중간계급들이었다. 그들은 중소기업가, 기독교도, 높은 임금의 노동자, 재향군인 등이었다. 이들은 1950년대의 풍요한 사회의 수준높은 삶으로부터 미국 문명의 우월성에 대한 확신감을 갖게 된 사람들이었다. 그들은 1930년대의 은빛 셔츠나 큐 클럭스 클랜(KKK)과 같은 파시스트적인 우파와는 달랐다. 그들은 개인주의적인 가치관을 가지고 교외에 사는 온건하고 자유주의적인 중간계급이었다.[8]

---

8) Heale, *Anticommunism*, p. 122.

아이젠하워의 공화당 행정부가 들어선 뒤에도 정부 안의 "빨갱이들"을 몰아내려는 운동은 계속되었다. 그 때문에 국가안보 문제로 해고된 공무원은 수천 명에 이르렀다. 대표적인 경우가 원자탄 제작에 지도자로 참여하였지만 항상 사상적으로 불신을 받아왔던 제이 로버트 오펜하이머 박사였다.

아이젠하워 행정부의 안보 위험분자 색출 조치는 공산당 자체를 와해시키려는 것이었다. 그리하여 1953년과 1956년 사이에 스미스 법에 따라 42명의 공산당 지도자들이 기소되었다. 그들 가운데는 음모에 직접 연루되었다기보다는 공산당의 혁명 의도를 "알았다"는 이유만으로도 기소되었다. 1954년에는 61명이 외국으로 추방되었다.

하원의 非미국적 활동조사위원회의 활동도 더욱 활발해져서, 1953～4년에는 147회의 청문회를 열고 650명의 증인을 소환하였다. 상원의 국내안보소위원회도 공산주의를 민권운동과 결부시킴으로써 인종차별적인 남부를 옹호하였다.

1952년의 선거에서 공화당이 승리한 이후 맥카시 상원의원의 활동도 더욱 활발해졌다. 그는 정부운영위원회의 위원장으로서 미국의 소리 방송 사업에 대한 청문회를 열었다. 그 방송은 "공산당, 좌익, 뉴딜주의자, 급진파, 기회주의자들"의 영향 때문에 반소, 반공 선전이라는 원래의 목적을 제대로 달성하지 못하고 있다는 의심을 받고 있었다. 맥카시는 유럽 주재 미국 공보원으로까지 조사를 확대하여 몇 명의 국무부 직원을 해고시키게 하였다.

그러나 맥카시는 1953년에 육군의 레이더 실험실이 있는 뉴저지의 포트몬마우스에 대한 조사를 계기로 몰락하기 시작하였다. 그는 1954년 말에 상원에서 67대 22로 탄핵을 받았다. 민주당 소속 의원들은 전원 탄핵에 찬성하였고, 공화당 소속 의원들은 아이젠하워 파에 속하는 절반이 탄핵에 찬성하였다.

그렇다고 해서 반공주의 운동이 사라진 것은 아니었다. 아직도 정치계의 반공주의적 합의가 살아 있었다는 것은 1954년에 공산당 통제법 안이 통과된 사실에서 알 수 있다. 그것은 공산당을 "적국의 기관"이라고 규정하였는데, 이 사실은 진보적인 상원의원들의 반공에 대한 신념을 보여주는 것이었다. 이제는 공산당 가입 자체가 분명한 범죄가 되었다.

　이처럼 공산주의자들의 합법적인 활동을 금지시키는 데 대해서는 정부의 주요 기관, 주요 정당, 지도적인 교회, 전국에 있는 공적·사적 기관들도 동의했다. 그것은 1954년 1월 매카시의 극단적인 반공활동이 갤럽여론조사에서 50%의 지지를 받은 사실에서 확인되었다. 그러므로 민주당의 진보주의자들은 1954년의 중간선거에서 살아남기 위해 공산 당을 희생시킬 수밖에 없었다.

　그에 따라 1950년대 초에 미국은 여러 종류의 반공 장치들을 갖추 게 되었다. 금지성격을 띤 이민법들, 연방정부의 충성안보 사업, 국내보 안법과 함께 주들의 치안법들이 있었다.

　그러나 반공주의자들은 이와 같은 제도적 장치들이 공산주의가 교 육계에 침투하는 것을 막기는 어렵다고 생각하였다. 공산주의자들로부 터의 학교보호 문제는 연방수사국 국장이었던 제이 에드가 후버(J. Edgar Hoover)가 오랫동안 경고해 왔던 것이었다. 그는 연방의회, 주 의회, 지 방 교육위원회, 애국단체들에게 호소하였다.

　그 결과 1950년대 말에 오면 32개의 주가 교사들에게 충성서약을 요구하게 되었다. 미국 혁명의 아들들과 같은 애국단체들은 교사들에게 애국심을 고취시키기 위해 미국 역사와 국민윤리를 가르치도록 요구하 고, 중소기업기구회의 같은 기업가 조직들은 자유기업의 정신을 가르칠 것을 요구하였다. 그들은 교과서의 공산주의적 내용들을 폭로하였다.

　그 결과 뉴욕시의 경우 공산주의 성향을 띤 교원노조에 가입한 교 사는 자격이 정지되거나 해고되었다. 그리고 연방정부의 충성도 심사에 걸려 해고된 교사도 400명에 이르렀다.

　교육계에서의 공산주의 숙청은 대학에서도 이루어졌다. 그것은

1948년에 워싱턴 대학에서 3명의 교수를 해고함으로써 시작되었다. 그래서 충성서약이 캘리포니아 대학을 시작으로 도입되었고, 그것에 협조적이지 않은 교수들을 해고시켰다. 대학에 대한 압력은 '상원 국내안보 소위원회(SISS)'와 '하원 非미국적 활동 조사위원회(HUAC)'가 주요 조사활동을 벌인 1952 – 53년에 커졌고, 그 여파로 하버드와 MIT 같은 명문대학들이 공산주의 음모 문제에 휘말렸다.

1953년에 의회의 위원회들에 불려가 조사를 받은 대학교수는 100명이 넘었다. 그리고 일자리를 잃거나 승진이 거부된 교수들도 수백 명이나 되었다. 이러한 조치는 외부의 압력에 의해서 이루어졌다기보다는 주로 대학 안에서 자체적으로 이루어진 것이었다. 대학 총장이나 대부분의 교수들도 공산당 가입이 교수직에 적합치 않는다는 데 동의했던 것이다.[9]

반공주의자들은 종교에 침투한 공산주의 세력에 대해서도 경계심을 촉구하였다. 그러한 반공 종교인들 가운데 대표적인 인물이 제이 비 매튜스 박사였다.

반공운동은 연예계 안에서도 일어났다. 영화배우조합 조합장 로날드 레이건은 1951년에 "궁극적으로 영화의 내용을 지배하고 그렇게 함으로써 8천만 영화 관람자들의 마음에 영향을 주기를" 바라는 공산당의 위험성에 대해 경고하였다. 그 때문에 영화계는 1947년에 공산주의자에 관한 비밀명단 작성에 동의하지 않을 수 없었다. 그러나 그 희생은 "헐리우드 10인"으로 최소화되었다. 애국단체들은 찰리 채플린의 <라임 라이트>(1952)의 상연 취소를 요구하기도 하였다.

진보적인 언론기관들의 애국심에 대해서도 의문이 제기되었다. 맥카시의 말대로, 공산주의 이념의 전파는 뉴욕타임즈나 워싱턴포스트 같은 유력한 "좌익 언론"의 보도에 힘입은 것이 어느 정도는 사실이었다.

---

9) Heale, *American Anticommunism*, p. 187.

실제로 기자들이 조사기관에 불려간 경우도 적지 않았다. 이와 같은 언론의 애국심에 대한 부정적인 여론을 의식하게 되자, 2만7천 명의 신문인을 대변하는 미국신문협회는 1954년에 공산주의자들의 가입을 금지시킴으로써 반공주의적 합의를 지지해 주었다.

이와 같은 조치가 이루어지게 된 것은 대학과 언론기관에 포진한 좌경 지식인들의 지적 오만에 대한 분노와 두려움 때문이었다. 그리고 그것은 뉴딜과 인민전선의 공산주의적 성격에 대한 상류층 보수세력들의 반발에 대중의 반공 십자군운동이 결합된 결과였다.[10]

Ⅶ. 반공주의의 쇠퇴

1960년대에 들어오면서 미국의 정치문화는 뚜렷한 변화를 보이게 되었다. 이제는 "반공주의적 합의" 대신에 "진보주의적 합의(Liberal Consensus)"가 뚜렷해지기 시작하였다. 그러한 결과는 1954년에 민주당이 상, 하 양원을 장악한 다음부터 나타나기 시작한 현상이었다. 그에 따라 "진보주의의 절정기"인 1960년대에는 반공운동이 뚜렷이 쇠퇴하여 가장자리로 밀려나 있다는 것이 확실하게 되었다. 이제 "내부의 붉은 적들"에 의해 나라가 무너지고 있다는 주장은 시대에 뒤떨어진 것으로 조롱을 받을 정도가 되었다. 공산주의의 위협이 있다면, 그것은 국내 공산주의자들로부터 오는 것이 아니라 쿠바나 니카라과와 같은 외국으로부터 오는 것이었다.

이처럼 1950년대의 반공주의적 합의를 무너뜨리는 데 앞장을 섰던 것은 사법부였다. 대법원장 얼 워렌이 이끄는 대법원은 판결을 통해 공산주의를 통제할 수단을 제거해버렸던 것이다.

---

10) *Ibid.*, p. 190.

대법원의 변화는 1955년 말에 행정부와 의회가 공산주의자들을 색출하기 위한 행정부와 의회의 활동이 법적으로 잘못되었음을 지적함으로써 시작되었다. 피터스 대 호비(Peters v. Hobby) 판결에서 대법원은 공산주의자란 혐의를 받은 사람이 안보적 이유로 해고된 것은 부당했다고 판시함으로써 의회의 공산주의자 색출 활동에 제동을 걸었다.

반공세력에 대한 더욱 큰 치명타는 1956년의 펜실베니아 대 넬슨(Pernsylvania v. Nelson) 판결이었다. 그것은 의회가 국내 안보에 대해 지나치게 폭넓게 개입함으로써 반공문제를 중앙정부의 문제로 확대시키는 잘못을 저질렀다는 판결이었다. 또한 대법원은 펜실베니아의 어느 공산주의자를 석방시키도록 명령한 판결에서 주 정부가 제정한 보안법들을 무력화시켰다.

또한 대법원은 연방수사국이 정부에 제출한 비밀정보를 피고도 볼 수 있어야 한다는 근거에서 내린 1957년의 젱크스 대 미합중국(Jencks v. U.S.) 판결도 반공세력에게 치명적인 타격을 주었다. 이 판결은 법무부가 스미스 법에 따라 공산주의자 혐의를 씌우는 것을 더욱 더 어렵게 만들고, 연방수사국의 비밀활동을 폭로할 수 있게 하였다.

1957년의 이른바 "붉은 월요일"에 내려진 대법원의 3개의 판결도 반공주의에 치명타가 되었다.

왓킨스 대 미합중국(Watkins v. U.S.) 판결은 하원의 非미국적 활동 조사위원회(HUAC)에 타격을 주었는데, 소환된 증인들의 답변 거부가 의회의 입법을 위한 조사와는 아무 관계가 없다는 이유로, 의회 모독죄를 인정해 주지 않았기 때문이다.

스위지 대 뉴햄프셔(Sweezy v. N.H.) 판결은 주 정부의 조사에서 같은 이유로 모독죄를 인정해 주지 않았다.

예이츠 대 미합중국(Yates v. U.S.) 판결은 스미스 법에 따른 14건의 유죄판결을 뒤집어 놓음으로써 그 법의 적용범위를 좁혀 놓았다. 정부 전복을 옹호하는 "추상적인 이론", 즉 공산주의는 그 자체로는 불법적인 것이 아니라는 판결을 내렸다. 이 판결로 스미스 법은 사실상 폐기되고, 그에 따라 사실상 행정부와 입법부는 더 이상 공산당을 통제할 수 없게 되었다.

이와 같은 사법부의 행동은 반공주의자들의 강한 반발을 불러 일으켰다. 그래서 대법원의 권한을 줄이려는 법안이 공화당 의원들과 민주당 남부 출신들에 의해 의회에 제출되었다. 그러나 그것은 1958년에 상원에서 적은 표 차이로 부결되고 말았다. 반공주의적 합의가 깨진 것이다.

1960년의 선거로 케네디의 민주당 행정부가 들어섬으로써 미국사회는 진보주의적인 분위기가 사회 전반을 통해 우세해졌다. 그에 따라 자본주의에 대한 신념을 바탕으로 민권, 시민적 자유, 온건한 복지국가의 개념을 덧붙인 "진보주의적 합의"가 새로운 주류 이념으로 미국사회에서 자리를 잡았다.

그러자 좌절감을 느낀 반공주의자들의 일부는 조지 링컨 록크웰의 미국 나찌당이나 전국 주권당에 가담하기도 하였다. 그리고 1958년에는 미국사회의 "사회주의로의 이동"을 막기 위해 '미국 헌법행동연합'을 결성하고, 로버트 웰치(Robert Welch)의 '존버치 협회(the John Birch Society)'에 가담하기도 하였다.

그러나 이들의 행동은 어디까지나 소수파의 저항이었다. 이제 반공주의자들은 합법적인 정치무대 밖으로 밀려난 것이다. 그것은 1940년대 말에 인민전선 급진파들이 고립되었던 것과 같았다. 반공주의자들의 위기의식은 1965년에 로버트 웰치가 공산주의 음모는 대법원, 행정부, 타임과 뉴스위크 같은 언론, 중앙정보부까지도 휘어잡음으로써 미국의 60-80 퍼센트를 장악하고 있다는 말에서 잘 나타나고 있다.

그나마도 반공주의 운동이 계속 명맥을 유지한 분야는 근본주의적인 프로테스탄트 교회였다. 프레데릭 슈와츠 박사의 기독교 반공십자군과 빌리 제임스 하기스(Billy James Hargis) 목사의 기독교십자군을 필두로 제리 폴웰, 짐 베이커, 팻 로버슨 같은 텔리비젼 복음주의자들이

"무신론적인 공산주의"를 공격하고 있었을 뿐이었다. 이들에게 있어서 공산주의자들은 범죄와 이혼에 대한 관용, 낙태와 동성애의 허용, 이혼과 마약의 조장에 앞장서고 있는 부도덕한 "세속적 인문주의자들"과 같은 것으로 보였다. 그러나 이들만의 힘으로 시계추를 반대 방향으로 되돌려 놓을 수는 없는 것이었다.

제3장 신좌파운동

김 봉 중 (전남대)

I. 서론

미국에서 좌파(Left)란 그 정의를 내리기가 쉽지 않다. 유럽에서 유래한 좌익이라는 개념이 미국의 토양에서 뿌리를 내리기가 쉽지 않았기 때문이다. 유럽의 좌파들이 부르짖는 자유, 평등, 정의, ― 이 모든 구호가 미국인들에게는 그리 매혹적인 것이 될 수 없었다. 이런 개념들은 미국의 독립혁명이나 건국이념에 상응하는 것으로서 오래 전부터 미국인들의 의식 속에 깊이 각인되어 있었다. 마르크스(Karl Marx)의 주장이기 이전에 제퍼슨(Thomas Jefferson)의 주장이었고, 사회 비판 세력들의 주장이기 이전에 엘리트 보수세력들의 주장이었다. '민주주의'란 구호 역시 미국인들에게는 색다른 것이 아니었다. 유럽 자유주의자들과 좌익들의 목표, 즉 의회민주주의의 구현이나 노동계급 중심의 보통선거권 쟁취와 같은 목표들이 미국에서는 훨씬 이전에 이미 성취되었기 때문이다.

그러나 '평등' 만큼은 미국의 좌익들이 문제삼을 수 있는 것이었다.

19세기 후반의 급격한 산업화는 빈익빈 부익부를 가속화시켰다. 계급간의 갈등은 심화되었다. 여느 유럽국가가 경험했듯이, 산업화 과정에서 발생한 이러한 사회문제는 미국도 피할 수가 없었다. 하지만 미국에서는 이러한 계급문제나 계급간의 투쟁 양상이 미국의 자본주의 체제를 뒤엎으려는 혁명적인 운동으로 전개되기가 힘들었다. 미국 사회의 경제적 불평등은 실제로는 유럽과 별 차이가 없을지도 모른다. 그렇지만 적어도 미국인들은 이러한 계급 불평등이 항구적인 것이 되리라고는 보지 않았다. 더욱이 과격한 투쟁과 혁명을 통해 현실 체제를 뒤엎어야 한다고는 생각하지 않았다. 체제 거부와 사회 혁명을 부추기는 이데올로기(ideology)가 미국에 정착하기는 힘든 일이었다.

사실 이데올로기란 미국인들에게는 생경한 것이었다. 미국 신대륙의 새로운 환경과 적응하면서 자생되었던 실용주의는 미국인들의 의식에 이미 단단한 지층을 형성하고 있었다. 미국인들에게 이데올로기란 구대륙 사람들의 점유물이자 습관으로밖에 보이지 않았다. 마르크스주의 역시 예외가 될 수 없었다. 과학적 역사 분석에 기초해서 인간해방과 평등의 기치를 내걸고 있었던 마르크스주의는 진정한 현실의 실체를 외면한 일종의 '환상'일 뿐이었다. 1960년 사회학자인 다니엘 벨(Daniel Bell)이 그의 저서 『이데올로기의 종말(The End of Ideology)』을 통해 미국에서 이데올로기는 그 설 땅을 잃었다고 주장한 것도 이러한 첨예한 현실 인식에 기반을 둔 것이었다.

이러한 미국적 환경과 미국인들의 의식구조에서 뿌리를 내리지 못하고 급진적인 소수세력으로 미약하나마 그 존재를 유지하고 있던 좌파세력에게 1930년대 들어서면서 기회가 왔다. 대공황이라는 절대절명의 위기 속에서 이들 '구좌파(Old Left)'는 마르크스주의의 '과학'으로부터 자본주의의 모순을 극복할 수 있다는 역사적 필연성을 적극적으로 설파하기 시작했다. 미국인들의 反이데올로기적 전통에다 1920년대를 주름잡았던 보수주의의 급류에 밀렸던 이들 급진주의자들에게 대공황은 절호의 기회를 제공해 준 것이다.

그러나 프랭클린 루스벨트의 등장으로 자유방임적 자본주의에 대한 대대적인 수정과 개혁이 이루어짐에 따라 이들 구좌파의 명분은 또다시 약화될 수밖에 없었다. 대공황의 충격 속에서도 미국은 미국판 자유주의라 할 수 있는 기존의 혁신주의(progressivism) 전통을 선택한 것이다. 이를테면 기존의 체제를 보존하려는 보수주의도 아니요, 역사적 경험을 초월해서 보이지 않는 미래에 대한 이데올로기를 제창하며 체제전복을 꾀하는 것도 아닌, 바로 개혁을 선택한 셈이다. 그래서 구좌파가 주창하던 마르크스주의는 미국에서 체계적이고 실제적인 대중사회운동을 유도하는 이념으로 자리를 잡는 데 실패했다. 다만 지식인들 위주의 현학적인 담론의 대상으로만 그 명맥을 유지해 나갈 따름이었다.

전후 미국의 사회는 정치적, 사회적, 문화적으로 급격한 변화를 겪고 있었다. 당시 대부분의 미국인들은 미국 자본주의의 안락함에 흠뻑 젖어있었다. 헐리우드, 텔레비전, 그리고 『라이프(Life)』 잡지와 같은 신흥 자본주의 매체에 현혹되고 있었다. 노동자들 역시 자동차와 스포츠, 그리고 안락한 교외 주택에 안주하고 있었다. 그래서 노동계급 의식이나 문화는 점점 희석되어 가고 있었다.

구좌파는 이러한 사회의 변화에 이렇다할 저항을 하지 못한 채, 그리고 그들의 아이덴티티를 찾지 못한 채 시대의 조류에 따라갈 뿐이었다. 그들이 고수하고 있던 오래 묵은 이념의 투망을 벗어나 새로운 환경에 필요한 좌표를 제시하기에는 전후의 사회 · 경제 · 정치적인 환경이 급격히 변화하고 있었다. 기존 좌파의 이념을 이러한 환경에 맞출 수 있는 접점을 찾기가 어려웠던 것이다.

구좌파 이념이 전후 미국인들에게 더 이상 매력을 줄 수 없는 또 하나의 이유가 있었다. 바로 냉전이라는 역사의 엄연한 현실이었다. 세계대전을 이은 냉전, 20세기 중엽의 이 엄청난 정치적 충격은 구좌파의 위치를 결정적으로 위축시키고 말았다. 소련이 미국의 적으로 대두되면서 세계 공산주의에 대한 미국인들의 경계심은 고조되었다. 거기다가 1950년 초의 맥카시즘(McCarthyism), 그리고 NATO(북대서양 조약기구)의 결성 등 미국은 그 어느 때보다도 군비 확대에 국력을 쏟고 있었다. 양 진영의 냉전 대결에서 핵무기의 재고는 쌓여 갔고, 세계는 인류멸망의 가능성에 마음졸이게 되었다.

세계대전이라는 '뜨거운 전쟁'을 겪고 나자 이젠 핵전쟁의 공포마저 내재되어 있는 '스산한 전쟁(Cold War)', 그리고 이 전쟁 아닌 전쟁에 미국의 국력이 모아지고 있는 전후 현상들에 대해서 구 좌파는 어떠한 대안도 마련하지 못하였다. 구좌파는 사회적 병폐와 모순들을 꼬집어 가며 체제를 비판하기보다는 오히려 미국의 반공주의에 타협하면서 갈등 대신 조화를 추구했고, 미국의 기적들을 세상에 알리는 일에 협조하기까지 하였다.

이러한 협조는 타의적이고 시대환경에 기인한 것이기도 하였지만 구좌파 스스로 선택한 경우도 많았다. 특히 구좌파의 중심 세력이었던 유태인들이 이러한 타협적인 분위기를 조성하는 데 큰 몫을 하였다. 이들은 전후 미국 자본주의의 풍요를 만끽하였고, 동시에 공산주의의 허상을 깨닫게 되었다. 소련이 동구 유럽에 진군하고 스탈린의 만행이 알려지면서 이들의 反공산주의 성향은 가속화되었다. 글레이저(Nathan Glazer), 벨(Daniel Bell), 하우(Irving Howe), 크리스톨(Irving Kristol) 등 내노라 하는 구좌파 지성인들이 이러한 변화의 대표적인 인물들이다. 물론 이들은 상당 기간 자유주의적 마르크스주의자로서 남아 있었지만, 그들이 훗날 모두 우익으로 선회한 것은 결코 우연이 아니었다.

전후 노동운동 역시 이러한 전후 환경에 따라 좌경화되지 못하였다. 대체로 미국 노동자들은 유럽 노동자들과 비교할 때 보수적이었다. 대공황 때에도 마르크스주의적 혁명이론에 대하여 대다수 미국 노동자는 냉담하였다. 따라서 전후 풍요로운 사회에서 이들의 보수성향이 더욱 강하게 나타난 것은 놀라운 일이 아니다. 물론 신좌파 학자들 중에는 미국 노동자의 보수성에 의문을 제기하는 자도 있었으나, 1950년대의 대다수 좌파 지식인들은 "미국 노동계급은 역사적 변혁의 대리인으로서의 신념을 상실하고 말았다."[1]는 점을 인정했다.

물론 좌파 혹은 급진주의 세력들 모두가 이러한 사회적 조류를 거스르지 못하거나 비판세력으로서의 그들의 역할을 포기했던 것은 아니다. 그러나 기존의 현학적인 담론이나 이념투쟁 등으로는 풍요로운 전후 미국의 자본주의 성벽을 깨기에는 역부족이었고, 일반 대중들의 호응을 얻기가 힘들었다. 이젠 새로운 지도자들을 중심으로 좀더 적극적이고 과감한 투쟁을 벌이는 운동이 필요하게 되었다. 여기에 구좌파의 태도에 불만을 품고 있던 젊은 급진주의자들이 투쟁을 위한 새로운 돌파구를 찾고자 했고, 결국 이들은 '신좌파'라는 집단으로 결집되기에 이르렀다.

Ⅱ. 신좌파운동의 전개

1. 신좌파운동의 등장

소위 '신좌파(New Left)'로 분류되는 젊은 대학생들은 향후 미국의 급진주의 운동을 주도하게 되었다. 사실 신좌파 운동에 대한 정확한 정의를 내리기란 쉽지 않다. 누구에 의해서 혹은 어떤 조직에 의해서 어떻게 시작되었는지가 모호하기 때문이다. 어쩌면 신좌파 운동은 20세기 중반의 가장 이례적인 정치적 현상이라고 할 수 있다. 침묵과 타협의 50년대를 헤집고 급작스럽게 등장했기 때문이다. 그렇기에 신좌파 운동을 구좌파 운동의 연결선상에서 이해하기보다는 전후 미국사회의

---

1) Michael Kammen, *In the Past Lane: Historical Perspectives on American Culture* (New York: Oxford University Press, 1997), p. 27.

시대적 조류를 거부하며 비상했던 다소 돌발적인 운동으로 이해할 수 있다.[2] 또한 신좌파 운동이 추구하는 목표는 명확하게 드러나지 않았다. 산발적이고 다분히 심미적인 시대저항운동 성격을 띠고 있었다. 국내 문제로는 흑인 민권운동에서 여성해방까지, 국외 문제로는 베트남 전쟁을 포함한 미국 냉전정책 등을 포함한 다양한 이슈를 내걸고 저항운동을 전개하였다.

이들은 구좌파와는 달리 추상적인 이데올로기에 몰입하기보다는 미국사회의 현실을 비판하며 실제적이고 구체적인 변혁을 요구하고 나섰다. 세계 공산주의 추이에 보조를 맞추거나 스탈린의 공산주의에 대해 비판을 가하기보다는 미국의 문제에 초점을 맞추었다. 미국의 문제는 민주주의의 약속을 지키지 않고 있다는 데 있었다. 이들의 눈에는 평등과 사회정의는 아직도 기대에 미치지 못하고 있었다. 미국의 외교정책도 비판의 대상이었다. 냉전은 국력을 국외문제로 집중시켜서 아직도 미국 자본주의 그늘에서 정당한 몫을 차지하지 못하고 있는 빈민층과 소수민족, 즉 '또 다른 미국인들'에 대해 무관심하게 만들었다. 반공이라는 명분 아래 치료해야 할 국내의 환부(患部)는 뒤로한 채 명분도 약하고 실현가능성도 희박한 국외의 문제에 국력을 소진하고 있었다.

구좌파가 냉전과 그에 따른 반공주의와 타협하거나 이러한 시대의 기류에 저항할 이렇다 할 대안을 내놓지 못하자 좌파 내의 젊은층이 행동에 나서게 된 것이다. 신좌파운동이 대학생 위주의 젊은층에 의해서 전개되었다는 점은 신좌파의 성격을 이해하는 데 있어 중요하다. 이념보다는 열정으로, 책상보다는 거리에서, 유토피아적인 혁명보다는 현실적인 사회 문제를 제기하며 이들은 신좌파운동을 주도해 나갔다. 다니엘 벨이 지적 했듯이, 이데올로기의 종말이 유토피아의 종말을 의미하지는 않았다. 자본주의와 계급의 갈등이 존재하는 한 완전한 사회주의

---

2) John Patrick Diggins, *the Rise and Fall of the American Left* (New York : W. W. Norton, 1992), p. 219.

이상을 꿈꾸는 자들은 언제나 있기 마련이다. 특히 역사적 경험은 없지만 열정과 에너지를 갖고 있는 젊은이들이 이러한 유토피아에 매료되는 것은 자연스러운 현상이다.

또한 이러한 젊은이의 운동이 한 순간의 정열로 끝나지 않고 어느 정도 대중적 호소력을 가질 수 있었던 이유가 있다. 무엇보다도 대학생들은 그 자체로서 하나의 사회계층을 이루고 있었기 때문이다. 대학생계층은 더 이상 소수 엘리트 집단일 수 없었다. 대학에 입학한 학생수는 꾸준히 늘어났다. 베이비 붐(baby boom) 세대들이 1960년대에 들어와 대학생이 됨으로써 그 숫자는 급증하였다. 1940년대와 비교해 볼 때 무려 4배 이상의 숫자가 대학에 들어왔다.

이 젊은이들은 대체로 유복한 가정에서 성장했다. 이 점은 기존의 좌파운동에서 볼 때 아이러니가 아닐 수 없었다. 철저한 계급투쟁에 의한 反자본주의 혁명을 부르짖었던 기존의 마르크스주의와 구좌파의 전통에서 일탈하는 것이기 때문이다. 그러나 신좌파 세력이 유복한 가정과 높은 교육, 그리고 풍요로운 시대를 배경으로 성장했다는 점은 그들의 행동 근저에는 경제나 물질보다는 심리적인 요소가 내재되어 있었음을 보여준다. 무엇보다도 그들 자신의 정체성 문제가 드러났다. 높은 교육수준, 늘어가는 대학생 인구, 그러나 변혁기의 사회구조에서 자신들의 설 땅을 제대로 찾지 못하고 방황하는 이들 젊은이들은 정체성의 위기를 맞게 된 것이다.[3]

이들은 부모와 기성세대로부터 벗어나고자 했다. 이제는 가족보다는 동료들과 동료들의 문화를 따라가고자 희구하였다. 그들은 계급 자체를 부인하지는 않았다. 그러나 미국 자본주의의 풍요 속에서 소외되고 고통받고 있는 '또 다른 미국인들'에 대한 연민을 갖게 되었다. 물론 신좌파 중에서 레닌주의, 모택동주의, 트로츠키주의, 카스트로주의 등을

---

3) Stow Persons, *American Mind*(Huntington, New York: Robert E. Krieger Publishing Company, 1975), pp. 478 – 80.

표방하는 자들도 있었지만, 그들은 극히 일부에 지나지 않았고 신좌파 내에서도 이렇다할 호응을 얻지 못했다. 미국 자본주의의 모순 때문에 이러한 공산주의 일파에 매력을 느끼기는 했지만, 대부분의 신좌파 젊은이들은 외부적인 것보다는 국내의 소외계층에 관심을 보였다. 이들이 관심을 보인 소외계층이란 기존의 사회·경제적인 의미에서의 계층구분을 벗어나 백인과 흑인, 혹은 남성과 여성이라는 생물학적 아이덴티티에 근거한 계층까지도 포함하였다.4)

이는 기존의 좌파들이 내세운 계급관과는 상당한 차이가 있었다. 억압받은 프롤레타리아가 주체가 되어서 산업화와 자본주의에 대항한다는 기존의 계급투쟁보다는, 기술의 진보에 따른 非인간화와 인간의 소외 문제를 부르짖은 것이 그 차이의 주요한 부분이다. 즉, 사회·경제적인 것보다는 정신·심리적인 문제가 이들 신좌파에게는 더욱 심각한 문제였다. 이들 신좌파 젊은이들이 참여공동체 운동을 내세웠던 것도 경제적 평등을 구현하기보다는 소외받는 계층의 인간적 단절감을 회복하기 위해서였다. 그렇게 함으로써 전후 풍요의 세대에서 사회적 위치를 찾지 못하고 방황하던 그들 자신의 소외감을 극복하며 자신의 정체성을 찾고자 했던 것이다.

물론 대학생 대부분이 신좌파에 매료되었던 것은 아니다. 그러나 이미 사회의 두꺼운 계층으로 자리잡고 있던 대학생들이 이러한 심리적인 배경 속에서 폭발적인 힘을 발휘할 수 있는 잠재력을 지녔다는 얘기다. 어떠한 촉매적인 사건과 이를 이용하여 힘을 규합하는 어떠한 조직이 구성된다면, 이러한 잠재력의 분출은 현실화될 수 있었다. 바로 그 주도적인 조직이 1960년 초에 결성된 '민주학생연합(Students for a Democratic Society: SDS)'이며, 촉매적인 사건이 흑인 민권운동과 베트남 전쟁이었다.

---

4) Michael Lind, *The Next American Nation: The New Nationalism and the Fourth American Revolution*(New York: Free Press, 1996), p. 142.

SDS가 1960년대에 들어서면서 신좌파운동의 주도적 역할을 하게 된 것은 이들이 대학생 중심의 조직인 데다 민권운동과 베트남 전쟁이라는 시대적 환경이 조성되었기 때문이다. 거기에다 기존의 좌파운동이, 앞에서 설명했듯이, 반공주의에 편승하면서 전후 미국사회에 대하여 뚜렷한 저항을 하지 못하고 있었던 점이 함께 어우러져 신좌파운동이 일어난 것이다.

그러나 구좌파 세력 내에서도 냉전체제 하에서 자신들의 입지를 세우려고 노력했던 움직임이 전혀 없었던 것은 아니다. 예를 들면, 1957년 3월에 머스트(A. J. Muste)는 '미국포럼(American Forum for Socialist Education)'을 만들어서 여타의 급진주의 세력과 연대하고자 하였다. 그는 이미 1956년 12월에 급진주의자들을 초청하여 뉴욕에서 회동을 가졌다. 미국 좌익의 앞날을 의논하는 모임이었는데, 이 모임에는 80명의 급진주의자가 초청되어 총 35명이 참석하였다. 이후 시카고, 로스앤젤레스, 시애틀 등지에서 미국포럼은 다양한 주제를 놓고 토론회를 가졌다. 참석자들은 격렬한 토론을 벌였지만 그들의 근본적인 취지, 즉 급진주의의 미래에 대해서는 그렇다할 결론을 내리지 못했다. 처음의 열기가 식어가면서 미국포럼은 점차 시들어갔다.

미국포럼이 시들어간 데에는 그 당시 정치적 상황도 큰 역할을 했다. 처음에는 공산당(Communist Party) 회원들에게 초청장을 보내지 않았었는데, 1957년 3월 모임에 두 명의 공산당 회원을 초청한 것이 화근이 되고 말았다. 후버(J. Edgar Hoover) FBI 국장, 의회, 언론 등에서 이 모임을 공산당의 음모로 몰아세운 것이다. 그러면서 포럼은 급속히 쇠퇴하기 시작하였다.

미국포럼의 창립과 동시에 하바드의 몇몇 대학원생들은 '신좌파 클럽(New Left Club)'이라는 토론회를 구성해서 그 당시 새로이 떠오르고 있던 영국의 신좌파운동을 모방하여 모임을 가졌다. 월져(Michael Walzer), 콜코(Gabriel Kolko), 썬스트롬(Stephen Thernstrom), 레빈

(Gordon Levin) 등과 같은 급진주의 학생들을 중심으로 허버트 마르쿠제(Herbert Marcuse)와 같은 유럽의 급진주의 사상을 학습하면서 활동을 전개하였다. 그러나 이 모임은 순수한 토론회 성격을 벗어나지 못하였다. 그들이 학습한 이론을 중심으로 적극적인 사회활동을 전개하지 못하였다. 다만 훗날 SDS와 같은 활동적인 운동에 참가하게 되는 학생들과 하바드를 근거로 한 반전운동에 영향을 주었을 뿐이다.[5]

또한 미국포럼과 같은 시기에 상당수 평화주의자들은 '분별력 있는 핵정책위원회(Committee for a Sane Nuclear Policy: SANE)'를 조직하여 반핵, 군축운동을 시도하였는데, 급진주의자들의 반응이 좋았다. 미국포럼이 미국좌파의 미래에 대한 결론없는 논쟁을 한 것과는 달리, 이들은 자유주의자들과 급진주의자들을 연합할 수 있는 최소한의 프로그램과 실천적인 활동을 제공하는 등 운동의 성격을 명확히 하였기 때문이다.

그러나 SANE도 미국의 반공주의에 희생되고 말았다. 1930년대와 1940년대 평화주의자들을 중심으로 한 급진주의자들의 호응이 잇따르면서 운동이 확산되는 기미를 보이자, 의회의 국가안보소위원회의 부의장을 맡고있던 도드(Thomas Dodd)의원이 SANE을 공산주의 운동의 한 분파로 몰아세운 것이다. 그리하여 그 세력 역시 급속히 약화되고 말았다. '성인' 반전운동의 중심체로서 이 조직이 계속 유지되었더라면 1960년대의 베트남전쟁과 함께 미국 좌파의 주요한 축이 될 수 있었겠지만, 이 역시 정치적 억압을 견디지 못하고 그 힘을 잃고 만 것이다.

그러나 대학생들을 위주로 결성된 평화운동은 계속되었다. 그것의 중추적 역할을 1959년 시카고에서 결성된 '학생평화연합(Student Peace Union: SPU)'이 담당하였다. SPU는 1962년 2월에 '워싱턴 행동(Washington Action)'이라는 대대적인 반핵·군축 데모를 강행하였다.

---

5) Maurice Isserman, *If I Had a Hammer: The Death of the Old Left and the Birth of the New Left* (Urbana and Chicago: University of Illinois Press, 1993), p. 115.

5,000여 명의 학생들이 참석한 성공적인 모임이었다.

SPU는 '워싱턴 행동'의 성공으로 인하여 대학가를 중심으로 한 급진주의 운동의 기수가 되는 듯하였으나 역시 오래 가지 못했다. 그 가장 큰 이유는 쿠바 미사일 사건 때문이었다. 쿠바 미사일 위기를 통해서 미국과 소련 양국은 핵전쟁의 가능성에 충격을 받았기 때문에, 파괴적인 핵무기경쟁과 미소 관계악화를 탈피해야 함을 깨달았다. 소위 '데탕트' 움직임이 나타난 것이다. 급진주의 운동에 영향을 받았다기보다는 양국의 지도자들이 군축의 필요성을 느낀 것이다. 결국 SPU가 설 땅을 잃어버린 셈이다. SPU가 초기의 열정을 조금만 더 유지했더라면 베트남 전쟁의 가시화에 따라 반전운동의 주도세력으로 등장했을 것이다. 그러나 한번 시들은 기운은 결국 회복되지 못하고 마침내 1964년 봄에 해체되고 말았다.

2. SDS의 등장

이처럼 여타 급진주의 분파들이 외교문제 등을 외치다가 그 세력을 확장하지 못한 채 사라지고 있을 무렵, 캠퍼스 내의 문제나 미국 민주주의 문제점을 비판하며 꾸준히 그 세력을 확장해 가고 있는 조직이 있었다. 향후 미국 신좌파 운동의 대명사가 된 바로 SDS이다.

당시 신좌파 젊은이들이 전개하였던 여러 크고 작은 운동과 이슈들의 중심에는 SDS가 있었다. 다양하고 무정형의 신좌파 운동은 SDS를 축으로 해서 비교적 일관성 있게 전개될 수 있었다. 사실 SDS의 결성, 확장, 쇠퇴는 신좌파 운동의 흐름과 밀접하게 연결되어 진행되었다. 그래서 SDS는 신좌파 운동의 대명사라 할 수 있는 것이다.

SDS는 1960년 1월 미시간 대학교에서 결성되었다. SDS는 원래 20세기 초부터 존재하고 있던 '산업민주연맹(League for Industrial Democracy: LID)'에서 유래된 것이다. 결성의 산파역은 미시간 대학의 젊은 학부 학생인 헤이버(Al Haber)였다. 그의 아버지 역시 LID회원으로 미시간 대학의 교수였다. 헤이버는 1960년 LID의 학생단체인 'SLID(Student League for Industrial Revolution)'의 회장으로 당선되었는데, SLID가 다른 캠퍼스운동과 연계해서 광범위한 좌익운동으로 발돋움할 수 있기를 바라면서 1960년 1월 SDS란 명칭으로 개칭하였다.

같은 대학교의 학부 학생인 헤이든(Tom Hayden) 역시 SDS 결성에 주도적인 역할을 한 인물이었다. 그는 미시간 대학신문(*Michigan Daily*) 학생 편집장으로서 학내 기숙사 규율이나 강압적인 학내 행정에 대한 비판을 주도하였다. 그는 점차 미국내의 불평등과 정의의 문제에도 관심을 갖게 되었는데, 그에게 가장 큰 영향을 주었던 사람은 마틴 루터 킹 목사였다. 킹 목사의 남부 민권운동에 직접 개입하기도 한 그는 남부 인종문제를 비판하던 텍사스 대학교의 철학과 대학원생 케이슨(Sandra Cason)과 결혼하기도 하였다.

헤이버와 헤이든은 초기 SDS 결성과 활동에 결정적인 영향을 미쳤다. 헤이버는 SLID를 통해서 구좌파와 연계함으로써 이론과 조직의 배경을 기초했으며, 헤이든은 인종문제와 민권운동에 직접 개입하면서 SDS가 전국적인 운동으로 발돋움하는 데 주요한 계기를 마련했다. 구좌파가 현 체제와 사회에 너무 쉽게 타협하여 온건한 성향을 유지하는 데 강한 불만을 느낀 이들은 젊은 좌파학생들을 중심으로 명확한 사고와 직접적인 행동을 할 수 있는 새로운 조직을 필요로 했다. 그들은 결국 구좌파 분파인 SLID에서 이탈, 새로운 조직을 형성하였다.

SDS는 1962년 6월 미시간주 디트로이트 근교에 위치한 포트휴런(Port Huron)에서 모임을 가짐으로써 정식으로 활동을 시작하였다. 12개 대학에서 온 59명의 SDS 회원들이 참석한 이 모임은 미국 좌익운동에 이정표적인 사건이며, SDS가 신좌파 운동의 기수로 탄생한 역사적 거보(巨步)였다.

모임의 결과 이들은 '포트휴런 선언(Port Huron Statements)'을 채택하였다. 헤이든이 초안한 이 선언은 박애, 정직, 사랑 등의 정신으로 현대인들의 소외(alienation)문제를 극복할 것을 역설했으며, 대학이 문화적 전이의 매개체일 뿐만 아니라 사회적 변혁의 도구임을 명확히 하였다. 이 선언의 주제는 "참여민주주의(Participatory Democracy)"와 공동체운동이었다.

선언의 서론인 "우리 세대를 위한 비망록(Agenda for a Generation)"에서 이들은 전후 풍요를 만끽하며 안락하게 살아가고 있는 젊은이들에게 외교 및 사회적 문제에 적극적으로 저항할 것을 강조했다. 그 대표적인 문제로 냉전과 남부의 인종문제를 거론하면서, 이 두 문제에 대해 해결책을 찾아야 한다는 점을 역설하였다.[6]

이 선언은 미국의 좌파운동이 소련 공산주의와 동일하지 않음을 분명히 하였다. 소련의 운명과 마르크스주의가 미국 좌파의 운명과는 별개임을 밝히면서 공산주의 이데올로기의 범주에서 벗어나야 한다고 역설했다. 그리고 미국의 환경에서 가장 필요한 운동은 이념보다는 적극적인 행동이며, 이를 통해 미국의 민주주의와 정의를 실현해 나갈 것을 주장하였다. 그들은 공산주의 제도에 대한 기본적인 반대를 표방하고, 세계의 여타 공산당들이 소련의 정책을 맹종하고 있음을 비판하면서, 공산주의와 공산당은 인간해방을 위한 운동을 주도하는 데 완전히 실패했음을 상기시켰다. 그렇다고 반공주의를 옹호했던 것은 아니다. 반공주의에 대해서는 불합리하고 미국의 자유주의와 개인주의 전통을 깨뜨리는 위험한 발상이라고 지적하였다. 또한 노동자 계급이 더 이상 사회변혁의 주체가 될 수 없음을 밝혔다. 다양하게 변화되는 미국사회에서 이러한 계급혁명은 비현실적이기 때문에 좀더 현실적이고 적극적인 행동방향을 모색해야 한다는 점도 아울러 지적하였다. 다시 말해서, SDS는 구좌파들의 비현실적이고 계급투쟁적인 이데올로기에 대한

---

6) 황보종우, "SDS의 초기 노선과 활동에 대하여: 포트 휴런 선언과 공동체조직운동을 중심으로" 『미국사 연구』6 (한국미국사학회, 1997. 11), p. 216.

집착과 보수주의자들의 무분별한 반공주의를 동시에 비판하면서 미국 사회의 문제에 대해 현실적이고도 적극적인 대처가 필요함을 역설하였던 것이다.

또한 선언문은 인간 개개인에 대한 가능성, 그리고 개인의 자유를 기초로 해서 급변하는 시대에 새로운 사회적 가치를 제공하며 그 가치의 추구를 위해서 적극적인 행동을 수반할 것임을 선언하였다. 이런 점에서 SDS가 추구하는 신좌파운동은 미국의 19세기 초의 개인주의와 19세기 말의 인민주의, 그리고 20세기 초의 자유주의를 총망라한 미국적인 전통에서 그 연결고리를 찾을 수 있음을 암시해 주고 있다.

3. 신좌파의 사상적 기초

신좌파들이 추종하는 지성인들 중에는 유럽의 좌파 사상가들도 포함되어 있었다. 그들은 영국의 신좌파주의에 관심을 보였고, 신마르크스주의(neo-Marxism)를 보급한 마르쿠제의 이론을 학습했다. 또 안토니오 그램시(Antonio Gramsci)를 통해서 혁명의 전위대로서 젊은 인텔리겐챠의 중요성을 깨달았으며, 전후 프랑스를 중심으로 급속도로 번져가던 실존주의 철학에 심취하였다.

헤겔과 프로이트를 토대로 해서 전후 물질문명의 그늘과 그 속에서 허덕이는 인간의 허무와 소외를 강조한 마르쿠제의 사상은 미국의 젊은이들을 자극하기에 충분했다. 그러나 그는 정확히 어떠한 변혁이 미국에서 필요하며 어떻게 그 변혁을 이루어야 할지에 대해서는 답을 주지 못하였다. 물질문명에 침전되어 있는 인간의 기본적인 욕망과 자유를 휘저으면서 대안없는 심미적인 저항을 강조할 뿐이었다. 그렇지만 때문지 않은 젊은이들의 저항을 노래한 마르쿠제는 미국의 급진적인 젊은이들의 저항의식을 풀무질하기에는 충분했다. 그램시는 좀더 구체적으로 사회 변혁을 위한 젊은 인텔리겐챠의 중요성을 강조했다. 민중들은 기존 질서에 포박되어 변혁의 주체가 될 수 없으므로, 지성인들이 하나의 강력한 규합체(blocs)를 조성해 민중들 속에 파고들어가 직접적인 행동으로 反헤게모니 투쟁을 전개해야 한다고 역설했다. 이것은 주로 그의 조국 이탈리아를 두고 한 얘기였다. 하지만 미국의 신좌파에게도 그의 사상은 크게 영향을 주었다.

그러나 그들에게 직접적인 영향을 주었던 인물은 미국 지성인들이었고, 그 중에서도 밀즈(C. Wright Mills)의 영향력은 절대적이었다. 밀즈는 유럽의 사상적 모형보다는 미국의 현실에 기초를 둔, 자였다. 그의 대표적인 저서 『화이트 칼러(White Collar)』에서, 그는 유럽의 모델에 기초를 둔, 지속적으로 남아 있는 미국의 전통문화는 없으며, 미국의 화이트 칼러는 유럽의 그것과 확연히 다르다는 것을 강조했다. 밀즈는 텍사스 농촌지역 출신으로, 뉴욕을 중심으로한 젊은 좌파 지성인들 그룹에서는 색다른 인물이었다. 미국의 토착적인 인민주의(Populism)에 기반을 둔 그는 '파워 엘리트'가 지배하는 미국의 관료주의와 부르죠아적 자본주의를 강하게 비판했다. 그의 관심은 자본주의 그늘에서 허덕이는 민중이었다. 국내 문제들에 대한 그의 비판은 신선하고도 예리했다. 신좌파를 포함한 급진주의자들 사이에서 그는 절대적인 호응을 얻고 있었다.

그러나 밀즈는 국제문제에 대해서 기존 급진주의자들과 차이를 드러냈다. 밀즈는 소련도 미국과 마찬가지로 강력한 '파워 엘리트'들이 지배하고 있는 사회임을 지적하였다. 이는 미국과 소련이 근본적으로 그렇게 다르지 않음을 드러낸 것인 동시에, 그렇다면 미국이 표방하는 반공주의 역시 별 의미가 없는 것임을 암시하는 것이었다.

소련을 반대하지도 찬성하지도 않는 밀즈의 느슨한 태도는 기존 좌파들의 비판을 받기에 충분했다. 미국이 비록 권위주의적이고 비민주적인 성격을 갖고 있다고는 하더라도, 소련과 미국을 같은 부류로 보는 것은 구좌파들이 수용할 수 없는 논리였다. 소련을 미국과는 비교할 수 없을 정도로 반민주적인 국가로 낙인을 찍고 철저한 反스탈린주의를 표방하고 있던 구좌파들에게 있어 밀즈의 사상, 즉 미국이나 소련은 별반 다를 것이 없다는 발상은 위험천만한 것으로 간주되었던 것이다.

당시 좌익계 잡지인 『디센트(Dissent)』의 편집을 맡고 있던 하우 (Irving Howe)에 따르면, 미국의 문제는 "충분히 민주적이지 않다"는 것이지만, 밀즈의 경우 문제는 미국이 "전혀 민주적이지 않다"는 것이었다.[7] 하우는 미국이 '개혁의 대상'이라는 얘기지만, 밀즈는 '혁명의 대상'임을 명백히 하는 것이었다.

밀즈의 사상은 신좌파의 초기 사상을 결정하는 주요한 역할을 했다. 그리고 실제로 포트휴런 선언에서 이러한 밀즈의 사상이 군데군데 함축적으로 나타났다. 미국의 운명을 소련과 연관시키는 것을 피하고 미국사회 자체에 대한 변혁을 강조하며 무분별한 반공주의에 대해 비판을 했던 점이 그것이다. 밀즈가 신좌파에 끼친 영향이 클 수밖에 없는 것은 신좌파의 주요 인물들이 그 당시 어떤 지성인보다도 밀즈에 심취되어 있었기 때문이다. SDS의 창설과 포트휴런 선언에 주도적인 역할을 했던 헤이든 과 헤이버, 그리고 향후 SDS의 행동노선과 조직의 핵심 인물이었던 기틀린(Todd Gitlin) 등 신좌파 젊은이들에게 밀즈는 사상적 대부로서 존경을 받았다.

무엇보다도 밀즈가 신좌파에게 매력이 있었던 것은 그가 사회의 어느 계급보다도 학생들에게 강한 신뢰감을 갖고 있었기 때문이다. 그는 프롤레타리아가 아니라 바로 학생이 혁명의 전위대가 되어야 한다고 믿었고, 이러한 믿음이 그를 추종하던 SDS 지도층 세력들에게 충분히 전달되었던 것이다.

---

7) Isserman, *If I Had a Hammer*, p. 117.

4. 포트휴런 선언의 실천

포트휴런 선언은 인간이 자기 삶의 주인임을 역설하고 현실을 바꿀 수 있는 민주적 대안을 추구할 것을 요구하였으며, 이러한 개혁을 위한 대안으로서 "참여민주주의"와 공동체 조직운동을 제시하였다. 참여민주주의를 통해서 불평등한 미국사회를 고착화시키고 있던 관료주의를 타파하고자 하였다. 그래서 외교적으로는 반핵, 군축운동을 활성화시키고, 중앙집권적인 행정에서 지역과 공동체로 권력을 분산시킴으로써 그동안 도외시되고 있었던 도시, 환경, 교육, 빈곤 문제의 해결에 대한 주민 위주의 적극적인 행동을 유도하고자 하였다.

포트휴런에서의 모임은 미국 좌파의 흐름에 실로 이정표적인 사건이었다. 대학생들을 위주로 그동안 끊임없이 구좌파에 대해 가졌던 불만과 비판이 포트휴런선언으로 문서화되었다. 사실상 구좌파로부터 공식적으로 이탈하여 정식으로 신좌파운동을 시작하는 기점이 된 것이다. 선언문은 전국의 대학가에 배포되었다. 그 동안 학내문제에 초점을 맞추고 있던 학생운동은 선언문을 기점으로 그 동안 평화, 반핵·군축 운동, 흑인민권운동 등에서 개별적으로 활동하던 급진주의 세력까지 결집시키며 향후 신좌파 운동을 주도하기 시작하였다.

그러나 포트휴런 선언에 따른 구좌파의 비판은 만만치 않았다. 이들 신좌파들은 밀즈의 영향을 받아 공산주의에 온건한 태도를 보였다. 심지어는 미국 공산당 소속의 젊은이들을 포트휴런 회합에 참관시킨 일이 있었는데, 이 일은 LID 지도부로부터 심한 비판을 받기도 하였다. SDS 움직임에 비교적 우호적이었던 사회주의자 해링턴(Michael Harrington)도 SDS가 공산당에 우호적인 태도를 보이는 것에는 우려를 표했다. 오랜 경험을 통해서 공산당 조직이 이런 조직에 한 번 침투하기 시작하면 결국은 조직을 지배하고 만다는 것을 깨닫고 있었던 그는 공산당에 우호적인 SDS의 움직임을 우려하지 않을 수 없었던 것이다.

그러나 SDS는 그들의 비판에 굴복하기는커녕 오히려 더욱 노골적으로 구좌파에 대한 불만을 표출하며 그들의 주장을 펴나갔다. 그들은 자신만만했으며, 그들이 주창한 프로그램이 미국사회의 병폐를 적극적으로 변혁시킬 수 있으리라 믿었다.

이러한 믿음이 가장 잘 드러난 것이 소위 '교육 조사 및 실천계획 (the Educational Research and Action Project: ERAP)'이라 불리는 일련의 공동체 조직계획이었다. SDS 창립멤버 대부분은 이 계획에 동참하면서 그 동안 캠퍼스 운동의 범위를 넘지 못하던 SDS운동을 범사회적 운동으로 승화시키려고 노력하였다. 이로 말미암아, 이제는 대학 캠퍼스가 미국사회의 변혁을 위한 중심지로 발돋움하게 되었다. 전국 캠퍼스 곳곳에서 포트휴런 정신을 반영한 새로운 운동들이 일어나게 된 것이다.

그 동안 학내운동에만 몰입해 있던 대학생들에게 SDS의 공동체 운동은 신선한 자극을 주었다. 거기다가 대표적 흑인 학생운동 조직인 '비폭력학생협력위원회(Student Nonviolent Coordinating Committee: SNCC)'의 민권운동에 고무되어서 민권운동과 기타 사회운동에 적극적으로 참여하게 되었다. ERAP에 참여함으로써 대도시의 인종 및 빈곤문제를 중심으로한 기타 도시공동체 문제에 직접 개입하여 주민들로 하여금 단합해서 그들의 문제에 직접 나서게끔 하였다. 시카고, 클리블랜드, 뉴와크가 그 대표적인 도시였다.

회원들이 사회현장에서 공동체 구성에 비지땀을 흘리고 있을 무렵, SDS 조직을 담당하던 지도부는 적극적으로 각 대학의 급진세력들과 연계하면서 공동으로 사회문제에 대처하는 구상을 짜고 있었다. 초기 성공의 결과로 SDS에 연계된 조직은 늘어났고, 조직망과 회원수의 확대, 그리고 두터운 지도자층으로 인하여 SDS는 점차 대학가를 중심으로한 미국 신좌파 운동의 본부 역할을 담당하게 되었다.

SDS가 포트휴런 선언을 계기로 공식적으로 그 활동을 시작했지만 전적으로 학외문제에만 몰입한 것은 아니었다. SDS는 원래 학내문제로 출발한 것이었고, 그래서 포트휴런 선언 이후에도 학내문제를 외면하지는 않았다. 다만 학외의 사회문제나 정치문제를 학내문제와 연결해서 다양한 사안을 놓고 투쟁을 했던 것이다. 전후 대학생의 숫자는 폭발적으로 증가하고 있었다. 1946년에는 단지 2백만 명 정도가 대학에 등록되었지만, 1970년에 이르러서는 그 숫자가 8백만 명에 이르렀다. 수많은 젊은이들이 교육의 기회를 갖게 되었고, 졸업 후에는 그들 부모 세대에서는 상상도 할 수 없었던 영역에서 사회의 중견 엘리트로 자리를 잡을 수 있게 되었다. 그러나 급작스런 대학의 팽창으로 말미암아 학내 행정은 부실하였고, 그에 따라 학생들의 불만도 고조되고 있었다. 질이 낮은 교수들과 본인의 연구에만 집중한 나머지 강의에 소홀한 교수들, 거기에다가 비능률적이고 때로는 강압적인 학사행정에 학생들은 강한 불만을 나타냈다.

사실 포트휴런 선언에서 표방한 "참여민주주의"도 실제적인 행동은 캠퍼스에서 시작되었다. 처음에 그들은 동료 대학생들과 그들의 대학교에서 일종의 읍민회의(town meeting)와 같은 모임을 가지면서 학내문제를 지적하고 개선책을 요구했다. 그러다가 점차 SDS 회원들이 도시의 빈곤문제와 인종문제, 그리고 남부의 민권운동에 참여하게 됨으로써 사회문제 전체에 대한 관심을 드러냈다. 하지만 이것들은 사회문제임과 동시에 학내문제이기도 했다. 흑인 및 기타 소수민족 학생들에 대한 입학기회의 협소함과 그들에 대한 학내에서의 차별은 SDS의 투쟁에 중요한 근거를 제공하고 있었다. 흑인 민권운동의 경우만 해도 남부에 국한된 인종문제가 될 수 없었다. 그들이 펼친 흑인 민권운동은 바로 흑인들 스스로가 투쟁을 통해서 투표권을 보장받고 이러한 경험을 토대로 캠퍼스에서의 인종문제에 적극적으로 참여하도록 유도하는 데 있었다. 방학기간 동안 남부 민권운동에 참여하고 돌아온 SDS 회원들은 흑인 투표권 문제를 곧장 그들의 학내문제와 결부시켰다. 그 동안 학생들은 학내문제에 참여할 수 없었고, 무엇보다도 투표권이 없었기 때문에, 그들은 우선 이런 문제부터 투쟁으로 쟁취해야 한다고 믿었다. 그래서 버클리 캠퍼스를 중심으로 학내문제에 대한 더욱 강경한 투쟁이 전개되었던 것이다.

대표적인 것이 1964년부터 1965년에 있었던 버클리의 '자유언론운동(Free Speech Movement: FSM)'이었다. 대학의 정문 앞 거리, 뱅크롭트 거리(the Bancroft strip)는 전통적으로 학생들의 소규모 집회가 허용된 곳으로서 학생들이 전단을 배포하거나 서명운동을 전개하며 그들의 의견을 자유스럽게 표현하는 장소였다. 그러나 1964년 9월 버클리 대학 당국은 그곳에서 민권운동 및 기타 급진주의 운동을 하지 못하도록 하였다. 이것이 문제의 직접적인 발단이 되었다. 캠퍼스 내의 반전세력과 남부 민권운동에 직접 참가하고 돌아온 SDS 회원들, 그리고 SNCC 등 수 개의 캠퍼스 조직들이 연합해서 당국의 처사에 항의하고 나섰다. 9월 29일, 학교 당국은 5명의 주동자 이름을 공포하고는 그들에게 학교 징계위원회에 출석하도록 명령하였다. 그러자 세이비오(Mario Savio)를 선두로 해서 500여 명의 학생들이 본부건물에 몰려가서 자기들도 징계해 줄 것을 요구하며 농성을 벌였다. 10월 1일, 민권운동가인 와인버그(Jack Weinberg)를 학내 경찰이 체포하여 경찰 대기차에 태우자 순식간에 학생들과 경찰은 대치하게 되었다. 학생운동가들은 자유언론운동을 조직하여 학교 당국이 캠퍼스에서 집회와 언론의 자유를 허용해 줄 것을 요구하고 나섰다. 학생들의 집회는 연일 계속되었다. 그들은 흑인 민권운동歌인 "우리 승리하리라(We Shall Overcome)"와 가수 밥 딜란(Bob Dylan)의 노래를 부르며 농성을 계속하였다. 마침내 다음 해 2월 학생들의 요구는 관철되었다. 뱅크롭트 거리와 기타 지정된 장소에서 학생들이 자유로운 의사표현을 할 수 있게 된 것이다.

SDS는 캠퍼스 문제와 학외 문제를 "참여민주주의"와 "공동체운동"에 동시에 적용함으로써 대학을 미국사회 전반에 대한 변혁을 위한 전진기지로 만들려고 하였다. 그들은 대체로 부유한 중산층의 자녀로 성장해서 미국의 풍요로움을 만끽하고 있었지만, 이들 신좌파는 '또 다른 미국인들'에 대한 심리적 부채에다 사회에 대한 책임감을 갖고 있었다. 그래서 이들은 포트휴런 선언 이후 사회문제에 대한 직접적인 투쟁에 참여하였다. 그리고 이런 경험을 학내문제와 결부시킴으로서 애매모호했던 그들의 아이덴티티를 찾게 되었고, 또 그들이 행동해야 할 방향을 모색하게 됨으로써 SDS는 폭발적인 활력소를 찾게 되었다.

SDS가 활력을 찾게 된 이유는 그 당시의 사회상황에서 찾을 수 있다. 1960년대는 그야말로 폭풍의 시대였다. 쿠바 미사일 사태를 시작으로 로스앤젤레스의 왓츠(Watts) 흑인폭동을 비롯한 대도시의 인종소요 등, 1960년대는 끊임없는 격동의 시기였다. 신좌파의 모선(母船)격인 SDS에게는 이러한 폭풍이 그들의 성공적인 항해를 위해 필수적인 환경을 제공해준 셈이다. 그러나 그 무엇보다도 SDS가 일반 대중의 관심 속에서 지속적인 활동을 할 수 있게 만들어준 가장 중요한 사건은 흑인 민권운동과 베트남 전쟁이었다.

5. 흑인 민권운동과 신좌파

흑인 민권운동은 신좌파운동을 확산시키는 촉매역할을 했다. 남북전쟁 직후 당시 급진 공화당 의원들에 의해서 헌법 제14조, 제15조 수정안이 통과되었다. 흑인들에게 시민권을 부여하고 참정권을 허락한 획기적인 사건이었다. 그러나 수정안의 통과와 흑인들의 민권은 별개로 존재했다. 근 100년 동안 남부의 흑인들은 백인 우월주의자들의 위협과 정부의 무관심 속에서 법적인 지위를 보장받지 못하고 있었다. 제2차 세계대전 이후에 와서야 흑인들에 대한 처우 문제가 점차 고개를 들었고, 1954년 연방대법원은 공공학교에서의 인종분리정책을 불법으로 판결하였다.

    1960년대에 들어서면서 미국은 본격적인 민권운동의 열기에 휩쓸리게 되었다. 초기 민권운동은 기독교 정신에 입각한 비폭력 저항운동으로 전개되었다. 사회혁명보다는 사랑과 정의의 기치를 내세웠다. SDS를 비롯한 신좌파 세력들에게 흑인 민권운동은 자유와 정의를 실현하기 위한 숭고한 사명으로 여겨졌다. 이것은 그들이 지향하고자 하는 운동의 정신과 일맥상통하는 것이었다. SDS는 1961년 '자유탑승자들(freedom riders)'이나 1964년의 '미시시피 여름 수련회(Mississippi Summer Project)'에 참가하였다. 헤이든과 같은 지도부 학생들은 이러한 체험을 통해서 미국의 인종차별의 현실을 실감하게 되었다. 이들에게는 흑인들이야말로 미국 민주주의 모순과 그늘에서 허덕이는 민중이었다. 이제 민권운동은 그들이 지향해야 할 사회변혁의 구체적인 좌표가 된 셈이었다.

    헤이든과 그의 아내(Casey Hayden)의 종용에 따라 점차 수많은 SDS 남녀 회원들이 민권운동에 참여하기 시작하였다. 북부인으로 남부에 내려가 민권운동에 참여한다는 것은 많은 위험을 안고 있었다. 남부의 백인 우월주의자들은 노골적으로 이들에 대한 불만을 나타냈고, 때로는 신체적 위협을 통해서 이들을 저지하려고 하였다. 1965년 한 해에만 십여명의 민권운동가들이 살해되는 일이 있었다. 그러나 이러한 위협들로써 그들의 개입을 막을 수는 없었다. 오히려 위협이 심하면 심할수록 젊은이들의 분노는 더해졌고, 더욱 열정적으로 민권운동에 참여하게 되었던 것이다. 그동안 학내운동 등 단편적인 행동에만 연연하던 그들에게 흑인 민권운동은 그들의 위치를 세상에 알리는 절호의 기회가 되었다. 그들은 남부에서 '인종평등의회(the Congress of Racial Equality: CORE)'와 SNCC와 연계하며 유권자 등록(voter registration) 운동을 통해서 흑인들이 적극적으로 투표권을 행사하도록 계몽하였고, '자유학교(freedom schools)'를 만들어서 흑인 젊은이들에게 기초수학과 흑인 역사를 가르쳤다.

　　1960년대 중반을 지나면서 흑인 민권운동의 양상이 조금씩 변하기 시작하였다. 그 동안 킹 목사를 중심으로 민권운동은 비폭력의 온건한 성격을 띠면서 백인 진보주의자들과 연대하는 가운데 지속되어 왔으나, 곧 말콤 엑스(Malcolm X)와 같은 흑인 분리주의자들의 입김이 강화되기 시작하였다. 그들의 주장은 이제 흑인은 백인사회로부터 이탈해 그들 자신만의 사회를 구성하여 그들의 도덕심과 자긍심을 세워 나가자는 데 있었다. 말콤은 1965년 저격당하고 말았지만, SNCC와 CORE의 지도자였던 카마이클(Stokely Carmichael)과 맥키시크(Floyd McKissick)는 말콤의 사상을 받들어 흑인분리주의로 선회하게 되었다. 그 동안은 백인진보세력들을 수용하면서 연합운동을 해 왔지만, 이제는 흑인 단독운동을 표방하고 나선 것이다. 결정적인 계기는 1964년 미시시피 민주당 전당대회에서 SNCC가 내세운 미시시피 자유당(Mississippi Freedom Party)이 존슨대통령이 이끄는 기존의 백인 민주당 세력으로부터 냉대를 받은 것 때문이었다. 사실 민권운동 내에서도 흑백간의 문제는 항상 존재하고 있었다. 그 동안 킹 목사 주도의 온건한 민권운동 방향을 수용하면서 백인의 동참을 받아들이며 운동의 전국화를 꾀하여 왔으나, 저항문화(counterculture)에 영향을 받은 백인들의 행동양식, 예를 들면 마리화나를 피운다거나 여자들이 브래지어를 착용하지 않는 것 등, 그 당시 흑인들이 받아들이기에 과격한 행동은 흑인들을 불쾌하게 만들었다. 더욱이 카마이클은 본래부터 비폭력운동을 믿지 않았던 자이다. 알라바마와 미시시피 주에서 진행된 유권자 등록운동이나 민권운동 초기의 온건성 때문에 마지못해 비폭력주의를 수용했을 뿐이었다. 결국 1964년 미시시피 민주당 전당대회를 계기로 카마이클과 맥키시크는 그들의 조직에서 백인들을 추방하고 본격적으로 블랙파워(Black Power)운동을 전개하기 시작하였다. 이는 흑인들에 의한, 흑인들을 위한, 흑인들만의 문화창달을 주장하는 일종의 '아이덴티티 정치(identity politics)'였다. 이들은 킹 목사가 주도하는 '남부기독교

지도자회의(Southern Christian Leadership Conference: SCLC)'와도 결별을 선언하였다. 이처럼 흑인 민권운동이 과격한 흑인분리주의자들의 영향권 안에 들어가면서 백인 좌파들은 설 땅을 잃어버리고 말았다.

SDS가 흑인들과 지속적으로 연계하기에는 또 하나 넘지 못할 높은 장애물이 있었다. 바로 뿌리깊은 흑인 – 유태인 갈등이 그것이다. 신좌파에서 유태인 출신이 차지하는 비율은 높았다. 물론 구좌파와 비교한다면 그 숫자가 적을 뿐더러 인종의 구성도 훨씬 다양했지만, 그래도 유태인의 비율은 여전히 높았다. 흑인들은 유태인에 대해서 좋은 감정을 갖고 있지 않았다. 특히 뉴욕처럼 흑인 빈민층과 유태인이 밀집해 있는 지역에서는 더더욱 그랬다. 흑인 지역의 토지와 상권의 상당부분을 소유하고 있던 유태인들, 그리고 그들의 의심의 눈초리를 받으며 점원으로서, 고객으로서, 그리고 건물 세입자로서 생활하며 맞닥뜨리는 이 둘의 관계가 좋을 리 없었다. 1965년 흑인들과 유태인 상점주들이 밀집해 있던 로스앤젤레스의 왓츠 지역에서 흑인폭동이 발생했던 것은 이러한 갈등을 웅변적으로 드러내고 있다.

남부 흑인운동이 과격파의 수중에 들어가면서 SDS의 행동범위가 축소된 것은 사실이지만, 그렇다고 이들이 행동수위를 낮춘 것은 아니었다. SDS는 계속 그들 행동의 거점인 캠퍼스를 중심으로 인종문제에 대한 비판을 전개하였다.

1968년, 몇 가지 대표적인 학원사태가 발생했다. 그해 4월 콜럼비아 대학교에서 소요가 발생했다. 학교 당국이 징병소에다 학생들에 대한 정보를 전달했던 것이 사태의 발단이 되었다. 거기에다 흑인 학생들이 학교 인근지역에다 학교 체육관을 건립하려는 계획안에 항의하기 시작했다. 계획된 부지가 인근 할렘거주자들의 거주지역을 침식하기 때문이었다. 사태는 대학의 SDS지부가 적극적으로 개입하면서 더욱 격렬하게 전개되었다. 지도자인 루드(Mark Rudd)는 과격파였다. 그는 히피들과 같은 수동적인 문화적 반항보다는 직접적인 행동이 훨씬 효과가 있음을 믿고 있었다. 이들은 총장실을 점거하였고, 출동한 경찰들과 쫓고 쫓기는 격렬한 충돌을 일으켰다. 그러나 이들은 성공하지 못했다. 학교 당국의 강경한 태도와 경찰의 개입, 그리고 학생들의 과격한 행동에 대해 우려감을 표시하는 교수들의 높은 벽을 넘을 수 없었던 것이다. 당시 사회학과 교수로 있던 다니엘 벨은 학생들을 설득하려 했으나 마음대로 되지 않자 집에 와서 그저 울기만 했다고 한다.

그해 10월에 샌프란시스코 주립대학교에서 흑인 학생들과 SDS가 학교 당국에 흑인 역사 과목을 개설해 달라는 주장을 펴게 되자, 이를 거부하는 학교측과 무장경찰, 그리고 이에 항의하는 학생들 사이에 험악한 분위기가 조성되는 사건이 있었다. 특히 흑인 과격단체인 블랙팬더(Black Panthers)들이 오클랜드로부터 원정을 오게 됨에 따라 이러한 분위기는 더욱 고조되었다. 그러나 새로 부임한 하야가와(S. I. Hayakawa) 총장이 단호하게 학생들의 요구를 거부하고 교수들도 학생들의 편에 서지 않게 되자 학생들은 후퇴하지 않을 수 없었다.

같은 해 12월에는 코넬 대학교에서 문제가 발생하였다. 백인 우월주의자들이 그들 행동의 상징인 십자가를 태우는 의식을 거행했기 때문이다. 분개한 흑인 학생들은 무기를 휴대하고 건물을 장악하고는 대학 당국에 흑인학(Black studies) 프로그램을 개설해 줄 것과 인종편견 교수를 파면시킬 것을 요구했다. 그리고 그들의 요구가 관철되지 않는다면 폭력투쟁을 벌이겠다고 으름장을 놓았다. 결국 학교 당국은 이들의 요구를 받아들였다. 교수 파면은 하지 않았지만 기타 다른 요구사항은 수용하기로 약속을 했다. 점거 학생들은 의기양양하게 건물을 빠져 나왔다.

6. 베트남 전쟁과 신좌파

1960년대 중반을 넘어서면서 신좌파 행동의 초점은 베트남 전쟁이었다. 1964년 대통령 선거에서 신좌파는 린든 B. 존슨을 지지했다. 핵무기를 사용해서라도 아시아에서 공산주의 세력의 증대를 막겠다는 극우익 상원의원인 골드워터(Barry Goldwater)보다는 평화의 기치를 내걸고 나선 민주당의 존슨이 차라리 나았기 때문이다. 그러나 대통령에 당선된 존슨이 베트남에서 물러나지 않자 학생들의 불만은 팽배해졌다. 그러다 1965년 2월 존슨이 의회에서 통킹만 결의안(Tonkin Gulf Resolution)을 확보하면서 북베트남에 대한 공습을 강행하자 SDS는 더 이상 관망할 수 없어 각 캠퍼스 연계망을 통해서 대대적인 반전운동을 벌이게 되었다. 그해 4월에는 워싱턴기념탑에서 무려 2만여 명이나 되는, 미국 역사상 가장 대규모 반전집회를 거행하기에 이르렀다. 1966년, 하노이를 방문하고 돌아온 헤이든은 순박한 베트남 국민들의 민주주의에 대한 열의와 공산 게릴라들의 영웅적인 투쟁을 칭송하였다. 여배우 제인 폰다(Jane Fonda)도 베트남을 방문했는데, 북베트남군의 대포 앞에서 포즈를 취하고 찍은 사진이 언론에 공개되기도 했다. 1966년 시카고에서는 "우리는 가지 않으리라(We Won't Go)"는 주제 아래 반전집회가 열렸고, 뉴욕 센트럴 파크에서도 유사한 집회가 열렸다. 수많은 대학생들이 공개적으로 그들의 징집장을 불태우기 시작했다. 자칫 체포될 수 있는 위험을 안고 있었지만, 그들의 반항은 거세었다. 미국의 베트남전쟁 개입은 미국 자본주의와 제국주의에 의한 것으로, 이로 인해 애꿎은 베트남 사람들만 희생을 당하고 있다고 설파하면서, 미군은 즉각 철수해야 한다고 주장하였다.

　신좌파가 주도한 반전운동은 1968년 8월 민주당 전당대회가 열리는 시카고에서 TV 화면을 통해 생생하게 미국의 안방에 전달되었다. SDS는 전당대회 기간 중에 그들의 의사를 행동으로 전달하기로 작정하였다. 전국에 흩어져 있는 SDS회원들이 속속 시카고에 도착했다. 학생들의 격렬한 투쟁을 저지하기 위해서 데일리(Richard Daley) 시카고 시장은 중무장한 대규모 경찰병력을 대회장 안팎과 시내 요소에 배치하면서 만일의 사태에 대비하였다. 수천 명의 군인들도 대기상태에 들어갔다. 시카고는 전쟁을 기다리는 도시처럼 공포에 휩싸였고, 일반 시민들은 TV를 통해서 시카고를 주시하고 있었다.

SDS가 전당대회를 일종의 최후의 전쟁으로 생각한 데에는 이유가 있었다. 로버트 케네디(Robert Kennedy)와 유진 맥카디(Eugene McCarthy)가 대통령 후보로 나서면서 반전세력들은 희망을 갖게 되었다. 그러나 케네디가 로스앤젤레스에서 암살당하면서 희망은 불안으로 변하고 말았다. 유약한 맥카디를 누르고 존슨대통령의 영향권 안에 있는 자유주의 상원의원인 휴버트 험프리(Hubert Humphrey)가 민주당 대통령후보로 당선될 것이 뻔했기 때문이다.

전당대회가 열리면서 예상대로 극렬학생들과 경찰 사이에 처절한 투쟁이 전개되었다. 시카고는 최루탄 연기와 투석된 돌들로 뒤범벅이 되었고, 사이렌 소리와 공포탄 소리로 흡사 전쟁터와 같은 상황이 벌어지고 있었다. 수 백만 명의 미국인들은 안방에서 이러한 광경을 지켜보고 있었다.

SDS를 중심으로한 신좌파의 투쟁이 TV 화면을 통해서 생생하게 전국에 중계되었고, 덕분에 이 사태는 그들의 존재를 알리는 절호의 기회가 되었다. 그러나 그것이 문제였다. 이들의 행동을 지켜보던 일반 시민들의 반응은 대부분 부정적이었고, 오히려 이들에 대한 거부심리만 증폭시켰을 뿐이다. 학생들보다는 이들을 저지하는 데일리 시장과 경찰쪽에 더 우호적이었다. 여론조사에 의하면, 단지 19%만이 경찰의 진압이 너무 과도했다는 응답을 보였다.[8]

전통적으로 미국 중산층은 급진주의자들의 과격한 행동에 거부감을 보여왔다. 19세기 말 급속한 산업혁명에 따라 노동자들이 과격한 행동으로 나올 때마다 이들 미국인들의 반응은 늘 부정적이었다. 오히려

---

8) John Morton Blum, *Years of Discord: American Politics and Society, 1961~ 1974* (New York: Norton, 1991), p. 310.

과격한 그들의 행동은 그 동안 노동자들에게 가져 왔던 동정심을 반감으로 전환시켰을 뿐이다. 결과적으로 역효과를 초래한 셈이다. 중산층이 등을 돌린 상황에서 미국 자본주의의 토양은 굳어져 버렸고, 급진주의자들이 파고들 땅은 더욱 협소해지고 만 것이다. 19세기 말의 헤이마켓(Haymarket) 폭동과 풀만 파업(Pullman Strike)이 그 좋은 본보기이다. 제1차세계대전 직후 노동자들의 과격한 행동은 결국 적색공포로 연결되면서 10여 년을 쌓아올린 혁신주의 운동도 종지부를 찍게 되고, 사회는 급격히 보수성향으로 선회하고 말았었다. 정부는 미국의 체제에 대해 변함없는 확신을 갖고 있는 중산층을 등에 업고 급진주의자들의 과격한 행동이 있을 때마다 이들을 향해 대대적인 역공을 펼쳤던 것이다. 그런데 신좌파는 이러한 역사적 교훈을 망각하고 있었던 것이다. 그들의 이상에 비해 역사적 경험이 부족한 이들 신좌파의 한계일 수밖에 없었다.

정부가 반전운동에 강하게 대처하자 SDS는 당황하였다. 이러한 당황은 이내 SDS에 내부균열을 초래했다. 검찰총장이 SDS에 대해 수사하겠다고 공표하였다. 반전운동에 공산주의자들이 개입했다는 이유에서였다. SDS 내부가 강경파와 온건파로 나눠지기 시작했다. 시카고에서처럼 더욱 적극적이고 전투적인 행동을 벌이고자 하는 측과, 캠퍼스를 위주로 전쟁의 종결을 요구하는 비교적 온건한 운동을 전개하자는 측으로 양분된 것이다. 엎친 데 덮친 격으로, 여성회원들이 SDS조직체계에 불만을 토로하기 시작하였다. 조직이 남성들에 의해 주도됨으로써 그들은 편지를 발송한다거나 타자를 치는 등 자질구레한 일에만 국한되고 있다는 것이었다. 학원 내 여권운동이 팽창하면서 조직을 탈퇴하는 여성회원들이 늘어나자 이들은 독자적인 행동을 하기 시작하였다. 민권운동에 관심을 집중하고 있는 흑인 학생들은 SDS의 반전운동이 비효율적이라고 비꼬기도 하였다. 포트휴런의 정신, '박애'와 '단합'으로 사회변혁 운동을 전개한다는 그 정신은 이제는 찾아보기 힘들어지고 내부의 잡음과 비판으로 점철되기에 이르렀다.

실로 베트남 전쟁은 신좌파운동의 흐름에 분기점이 된 사건이었다. 반전운동을 주도하면서 SDS의 세력은 급속도로 확대되었던 것이 사실이다. 1964년 12월, 단지 2,500명이었던 회원수가 다음 해 10월에는 10,000명으로 증가하였다. 그러나 세력 확장은 내부의 갈등을 촉진시켰다. 반전운동이 신좌파운동의 중심축으로 자리매김을 하면서 대학개혁, 참여민주주의, 민권운동 등과 같은 기존의 이슈가 상대적으로 외면당하게 되었다. 그러자 SDS 내부에서는 그들 운동의 우선권과 형평성 문제를 놓고 갈등을 빚게 되었다. 이러한 갈등은 1970년대에 들어서면서 반전운동이 활기를 잃게 되자 전면에 드러나기 시작했다. 반전운동을 대체할 주도적인 이슈를 찾지 못한 상태에서 내부의 균열과 뒤틀림은 갈수록 커질 뿐이었다.

Ⅲ. 신좌파운동의 쇠퇴

1. 신좌파운동의 쇠퇴 이유

1970년에 들어서면서 신좌파의 활동은 급격하게 위축되었다. 1968년, 시카고 사태를 기점으로 그들은 이렇다할 활동을 하지 못하고 지리멸렬하였다. 이전의 원기와 탄력은 결코 회복되지 않았다. 민주당은 그해 대통령 선거에서 패배하여 공화당의 닉슨에게 승리를 안겨주었다. SDS는 좀더 적극적으로 전쟁을 마무리할 것을 촉구하며 민주당 정권을 압박했고, 그러한 북새통 속에서 오히려 공화당이 그 열매를 챙긴 셈이다. 민주당의 패배는 베트남 전쟁에 일차적인 원인이 있었지만, 시카고 사태도 그 원인 중의 하나였다. 민주당과 연관된 과격파 학생들의 행동이 일반 국민들의 우려를 낳게 되었고, 이러한 정서가 선거운동 기간

내내 지속되었기 때문이다.

신좌파운동의 쇠퇴 이유를 한마디로 설명하기는 힘든다. 여러 가지 요소가 함께 얽혀 있었기 때문이다. 정부의 강경대응, 흑인 민권운동의 과격파 득세, 중산층의 反과격주의 정서, SDS조직의 내부 균열 — 이 모든 요소들이 1960년대 말기에 복합적으로 신좌파운동을 와해시키는 데 작용하였다. 또한 학생들의 세력만으로는 역부족이었음도 무시할 수 없는 실패 요인이다. 사회 여러 계층의 적극적인 협조가 뒷받침되어야만 했다. 적어도 노동자 계층의 협조는 있었어야 했다. 그러나 노동자 계층은 맥카시즘의 반공 기류로 인해서 그 힘을 잃고 풍요로운 전후 미국사회에 안주하는 편을 택했다. 이것은 신좌파만의 문제는 아니었다. 역사적으로 볼 때, 미국의 좌파운동은 노동자들의 호응을 얻어 그들의 세력을 중심으로 총체적인 사회변혁을 시도한 적이 없었다. 노동자의 처우개선을 위한 산발적인 투쟁만이 전개되었을 뿐이다.

그렇다고 미국의 좌익들이 빈민계층이나 소수민족들과 결합해서 사회 변혁운동을 전개한 적도 없었다. 그래도 신좌파는 그 어느 시대의 미국의 좌파나 진보세력들보다 비교적 적극적으로 이들 하층민들을 위해 적극적인 계몽 및 봉사활동을 벌였다. 도시 공동체운동을 통해 이들 하층민들과 소수민족이 그들 나름대로 규합해서 과격한 투쟁을 벌이고 자치적으로 그들의 운명을 타개하도록 유도하고자 했다. 그러나 타성에 젖어있는 그들을 일깨워 행동으로 옮기게 하기는 힘든 일이었다. 대부분 대학생들로 구성된 SDS 회원들과 그들 사이에는 건너뛸 수 없는 깊은 사회적, 신분적 한계가 있었다. 비교적 부유한 환경에서 성장했고 교육의 특혜를 누리고 있는 대학생들이 사회의 밑바닥에서 허덕이는 자들의 정서를 정확히 간파하기는 불가능했던 것이다. 또한 하층민들이 이들 대학생들을 보는 시각도 부정적이었다. SDS가 참여했던 거의 모든 대도시 계획들은 도시의 젊은 무직자들의 따가운 눈총을 받아야만 했다. 부유한 학생들과 불운한 도시의 젊은이들 사이의 간격은 냉엄한 현실이었다.

ERAP를 위주로 한 공동체조직 운동이 실패한 것도 이런 이유에서 였다. 시카고 지역에서만 1967년까지 존속하였을 뿐 다른 지역에서는 1년 정도밖에 유지되지 못하고 철수하고 말았다. 주민들의 불협조와 따 가운 시선 외에도 이 운동을 지속시키지 못하게 한 이유는 많았다. 학생 신분으로 오랜 기간 도시에 거주하면서 운동에 참가할 수 없는 것도 하나의 이유였다. 또한 민주당 정부가 '위대한 사회(The Great Society)' 및 '빈곤과의 전쟁(War on Poverty)' 프로그램과 같은 사회 복지 정책을 펴고 있었기 때문에, ERAP와 같은 신좌파의 도시 프로그 램이 빛을 발할 수 없었다는 것도 중요한 이유였다. 더욱이 베트남 전쟁이 가시화되면서 더 이상 도시문제에만 관심을 지속하기가 힘들었다. 반전운동에 총력을 기울여야 했기 때문이다.

2. 신좌파운동의 유산

1970년대에 들어서면서 신좌파운동이 쇠퇴한 것은 사실이다. 그러나 신좌파운동은 미국 역사에 의미있는 발자취를 남겼다. 흑인 민권운동과 베트남 전쟁에 따른 격동의 1960년대는 신좌파를 빼놓고는 설명할 수 없는 역사적 사실이 되었다. 물론 민권운동의 시작은 신좌파와 직접적인 관계가 없었다. 그리고 민권운동의 열매라 할 수 있는 1964년의 민권법(Civil Rights Acts)이 꼭 신좌파운동에 의해서 그 결실을 맺은 것이라고도 할 수 없다. 그러나 민권운동을 전국적인 운동으로 확산시키는 데 SDS 주도의 신좌파운동이 크나큰 역할을 했던 것은 자명한 사실이다. 블랙 파워, 블랙팬더 등의 흑인 과격파 세력에 밀려서 SDS가 이렇다할 역할을 하지는 못했지만, 각 캠퍼스에서 학생들이 인종문제를 들고 나오면서 그 동안 미국의 평등민주주의의 암울한 이면에 자리잡고 있던 인종차별 문제에 대해서 일반인의 관심을 유도했고, 정치적으로 상당부분의 개혁을 성사시킨 점에서는 그 의의가 크다.

베트남 전쟁의 경우도 마찬가지이다. 물론 신좌파의 반전운동으로 인해서 베트남 전쟁이 종결되지는 않았다. 오히려 이들의 극렬한 반전운동은 미국 중산층으로 하여금 신좌파에 대한 우려를 낳아 결과적으로 신좌파의 미래에 결정적으로 찬물을 끼얹고 말았다. 그러나 이들의 행동은 미국의 많은 진보세력들에게 전쟁에 대한 회의를 불러일으켰다. 최소한 전쟁이 확대되는 것은 막았다. 존슨은 퇴각하였고, 닉슨은 베트남으로부터 미군의 철수를 약속할 수밖에 없었다. 이 모든 진척을 신좌파의 반전운동과 분리해서 생각할 수는 없다.

냉전과 반공주의의 히스테리 속에서 구좌파가 체제와 타협하거나 속수무책으로 당하고 있을 때 이들 신좌파가 구성되었다. 좌파운동을 전개하기에는 척박한 미국의 현실에서 젊은 대학생으로 구성된 이들의 비판과 투쟁은 그나마 급진주의 운동의 계보를 이어주었다고 할 수 있다. 그 동안 하나의 비판세력으로 사회의 표면에 부상하지 못했던 학생들이 미국 자본주의의 병폐와 무절제한 외교정책에 반기를 들면서 사회 변혁의 파수꾼 역할을 했던 것은 실로 기념비적인 일이었다.

3. 신좌파운동, 그리고 그 이후

1968년, 공화당의 닉슨이 대통령에 당선된 것은 곧 신좌파운동의 몰락을 의미하는 것이기도 했다. 그리고 4년 후 닉슨은 다시 재선되었다. 미국은 우익 인민주의를 표방하는 월레스(George Wallace)와 남부 보수주의를 내세운 극우 반공주의자인 골드워터(Barry Goldwater)의 전통을 이어받은 닉슨을 선택한 것이다. 흑인 민권운동, 반전운동, 소수민족과 빈민자를 위한 사회 정의운동 — 1960년대 내내 신좌파가 열렬하게 외쳤던 구호는 1970년대에 들어서면서 역사의 메아리로 사라지고 말았다. 민권운동과 반전운동을 외치며 청바지에 긴 머리를 날리던 그 성난 모습들은 더 이상 TV 화면을 장식하지 않았고, 한때 학생운동으로 뜨겁게 달아올랐던 버클리, 콜럼비아, 위스콘신, 미시간, 기타 여러 대학 캠퍼스들은 그 열기를 잃고 냉철한 지성의 전당으로 되돌아 갔다.

일견 이해할 수 없는 반전(反轉)처럼 보인다. 1960년대를 풍미했던 신좌파 운동이 어쩌면 그렇게 급속도로 수그러들 수 있을까? 캠퍼스와 TV 화면을 가득 메우던 그 많은 얼굴들은 또 어떻게 되었을까? 대답은 간단하지 않다. 실제로 신좌파의 숫자는 그리 많지 않았다. 한때 SDS회원이자 열렬한 사회주의자였던 리온(Paul Lyons)이 회고했듯이, 신좌파의 숫자는 미국의 '침묵의 다수(silent majority)'와 비교할 때 극히 소수였다. 이들 다수의 행동과 사고는 TV에 나오지는 않았지만 격동의 시대에 조용히 직장과 가정을 지키고 있었다. 미국의 자유와 민주주의에 대한 강한 믿음, 열심히 일하면 보상을 받으리라는 캘빈주의적 신념 속에서 그들은 일상을 유지해 가고 있었다. 이들 역시 신좌파 젊은이들처럼 미국의 관료주의와 정치에 불신을 가졌던 것은 사실이나, 미국의 체제에 대한 근본적인 회의는 아니었다. 오히려 회의가 있었다면 정부보다는 신좌파, 즉 '시끄러운 소수(noisy minority)'에 대한 것이었다.[9]

신좌파와 보조를 맞춘 사회세력은 없었다. 혁명의 전위대 역할을 해야 할 노동계급은 이미 중산층의 지층에 견고하게 매몰되어버린 지 오래였다. 물질주의와 자본주의의 구조에 문화적 반항을 시도하였던 저항문화 세력도 이미 마리화나와 나르시즘에 빠져 있었다. 아무런 대안도 없었고 조직도 없었다. 이들에게는 SDS마저도 하나의 조직으로 보였으므로 그들은 여기에 동조하지 않았다. 대학생들의 호응도 그렇게 높지 않았다. 신좌파는 캠퍼스에서도 '시끄러운 소수'였다. 대다수 학생들은 미디어의 이미지와는 동떨어져 있었다. '침묵의 다수'로 남아 있었다. 반전 데모의 경우도 마찬가지다. 1973년의 어느 한 연구에 의하면,

---

9) Paul Lyons, *New Left, New Right and the Legacy of the Sixties*(Philadelphia: Temple University Press, 1996), pp. 202 – 208.

실제로 30세 이하 젊은이들이 30세 이상의 성인들보다 지속적으로 전쟁을 지지했다고 한다.[10]

세계 좌파운동과의 연계도 미미하였다. 냉전체제하의 미국 제국주의에 대한 반감으로 그들이 쿠바의 카스트로나 중국의 모택동, 심지어 북베트남의 호치민에 대한 존경과 환상을 가졌던 것은 사실이다. 그러나 그들과의 구체적인 연계 움직임은 없었다. 그저 미국사회와 외교에 대한 반발로 그들의 세계에 대하여 환상을 가졌을 뿐이다.

베트남 전쟁이 끝나면서 그것이 환상이었음이 실제로 증명되었다. 인도차이나의 공산집권자들의 인권유린과 대량학살 소식이 전해졌기 때문이다. 그 외에도 중국의 문화혁명이 야기한 부작용과 비극이 알려지게 되었다. 미국에 대항하는 제3세계 국가들에 대한 환상도 1979년 이란혁명으로 깨어졌다. 서구화된 팔레비 국왕은 폐위당했지만, 호메이니의 이슬람정권은 훨씬 더 反민주적이었다. 공산주의자들은 구금당했고 여성들의 사회적 위치는 퇴보했다.

유럽 좌파운동과의 연계도 찾아보기 힘든다. 미국의 신좌파가 유럽의 신마르크시즘 등에 영향을 받기는 했지만, 운동의 전개과정에서 서로의 관계에 이렇다할 접점은 없었다. 1970년대 말 폴란드 노조운동은 유럽뿐만 아니라 미국에서도 연일 주요 뉴스거리였다. 노동자계급과 인텔리겐챠가 결탁한 그야말로 좌파들이 꿈꾸었던 이상적인 운동이었다. 이에 대해 유럽의 좌파는 들떠 있었지만, 미국의 신좌파는 조용했다. 폴란드 노조운동이 고개를 들 때쯤 미국의 신좌파는 돌이킬 수 없는 해체의 과정에 들어서고 있었기 때문이다.

격동의 1960년대를 벗어나면서 신좌파가 설 땅은 없어졌다. 그러나 그들이 돌아갈 곳은 있었다. 대학 캠퍼스가 그곳이다. 캠퍼스에서 출발한 신좌파는 이제 다시 캠퍼스로 돌아간 것이다. 이전과 같이 과격한

---

10) *Ibid.*, p. 74.

행동을 하는 장소로서의 캠퍼스가 아니라, 이제 그들의 활동을 지적인 영역으로 국한시킨 장소로서의 캠퍼스였다. 그들 상당수는 졸업한 뒤 대학원에 진학하고 곧이어 교수직을 얻게 되면서 신좌파의 명맥을 유지하게 되었다.

　정치적으로는 성공을 거두지 못했지만, 그리고 일반 미국인들의 호응을 얻는 데는 실패했지만, 신좌파는 강의실과 연구실에서 끊임없이 그들의 투쟁을 계속하였다. 젊은 후배 학생들에게 있어 그들의 가르침은 사고의 정형을 깨는 커다란 도전이었다. 경찰의 곤봉이나 사회의 냉담한 눈초리를 받지 않고 자유롭게, 한때는 그들이 그토록 저주했던 체제의 일부인 대학이라는 요새 안에 안주하면서, '시끄러운 소수'가 아닌 '조용한 소수'로서, 그리고 직접투쟁보다는 강의와 학설을 통한 간접투쟁의 역사를 계속하고 있는 것이다.

제4장 신우파운동

이 형 대 (메릴랜드대)

I. 서론

　　신우파(The New Right) 혹은 신기독교우파(The New Christian Right)는 70년대 후반과 80년대에 가장 왕성한 활동을 전개했던 미국의 보수주의 정치세력 혹은 보수주의 사회세력을 말한다. 이 보수주의 세력은 1980년에 로널드 레이건(Ronald Reagan)을 미국 대통령에 당선시킨 것을 비롯하여 보수주의 정치인들의 정치적 성공에 결정적인 역할을 했을 뿐만 아니라, 각종 자유주의적 입법의 저지는 물론이고 미국사회의 전통적인 가치와 제도를 회복하고 옹호하는 범국민적 운동을 추진하였다. 이 보수주의 세력은 일시적이긴 하지만 성공적인 정치운동을 벌임으로써 미국 정치사에서 분명한 위치를 차지할 뿐만 아니라 특히 사회운동으로서 두드러진 역할을 함으로써 미국사회운동사에 분명한 한 자리를 차지한다.

　　어떤 의미에서 이 신우파의 성공적인 정치운동은 사회운동 차원에서 이루어졌기 때문에 가능하였다. 즉, 이 신우파운동(The New Right

Movement)은 20세기 미국 정치사에서 가장 보수주의적인 대통령이었던 로널드 레이건을 당선시키는 데 결정적인 기여를 하였지만, 그 힘은 정치운동이라기보다는 사회운동으로부터 나왔다. 적어도 70년대 후반과 80년대 초에 신우파운동은 미국사회 내의 모든 보수주의 세력을 하나로 결집시키는 데 성공함으로써 전형적인 사회운동의 역동적인 힘을 드러내었다. 무엇이 이것을 가능하게 했을까?

사회운동사의 관점에서 보면, 신우파운동은 사회운동의 기본요소인 "일종의 변화를 성취하고 혁신을 이루기 위한 집단적인 행동"이라기보다는 "이전의 상태를 회복하려는"[1] 전형적인 보수주의적 집단행동이었다. 60년대의 신좌파운동이 당시의 기존 질서와 제도에 반항하여 새로운 좌파를 형성하였다면, 신우파운동은 70년대에 60년대의 반항적 태도에 반발하여 새로운 우파를 형성하였다. 70년대에는 미국사회 내에서 해결되지 않은 모든 문제들이 한꺼번에 쏟아져 나왔다. 이 시기에 많은 미국인들은 정치적·사회적·도덕적으로 좌절과 혼란을 느끼고 있었다. 청년세대에 속하는 사람들은 진보주의적 개혁이 실패로 돌아갔다는 사실에 좌절감을 느꼈고, 기성세대는 자유주의적인 기질에 물들은 젊은이들의 주장과 행동, 그리고 생활방식에 혼란을 느꼈다.

이러한 70년대에 활발한 활동을 전개한 새로운 우파는 그 좌절과 혼란에 대한 반응으로 나타난 현상이었다. 여전히 미국의 전통적인 가치와 기독교를 믿고 있던 다수의 중산계급은 이러한 좌절과 혼란의 상황을 그대로 받아들일 수 없었다. 그들은 종전의 보수주의자들처럼 단순히 과거의 전통과 관습을 신뢰하며 지키는 것이 아니라, 혼란과 무질서, 그리고 불확실성의 시대에 미국사회가 나아가야 할 새로운 지침을 추구하고자 했다. 그들은 국내외의 거센 도전에 직면한 미국이 불확실성 속에서 표류하는 것을 막고자 하였다.

---

1) Rudolf Heberle, "Observations on the Sociology of Social Movement," *American Sociological Review*, Vol. 14(1949), p. 349.

따라서 70년대에 새로운 보수주의를 형성하였던 사람들은 다른 어느 시대의 보수주의자들보다도 더 적극적으로 활동했고 강한 결집력을 형성했다. 그리하여 이들의 결집력은 곧 하나의 사회운동으로 발전하였고 도덕운동의 차원을 넘어 정치세력화의 단계에까지 이르게 되었다. 특히 이들 보수주의자들은 정계에 영향력을 행사하여 자유주의적 입법을 막는 데 노력하였으며, 자신들이 추구하는 도덕과 가치를 기반으로 미국이 바로 서기를 기대하였다. 이와 같이 70년대의 보수주의자들은 종전의 보수주의자들과는 상당히 다른 모습을 보였다. 70년대의 보수주의자들은 분명히 새롭게 등장한 우파였다.

신우파는 구우파와 함께 공산주의에 반대하고, 자유기업을 지지하고, 정부의 개입을 제한하고자 하며, 종교와 전통적인 가치를 존중했다. 그러나 구우파가 계속 반공주의와 자유기업을 강조한 반면, 신우파는 민중주의적인 주제들을 강조하는 경향이 있었다. 즉, 구우파와는 달리 신우파는 동부의 기존체제에 대해 거부감을 나타내며, 가정의 중요성을 강조하고, 전통적으로 내려오는 도덕적 가치를 옹호하고, 학교와 교회를 일반인들이 장악할 것을 주창했다.

이 신우파는 다양한 동기를 가진 다양한 세력에 의해 이루어졌기 때문에 명확하게 정의하기가 쉽지는 않지만, 크게는 정치적 동기를 가진 세력과 문화 및 종교적 동기를 가진 세력으로 구분할 수 있다. 이 두 커다란 세력은 비록 동기는 달랐을지라도 지향하는 방향과 추구하는 목적은 거의 일치하였다. 특히 신우파에 속하는 중심세력은 거의 기독교인들로 구성되었으며, 이 파가 하나의 대중운동으로 확산되는 데에도 기독교인들이 중요한 역할을 하였다. 이런 점에서 신우파를 '신기독교 우파(New Christian Right)'라고 부르기도 한다.

보수주의 세력은 제2차대전이 끝난 이후부터 미국 정계와 지성계에 꾸준히 다시 등장하고 있었다. 그 세력의 결집력은 뉴딜의 여러 정책에 대한 반항에서 출발했던 것이다. 그들의 세력은 배리 골드워터(Barry

Goldwater)의 공화당 대통령 입후보에서 처음으로 과시되었다. 이러한 보수주의 세력은 제2차대전 이후부터 오늘날까지 미국 보수주의의 한 축을 이룬다. 이 장에서 다루는 70년대의 신우파는 이러한 정치적 보수주의와도 결합하지만, 전적으로 60년대와 70년대에 나타났던 정부의 자유주의 정책을 비롯하여 새로운 사회현상, 새로운 가치와 도덕, 그리고 새로운 생활방식에서 드러난 자유화와 세속화에 대한 반항으로 형성된 세력이었다.

또한 이러한 반항으로 70년대에 형성된 보수주의는 크게 두 부류의 세력으로 분류될 수 있다. 하나는 소위 신보수주의자(Neoconservative)로 지칭되는 지식인들로서, 이들은 학계, 지성계, 그리고 정계에 강력한 영향력을 행사하였다.[2] 다른 하나는 본장에서 다루게 될 신우파인데, 이 집단 내에는 정치적 보수주의 세력도 일정 부분을 차지하지만 일반 대중들이 광범하게 참여하였던 일종의 민중적인 성격을 갖고 있었다. 또한 이 신우파의 핵심세력은 종교계의 근본주의자들이 장악하였고, 많은 대중들은 이들의 종교적인 부흥운동에 모여들었다. 이 신우파의 복음주의적 부흥운동은 곧 널리 확산되었고 보수주의적 종교운동에서 보수주의적 정치운동으로 발전하였으며, 70년대 후반과 80년대에 대통령 선거를 비롯하여 각종 선거에 커다란 영향력을 행사하였다.

본장에서 다룰 신우파는 신보수주의 집단과는 다른 대중적인 사회운동이다. 그것은 70년대의 전반적인 사회현상에 대한 반항으로부터 일어났고, 잠시 동안이긴 하지만, 미국 정계뿐만 아니라 미국 사회에 미친 그 엄청난 힘은 미국의 중산계급에 속하는 수많은 일반 대중들의 참여에서 나온 것이었다.

신우파가 60년대의 신좌파 운동의 반대 방향에서 일어난 반발이었

---

2) 신보수주의자들은 전적으로 지식인들의 집단인데, 대표적인 사람들로는 Daniel P. Moynihan, Jeane Kirkpatrick, Irving Kristol, Norman Podhoretz, Daniel Bell, Nathn Glazer, 그리고 Seymour M. Lipset 등이 있다.

다면 그 구체적인 사회적 쟁점들은 무엇이었는가? 왜 70년대의 보수주의는 종교지도자들과 종교세력이 주도하였는가? 대통령선거를 비롯한 각종 선거에서 입후보자들을 긴장시켰고 실제로 막강한 영향력을 행사하였던 신우파의 힘은 어디에서 나온 것인가? 신우파가 주도하였던 보수주의 운동은 궁극적으로 미국사회에 어떤 영향을 미쳤는가? 본장은 이러한 여러 문제들을 염두에 두면서 신우파의 등장 배경, 그 종교적 성격과 조직, 활동, 그리고 신우파가 가장 거부한 사회적 쟁점들에 대해 차례로 고찰할 것이다.

Ⅱ. 신우파운동의 등장 배경

좁은 의미에서 신우파는 70년대의 혼란과 좌절의 산물이었다. 그 혼란과 좌절은 정치적·사회적·도덕적 측면으로부터 나온 것이었다. 아마도 이러한 혼란과 좌절의 시대에 새로운 질서와 목표를 추구하는 것은 미국 중산계급의 당연한 욕구인지도 모른다. 먼저 70년대의 정치적·사회적 상황은 미국사회의 혼란과 좌절을 가져온 결정적인 요인이었다. 이 십 년 동안에 리차드 닉슨(Richard M. Nixon)은 불명예스럽게 대통령직을 사임하였고, 미국 군대는 베트남으로부터 철수하였으며, 철수하자마자 곧 티우정권은 완전히 무너졌다. 중동의 국가들은 미국으로의 석유수출을 완전히 금지하면서 에너지부족 사태가 일어났고, 기름을 사기 위한 행렬이 길게 늘어섰다. 제2차대전 이래로 거의 30년 동안 미국인들은 스스로 자신들의 경제를 장악 운영하면서 세계를 지배하였다. 그러나 이제 그러한 미국의 시대는 끝나는 것처럼 보였다. 확실히 70년대는 미국인들에게 혼란과 좌절의 시대였고, 많은 사람들은 미국이 나아가야 할 분명한 방향을 잃어버렸다고 느꼈다.

1. 자유주의와 보수주의의 분열

좁은 의미에서 신우파는 70년대의 산물이지만 넓은 의미에서 신우파의 등장은 20세기에 들어 미국사회가 점점 더 세속화와 자유화의 길로 나아가면서 회복할 수 없을 정도로 갈라지게 되었던 자유주의자들과 보수주의자들의 분열에 기인한다. 매 시대 미국사회 내의 자유주의자들과 보수주의자들은 개인과 사회 그리고 국가를 이해함에 있어서 서로 다른 입장을 보여 왔지만, 그때마다 합의점을 찾았고 함께 생존해 왔다. 그러나 20세기 후반에 들어 이들의 기본적인 입장 차이는 점점 벌어지게 되었고, 마침내 깊은 적대감 속에서 미국사회는 깊고 거대한 분열로 치닫게 되었다. 그들이 서로 합의점을 찾을 수 없었던 쟁점은 무엇보다도 도덕과 윤리와 같은 인간의 근본적인 문제였다. 미국사회에 점점더 자유주의적인 경향이 만연하면서 자유주의자들은 미국의 전통적인 가치와 도덕은 인간을 억압할 뿐만 아니라 미국사회의 진정한 통합을 저해한다고 생각하였다. 반면에 보수주의자들은, 미국이 지금까지 견지해 왔던 절대적이고 변치 않는 가치와 도덕, 특히 기독교적 가치는 미국의 정신적 기반이며 미국인의 존재이유였는데, 이러한 것의 붕괴는 미국의 붕괴나 다름없다고 믿었다.

2. 미국사회의 자유화와 정체성의 위기

20세기 전반부에 미국 정치와 사회는 물론 종교계까지도 그 주류를 형성하였던 집단은 자유주의자들이었다. 따라서 사회적 쟁점들에 대한 논쟁에서 주류의 자유주의자들이 제시한 합의점은 점점 더 세속적이고 관용적인 경향을 띤 것이었다. 이러한 태도는 경건과 신앙에 기반을 둔 미국의 전통적인 가치에 크게 위배되는 것이었다. 자유화의 흐름 속에서 반기독교적인 도덕과 윤리를 포함하여 모든 주장과 입장이 허용되면서 미국의 정체성이 흔들릴 때, 보수주의자들은 윤리적 절대가치를 찾고자 하였다. 이 절대가치는 기독교적 전통에 근간을 둔 가정, 성, 규율을 포함하는 도덕적 법을 반영하는 것이었다.

미국의 전통적인 종교적 가치와 제도 속에서 살고 있던 많은 미국인들은 다른 무엇보다도 미국사회에 만연한 도덕적·윤리적 혼란에 충격을 받았다. 60년대의 각종 해방운동이 70년대에 와서 자유주의적인 구체적 주장과 행동으로 나타나자, 보수주의자들은 그것을 도저히 용납할 수 없었다. 대항문화운동(Counterculture Movement), 여성해방운동(Women's Liberation Movement), 동성애권리운동(Gay Rights Movement), 그리고 뉴에이지(New Age) 운동과 같은 새로운 운동들은 반전통적이고 반기독교적인 운동으로서 미국의 존립 자체를 뒤흔드는 것이었다. 70년대의 미국 중산계급에게 이러한 새로운 여러 운동들은 자유주의자들에 대한 적대감을 불러일으키기에 충분하였다.

3. 대항문화운동의 확산과 미국전통의 위기

다른 무엇보다도 미국문화의 자유화가 절정에 이른 것은 대항문화운동에서였다. 대항문화운동은 지배적인 기술문화와 체제 그리고 그 전통적인 도덕과 정반대되는 방향에서 새로운 종교적 세계관과 가치체계를 수립하고자 하였다. 그것은 자발적이고 비형식적이었다. 이러한 성격의 대항문화는 1968년 이후 한편으로는 폭력적이고 혁명적인 경향으로 나아갔고, 다른 한편으로는 마약문화로까지 나아갔다.

여성운동가들은 이미 한 세기 이상 동안 미국생활에서 남녀의 차별을 종식시키기 위해 노력해 왔다. 그 운동은 60년대의 문화적 격변 속에서 일반대중 속으로까지 파고들었다. 70년대까지 그 운동은 소위 문화전쟁에서 승리함으로써, 남성과 여성을 공통으로 지칭하는 포괄적인 언어사용을 포함하여 직장과 가정에서 상당한 정도로 남성과 동등한 기회를 가질 수 있었다. 그러나 여성운동은 더욱 완전한 평등을 위해 지속적이면서도 광범한 활동을 전개하였고, 궁극적으로는 가정의 전통적인 구조를 문제삼으면서 낙태와 같은 인간의 근본적인 도덕 및 윤리 문제에 대해서까지도 의문을 제기하였다. 이러한 여성운동의 도전은 보수주의자들에게 있어서는 기독교적인 미국의 전통은 물론 하나님이 부여한 질서를 위협하는 것이었다.

이러한 여성운동과 병행하여 60년대 이후부터 미국생활에서 두드러진 진전을 보여온 것이 동성애권리운동 혹은 게이 해방운동(Gay Liberation)이었다. 60년대 중반 대항문화운동 기간에 뉴욕과 샌프란시스코 등지에서 동성애를 추구하는 집단들은 자신들의 존재를 인정받고자 노력하였다. 1969년 뉴욕의 한 게이 술집에서 경찰과 게이들의 충돌이 있은 후 동성애자들은 게이 해방전선(Gay Liberation Front)을 조직하여 모든 종류의 동성애자들과 색다른 생활스타일로 사는 모든 소수 집단들을 하나로 결집시켜 자신들의 권리를 확대하고 차별을 폐지시키고자 하는 운동을 벌여나갔다. 70년대와 80년대에 그들은 미국시민으로서 자신들이 누려야 할 정당한 사회적·정치적 권리를 주장하였다. 대체로 자유주의자들은 동성애자들을 사회에서 버림받은 사람들로 간주함으로써 그들도 소수계 집단이 법적 보호를 받듯이 보호받아야 한다는 인식을 확산시켰다.

Ⅲ. 신우파와 70년대의 기독교 부흥운동

신우파는 두 가지 성격을 가지고 있다. 하나는 바로 위에서 언급한 전체적인 자유주의적 흐름에 반대하는 보수주의적 성격이며, 다른 하나는 기독교 부흥운동의 성격이다. 그러나 이 두 가지 성격은 따로 구별하여 생각할 수 없는데, 왜냐하면 그 부흥운동이란 바로 당시의 사회적·문화적 현상으로부터 유래한 것이기 때문이다. 여기서 70년대의 사회적·문화적 현상이란 단순히 자유화 현상만으로 설명될 수 있는 것은 아니었다. 그것은 기술문명의 발전과 물질적 진보에서 비롯된 정신적 문제와, 정치적 추문과, 공산주의의 도전과 같은 국내외 문제까지도 포함된 복합적인 현상이었다. 그리고 70년대의 그러한 현상에 대해 많은 미국인들이 느꼈던 감정은 좌절과 혼란이었다.

1. 물질만능 세계에서 정신세계의 추구

이 기술문명과 물질적 진보의 시대에 인간은 어떻게 좌절과 혼란을 극복할 수 있을까? 많은 미국민들은 다시 정신적 세계에서 안정을 찾고자 하였다. 당시 등장했던 뉴에이지(New Age) 운동도 이러한 맥락에서 볼 수 있는 하나의 경향이었다. 또한 인간의 독자적인 정신력을 강조하는 뉴에이지 운동과 더불어 다원주의에 기반을 둔 다양한 종교들이 미국사회에 등장하였다. 이러한 뉴에이지 운동과 각종 이단종교의 등장 역시 당시의 혼란과 좌절에서 나온 것이지만, 그것은 반전통적이고 반기독교적인 것으로서 보수주의적 복음주의자들에게는 해결책이 아니라 더욱 혼란을 가중시키는 것이었다. 물질만능 세계에서 정신세계를 다시 추구하였다는 점에서는 뉴에이지 운동이나 복음주의 부흥운동이 함께 할 수 있는 것처럼 보이지만, 전자는 당시 자유화와 세속화로 인해 전통적 사회의 기반이 위태로운 상황에 처하게 되었던 미국사회를 더욱 곤경에 빠뜨리는 것이었다. 근본적인 점에서 뉴에이지 운동은 복음주의 운동이 추구하는 것과는 정반대 방향에 놓여 있었다. 보수주의적 복음주의자들은 기독교의 근본주의적 입장에서 종교적 부흥을 시도하였고, 많은 중산계급은 이들의 지도를 따랐다.

2. 기독교 부흥운동을 통한 도덕적 기반 추구

그리하여 70년대의 미국은 19세기 초 제2차 대각성 이래 가장 강력한 대규모 종교부흥의 시대를 맞이하였다. 물론 기독교의 복음주의적 부흥은 갑작스러운 것이 아니었다. 사실 그것은 빌리 그래함(Billy Graham) 목사가 그의 열정적인 부흥운동을 일으키면서 국민적인 지지를 얻기 시작했을 때인, 적어도 1950년대 이래로 발전되어 온 것이었다. 그러나 수년 동안 대부분의 언론은 이 기독교의 부흥현상을 대단한 것으로 다루지 않았다.

이제 70년대에 들어 언론은 더 이상 그렇게 할 수 없게 되었다. 7천만 이상의 미국민들이 스스로를 거듭난(born-again) 기독교인으로 고백하였다. 70년대에 자유주의 교단은 퇴조한 반면 보수주의 교단은 괄목할만한 성장을 이루었다. 예를 들어, 많은 보수주의 신도들을 가지고 있던 남침례교회(Southern Baptist Convention)는 계속 성장하여 1985년까지 1천 4백 50만 명에 이른 반면, 자유주의적이고 온건한 지도력에 의해 통제되었던 연합감리교회는 9백만 명으로 줄어들었다. 복음주의자들은 자신들의 신문, 잡지, 그리고 라디오와 T.V. 방송국을 소유하였고, 자신들의 학교와 대학을 운영하였으며, 연예계와 프로스포츠계에서도 두드러진 위치를 차지하였다.

거의 모든 보수주의 교회들이 성장하였다. 그 중에서도 오순절교회파(Pentecostalism)가 가장 빠르게 성장하고 있었다. 예를 들어 하나님의 성회(聖會)(Assemblies of God) — 많은 오순절 종파 중 가장 커다란 종파 — 는 1965년에 50만 명이 약간 넘는 신도수에서 1985년에는 2백만 명이 넘게 성장하였다. 또한 주류교회 내의 보수주의자들은 성령의 은사(恩賜)를 추구하는 운동을 통하여 급속도로 늘어났다. 그들은 분리된 종파로서 활동한 것이 아니라 기존 교회 내에서 병 고침 따위의 성령의 초자연력을 강조했다. 그들은 카리스마파라 불렸는데, 그러한 운동은 조그마한 집단의 성경공부 및 개인적인 접촉망을 통해 성장하였다. 이러한 바람은 미국내의 전체 기독교 교단으로 퍼져나갔고, 카톨릭에까지 영향을 미쳤다. 1980년대 초까지 약 2천 9백만 명의 미국인들이 스스로 카리스마파 기독교인들로 자처하였다.

이와 같은 기독교 부흥운동을 불러일으켰던 보수주의자들은 70년대에 교계뿐만 아니라 미국사회 내의 모든 분야에 영향을 미쳤다. 그들은 혼란스러운 도덕적 상대주의에 맞서 전통적인 기독교 신앙에서 분명한 도덕적 기반을 찾았다. 또한 그들은 여기서 그친 것이 아니라 자신들의 의사를 분명하게 투표로 표현하고 그 구체적인 결과를 기대하였다.

IV. 신우파의 정치세력화

70년대에 처음으로 복음주의가 등장했을 때, 그것은 정치와는 무관한 것처럼 보였다. 무엇보다도 복음주의 세력은 여러 종파로 분산되어 있었고, 그 세력 자체도 여러 쟁점들에 대해 분열된 상태였다. 따라서 그것이 하나의 정치세력으로 결집한다는 것은 불가능한 것처럼 보였다. 또한 미국정치와 종교에서 국가와 종교가 분리되어야 한다는 것은 오랫동안 미국민들이 지켜온 전통이었다. 마찬가지로 많은 미국민들은 정치와 도덕은 서로 분리된 것으로 생각하였다. 복음주의자들은 처음에 이러한 사실을 현실정치에서 분명히 보았다. 즉, 닉슨정부는 도덕적 쇄신을 포함하여 보수주의자들이 주장하는 많은 부분에 대해 공감하는 것처럼 표방하였지만 수사적(修辭的)인 것이었고, 닉슨 대통령의 워터게이트 추문에서 그 실체가 여실히 드러나고 말았다. 그리하여 기독교 보수주의자들은 세속적 정치세력이 종교적 주장을 이용한다는 느낌을 강하게 받았다.

1. 자유주의적 입법에 대한 반발

그러나 다른 한편, 많은 보수주의적 복음주의자들은 닉슨의 추문으로 인하여 역시 정치는 도덕과 분리되어서는 안 된다는 강한 확신을 갖게 되었다. 그들은 전체 사회의 바른 도덕을 위해서는 무엇보다도 정치가 중요하며, 그렇기 때문에 종교계가 정치에도 강한 영향력을 행사해야 한다고 확신하게 되었다. 특히 그들은 자유주의자들이 단순한 자유화와 관용에 만족하는 것이 아니라 자신들이 주장하는 내용을 제도적·법적으로 관철하려는 움직임에 대해 크게 우려하였다. 그리고 그 실제적인 결과로 나타난, 낙태의 합법화와 관련된 1973년의 로우 대 웨이드(Roe v. Wade) 소송에 대한 대법원 판결은 수많은 종교적 보수주의자들을 격분시켰다.

로우(Roe)는 텍사스주의 델러스 카운티에 거주하는 노마 맥거비(Norma McGorvey)라는 독신녀의 가명이었다. 그 여자는 텍사스 주 법에 의해 자신이 원하지 않는 태아를 낙태시킬 수 있는 권한을 거부당하자 주를 상대로 고소하였고, 그 소송은 미국 대법원에 상정되었다. 당시 대법원은 점점 더 보수주의적으로 바뀌고 있었다.[3] 그럼에도 불구하고 대법원은 여성이 임신 최초의 3개월 동안에는 태아를 낙태시킬 수 있는 권리를 가지고 있다고 7대 2로 판결하였다.

이 결정에 대한 반발은 처음에는 보수주의적 카톨릭들로부터 나왔다. 그러나 곧 보수주의적 기독교인들, 몰몬교도들, 그리고 많은 보수주의적인 사람들이 그 항의에 합류하였다. 그들의 관점에서 보면, 태내에

---

3) 당시 대법원장 얼 워랜(Earl Warren)은 은퇴하고 자유주의적인 휴고 블랙(Hugo Black)과 온건한 존 M. 할란 2세(John M. Harlan II)가 작고하자 닉슨 대통령은 워랜 버거(Warren Burger)를 대법원장에, 그리고 해리 블랙먼(Harry Blackmun), 루이스 포웰(Lewis Powell), 윌리엄 랜퀴스트(William Rehnquis)를 각각 대법원 판사에 임명하였다.

있는 생명체는 여전히 인간이고, 그래서 아무리 3개월밖에 안 된 태아라 할지라도 낙태는 살인이나 마찬가지라는 것이었다. 그리하여 낙태를 통해 수백만 명의 생명이 죽어가는 것은 홀로코스트의 대량살상과 조금도 다를 바 없다는 것이었다.

이와는 반대로, 종교적 자유주의자들과 세속주의자들은 적어도 초기 단계에 있는 태아는 단순히 여성의 몸의 일부분이고, 그래서 독자적인 개인으로 취급되지 말아야 한다는 견해를 피력했다. 이 문제는 또한 가정의 기본적인 개념과도 관련이 있었다. 보수주의적 견해에 따르면, 태어나지 않은 아이도 가정의 한 부분이고, 그래서 아버지와 어머니가 가지는 관심의 한 부분이다. 그러나 자유주의자들의 관점에서 볼 때, 태어나지 않은 아이는 각 여성에게 속하는 것이었다. 이 로우 대 웨이드 소송의 연방대법원 판결은 그후 보수주의자들과 자유주의자들 사이의 끊임없는 논쟁으로 번져나갔고, 유권자들은 정치인들이 이 낙태문제에 대해 어떤 태도를 보이느냐에 따라 그들을 보수주의자와 자유주의자로 구분하였다.

이러한 낙태문제와 더불어 보수주의자들을 격분시켰던 것은 여성에 대한 차별을 법으로 금지하는 남녀동등권 수정안(Equal Rights Amendment)이었다. 이 수정안은 이미 1923년에 전국여성당(the National Woman's party)이 처음으로 제안한 적이 있었다. 이 수정안은 1971년 10월 하원에서, 그리고 1972년 3월 상원에서 통과되었다. 그리고 이 수정안은 당시 여성해방운동의 열풍으로 많은 사람들의 지지를 받으면서 30개 주에서 비준되었으나, 보수주의자들의 반발 또한 자유주의자들의 지지 못지 않게 거세게 일어나면서, 결국 궁극적으로 필요로 하는 38개 주의 비준은 얻지 못하였다.

보수주의자들의 이러한 반발은 가정의 전통적인 가치를 지키려는 보수주의적 종교계에서 가장 적극적으로 나타났다. 또한 동성애자들이 자신들의 권리를 확대하고 차별을 폐지시키고자 하는 운동을 본격적으로 벌여나가자 카톨릭과 기독교는 앞장서서 반대하였다. 종교계의 보수주의자들은 성경에 동성애 행위는 비난의 대상으로 나와 있다고 믿었으며, 오랫동안 그러한 행위를 죄로 규정한 교회의 전통에 따라 게이와 레즈비언의 주장과 생활스타일에 반대하였다.

2. 자유주의 입법에 대항한 정치적 연합

자유주의자들의 지속적인 운동과 행동이 미국사회에 제도적으로 정착하는 것을 막기 위해서는 정치에 영향력을 행사하는 길밖에 없다는 것을 보수주의자들은 깨달았다. 1970년대 후반까지 그들의 보수주의적 신학적 관심은 여성운동에 반대하면서 가정의 가치, 정상적인 성생활, 보수주의적 경제관, 호전적인 애국주의 등 많은 쟁점들에 대해 점점 더 보수주의적 입장에서 정치적 이해관계를 추구하는 정치세력과 밀착하게 되었다.

1980년까지 모든 종교집단들은 정치적 연합을 추진하고 있었다. 이러한 종교집단 중 미국 중산층의 대다수를 차지하였던 것은 역시 기독교와 가톨릭내의 보수주의적 교인들이었다. 이들은 가정과 성이라는 쟁점과 호전적인 애국주의와 반공주의를 중심으로 연합하였다. 이러한 쟁점들은 종교적으로 함께 할 수 없는 여러 집단의 사람들까지 하나로 연합시켰다. 예를 들어, 몰몬교도들도 그러한 관심을 가지고 있었고, 일부 보수주의적 유태인들도 그러하였다. 또한 미국내 통일교의 문선명 목사도 그와 같은 정치적·사회적 분노에 관심을 가지고 있었다. 사실 정상적인 시대였다면 복음주의적 기독교인들과 카톨릭들이 몰몬교도들이나 문목사와 연합한다는 것은 생각할 수도 없는 일이었다. 정치적으로 보수주의적인 복음주의 기독교인들과 카톨릭인들은 이제 공동의 정치적 노력에 합류하였다.

무엇이 이들을 결합시켰는가? 한 가지 두드러진 쟁점은 미국생활에

만연되어 있었던 성의 무분별한 허용으로 인한 광범위한 모욕감이었다. 대중음악, 영화, 도색잡지, 그리고 모든 광고에 나타난 성의 개방과 그 개방의 기준은 보수주의자들에게는 참을 수 없는 것이었다. TV 쇼는 이제 일상적으로 성에 관해 정상적인 생각을 가진 사람을 오히려 우스갯거리로 만들었고, 성의 개방과 허용을 정상적인 라이프 스타일로 제시하였다. 실제로 성에 관한 미국인들의 생각도 크게 바뀌었다. 예를 들어 혼전 섹스가 도덕적으로 나쁘다고 말한 미국인의 비율은 1959년의 약 80%에서 1973년에는 50% 이하로 떨어졌다. 한 연구에 따르면, 이혼에 대한 반대는 43%에서 18%로 떨어졌다.

기독교 복음주의자들이 분명한 하나의 정치세력으로서 처음으로 그 영향력을 행사한 것은 1976년 지미 카터(Jimmy Carter)의 대통령 당선이었다. 카터는 선거운동 기간 동안 자신이 "거듭난"(born again) 기독교인임을 공언하였고, "개종 경험"에 대해 자랑스럽게 말했다. 그 결과 카터는 스스로를 "거듭난" 기독교인으로 생각하고 있던 많은 사람들로부터 강한 지지를 받아 대통령에 당선되었다. 그는 대통령 재임기간 동안에도 계속하여 "거듭난" 기독교인임을 주장하였다. 그러나 카터는 실제로는 온건한 남부 침례교도였다. 보수주의적 복음주의자들은 자신들이 진정으로 추구하였던 전통적인 가치와 지침을 카터 행정부의 정책 어디에서도 찾아 볼 수 없었다. 그들에게 카터 행정부의 모든 정책은 자유주의적 경향과 조금도 다를 바 없는 것처럼 보였다.

V. 신우파의 구성과 활동

70년대에 보수주의적 조직들은 다양하고 복잡하였다. 그 조직들은 정치적 이해관계를 비롯하여 종교적 신념에 이르기까지 그 추구하는 동기나 목적도 다양하였다.[4] 그러나 신우파는 여러 갈래의 이러한 보수주의적 정치세력과 종교세력들을 연합시켜 일단의 정치 조직체들을 형성할 수 있었다. 몇 가지 중요한 조직체들을 들자면 하워드 필립스(Howard Phillips)가 주도했던 '보수주의 지도회의(Conservative Caucus)', 제리 팔웰(Jerry Falwell)이 이끌었던 '도덕적 다수(Moral Majority, 지금은 Liberty Foundation으로 바뀜)', 폴 웨이리치(Paul Weyrich) 주도 하의 '자유회합(Committee for the Survival of a Free Congress)', 테리 돌란(Terry Dolan)의 '전국 보수주의 정치행동위원회(National Conservative Political Action Committee)' 그리고 '해리티지 재단(Heritage Foundation)' 등을 들 수 있다. 아마도 신우파가 이러한 여러 정치 조직체들을 구성하고 연합시킬 수 있었던 것은 당시 도덕적 위기와 혼란에 빠져 있던 미국사회와 시대상황 때문이었지만, 신우파 내부의 엄격한 조직과 특히 제리 팔웰(Jerry Falwell)과 같은 근본주의자들과 복음주의자들의 노력 때문이었다.

1. 신우파의 조직과 구성

신우파의 조직은 정치계에서 먼저 형성되었다. 사실 70년대에 미국의 보수주의자들은 닉슨의 워터게이트 사건 때문에 자유주의 진영으로부터 많은 공격을 받았다. 그들에게 70년대는 위기의 십년이었다. 그럼에도 불구하고 신우파는 자신들의 입장을 분명히 하기 위해서는 공화당 내의 온건한 세력에 반발할 수밖에 없었다. 광범위한 의미에서 신우파의 기원은 앞에서도 논의한 바처럼 미국의 세속화와 자유주의화에 대한 반발이었지만, 정치계의 신우파는 보수주의를 대변하는 공화당 내의 온건한 당원들에 대한 반발로부터 시작되었다. 즉, 신우파는 그 온건

---

4) 개인의 자율성에 대한 입장에서도 보수주의자들은 서로 의견이 여러 갈래도 분열되어 있었다. 예를 들어 구우파의 입장은 *National Review*에서, 신우파는 *Conservative Digest*에서, 신보수주의는 *Public Interest*에서 자신들의 입장을 피력하였다.

한 공화당원들이 미국민의 이익과 원칙을 제대로 대변하지 못하고 있다고 보았다.[5]

제랄드 포드(Gerald Ford)가 1974년 8월 자유주의적 성향의 공화당원인 넬슨 록펠러(Nelson Rockefeller)를 부통령으로 지명하자 리차드 비규어리(Richard Viguerie)를 비롯하여 폴 웨이리치, 하워드 필립스, 테리 돌란과 같은 보수주의자들은 동부의 지배체제에 대해 배신감을 느꼈고, 공화당의 지도력에 반대하였다. 이들의 반발은 결정적으로 새로운 정치운동을 일으키는 계기가 되었으며, 그 후 많은 보수주의 정치조직체들이 잇따라 등장하였다.

리차드 비규어리는 신우파의 오랜 상징적인 지도자였다. 근검하고 자수성가한 그는 1961년에 창설된 가장 커다란 보수주의 대학조직체인 '미국자유청년단(Young Americans for Freedom: YAF)'에서 일하면서 이 단체의 재정구조를 튼튼히 하는 데 기여했던 경험이 있었다. 이러한 그의 능력은 신우파에서도 유감없이 발휘되었다. 그는 선동과 정치에서 탁월한 능력을 발휘하여 신우파를 성공적으로 이끌었다. 그의 저서의 제목이 시사하는 것처럼, 그는 신우파를 지도하는 데 있어서 강한 신념을 가지고 있었다.[6]

폴 웨이리치는 중요한 보수주의적 활동가로서 80년대까지 미국사회에 보수주의적 이데올로기를 전파하는 데 많은 역할을 하였다. 그는 해리티지 재단을 설립하는 데도 많은 도움을 주었으며, 1974년에 자유회합을 창립하였다. 그는 가톨릭 보수주의자로서 70년대 후반과 80년대 초반에 보수주의적 후보자들을 당선시키는 데 힘이 되었고, '자유회합 연구교육재단(Free Congress Research and Education Foundation)'을

---

5) 이러한 측면에서 볼 때 신보수주의자들의 반항은 신우파와는 달리 민주당원들과 젊은 급진주의자들에 대해서였다. 즉, 위대한 자유주의적 전통을 부패시킨 것은 민주당원들과 젊은 급진주의자들이라고 신보수주의자들이라고 생각하였다.

6) The New Right: We're Ready to Lead (Falls Church, Va.: Viguerie Co., 1980).

통하여 보수주의적 이데올로기를 전파하였다. 또한 그는 많은 중요한 인사들을 자신이 내세우는 기치 아래로 끌어들였다. 그리하여 패트릭 카운슬(Patrick Council), 조셉 피키온(Joseph Piccione), 패트릭 맥기넌(Patrick McGuignan)과 같은 보수주의적 카톨릭들이 '아동 및 가정 <u>보호소(Child and Family Protection Institute)</u>'와 같은 단체에서 일하도록 유도하였다.

또다른 가톨릭 보수주의 행동가인 코너트 마쉬너(Connaught Marshner)는 미국민들을 교육 및 가정과 관련된 쟁점들에 관심을 집중시키는 데 중요한 역할을 했다. 그는『교실의 횡포(Blackboard Tyranny)』의 저자이며, 웨이리치와 함께『미래 21(Future 21: Directions for America in the 21st Century)』의 공동편집자이며, '전국 가정옹호연맹(National Pro‒Family Coalition)'의 의장으로서 신우파가 주창하는 여러 전통적 가치의 대변자로 등장하였다.

하워드 필립스는 보수주의 지도자회의를 이끌었으며, 테리 돌란은 신우파의 지도자들 중 가장 급진적 행동가 중의 한 명으로서 '전국 보수주의 정치행동위원회'의 의장을 맡았다. 돌란의 지도력 하에서 그 조직은 가능한 합법적 수단을 통해 자유주의자들을 밀어냈다. 그는 일종의 분노의 정치를 동원함으로써 신우파의 정치적 성공을 이끌어냈던 인물이다. 그 밖에도『우파에서의 천둥(Thunder on the Right)』의 저자인 앨런 크로포드(Alan Crawford)와 노스 캐롤라이나의 '신우파' 상원의원인 제시 헬름스(Jesse Helms)와 같은 인물들이 두드러진다.

로널드 레이건 이전까지 비규어리를 비롯하여 그의 보수주의적 동료들은 배리 골드워터, 리차드 닉슨, 존 코널리(John Connally), 그리고 조지 월레이스와 같은 많은 공화당 정치인들을 지지하였다. 사실 레이건은 신우파의 주요한 대통령 후보는 아니었다. 처음에 정계의 '신우파'가 지지하였던 대통령 후보는 레이건보다는 덜 보수주의적이지만 더욱 솔직한 텍사스의 존 코널리였다. 이 신우파는 레이건이 대통령이 된 후 새로운 행정부가 해리티지 재단을 중심으로 세부적인 보수주의적 의제들을 다루기를 바랐다.

로널드 레이건 자신은 열렬한 반공주의자였고, 공립학교에서의 정규적인 기도와 같은 종교적 우파가 지지하는 문제와 그 밖의 상징적인 쟁점들에 대해 공감을 표시했다. 그러나 대통령 재임 기간 동안에 그는 교회를 나가지 않았고, 새로운 기독교 우파가 가졌던 관심의 대부분 에 대해 수사적 관심만을 보였다. 레이건은 역시 정치인이었다. 그의 여러 정책은 신우파의 주장과는 거리가 있었다. 그리하여 비규어리는 곧 언론에 제시 헬름스 같은 보수주의자를 대안으로 내세웠고, 레이건의 첫 임기가 끝날 때쯤 해서 신우파는 제3당의 창당을 논의하기도 했다.

2. 제리 팔웰과 도덕적 다수

신우파의 지도자들은 자유주의자들의 적극적인 집단행동과 그로 인한 사회의 도덕적 위기에 대처하기 위해 현실적으로 가장 필요한 것은 확고한 정치세력을 가진 연합체라고 생각했다. 그리하여 70년대 우파는 종교적·도덕적 쟁점을 중심으로 하나로 연합하였는데, 이것이 아마도 이전 우파와 비교하여 가장 두드러진 특징일 것이다. 이 연합체의 구심점은 1979년에 결성된 '도덕적 다수(Moral Majority)'라는 단체였다.[7] 이 단체의 설립에 참여한 보수주의자들은 이전 NCAC의 장이었던 로버트 빌럽스(Robert Billups)를 비롯하여 하워드 필립스, 리차드 비규어리, '크리스천 라운드테이블(Christian Roundtable)'을 이끌었던 에드 맥티어(Ed McAteer), 폴 웨이리치, 그리고 가장 중요한 인물인 제리 팔

---

7) 이 밖에도 70년대 후반에 정치에 관심을 가진 많은 기독교 집단들이 등장하였다. 개리 제르민(Gery Jarmin)이 이끌었던 '기독교인의 소리(Christian Voice)'는 의원들의 성향을 평가했던 단체로서 유명하다. '전국기독교행동연맹(National Christian Action Coalition, NCAC)'도 중요한 역할을 했던 유명한 기독교 정치단체였다.

웰(Jerry Falwell)이었다. 도덕적 다수라는 이름을 고안해 낸 것은 웨이리치와 맥티어(McAteer)였지만, 그 중심인물은 팔웰이었다.

제리 팔웰은 버지니아 린치버그에 있는 침례교단 소속의 목사였다. 그는 스스로 근본주의자라고 공언하였다. 사실 민권운동 기간에 팔웰과 그 밖의 많은 근본주의자들은 교회의 정치적 관여를 반대했었다. 그러나 낙태에 관한 1973년의 로우 대 웨이드 소송에서 대법원이 내린 판결은 이들의 태도를 결정적으로 바꾸어 놓았다. 위에서 이미 설명한 바처럼, 그 판결은 개인의 도덕적 문제를 전국적인 정치적 쟁점으로 바꾼 사건이었다. 그후 팔웰은 여러 갈래의 복음주의자들과 그 밖의 보수주의자들, 그리고 많은 근본주의자들을 정치의 장으로 끌어들이는 데 주도적인 역할을 했다. 팔웰과 신우파의 종교지도자들은 전형적으로 하나님과 미국민들 간의 언약을 믿었고, "기독교 미국"으로의 복귀를 주창하였다. 그들은 분파적인 성격을 가지고 있었지만 흔히 열렬한 애국주의자들이었다.

도덕적 다수란 무엇인가? 제리 팔웰은 이 조직체가 미국의 도덕적 하락에 관심 있는 다수의 미국민들로 구성되어 있다고 천명하였다. "우리는 공공생활에서 도덕성을 고취시키고 부도덕한 입법에 대항하여 싸우기 위해 비당파적인 조직체를 형성한다"고 선언하면서, 이 단체가 미국의 도덕적 하락에 관심 있는 7만 2천 명의 목사, 사제, 랍비들을 포함하여 수백만 명의 미국민들로 이루어졌다고 주장하였다. 팔웰에 따르면, 이들 구성원들 중에는 가톨릭교도들, 유태인들, 프로테스탄트들, 몰몬교도들, 근본주의자들, 농부들, 가정주부들, 그리고 기업가들이 총 망라되어 있었다. 팔웰은 도덕적 다수의 목적을 다음과 같이 밝혔다. "우리는 똑같은 도덕적 확신을 가지고 있는 미국인들이다. 우리는 낙태, 도색잡지, 마약, 전통적인 가정의 파괴, 대안적 생활스타일로서 동성애, 그리고 그 밖에 미국사회를 내부로부터 썩게 만드는 도덕적 암과 같은 요인들에 반대한다."[8]

도덕적 다수가 강한 정치력을 가진 단체로 성장할 수 있었던 것은 목사인 제리 팔웰의 강한 지도력이 중요한 요인이었지만, 그보다도 더욱 포괄적인 힘이 되었던 것은 그 종교적 성격이었다. 즉, 팔웰은 근본주의자로 드러났지만, 도덕적 다수의 종교적 보수성 때문에 가톨릭을 비롯하여 여러 교단의 보수주의자들이 참여하였다. 그리하여 마침내 1980년 도덕적 다수는 로널드 레이건을 미국대통령에 당선시키는 데 중요한 영향력을 행사하였다.

3. 신우파의 활동

신우파의 힘은 다수 대중을 동원할 수 있었던 방법과 능력에 있었다. 신우파는 당시까지 어떤 정당이나 정치조직체도 생각하지 못했던 우편과 대중매체를 사용함으로써 광범한 대중들을 신우파운동에 끌어들일 수 있었다. 이러한 새로운 방법으로 신우파는 많은 대중들의 종교적 열정과 애국심을 새롭게 불러일으킬 수 있었고, 이러한 고취된 분위기를 구체적인 보수주의 운동과 선거에 이용할 수 있었다.

신우파의 활동은 구체적이면서도 현실적이었다. 무엇보다도 신우파는 현대 대중사회의 내면을 잘 파악하고 있었다. 즉, 신우파는 일반대중들이 무엇을 원하고 있고, 어떻게 그들을 행동에 참여시킬 수 있으며, 또한 그들을 어떤 방법으로 동원할 수 있는지도 잘 파악하고 있었다. 사실 70년대에 미국의 많은 유권자들은 기존 정치에 환멸과 싫증을 느꼈다. 많은 미국인들은 정치가 미국사회의 복잡한 문제를 해결할 수 없고 미국의 장래에 어떠한 희망도 줄 수 없다고 믿었다. 신우파는 이러한 냉소적이고 무관심한 유권자들의 전반적인 기류 속에서도 수백만

---

8) Jerry Falwell, "Future – Word: An Agenda for the Eighties", in *The Fundamentalist Phenomenon: The Resurgence of Conservative Christianity*, eds., Jerry Falwell, Ed Dobson, and Ed Hindson (New York: A Doubleday – Galilee Original, 1981), 188.

명의 유권자들을 정치의 장으로 동원할 수 있었다.

　신우파의 활동 중 가장 두드러진 것 중의 하나는 우편물을 이용하여 보수주의운동을 펼치는 것이었다. 60년대 중반에 이미『하나의 선택(A Choice, Not an Echo)』이라는 책으로 많은 보수주의자들을 공감하게 만들었던 필리스 슐레플리(Phyllis Schlafly)는 우편을 통하여 '가정 지키기 운동(the pro－amily movement)'을 효과적으로 전개하였다.

　슐레플리와 그녀가 이끌고 있는 '이글포럼(Eagle Forum)'은 무엇보다도 남녀동등권 수정안의 입법을 저지하는 데 많은 기여를 하였다. 5만명 이상이 참여한 '이글포럼'은 입법자들에게 남녀동등권 수정안이 통과될 경우 나타나게 될 폐해를 우편을 통하여 알리는 데 주력하였다. 그 폐해란 남녀동등권 수정안이 통과될 경우 동성의 결혼이 합법화되고, 남녀혼성 화장실이 등장하고, 그리고 여성의 징병과 같은 일들이 나타나게 되어 결국에는 미국 가정의 전통적인 권위가 파괴될 것이라는 내용이었다. 실제로 슐레플리와 이글포럼은 우편을 통한 캠페인은 물론이고 수많은 주와 지역단위에 반 ERA(남녀동등권 수정안 반대) 조직체들을 만들어 대대적인 활동을 펼쳤으며, 그 결과 공화당은 1980년 그 법안의 지지를 철회할 수밖에 없었다.

　이러한 우편을 통한 보수주의 운동은 더욱 구체적으로 정치 관여로까지 확대되었다. 즉, 선거에 직접 관여하여 정치인들의 당선과 낙선에 영향을 미치는 것이었다. 이러한 방법은 시민단체의 정치활동을 합법적이라고 간주하는 미국사회에서 대단히 효과적인 것이었다. 문제는 실제로 당선과 낙선운동을 위해 소요되는 엄청난 경비를 어떻게 구하느냐였다. 이러한 경비조달도 우편을 통해 유권자 개개인들에게서 직접 모금하는 방법을 썼다. 이 방법은 두 가지 커다란 효과를 가져왔다. 첫째, 우편을 통한 캠페인은 그 어떤 방법보다도 많은 유권자들게 직접 호소할 수 있었고, 실제로 모아진 자금은 엄청난 것이었다. 또 다른 효과는 이러한 우편을 통한 범국민적 접촉은 곧 전체 미국민들에게 보수주의적 가치와 이데올로기를 효과적으로 전파하는 결과를 가져왔다.

신우파의 보수주의자들은 이렇게 모은 자금을 선거에서 보수주의 정치인들을 당선시키는 데 썼다. 예를 들어 전국보수주의 정치행동위원회는 1980년에 그 위원회가 선택한 정치입후보자들을 뒷받침해 주는 데 수백만 달러를 썼으며, 그것은 많은 자유주의 상원의원들과 하원의원들을 패배시키는 데 공헌하였다.

신우파의 또 다른 힘은 대중을 동원할 수 있었던 방법과 능력에 있었다. 이러한 대중의 효과적인 동원을 위해 신우파는 라디오와 TV와 같은 대중매체를 총동원하였다. 그리하여 70년대와 80년대에 종교적 우파의 영향은 라디오와 TV에 출연했던 부흥목사들에 의해 놀라울 정도로 확대되었다. 그들의 영향은 정말로 엄청났다. 대략적인 조사에 따르면, 1980년대에 약 1천 3백만 명의 미국인들이 정규적으로 그들이 출연하는 TV 부흥집회를 시청하였다. 이러한 시청자들은 대체로 남부와 중서부에 사는 사람들이 많았고 서민들이 압도적이었다. 이러한 시청자들로부터 매주 부흥강사들은 많게는 백만 달러 이상까지도 모금하였다. 이러한 대중매체를 통해 대중에 직접 파고들었던 '신우파'의 방법은 보수주의적 가치를 확대시키면서 대중들의 투표경향을 주도하였고 또한 보수주의 운동에 필요한 경비를 모금함으로써 일석이조의 효과를 거두었다.

오랄 로버츠(Oral Roberts), '700 클럽'의 팻 로버트슨(Pat Robertson), '주를 찬양하라(Praise the Lord: PTL)' 클럽의 짐 베이커(Jim Bakker)와 같은 목사들은 TV를 통해 시청자들에게 크고 작은 병들이 치유되는 모습을 보여주었고, 그것이 사실이든 아니든 시청자들은 감동하였고 즐거워하였다. 또한 그들 목사들은 자신들을 지지하는 신도들에게 건강과 부와 성공을 약속함으로써 일시적이긴 하지만 많은 대중들의 선풍적인 지지와 열광을 불러일으켰다. 80년대에 TV 부흥강사들 중에 가장 대중적이었던 지미 스웨거(Jimmy Swaggart)는 오순절

교도로서 직설적이고 감정적인 복음을 설교함으로써 많은 지지자들을 끌어모았다. 제리 팔웰은 오순절 은사는 믿지 않았지만 더욱 전통적인 복음을 설교하였으며, 80년대 동안 그의 설교는 로버트슨과 함께 가장 정치지향적이었다.

한편, 1987년과 1988년에 로버트슨은 정치에서 주도적인 TV 인물로서 팔웰을 능가하였다. 이런 인기를 바탕으로 그는 공화당 대통령 예비선거에 출마하기까지 하였다. 그러나 80년대 후반에 들어 이러한 TV 부흥강사들의 인기는 그들이 돈과 여자와 관련된 각종 추문에 휘말리면서 수그러들었다. 이것은 종교가 본연의 모습을 잃고 상업주의에 빠져들었을 때 필연적으로 나타나는 불가피한 현상이었다.

Ⅵ. 미국사회의 쟁점과 신우파의 주장

무엇이 70년대에 미국의 수많은 대중들을 동원하였으며 그들이 확신을 가지고 연합하여 행동하게끔 했는가? 그것은 아마도 그들이 분명한 확신을 가졌던 것만큼 그들이 반대해야만 하는 분명한 쟁점들이 그들 눈앞에 나타났기 때문이다. 실제로 60년대에 폭발적으로 방출된 자유주의 정신은 70년대에 들어 구체적인 형태로 미국사회에 나타났다. 이제 미국사회 내의 세속화와 자유화는 더 이상 주장과 구호가 아니었다.

1. 반전통적 및 반종교적 쟁점들

자유주의자들이 요구했던 여러 가지 반전통적이고 반종교적인 권리는 입법화되었고, 남성 동성애와 여성 동성애를 즐기는 사람들이 요구했던 권리가 합법화되기에 이르렀으며, 여권주의자들은 남녀동등권수정안을 통과시키기 위해 의회에서 로비를 벌였다. 흑인을 비롯한 소수계가 자신들의 공정한 몫을 요구했고 곧 그것은 법으로 제도화되었으며, 정부에 대한 가난한 사람들의 요구도 받아들여졌다. 또한 핵반대운동에 나선 사람들의 군비축소 요구는 미국을 왜소하게 만드는 것처럼 보였다. 게다가 도시 폭력범은 증가하였고, 이혼율은 50%에 이르렀으며, 유산은 원하는 사람이면 누구나 불편없이 할 수 있게 되었다. 음화를 파는 가게는 우후죽순으로 생겨났고, 인구조절을 맡은 단체들은 십대에게까지 피임 도구나 약을 배포했다.

많은 미국인들에게 이러한 모습의 미국사회는 일찍이 상상해 본 적이 없는 것이었다. 미국의 모든 뿌리가 흔들리는 것처럼 보였다. 그것은 도덕의 위기였고, 더 나아가 미국의 위기인 것처럼 보였다. 그럼에도 불구하고 정부는 60년대와 70년대를 통하여 이러한 위기에 아무런 조치도 취하지 못하였으며, 오히려 세속화와 자유화를 부르짖는 사람들에게 끌려다니는 것처럼 보였다.

신우파는 논쟁적인 쟁점들인 낙태, 동성애 권리, 남녀동등권 수정안, 성교육, 그리고 학교에서의 기도금지 등을 공격하였다. 이러한 모든 쟁점들은 미국인들이 오랫동안 지켜온 중산계급의 가치에 대한 도전이었다.[9] 그들 모두는 이러한 쟁점들이 궁극적으로 파괴하는 것은 가정이라고 믿었다. 그들에게 가정이란 하나님이 주신 제도이자 질서였고, 또한 기독교의 전통인 동시에 미국의 전통이기도 했다. 가정의 파괴는 하나님이 부여한 질서에 대한 도전이며, 미국의 전통을 위태롭게 함으로써 미국의 존립 자체를 위협하는 것이었다.

신우파에게 동성애를 비롯한 70년대의 모든 자유주의자들의 주장과 실제는 도저히 받아들일 수 없는 행태들이었지만, 그 중에서도 가장 폭발적인 쟁점은 낙태문제였다. 이것은 복음주의적 기독교인들과 전통적인 카톨릭들 그리고 정통 유태인들을 연합시켰던 쟁점이었다. 70년대

---

9) Robert Bellah et al., *Habits of the Heart: Individualism and Commitment in American Life*(Berkeley: University of California Press, 1985) 참조.

이후 낙태문제에 관한 법적·정치적 대립은 거의 감정적인 싸움으로
번지는 것같이 보였다. 즉, 한 쪽에선 낙태문제를 여성의 차별 및 불평
등과 지나치게 관련시키려는 경향이 있었던 반면, 다른 한 쪽에선 낙태
는 무조건 살인이라 보면서 조금도 용인하지 않으려는 자세를 보였다.
낙태에 대한 반대는 『휴먼라이프 리뷰(Human Life Review)』에 실리
는 논문들로부터 '미국생명권 위원회(National Right to Life
Committee)'의 조직적이고 체계적인 노력을 비롯하여, 낙태병원들에
대한 공개적인 전쟁을 선언했던 조셉 샤이들러(Joseph Scheidler)의 편
협한 방법에 이르기까지 다양하였다.

2. 사회적·도덕적 위기로부터 진정한 미국의 회복

신우파가 주장한 것은 미국을 도덕적·종교적인 위대한 나라로 회
복시켜 다시 활기있는 나라로 만들자는 것이었다. 제리 팔웰은 자신의
저서 『미국이여 들으라(Listen America)』에서 이러한 내용을 잘 주장
하고 있다. 그는 미국은 이 세계에 특수한 임무를 수행하기 위해 신에
의해 선택되었다고 믿고 있었다. 그러나 그는 이제 미국은 정치적·경
제적·군사적으로 위험한 길을 가고 있다고 주장하면서, 만일 미국이
이 길을 계속 따라 간다면 미국은 더 이상 "자유로운 국가(a free
nation)"가 아니라는 것을 알게 될 것이라고 지적하였다.[10]

무엇이 문제인가? 팔웰은 미국의 여러 내부 문제는 영적 상태의 직
접적인 결과라고 주장했다. 그리고 이러한 영적 상태를 초래한 것은 무
신론적 공산주의와 세속적 인본주의라는 커다란 두 세력의 도전에 의한
것이라고 보았다. 그는 이 두 요소가 미국사회의 구석구석에 스며들고

---

10) Jerry Falwell, "Listen America!, 1980" in *American Perspectives: The United States
    in the Modern Age*, ed. Carl Bode(Washington D.C.: United States Information
    Agency, 1990).

있는데, 이러한 상태를 도덕적인 원리로 중단시키지 않는다면 미국은 자국과 세계에 대해 부여받은 사명과 임무를 포기하는 것이라고 주장하였다. 그리하여 그는 미국민이 먼저 영적으로 각성하고 행동해야만 한다고 강력히 호소하였다. 그런 후 미국은 다시 자유로운 기업을 형성하고, 건설적인 애국심을 고취하고 그리고 강력한 국방력을 키워야 한다고 강조하였다.

종교적 신우파의 의제 중 정치적으로 중요한 한 가지는 이스라엘 국가에 대한 확고한 지지였다. 성서적 예언에 대한 섭리적 해석들에서 이스라엘이 차지하는 중요성 때문에, 근본주의 지도자들은 특별히 이스라엘이 독립된 국가로서 계속 존재하는 것에 관심이 있었다. 이것은 이스라엘에 대량의 지원을 아끼지 않았던 미국의 기존 정책을 더욱 확고하게 하였다.

팔웰은 구체적으로 남녀동등권 수정안의 부결, 유산을 금지하는 헌법개정안, 외설적인 행동과 같은 성의 허용을 금지하는 법률, 십대를 위한 피임 도구의 배포 금지, 그리고 기타 향락적인 권리의 제재 등을 제시하였다. 그는 또한 영화, 텔레비젼, 문학, 음악과 모든 곳에 설치되어 있는 신문, 잡지 판매대에서 쉽게 대할 수 있는 퇴폐적인 실태에 관하여 깊은 우려를 나타냈다. 도덕적인 타락, 가정의 붕괴, 모든 가치기준의 저하는 미국사회의 위기를 초래하고 있다고 그는 믿었다. 더욱이 그는 정부가 비대해지는 것을 반대하고 가정, 교육, 사업, 교회 등에 대해 점점 더 커져가는 정부의 간섭을 반대하였다. 그는 연방정부의 예산 소모의 감축, 세금의 감소, 군사비용의 증가, 그리고 세계에 대한 미국의 권위회복을 요구하였다.

1980년에 많은 미국인들이 로널드 레이건에게 기대한 것은 카터 행정부의 보다 자유주의적인 정책을 중단하고 보다 강력한 질서와 도덕을 회복할 수 있는 지도자의 모습이었다. 많은 복음주의자들과 근본주의자들은 1976년에 새로운 종류의 지도력을 보여주겠다고 한 지미 카터를 지지했었다. 그러나 그들은 카터의 지도에 기독교적 확신이 부족함을 분명히 느꼈다. 신우파를 결집시킨 것은 미국사회의 대항문화적인 현상과 정치적 자유주의에 대한 대응이었다. 즉, 새로 제정된 연방 차원의 낙태법, 외설과 춘화를 규제하지 못한 결과 영화와 TV에 추악한 것이 늘어나고 있는 실태, 남녀 동등권 운동과 여권 주장자들의 동성애 합법화 운동, 미국 군사력 우위의 상실로 인한 공산주의에 대한 취약성, 가정을 파괴하는 이혼의 격증, 범죄의 증가, 두 자리 숫자의 인플레이션, 그리고 카터의 기독교적 지도력의 실패가 70년대 후반 저 수많은 미국 중산계급을 격분시켰고 그들로 하여금 행동하게끔 하였다.

Ⅶ. 결론: 신우파 운동의 평가

신우파에 대한 미국민들의 평가는 서로 엇갈린다. 이 종교적 신우파를 옹호하는 사람들은 그것이 혼란과 무질서 속에서 괴로워하던 많은 미국인들에게 "도덕적 울타리"를 마련해 주었다고 주장하였다. 그리고 그들은 특히 신우파가 복음주의적 사명을 다하여 젊은이들을 범죄 · 마약중독 · 좌절로부터 깨어나게 했다고 주장하였다. 그러나 신우파에 대한 비판자들은 복음주의 기독교가 신도들 사이에서 독단적인 독선과 위험한 도덕적 절대주의를 너무 심하게 강요하였다고 비난하였다. 그들은 종교적 부흥이 압제적인 정치적 · 사회적 불관용의 분위기를 만연시킬지도 모른다고 경고하였다.

신우파운동은 70년대의 여러 사회현상에 반응하여 일어난 사회운동이었다. 신우파는 미국의 보수주의 역사에서 그 어떤 집단보다도 민중적인 성격을 가지고 있었으며, 가장 많은 일반대중을 끌어들였던 사회운동이었다. 이런 의미에서 신우파는 보수주의적 사회운동 연구에 좋은 주제가 될 것이다. 그것은 곧 신우파를 통하여 우리는 미국사회의 광범한 보수주의의 한 흐름을 파악할 수 있을 뿐만 아니라, 미국사에서 70년대가 어떤 시대였는지를 이해하는 데 중요한 단서가 될 수 있을 것이다.

신우파에 대한 역사적인 평가는 긍정적인 면과 부정적인 면을 둘 다 가지고 있다. 긍정적인 면에서 보면, 신우파는 무엇보다도 미국의 급진적인 세속화와 자유화를 저지하는 데 중요한 역할을 하였다. 20세기에 들어와서 많은 진보주의자들과 자유주의자들의 노력으로 미국사회는 복지국가로 발전하였고, 그리하여 많은 미국민들이 전보다 더 자유를 누리며 평등하게 살 수 있게 된 것은 바람직한 일이다. 그러나 동성애와 낙태와 같은 자유의 권리와 가정의 기반을 무너뜨릴 수 있는 지나친 남녀평등권에 대한 주장은 전통적인 가치를 파괴하고 미국사회를 혼돈에 빠뜨림으로써 다수의 미국민을 표류하게 만들었다. 이런 점에서 그와 같은 자유의 권리와 평등권은 미국민 다수의 동의 속에서 추진되었어야 했다. 이에 대해 신우파는 미국의 중산계급이 추구하는 가치가 무엇인지를 분명히 보여 주었다. 그리하여 미국민들의 새로운 각성을 끌어내는 계기는 물론 자유주의자들에게 반성할 수 있는 좋은 기회를 제공하였다.

이와 같이 미국의 보수주의자들은 신우파를 통하여 70년대와 80년대에 미국민의 다수가 여전히 미국의 전통적인 개인주의적 가치와 기독교적인 윤리를 따르고 있음을 잘 보여 주었다. 그러나 사회운동으로서의 신우파는 궁극적으로는 실패하였다. 그 운동을 실패로 보는 이유는, 비록 그 운동이 미국사회와 정치에 강력한 영향력을 발휘하여 카터와 레이건을 대통령에 당선시키는 데 기여했지만, 진정으로 그 운동이 추구했던 바들은 가시적으로 나타나지 않은 채 80년대 중반에 그 힘을 상실하였기 때문이다.

그 실패의 원인은, 첫째, 신우파의 운동은 순수한 도덕적인 차원을 넘어 너무 지나치게 정치화되었다는 점이다. 신우파의 운동이 정치화할 수밖에 없었던 것은 70년대의 불가피한 상황이었는지도 모른다. 그러나 신우파가 그 도덕성과 종교성을 상실하고 정치운동으로 변질되었을 때 그 운동이 처음에 가지고 있던 폭발적인 역동성은 사라지게 되었다. 신우파에 참여하였던 미국의 많은 도덕적 다수는 카터와 레이건을 통하여 자신들이 염원하고 추구하였던 바가 어떻게 빗나가는가를 잘 목격하였다.

결국 도덕적·종교적 성격의 신우파운동은 보수주의 정치인들에 의해 충분히 이용당할 수 있었고, 실제로 그것은 현실로 드러났다. 또한 신우파가 정치화하여 모든 정치의 스펙트럼으로부터 공격을 받게 됨으로써 그 결집력을 상실하게 되었다. 예를 들어, 좌파에서는 흑인 지도자 쥴리언 본드(Julian Bond), 조지 맥거번(George McGovern), 노먼 리어(Norman Lear) 등이 도덕적 다수를 큐 클럭스 클랜이나 나찌독일과 비교하면서 위험한 단체라고 비난한 반면, 우파에서는 골드워터가 그 단체를 신랄하게 비난하면서 미국민은 애국적인 차원에서 그 단체를 거부해야 한다고 주장하였다.

실패의 둘째 원인은 '신우파'의 상업화와 물질화인데, 이로 인해 그 사회운동은 최초의 순수한 도덕적·종교적 성격을 상실하게 되었다. 아마도 이러한 상업화와 물질화는 처음 얼마 동안은 그 운동이 대대적인 헌금을 모금함으로써 성공하는 것처럼 보였을지도 모른다. 그러나 이러한 상업화와 물질화는, 그 운동이 궁극적으로 벗어나고자 했던 중요한 목표 중의 하나였다는 사실을 상기할 때, 분명히 아이로니컬한 현상이었다. 이런 점에서 신우파는 분명히 실패하였다. 실제로 이러한 상업화와 물질화로 인해 TV 부흥강사들이 돈과 여자와 관련된 추문에 빠진 것 외에도 그들이 전달하는 메시지는 상업광고만큼은 아니라 할지라도 너무 진실을 과장하였고, 눈앞에 나타나는 결과와 성공만을 지나치게 강조하게 되었다. 도덕운동은 정신적인 각성운동이어야만 지속적으로 영향력을 발휘할 수 있는 것이다.

마지막으로, 신우파는 지나치게 편협하고 경직된 주장들과 독선으로 흐르는 경향이 있었다. 이러한 모습은 많은 미국 사람들에게 '신우파운동'이 역사의 반동적인 세력으로 비춰지게 하였다. 예를 들어 '신우파'가 추진하였던 유선 TV 시청 보이콧이라든가 가판대에 진열된 음화서적들의 제거와 같은 행동들은 도덕운동을 넘어서는 것이었다. 또한 '신우파'의 보수주의자들은 80년대에 동성애나 낙태에 대한 법적인 판결이 나왔을 때 가정의 가치를 옹호하고자 사회사, 인류학, 그리고 심리학과 같은 학문에서 분명하게 인용되는 증거들까지도 전적으로 무시하면서 단지 히스테리칼한 반응만을 보이는 경향도 있었다. 또 다른 '신우파'의 일부에서는 단순히 미국이 과거의 종교시대로 돌아가자는 향수에 찬 주장도 있었다. 그 밖에도 '신우파'의 실패 원인으로는 '신우파' 내부의 분열로 인한 결집력 상실도 꼽을 수 있겠고, '신우파'의 세력형성에 대항하여 자유주의 세력이 단결했던 것도 그 한 원인이 될 수 있을 것이다.

제5장 극우파운동: 백인민병대*)

이 주 영 (건국대)

I. 서론

오늘날 미국의 극우파(Far Right)는 1990년을 전후로 활발히 활동했던 미시간 민병대와 같은 백인민병대(militia)와 결부되어 이해되고 있다. 좀 더 구체적으로, 그들은 1995년에 티모시 맥베이가 일으킨 오클라호마시티 연방정부청사 폭파사건, 그리고 유대인, 흑인, 동성애자, 낙태론자들에 대한 자잘구레한 '테러'와 결부되어 이해되고 있는 것이 보통이다.

그렇지만 이들은 클린턴 대통령이나 그 부인인 힐러리와 같은 진보 – 좌파적인(Liberal – Leftist) 집권 엘리트, 좀 더 크게는 연방정부를 적(敵)으로 보고 투쟁하는 정치세력이다. 연방 정부를 타도하려는 마음까지 가지고 있기 때문에, 이들은 반정부주의자, 또는 무정부주의자들이기도 하다. 실제로 그들은 자신들을 가리켜 연방정부의 폭정(Federal Tyranny)에 대항해 '제2의 미국 혁명'을 꿈꾸고 있는 혁명가로 부르고

---

* 본 논문은 『미국사연구』 11집(2000년 5월)에 실린 "미국 극우파의 성격(1980 – 1995)"을 수정한 것임.

있는 것이다.

법과 정당한 절차가 중요시되고 있는 미국에서 왜 이와 같은 과격한 우파적 혁명조직이 나타나게 되었는가 하는 문제는 흥미로운 일이다. 그리고 그들의 정체는 무엇이며 생각은 어떠한지, 또한 그들을 출현시킨 사회적 배경은 무엇이며, 그들이 역사에서 차지하고 있는 위치는 무엇인지 등에 관한 의문들은 미국의 역사와 현대 미국을 위해서는 반드시 밝혀야할 문제들이다.

이들 문제에 대해 우리나라에서는 거의 관심을 갖지 못하였다. 미국 학계에서도 이 문제에 대한 체계적인 연구는 드믄 편이다. 그렇게 된 이유는 연구자들의 관심이 주로 좌파에 쏠려 있고, 그 결과 우파에 대한 연구서가 별로 많지 않기 때문이다. M.J 히일의 말대로, 일반적으로 우파에 대한 연구가 별로 없으므로 그것을 이해하기 위해서는 우파를 비판적으로 묘사한 좌파 연구서에 의존해야 할 형편이기 때문이다.[1]

그러므로 여기서 필자는 이 문제에 대한 앞으로의 연구를 위해 그것의 전체적인 윤곽과 문제점들, 그리고 그것의 역사적인 위치를 제시하는 것으로 만족하고자 한다. 그러면서도 오늘날의 미국의 극우파운동이 1920, 30년대 이탈리아와 독일의 극우파적인 파시즘운동과는 근본적으로 다르다는 것을 지적하고자 한다. 즉, 미국의 극우파는 미국 역사의 주류에서 벗어나는 시대착오적인 "이상한"(strange) 운동이라는 주장을[2] 반박하는 데 역점을 두려고 한다.

Ⅱ. 이념적 토대

1. 세속적 엘리트와의 '문화 전쟁'

백인민병대 운동은 1930년대 뉴딜 시대 이후 미국사회가 계속 '좌경화'해온 데 대해 보수-우파 세력이 완강히 반발하고 있는 사회 분위기의 산물이다.

여기서 '좌경화'라 함은 한편으로 미국이 빈민을 돌보기 위한 복지국가(welfare state)의 방향으로 나아가고 있음을 의미한다. 그리고 다른 한편으로는 미국이 비전통적이고 비기독교적인 대항문화(counterculture)와 다문화주의(multiculturalism)의 방향으로 나아가고 있음을 의미한다.

그러므로 극우파운동은 이와 같은 거대한 변화를 저지할 합법적인 방법을 갖지 못한 '힘없는 민중'(the powerless people)의 움직임이다. 이들 평범한 민중은 자신들이야말로 '미국적 이상'과 '미국적 가치'에 충실한 건전한 시민이라고 자부하는 사람들이다. 자기들은 열심히 일하고, 나라에 세금을 내고, 병역의무를 기꺼이 지는 애국자라 자부하는 사람들이다. 즉, 그들은 자신들이 200여년 전 미국의 독립을 위해 무기를 들었던 민병대의 후예라고 생각하는 사람들이다.

그렇지만 이러한 공화국의 시민은 오늘날 '좌경화'한 미국사회에서 더 이상 살 수 없는 위기에 몰렸다는 것이 그들의 생각이다. 왜냐하면 진보-좌파의 집권세력이 복지정책(welfare policies)과 소수세력 우대정책(affirmative action)을 실시함으로써 선거에서 표를 얻어 건전한 시민을 압박했기 때문이다. 그러한 정책은 게으르고 부도덕한 사람들을 돕기 위해 건전한 중산계급에게 무거운 세금을 부과하고 그들로부터 기회를 빼앗아 가는 것을 의미하는 것으로, 자신들은 진보적 엘리트에 의해 수탈당하고 있는 선량한 '민중'(the people)이라고 생각했다. 이제 미국은 공화국(republic)에서 민주국(democracy) 또는 폭도국

---

1) M. J. Heale, American Anticommunism(Baltimore,MD: Johns Hopkins U.P., 1990), p. 203.

2) David H. Bennett, *The Party of Fear:From Nativist Movements to the New Right in American History*(New York: Vintage Books, 1996), p. 446.

(mobocracy)으로 바뀌게 되었다는 것이다.[3]

집권 엘리트에 대한 반감은 이들을 무정부주의자들로 보이게 한다. 그렇지만 이들은 반정부적이지, 반국가적은 아니었다. 그들은 애국자로 자처하였고, 실제로 그러한 태도는 "나는 내 나라를 사랑한다. 하지만 내 정부는 무서워한다"는 말 속에서 잘 나타나고 있다.

이들 현대판 민중주의자들(populists)은 미국의 정치를 생산자와 사악한 기생충의 갈등으로 보고 있다. 그러나 19세기의 민중주의자들이 기생충 계급으로 지목하고 공격했던 적(敵)이 월스트리트 금융가들이나 대도시 기업가들이었는 데 반해, 이들 20세기 민중주의자들의 적은 진보성향의 정치가, 관료 및 그들에 봉사하는 대학교수나 언론인, 그리고 여성해방운동가들이었다.[4]

이들 민중주의자들의 눈에는 진보적인 집권 엘리트들이 위선자로 보였다. 왜냐하면, 그들은 빈민과 약자의 편에 서는 척하면서 실제로는 상류층의 유복한 생활을 누리는 사람들, 다시 말해 "우파처럼 생활하면서 좌파처럼 생각하는(Live right, think left.)" 이중적인 사람들이라고 생각하였기 때문이다.[5]

진보적인 집권 엘리트가 더욱 더 나쁘게 보였던 것은, 그들이 기독교적 가치관을 부정하는 부도덕한 세속주의자들(secularists)이라는 사실 때문이었다. 이혼율의 증가와 그에 따른 가정의 파괴, 청소년 범죄의 증가, 낙태의 증가, 마약 사용의 증가, 성병과 에이즈의 만연, 사생아의 증가, 동성연애의 표면화와 같은 미국의 부도덕한 현상들은 모두 이들이 조장한 사회악이라고 생각하였다.

이 사실은 극우파가 미국민 속에서 심각한 '생활방식(way of life)'의

---

3) *Ibid.*, p. 443.

4) Michael Lind, *Up From Conservatism: Why the Right is Wrong for America*, (New York: The Free Press), 1996, p. 154.

5) Michael Lind, *The New American Nation: The New Nationlaism and the Fourth American Revolution* (New York: Free Press, 1996), p. 150.

대립, 즉 '문화 전쟁(Cultural War)'이 일어나고 있음을 인정한 것이었다. 그것은 "유태-기독교적, 성서적 처방"과 "인문주의적, 전위적인 관점" 사이에서 벌어지고 있는 "가치들의 내전"이었다. 그리고 그러한 갈등 속에서 극우파가 담당해야 할 역할은 사라져가고 있는 전통적인 미국, 즉 "기독교적 미국"을 되살리는 것이라고 생각하였다. 여기서 기독교라 함은 프로테스탄트 신앙, 좀 더 구체적으로는 캘빈주의(Calivinism)를 의미하였다. 그러한 의미에서 그들은 자신들을 미국사회의 "세속화"(secularization)를 막으려는 "현대판 캘빈주의자들"로 생각했던 것이다.

2. 개인의 자유와 헌법근본주의

이러한 '기독교적 미국'의 부활운동은 개인주의적 생활방식의 부활운동과 맞물려 있었다. 개인주의적 생활방식은 개인의 자립심, 근면, 자유방임주의의 가치들을 강조하는 미국적인 생활방식으로서, 건국 초기에 우세했다가 뉴딜 시대 이후 정부간섭주의의 확대로 쇠퇴했던 것이다. 빈민과 약자를 도우려는 루즈벨트 행정부의 간섭과 통제 정책은 결국 빈민계급의 목소리를 커지게 만드는 결과를 가져오고 말았다는 것이다.

이것은 미국이 중산계급의 나라에서 빈민계급의 나라로 바뀌었음을 의미하였다. 그리고 이러한 국가 멸망의 추세를 막는 길은 미국을 건국 초기의 상태로 되돌리는 것이었다.

이러한 국가 구출의 의도에서 극우파 세력이 벌인 운동의 하나가 헌법근본주의(constitutional fundamentalism) 운동이었다. 이 운동의 골자는 미국의 진짜 헌법은 1789년에 처음 채택된 헌법의 원문과 10개의 인권조항(권리장전)뿐이며, 그 이후에 추가된 수정조항들은 모두 가짜라는 것이었다. 그러므로 처음의 헌법에서 구체적으로 명시한 권한 이외의 권한을 연방정부가 행사하는 것은 모두 헌법에 위배되는 것이었다. 왜냐하면, 헌법수정조항 제10조는 그러한 권한은 모두 주 정부에 속한다고 분명히 규정하고 있기 때문이다. 그러므로 헌법은 원래의 조항들을 문자 그대로 해석해야 한다는 것이다.

이러한 근거에서 극우파는 헌법 수정조항 제16조 폐지 운동, 다시 말해 가난한 사람들을 돕기 위해 유복한 사람들에게 부과한 소득세를 폐지하려는 운동을 벌였다. 만일 연방정부가 그러한 법을 제정하려고 한다면, 지역 주민의 대표로 이루어진 헌법 대표자회의(constitutional convention)를 소집해야 한다는 것이다. 이 운동은 조세저항을 정당화할 뿐만 아니라, 심지어는 연방정부의 세금 징수권 자체를 부정하는 것이다.

같은 근거에서 극우파는 연방정부의 총기규제를 반대하는 헌법수정조항 제2조 운동을 벌였다. 극우파에게 있어 시민의 총기휴대는 헌법수정조항 제2조에서 규정한 기본적인 권리였다. 그것은 아메리카 공화국을 유지하는 데 반드시 필요한 요건이었다. 왜냐하면 연방정부의 압제(Federal Tyranny)에 대항해 국민이 개인의 권리와 자유를 지킬 유일한 수단은 총기휴대권뿐이었기 때문이다.

극우파 세력은 지방의 자연자원 개발에 대한 연방정부의 간섭에 대해서도 맹렬히 반대하였다. 이들 환경규제 반대자들은 ‘현명한 사용’ 집단(“Wise Use” groups)이라 불렸는데, 그들 중에는 워싱턴주의 소 노호미쉬 카운티 ‘재산권동맹(PRA)’이나 ‘토지사용교육연합(Coalition for Land Use Education)’이 유명하였다. 법은 지방 주민들이 인정할 때에만 법이었던 것이다.

이러한 급진적 지방주의는 국립공원 관리 문제에 대한 태도에서 가장 잘 드러나고 있다. 극우파의 주장에 따르면, 국립공원은 지방의 재산이다. 따라서 지방인들은 연방의 침입자들로부터 자신들의 집과 지방을 지킬 권리가 있다. 예를 들어, 네바다의 나이 군(county)의 딕 카버는 국립공원에 대한 연방정부의 소유권과 관리권을 부정하였다. 그리고 국립공원 관리권, 지방의 목축·채광·벌목을 허용하거나 규제할 권한은 '카운티' 정부에 있다고 주장하였다. 그는 그러한 생각을 실천에 옮기기 위해 1994년 여름에 민병대의 도움을 받아 오랫동안 폐쇄되어 있던 국립공원 출입구를 불도져로 다시 열어 놓았다. 이것은 연방의 권위에 대한 직접적인 도전이었기 때문에, 클린턴 행정부는 나이 군을 연방법원에 기소하였다.

헌법근본주의 사상은 배심원 지상주의(jury empowerment doctrine), 즉 "배심원의 판결 무효화 권리" 운동으로도 나타났다. 이 운동의 주장에 따르면, 판결의 최종적 권한은 판사에게 있는 것이 아니라 지방민으로 이루어진 배심원들에게 있었다. 그리고 그 "배심원은 대통령, 의회, 및 판사들을 모두 합친 것보다 더 큰 권한을 가지고 있다"고[6] 아리조나에서 발행된 어느 <배심원 안내> 책자는 쓰고 있다.

이러한 태도가 나온 데는 진보적인 판사들이 유색인 범죄자들이나 환경운동가들에게 관대한 판결을 내리는 데 대한 반발도 작용하였다. 그러므로 미국의 법은, 노스캐롤라이나의 '헌법정부 부활을 위한 시민연합'의 지도자가 말했던 것처럼, 성경과 합중국헌법뿐이었다.

3. 음모 이론과 '기독교 정체' 신학

극우파의 눈으로 볼 때, '기독교 미국'을 무너뜨리려는 적들은 나라 밖에도 있었다. 그러한 국제적인 음모 세력은 유태인들을 비롯해 진보주의자들, 사회주의자들, 공산주의자들, 그리고 로마 교황청이었다. 국제연합(UN)은 그들의 소굴이었다. 그러므로 극우파는 미국의 국제연합 탈퇴를 요구하였다.

이러한 음모 이론(theories of conspiracy)은 17세기부터 있어 왔으

---

6) Bennett, *The Party of Fear*, p. 455.

나, 1990년대에 들어와서 팻 로벗슨과 제리 폴웰과 같은 거물급 목사들에 의해 재천명되어 널리 알려지게 되었다. 그러한 주장의 핵심은, 프로테스탄트 국가인 미국이 언젠가는 국제적 음모세력들과 최후의 대결을 벌일 수밖에 없다는 아마겟돈(Armageddon) 전쟁의 개념, 그리고 최후의 전쟁에서 살아남기 위해 준비해야 한다는 생존주의(survivalism)의 교리였다.

팻 로벗슨(Pat Robertson) 목사는 1991년의 베스트셀러 책인『새로운 세계 질서』에서, 오늘날 세계에서 일어나고 있는 불경기와 군사적 충돌의 원인을 사악한 유태인 금융가들의 조종에서 찾았다. 음모적인 금융가들은 18세기에 독일 바바리아의 '일루미나티' 조직에서 시작되어, 지금은 유럽과 미국 두 지역에서 정부들을 조종할 정도로 커진 세력이었다. 이들 음모세력은 국내적으로는 민중수탈 목적의 연방지불제도(FRB)와 같은 정부 통제 기구를 만드는가 하면, 국제적으로는 국제연합(UN)을 만들어 하나의 세계정부, 하나의 세계경제, 하나의 세계독재체제를 만들고 있다는 것이었다.

이들 음모적인 금융가 세력은 냉전기간에 연방정부의 정책 엘리트들를 이용하여 이익을 챙긴 사람들이었다. 그 과정에서 국가이익이 희생되었다. 미국이 한국전쟁이나 베트남 전쟁에서 승리하지 못했던 것도 결국은 이들이 정책관리들을 조종해 미국군의 승리를 막았기 때문이다. "그들이 이 나라에 대해 가지고 있었던 계획은 공산주의에 대한 승리가 아니라 궁극적으로 하나의 세계정부 속에서 미국을 소련과 결합시키는 것이었기" 때문이다. 1992년의 걸프 전쟁도 이들의 농간으로 이라크의 사담 후세인에게 "그릇된 신호"를 보냄으로써 일어나게 되었다는 것이다.[7]

국제적 음모의 중심에는 유태인들이 있다고 주장함으로써 팻 로벗

---

7) Pat Robertson, *The New World Order*(Dallas : Word Publishing,1991), pp. 257 – 268.

슨은 反유태주의를 옹호하게 되었다. 그러나 기독교인으로서 反유태주의(anti-Semitism)를 내세우는 것은 곤란한 일이었기 때문에, 극우파는 영국-이스라엘 주의(British-Israelism) 이론을 내세웠다. 그 주장의 핵심은, 선택된 백성은 유태인들이 아니라 앵글로색슨족이라는 것이었다. 유태인의 타락으로 신과의 성약(Covenant)이 깨어졌기 때문에, 이스라엘 백성은 앵글로색슨족을 중심으로한 아리안족을 의미하게 되었다는 것이다.

이것은 '기독교 정체'(Christian Identity) 신학으로서, 앵글로색슨족이 마침내 "이스라엘 자손들"이라는 자신들의 정체를 발견했다는 이유에서 그러한 명칭이 붙게 되었다. 그 신학에 따르면, 미국이 신에 의해 '약속된 땅'으로 바꾸어지기 위해서는 유태인들이 제거되고 非기독교인들이 정복되어야만 했다. 따라서 미국의 백인종들은 앞으로 그들의 "미국인 이스라엘"(the American Israel)이 적들에 의해 무너지게 될 날에 대비하여 군사훈련을 받아야 한다는 것이었다.

'기독교 정체' 신학의 추종자들에게 유태인 금융가들은 악마의 생물학적 자손들이었다. "유태주의는 더러움과 사악한 모든 것의 극치이다. 사람은 그리스도를 따르는 기독교인이 아니면, 악마적 종교를 따르는 유태인인 것이다"고 그들은 주장하였다.[8]

그 때문에 이들은 '테러'적인 反유태주의 단체들을 조직하였는데, 그 가운데서 1980년대 중엽에 갑자기 관심을 끈 것은 '종단'(the Order)이었다. 그것은 1984년에 토마스 마르티네즈라는 사람이 위조지폐를 사용하다가 체포됨으로써 알려지게 되었다. 그들은 新나찌주의자인 윌리엄 퍼스(William Peirce)의 가상소설 『터너 일기(The Turner Diaries)』에서 제시된 인종주의 혁명을 실현하려고 하였다. 그 소설은 유태인 저명 인사의 살해와 자금조달에 도움이 될 방법을 비롯한 혁명

---

8) Robert Crawford et al., *The Northwest Imperative: Documenting a Decade of Hate* (Portland : Coalition for Human Dignity, 1994), pp. 33-34.

의 방법을 자세히 제시하였다. 그 때문에 그 소설의 영향을 받은 종단 조직원들은 헨리 키신저, 데이비드 록펠러, 3대 텔리비젼 방송국 사장 및 미국의 유명한 유태인들을 죽일 계획을 세우기도 하였다.

그러나 소송사건에 휘말리면서 그 세력은 갑자기 쇠퇴하였다. 창설자인 로버트 매튜스가 연방수사국의 조사를 받는 과정에서 죽고, 시애틀 재판으로 23명 가운데 5명이 중형을 선고받았다. 죽기 전에 매튜스는 미국 정부를 '사악한 시온주의자들에 의해 점령된 정부(ZOG)'라고 부르고, "아리안 자영농들이 깨달아가고 있다. 다가오는 천둥소리가 들리는가? 전쟁이 땅 위에 내리고 있다"고 외쳤다.

反유태주의는 아이다호에서 '아리안 국민(Aryan Nations)' 교회를 이끌고 있는 기술자 출신의 리차드 건트 바틀러 목사에게서도 뚜렷이 나타나고 있다. 그의 주장에 따르면, 유태인들과 흑인들은 악마의 자손들이었다. 그러므로 미국의 언론과 법원을 지배하고 있는 '그리스도의 적(敵)'인 유태인이 제거되어야 하며, 그렇게 하기 위해서는 "아리안 전사들"이 앞장을 서야 한다는 것이었다. 1986년에 바틀러 목사는 反유태주의자들을 모아 아이다호의 헤이든 레이크에서 '아리안 국민' 대회를 열었다.

4. '포세코미타투스'와 지방 급진주의

'기독교 정체' 신학을 토대로 하여 전국에 흩어져 있는 무력단체들이 서로 연결할 수 있게 되었는데, 그러한 단체들 중에서 가장 유명한 것이 '기독교애국안보연맹(CPDL)', '주의 팔(CSA)', 그리고 '포세코미타투스'였다.

기독교애국안보연맹(CPDL)은 일리노이의 부자 존 해럴에 의해 조직된 것으로서, 인종적 위험성과 공산주의적 위험성을 모두 경계하고 있었다. 그들은 언젠가는 공산주의자들이 멕시코나 캐나다로부터 기독교 미국을 침공해 올 것이라고 믿고, 그것에 대비해야 한다는 생존주의 사상을 역설하였다. 그리고 그와 같은 '아마겟돈 전쟁'에서 살아남기 위해서는 미주리-아칸소 접경지대인 오자크 지대에 설치된 "생존 기지"에서 틈틈이 군사훈련을 받아야 한다고 주장하였다.

또 다른 조직은 '주의 언약과 칼과 팔(CSA)'이었다. 이 명칭은 "내가 땅에 내려온 것은 평화를 주기 위한 것이 아니라 칼을 주기 위한 것임이라"는 마태복음 제10장 34절의 문구에서 따온 것이다. 그것은 아주 작은 단체였지만, 1985년 4월에 종단의 소속원이 아이다호에서 주 방위군을 죽이고 도망간 사건이 일어남으로써 미국사회의 관심을 끌게 되었다.

그 도망자는 아칸소와 미주리의 경계선에 있는 오자크 산악지대로 들어가, 제임스 디 엘리슨의 비밀아지트에 숨었다. 수백 명의 무장요원들이 포위하자, 엘리슨은 나흘만에 항복하였다. 엘리슨은 범죄조직 결성의 죄목으로 감옥에 갔다. 포위 당시에는 여자들과 어린아이들, 그리고 갓난 아이들을 포함하여 55명이 있었는데, 전기도 수도도 없이 살고 있었다. 그들 대부분은 턱수염을 길렀고, 대화의 마지막에는 반드시 "주를 찬양하라"는 말을 붙이곤 하였다.

'주의 팔(CSA)' 조직에서도 인종차별주의가 중심사상이었다. 그들은 자기네 조직을 '자렙파스-호렙' 교회로 불렀다. 그들은 유태인 문화센터에 폭탄을 던지려는 계획도 세웠다. 또한 그들은 생존주의자로서 다가올 큰 혼란에 대비하여 시가전 훈련도 했다. 그 조직 대변인의 말대로, 그날이 오면 "공산주의자들은 백인 기독교도들을 죽이고 능멸할 것이며, 악마적인 유태인들은 사람들을 희생제물로 삼을 것이며, 흑인들은 백인 여자들을 욕보일 것이며, 동성애자들은 할 수 있는 사람이라면 누구든지 희롱할 것이기" 때문이다.[9]

---

9) Leonard Zeskind, *The "Christian Identity" Movement: A Theological Justification*

이와는 달리 '포세코미타투스'(Posse Comitatus)는 비교적 큰 조직이었다. 그것은 1969년에 오리곤의 한 기능공에 의해 창설되어, 위스콘신을 중심으로 중서부 지역에서 활동하였다. 조직원은 대개 지방의 친한 사람들로 이루어져 있었고, 농업위기가 왔던 1980년대 중엽에는 3천에서 1만 명 정도 되는 것으로 추산되었다.

'포세코미타투스'란 명칭은 군(county)의 권위를 의미하는 라틴어로서, 최고의 권위는 연방정부나 주정부에 있는 것이 아니라 '카운티'에 있다는 생각에 토대를 두고 있었다. 가장 권위있는 공직자는 '카운티'의 보안관이었다. 설사 보안관이라 할지라도 "민중"의 뜻을 따르지 않을 경우에는 민중에 의해 정오에 마을 복판에서 목이 매달리게 되어 있었다. 그 때문에 황금으로 만든 목매달기 올가미가 이 조직의 상징이 되었다.

1980년대 전후에 이르는 시기에 이들은 법 집행 공무원들이나 국세청 공무원들과의 무장대결에 자주 휘말렸다. 그들은 연방정부와 주정부의 권한을 부정했기 때문에 세금 납부를 거부하고, 주 정부의 자동차 운전면허증과 사냥 면허증도 인정하지 않았다.

이 조직이 사회에 알려지게 된 것은 1983년의 고든 칼 사건 때문이었다. 그것은 납세를 거부한 63세의 농부 고든 칼이 노스다코타에서 2명의 연방 보안관을 총으로 죽인 다음 오자크 지역으로 도망친 사건이었다. 그는 또 다른 납세 거부자가 만든 콩크리트 벙커에 숨어들었는데, 집 주인은 "시간의 마지막이 다가와 성경의 예언이 이루어지고 있다. 그러나 우선 소련이 이 나라를 정복하려 한다"고 외치는 기독교인이었다. 무장 공무원들에 의해 포위된 고든 칼은 보안관 1명을 죽인 다음 죽었다.

포세코미타투스의 중심지는 위스콘신 북쪽 숲지대에 있었다. 그들은

---

for Racist and Anti-Semitic Violence(Atlanta: Division of Church and Society of the National Council of the Churches of Christ in the U.S.A.), pp. 7, 36-38.

1,400 에이커의 땅에 "타이거톤델스 헌법 마을"을 세우고 판사들과 대사들을 임명하였다. 그 입구에는 "연방 직원들 출입 금지. 사로잡힌 자는 기소될 것임"이란 팻말이 붙어 있었다. 그들은 훈련과정에서 자동무기와 수류탄을 사용하였다. 그들은 자신들이야말로 "헌법에 어긋나는 법령에는 복종하지 않는" 사람들이며, 또한 그들의 행동은 잭슨과 제퍼슨의 민주주의 전통에 따른 것이라고 주장하였다.

포세코미타투스는 고립된 사람들의 조직이었기 때문에 다른 무장 단체들과 직접 교류는 없었다. 그러나 그들은 '기독교 정체' 신학을 매개로 서로 동지의식을 느꼈다. 그 한 가지 경우가 포세코미타투스의 제임스 윅스트롬과 '그리스도 목회 교회'의 목사 윌리엄 포터의 제휴였다.

이들의 군사훈련을 맡은 게일 목사는 제2차대전 당시 더글라스 맥아더 장군의 필리핀 게릴라 작전참모 출신이었다. 그는 윅스트롬과 함께 미국을 칼로 깨끗이 하기 위해 폭력의 방법을 가르치고 다녔다. 이들은 캔사스의 다지시티에서 작은 라디오 방송을 통해 유태인, 카톨릭, 흑인, 법원, 은행, 국세청을 공격하는 녹음방송을 계속 내보냈다. 가장 격렬한 증오의 대상은 유태인이었다.

포세코미타투스의 주장은 특히 1984, 85년에 경제적 어려움을 겪고 있던 중서부의 농민들에게 먹혀 들어갔다. 빚으로 토지를 잃게 된 농부들은 은행원들을 죽이고, 무장 대치극을 벌이고, 자살하기도 하였다.

네브라스카의 그랜드아일런드 근처의 한 농부는 30만 달러의 빚을 갚지 못해 자기 농장에서 네브라스카 특공대 팀과 대결을 벌이다가 사살되었는데, 그는 죽기 직전에, "그들은 내가 여지껏 일해서 번 모든 것을 파괴했다"고 소리쳤다. 여기서 그들이라 함은 "더러운 거짓말쟁이 법률가들", "사악한 은행 책임자들", "망할 놈의 유태인들"이었다.

윅스트롬과 같은 포세코미타투스 지도자들은 기독교도인 백인 가족 농들을 파괴한 책임이 "사악한 유태인 보험회사들", 로스차일드 가문, 레만 형제들, 및 다른 "유태인 금융가들"이 지배하고 있는 세계은행에 있다고 농민들에게 설명해 주었다.

그러므로 반유태주의는 1930년대의 나찌 독일에서처럼 또 다시 농민의 곤경을 간단히 설명하는 이론이 되었다. 유태인은 아무 것도 생산하지 않고 조작을 통해 큰 이익을 얻고 남을 착취하는 악마라는 주장은 경제 위기에 몰린 농민들에게 먹혀들어갔던 것이다.

5. 지방정치와 반유태주의

그러나 '기독교적 정체' 신학의 지도자들 가운데는 이러한 고립된 농민들에 대한 호소를 벗어나 사회의 일반 대중에게 호소하려는 사람들도 있었다. 윌리스 카르토, 린든 라루쉬가 그러한 경우였다.

윌리스 카르토는 일찌기 1950년대에 워싱턴 주에서 '리버티 로비'를 창설하고, 반공주의와 반유태주의를 역설하였다. 그는 유태인인 헨리 키신저의 국무장관 임명에 반대하고, 이스라엘을 "사생아 국가"라 불렀다. 그리고 나찌 독일의 유태인 대학살(홀로코스트)이 허구라고 주장하는 "수정주의적인" 입장을 지지하였다.

이보다 잘 알려진 지도자는 퀘이커 교도 부모 밑에서 자란 린든 라루쉬(Lyndon LaRouche)였다. 1984년에 무소속 후보로 대통령 선거에 출마한 그는 월터 몬데일이나 개리 하트 같은 민주당의 입후보자들을 "소련의 영향을 받은 앞잡이들"이라고 비난하였다. 그는 냉전 기간에 해리만, 록펠러와 같은 진보 성향의 집안들이 "키신저와 같은 앞잡이들을 고용하여" 세계의 많은 지역을 소련에게 넘겨주었다고 비난하였다. 그가 가장 용서할 수 없었던 것은 그들이 민주당을 통해 핵무기를 동결시킴으로써 미국을 약화시키려 했던 반역행위라고 했다.

이에 덧붙여, 그들은 이러한 非미국적인 활동이 '정통 앵글로색슨적(WASP)' 엘리트와 보수주의자들에 의해서도 부추겨졌다는 사실에 대해 분개하였다. 그는 1986년에 국가의 적대세력으로 소련 비밀경찰

(KGB), 콜롬비아 마약거래자, 영국 비밀수사기관, 이스라엘 정보기관과 같은 외국기관뿐만 아니라 헨리 키신저, FBI, CIA, 동성애자 연맹과 같은 국내 세력도 지적하였다.

라루쉬 일파도 군사단체로서 게릴라 훈련을 받았다. 그러나 그들은 무력충돌보다는 저명인사들을 공격하는 일로 더 잘 알려지게 되었다. 그래서 그들은 NBC 방송과의 재판에서 20만 달러를 배상하라는 패소 판결을 받기도 하였다. 또한 그들은 필 도나휴 같은 방송인이나 국무장관 헨리 키신저와 같은 사회 저명 인사들과도 부딪혔다. 그리고 기자회견을 열고 있는 국무차관 리차드 버트에게 소련 간첩, 미국에 대한 반역자라고 소리쳤다.

라루쉬 일파도 反유태주의자였다. 그들은 유태인들에 의해 장악된 국제통화기금이 "나찌들보다 더 큰 규모로 대량살인을 하고 있다"고 몰아부쳤다. 또한 그는 선진국경제협력체(G7)가 록펠러 집안이 서방의 공업을 무너뜨리기 위해 주도하는 비밀 종교조직인 동시에, 소련과 공동으로 세계질서를 운영하려는 동방과 서방의 공동투자기구라고 비난하였다. 또한 국무부를 가리켜 "반역의 소굴"이라고 비난하였다.

1986년의 일리노이 예비선거에서 라루쉬 일파는 금융가들의 사악함, 가족농의 보호, 마약거래의 위험성과 같은 '포세코미타투스'의 주장을 내세워 농민들의 지지를 받았다. 린든 라루쉬는 자기야말로 "잊혀진 다수"를 대변하여 "동부의 교만한 진보적인 기성세력들"에 맞서고 있다고 주장하였다.

그러나 그의 운동은 즉시 위축되기 시작하였다. 1984년 대통령 선거 기간에 1천여 명의 지지자로부터 100만 달러를 꺼내 쓰려 했던 행동이 사기혐의를 받아, 그는 연방정부의 수사를 받게 되었기 때문이다. 신용카드의 불법사용 혐의로 10명의 라루쉬 부하들과 그의 선거운동과 관련된 5개의 위원회들과 회사들이 수사를 받았다. 그러나 라루쉬는 기소되지 않았다.

6. '창조과학'과 '아마겟돈 전쟁'

기성교회에 속한 목사들도 백인민병대 운동에 직접 영향을 주기도 하였는데, 그 대표적인 사람이 버지니아의 침례교 목사인 제리 폴웰(Jerry Falwell)이었다. 제리 폴웰은 성서의 모든 말이 문자 그대로 신의 말씀이라고 믿는 근본주의자였다.

폴웰 일파는 진화론을 '세속적 휴머니즘'의 도구라고 공격하고, 그 대신 '창조 과학(Creation Science)'을 내세웠다. 그리고 그들은 공립학교에서 성서의 창조론을 가르치게 하려 했다. 그러나 이들의 노력은 진보적인 법원의 판결로 좌절당하였다. 왜냐하면, 1982년에 한 연방법원은 '맥클린 대 아칸소 교육위원회' 판결에서 진화론 교육을 금지시민 아칸소 주법을 무효화하였고, 4년 뒤에는 대법원도 루이지애나 법과 관련된 판결을 통해 '창조과학'은 과학이 아니라 종교라는 것을 재확인했기 때문이다.

또 다른 주장은 '아마겟돈' 전쟁론이었다. 폴웰 일파의 주장에 따르면, 그리스도가 평화와 정의로 1천년간 통치할 날이 오기 전에(premillenialism), '그리스도의 적들'과의 무서운 제3차세계대전이 일어난다는 것이었다. 그러한 내용은 1970년에 출간되어 베스트셀러가 된 핼 린지의 『지구 마지막 날』에서 잘 묘사되어 있었다.

이 책에 따르면, 그 날이 오면 거대한 혼란이 일어나게 된다(pretribulationism). 그때 소련과 아랍-아프리카의 거대한 군대가 이스라엘을 점령하게 되고, 그것에 대항하여 유럽 연합의 군대가 반격함으로써 큰 전쟁이 벌어지게 된다. 결국 핵무기 사용으로 소련군과 아랍군은 파괴되지만, 곧 이어 중국이 이끄는 2억의 거대한 동양인 군대가 나타나 다시 전쟁이 일어난다. 이 전쟁도 핵무기 사용으로 끝나게 되지만, 뉴욕, 로스앤젤레스, 시카고를 포함하는 세계의 주요 도시들이 파괴되고, 세계는 방사능에 오염되어 핵겨울을 맞게 된다.

이 거대한 전쟁이 벌어지기 전에 그리스도가 재림하여 멸망 직전의 인간을 구출하게 되는데, 신앙인은 구원을 받아 하늘로 들어올려져 큰 기쁨 속에 그리스도를 만나게 되지만, 그렇지 못한 사람들은 멸망하게 된다는 것이었다.

이러한 믿음은 "아마겟돈이 올 날은 다가오고 있다"는 팀 라헤이의 말 속에서 잘 드러나고 있다. 로날드 레이건도 1984년의 대통령 선거전에서 제임스 베이커와 함께 PTK 텔리비전에 나가, "우리는 아마겟돈 전쟁을 보게 될 세대가 될지도 모른다"고 말했던 것이다.

아마겟돈 전쟁이론은 1970년대 이후에 널리 퍼진 비관주의적인 분위기를 드러낸 것이었다. 이 시기는 바로 로마 클럽이 <성장의 한계>에서 세계경제의 파국을 우울하게 제시하던 때였다. 결국 레이건 대통령이 소련을 "악마의 제국"으로 묘사한 사실도 궁극적으로는 그리스도의 재림 이전에 크고 피비린내 나는 시련을 가져오게 할 사탄의 도구라고 보는 근본주의자들의 시각에서 나온 것이었다.

Ⅲ. 조직과 활동

1. '스킨헤드' 운동의 흡수

1989년에서 1991년 사이에 소련과 동유럽에서 공산정권들이 무너지면서, 미국의 극우파는 더욱 더 활기를 찾았다. 외국으로부터의 위협이 없어졌기 때문에 이들의 관심은 국내의 적들을 찾는 데 쏠리게 되었다. 게다가 미국이 '세계화(globalism)' 체제에 편입되면서 생긴 앞날에 대한 불안감도 극우파 활동을 자극하였다. 세계적인 차원의 경쟁은 미국인들의 경제와 일자리를 불안하게 만들었던 것이다.

이러한 분위기 속에서 극우파의 주적(主敵)으로 떠오른 것은 연방정부였다. 연방정부에 대한 증오심은 1993년에 진보적인 민주당 행정부가 출범하면서 더욱 더 뚜렷해졌다. 왜냐 하면, 클린턴 행정부는 빈민을 돕기 위한 복지정책, 그에 따른 정부예산과 채무의 증가, 세금의 가중, 낙태와 동성애에 대한 호감을 보였기 때문이다.

이와 같은 시기에 중요한 역할을 한 사람이 톰 메츠거(Tom Metzger)였다. 그는 '큐 클럭스 클랜(KKK)' 출신으로 1998년의 대통령 선거에 민중당 후보로 출마했다. 그는 '백인 아리안 레지스탕스(WAR)'의 지도자가 되어 친나찌적 문헌이나 '테러' 행위와 게릴라 전에 관한 지침서를 배포하였다. 그는 1930년대의 코글린 신부, 타운센드 박사, 휴이 롱의 전통을 이어받은 '백인 근로자'의 수호자라고 주장하였다.

그러나 극우파운동에 대한 그의 가장 큰 기여는 1980년대 말에 영국으로부터 수입된 反유태적, 백인우월주의적인 세력인 '스킨헤드(Skinheads)'를 재조직한 것이었다. '스킨헤드'는 빡빡 깎은 머리, 팔 문신, 신나찌 표시, 강철이 달린 장화로 상징되는 독특한 모습의 근로계급 청년들이었다. 그들은 인종차별적인 '록' 음악에 열광하는 동시에, 동성애자, 흑인, 이민, 유태인들을 공격하였다. 그들은 신나찌(neo-Nazi)로 부를 수 있는 세력이었다.

이들은 대부분 가난한 노동계급 문화 속에서 자랐고 교육을 받지 못한 경우가 많았다. 그들은 일자리가 없는 경우가 많았기 때문에 사회에 대해 불만이 컸고 폭력적이었다. 그들은 소속 집단에 충성하고 그것의 규범에 따라 행동하는 과정에서 공동체 의식과 안정감을 느낄 수 있었다. 톰 메츠거는 이들 청년들을 모아 '스킨헤드 연합'을 결성하고, 그 행동조직으로 '아리안 청년운동'을 만들었다. 그리고 1987년에 그의 아들 존 메츠거는 그 의장이 되었다.

이들은 폭력사건과 그에 따른 소송사건에 휘말리게 되었다. 그 가운데서 대표적인 것이 오리곤의 포틀랜드에서 피살된 이디오피아인의 저택과 관련하여 1천만 달러의 벌금이 내려진 소송사건이었다. 그 재판으로 3명의 '스킨헤드'들이 장기복역의 판결을 받았다. 그 결과 1991년에 244개 집단에 이르렀던 조직이 1993년에는 87개로 줄었다.

이들 젊은 인종차별주의자들은 '기독교 정체' 신학에 속한 교파들과 손을 잡았다. 그 계기는 '아리안 국민들'이 이들 청년들을 아이다호 기지에 데려옴으로써 찾아왔다.

1990년대 중엽에 극우파운동에 영향을 준 또 하나의 계기는 윌리엄 피어스(William Pierce)가 쓴 소설 『터너 일기(The Turner Diaries)』의 출간이었다. 피어스는 물리학 박사로서 오리곤 주립대학에서 가르친 적이 있었다. 이 소설은 反유태인적이고 백인우월주의적인 것으로서, 특히 1983~84년에 '종단(The Order)'으로 불리는 '기독교 정체' 집단의 테러 활동에 영향을 주었다.

1995년에 오클라호마시티 폭탄사건이 일어나자, 이 소설에 대한 관심이 갑자기 커졌다. 왜냐하면, 폭파범 티모시 맥베이(Timothy McVey)는 그 소설의 주인공인 윌리엄 터너의 열렬한 숭배자였기 때문이다. 그가 실제로 사용한 폭탄의 모형과 크기도 소설에서 나오는 것과 꼭 같았다. 실제로 오클라호마 폭탄사건에 대해 윌리엄 피어스 박사는,"사람들이… 더 이상 잃을 것이 없다고 믿게 되면… 테러 행위에 호소하게 될 것이다"고 말함으로써 동정적인 태도를 보였다.

피어스 박사의 '작은 국민동맹'은 책, 정기간행물, 단파 라디오를 통해 신나찌의 사상을 퍼뜨렸다. 1985년에 그는 본거지를 웨스트버지니아의 한 농장으로 옮겨 작은 공동체를 만들고, 전통적인 종교들을 거부하고 백인종의 지위 향상과 고급화를 역설하였다.

2. 생존주의와 '기독교 애국자들'

'기독교 정체'의 또 다른 모습은 오클라호마에서 로버트 밀라

(Robert G. Millar)가 만든 종교적 공동체, 즉 엘홀름시티에서 나타났다. 엘홀름 시티란 히브리말로 신의 도시였다. 로버트 밀라는 제임스 엘리슨이 1985년에 무장한 공무원들에게 쫓겨 그의 아칸소 생존기지로 도망오자, 그를 보호해 주었다. 또한 로버트 밀라는 1995년에 백인우월주의자인 리차드 웨인 스넬이 살인죄로 아칸소에서 처형될 때, "너의 어깨 위를 보라! 정의가 오고 있다"고 위로의 말을 해줌으로써 정신적 조언자 역할을 했다.

'기독교 정체' 교파들의 무력활동은 베트남 전쟁 참전용사였던 루이 빔(Louis Beam)에 의해 새로운 전기를 맞이하게 되었다. 그는 1992년에 "지도자 없는 저항"(leaderless resistance)의 개념을 도입하였는데, 이것은 종래의 군사조직이론을 완전히 바꾸어 놓은 것이었다. 왜냐하면, 그는 혁명의 수단으로서 대중을 밑바닥에 놓고 지도자를 꼭대기에 놓는 피라미드 구조 대신, 작고 독립된 세포조직들을 내세웠기 때문이다. 그것은 공산주의자들의 세포조직(cell system)처럼 연방정부 기관원의 침투를 막으려는 시도였다.[10]

그러나 '기독교 정체' 교파들은 폭력사건에 휘말리면서 위기를 맞았다. '종단(The Order)'은 빠른 속도로 와해되고, 아이다호의 '슈바이겐 형제 제2 타격대' 조직원들은 1986년에 살인, 위조지폐 사용, 파이프 폭탄 공격의 죄목으로 체포되었다. 포세코미타투스의 지도자들이 감옥에 가자, 위스콘신의 타이거튼델스 근처의 마을은 폐허가 되었다.

이러한 사실들은 적은 수의 사람들에게만 호소력을 가진 '기독교 정체' 세력들만 가지고는 권력을 잡을 수 없다는 것을 확인해 주었다. 그러므로 이제 그들에게 남은 길은 생존주의자들처럼 유태인들이 지배하는 기성사회를 떠나는 것뿐이었다. 그러한 "일탈"이나 "분리"는 종교 공동체(cultic communities)의 건설을 의미하였다. 그리고 그것은

---

10) James William Gibson, *Warrior Dreams: Paramilitary Culture in Post-Vietnam America* (New York: Hill and Wang, 1994), pp. 226–27.

미국 전역에 흩어진 조직원들을 태평양 연안 북서부와 인근 산악지대로 이주시키는 것을 의미하였다.

그러한 생각은 1980년대의 '성역(sanctuary)' 사상이나 1990년대의 "북서부 이주 운명(Nothewest Imperative)" 사상으로 표현되었다. 1986년에 바틀러 목사의 주도로 反유태주의자들이 아이다호의 헤이든 레이크에서 모인 '아리안 국민' 대회에서 구체적인 계획이 제시되었는데, 거기에는 오리곤, 워싱톤, 아이다호, 몬태나와 같은 북서부 지방을 "성역"으로 선포하고 그곳에 임시정부를 세우려는 계획이 포함되어 있었다.

이들 극우파는 자신들을 "기독교 애국자들(Christian Patriots)"이란 이름으로 부르기도 하였는데, 그것은 '기독교적 미국'을 지키는 것이 애국적인 행동이라고 생각했기 때문이다. 그것은 자기들이 식민지 시대의 '필그림' 성도나 독립혁명기의 민병대와 같은 애국자라고 생각하는 태도였다.

그러한 태도는 오리건의 기독교 애국자협회 뉴스레터에 쓰여 있는 "미국 애국자가 기독교도가 아니면, 자유는 회복될 수 없다"는 표어에서 잘 나타나 있었다. 왜냐 하면, 정부, 은행, 주요 언론기관, 법률기관은 모두 그리스도의 적(敵)들에 의해 지배되고 있기 때문이라는 것이었다. 그러므로 기독교적 사회가 유지되지 못하면 자유도 있을 수 없다는 것이었다.

그들의 주장에 따르면, 미국은 원래 개인주의에 뿌리를 둔 "자유인"의 나라였다. 그것은 정부의 세금과 규제로부터 자유로운, 그리고 신의 법을 따르는 도덕적인 사회였다. 그러나 오늘날 그러한 기준들은 무너졌다. 이와 같은 상황에서는 시민권을 가졌다고 해서 모두가 미국 국민이 되는 것은 아니라고 그들은 주장하였다.

진정한 미국 국민은 '주 시민(state citizens)', 즉 신으로부터 권리를 부여받은 기독교적인 백인들이었다. 나머지 사람들은 '헌법 수정조항

제14조 시민(Fourteenth Amendment citizens)'으로서, 남북전쟁 이후 헌법 수정조항 제14조에 따라 시민권을 얻었던 흑인과 같은 非백인들이라는 것이다.

3. 국가-종교 관계와 총기 휴대권

기독교적인 백인만이 진정한 미국 시민이라고 한다면, 기독교, 좀 더 구체적으로 말해 캘빈주의(청교주의)가 미국의 국가종교여야 했다. 그러므로 극우파는 국가와 종교의 분리에 반대함은 물론, 한 걸음 더 나아가 종교는 정치와 직접적으로 결부되어야 한다고 생각했다.

그 한 가지 예로, '기독교 연합(Christian Coalition)'의 실질적인 운영자인 랠프 리드(Ralph Reed)는 『미국의 정치와 종교(Politically Incorrect: The Emerging Faith Factor in American Politics)』에서 종교가 정치에 관여하는 것은 미국적인 방식이라고 주장하였다. 그리고 '기독교연합'의 대표인 팻 로벗슨 목사도 다음과 같은 말로 그의 주장에 적극 동조하였다. "그들(세속적 인문주의자들)은 교회와 국가의 분리를 떠들면서 우리를 눌러 왔다. 그러나 그러한 것은 헌법에 없다. 그것은 좌파들의 거짓말이며, 따라서 우리는 더 이상 그것을 받아들이지 않을 것이다"라고.

미국을 기독교 국가로 복원시키는 데는 군사행동이 필요하다는 생각도 당연하게 받아들여졌는데, 이러한 극우파의 호전적인 성격은 상당한 정도 베트남 전쟁의 유산이었다. 베트남 전쟁은 "람보 신화"와 "전사의 꿈"을 낳았고, 병사 노릇을 하고 싶어하던 "평범한 미국인들"을 위한 무대를 마련해 놓았다. 불만과 복수심에 불타는 젊은이들이 애국적인 민병대 조직에 소속되어 유니폼을 입음으로써 생기는 공동체 의식은 무미건조한 생활에 활력을 불어넣을 수 있었던 것이다. 그것은 제1차세계대전에서 패배한 독일에서 일어난 것과 같은 낭만적인 군사문화였다.

이러한 설명은 베트남 전쟁에서 훈장을 탄 사람들이 극우파운동에 많이 가담한 사실로도 입증이 된다. 베트남 참전용사들은 음모 이론을 받아들였다. 용감한 병사들이 전선에서 싸우고 있는 동안 등 뒤를 찌르는 배반행위가 일어났고, 음모를 꾸민 반역자들은 연방정부를 둘러싸고 있는 진보주의자들, 반전운동가들, 여성해방운동가들이라는 것이 그들의 생각이었다.

그러므로 그들은 연방정부에 대해 무력으로 복수하려고 하였다. 그들의 분노는 극도로 강했는데, 예를 들면, 지 고든 리디는 방송을 통해 방탄조끼를 입은 연방정부의 주류총기 단속반(BATF) 요원들과 대치할 때는 머리를 쏘라고 가르칠 정도였다. 콜로라도 스프링즈의 라디오 방송도 연방정부에 대항해 무장혁명을 일으킬 것을 촉구하였다.

연방정부가 개인의 총기휴대를 규제하려고 하자, 연방정부에 대한 증오심은 더욱 더 커졌다. 클린턴 행정부가 브래디 법을 통해 범죄경력이 있는 권총 구입자에 대해 신원조사를 실시하고 저격용 장총의 사용을 금지시키려 하자, 그들은 더욱 맹렬히 반대하였다. 1995년에 미시간에서 총기휴대권 집회인 "건 스톡 95"가 열렸을 때, 참석자들은 "(케네디 대통령을 쏜) 리 하비 오스왈드는 어디 있나? 나라가 그를 찾고 있다"는 스틱커를 자동차에 붙임으로써 클린턴 대통령에 대한 강한 증오심을 나타냈다.[11]

이러한 반정부적 행동은 시민의 총기 휴대권을 인정한 헌법 수정조항 제2조에 근거를 두고 있었다. 그들은 자신들이야말로 워싱턴의 압제자들에 맞서 개인의 권리와 지방의 권리를 보호하는 식민지 시대의 민병대라고 주장하였다. 그러므로 연방정부에게 총을 빼앗기는 것은 민주주의의 최후의 보루인 시민계급이 무너지는 것을 의미한다고 생각하였다.

전국총기협회(NRA)는 이러한 심리를 잘 활용하였다. 그래서 웨인

---

11) David H. Bennet, *The Party of Fear*, p. 465.

라피어 부회장은 연방정부 요원들을 가리켜 "억압적인 정부 흉한"이라는 자극적인 명칭을 붙였던 것이다.

"기독교 애국자들"은 군사훈련 조직으로 알려지게 되었는데, 그것은 아이다호의 "기독교 성약 공동체" 지도자 제임스 보 그리츠(James Bo Gritz)의 공로 때문이었다. 그는 베트남 전쟁의 전설적인 그린베레 부대 중령 출신으로 "살아있는 진짜 람보"였다. 그는 1992년의 대통령 선거에민중당 후보로 나섰다.

그리츠는 1992년 8월에 아이다호 루비릿지의 산 꼭대기에 사는 생존주의자 랜돌 위버 가족 포위 사건에 개입함으로써 애국자 집단들의 존경을 받게 되었다. 루비릿지가 연방 기관원들에 의해 살해되자, 그리츠는 기성세계를 떠나 "지상천국"이라는 이름의 공동체를 만들었다. 그리고 군사 훈련 교범(SPIKE)을 내놓았는데, 그것은 폭압적인 정부의 위협적인 공무원들에 맞서기 위한 교과서가 되었다.

4. 민병대와 공화당 정치인들

이와 같은 군사조직들 가운데 가장 뚜렷한 모습을 드러낸 것이 민병대 조직들이었고, 그 가운데서 대표적인 것이 미시간 민병대와 몬태나 민병대였다.

몬태나 민병대는 1994년에 눈썰매 부품 제작자였던 존 트로크맨(John Trochman) 가족, 그리고 장난감 제작회사의 매니저 출신인 봅 플레쳐에 의해 조직되었다. 이들은 모두 '기독교 정체' 신학의 신봉자들이었다.

그들을 유명하게 만든 것은 게릴라전을 위한 군사훈련교범의 출간이었는데, 그 안에는 기성의 경제질서를 마비시키기 위한 사보타지의 방법들이 제시되어 있었다. 예를 들면, 그 안에는 외국인 회사를 무너뜨리기 위해 나쁜 소문을 퍼뜨리거나 공격하는 방법이 있었다. 그것은 "적들이 우리의 나라를 장악하기 전에 자유를 회복하기 위한 계획"이었다. 여기서 적이라 함은 언젠가는 쳐들어올 소련군이나 유엔군, 그리고 더 나아가 크게는 새로운 세계질서를 만들려고 흉계를 꾸미는 국제적인 음모세력들이었다.

미시간 민병대의 설립자는 작은 마을의 침례교 목사이자 총포 가게 주인인 노만 올슨(Norman Olson), 그리고 그 교회의 집사이자 부동산 중개업자인 레이 사우스웰이었다. 그들은 1994년에 그 조직을 만들고 "신의 군대"라고 불렀다. 그것을 만든 주목적은 연방정부의 총기 규제에 맞서기 위한 것이었지만, 낙태, 환경규제, 학교에서의 "사회주의적인 가치"의 교육을 반대하기 위한 목적도 있었다.

특히 그들은 그러한 부도덕한 행위가 연방정부의 후원 하에서 이루어지고 있다는 사실에 분개하였다. "우리가 얻은 교훈은 우리가 우리의 생활, 우리의 자녀, 우리의 집을 장악하지 못하고, 그 대신 정부가 장악하고 있다는 것이다. 그래서 우리는 우리의 자유를 지킬 준비를 하고 있는 것이다"고 사우스웰은 외쳤다. "이제 (미국 정부는) 더 이상 민중에 의한(by the people) 정부가 아니다... 우리는 더 이상 공화국(republic)이 아니다"고 올슨 목사는 외쳤다.[12]

미시간 민병대 단원들은 대부분이 중년의 백인 가정 남자들이었지만, 여자들도 있었다. 그들은 얼굴을 가린 옷을 입고, 모자를 쓰고, 장애물 코스와 벙커가 설치된 숲에서 군사훈련을 받았다. 1995년에 오클라호마시티 폭탄사건이 일어나면서, 미시간 민병대는 언론기관의 주목을 받았다. 왜냐하면, 사건을 일으킨 사람들이 이 단체의 모임에 참석했다는 소문이 돌았기 때문이다. 그러나 미시간 민병대측은 연루설을 부정하는 동시에 그 사건에 일본 정부가 책임이 있다고 주장하였다.

미시간 민병대는 여러 가지 방법으로 연방정부에 대해 적대감을 표

---

12) *Ibid.*, p. 456.

시하였다. 미시간의 랜싱 시청에서 열린 유엔의 날 기념행사장에서 유엔 깃발이 올라갈 때 시장에게 반역자라고 외치는가 하면, 비행장에서는 연방요원들이 몰고 온 자동차 번호판을 훼손시키기도 하였다.

그들은 음모이론의 신봉자이기도 하였다. 그들의 대변자는 미시간 대학 청소원으로서 1995년에 팜 스프링스의 "우리 나라 되찾기" 집회에서 연설함으로써 유명해진 마크 컨키(Mark Koernke)였다. 그는 정부가 도처에서 국민을 위협하고 있다고 주장하였다. 그의 눈에는 연방긴급구조반(FEMA)은 재해복구 기관이 아니라 지배기구였다. 그리고 '관세와 무역에 관한 일반 협정(GATT)'은 자유무역의 조치가 아니라 미국 국민을 다른 국민들 틈에 끼워넣어 국가 주권을 잃게 하려는 조치였다.

1993년에 데이비드 지파 사건, 즉 텍사스의 웨이코 근처에서 데이비드 코레쉬를 따르는 80여 명의 종교적 공동체 신도들이 무장된 연방공무원들에 의해 살해된 사건이 일어나자, 군 법무관 출신인 린다 톰(Linda Thompson)은 그것을 연방정부의 국민 학살로 규정하였다. "아름다운 나라 미국은 살인자, 거짓말쟁이, 도적들에 의해 장악되었다. 미국의 가장 큰 문제는 정부를 운영하는 사람들이다"고 그녀는 분개하였다. 그녀는 인디아나폴리스에서 클린턴 대통령의 차량행렬을 막으려다 체포되기도 했다.

1995년 5월에 오하이오에서는 민병대 조직원이 지방도로에서 지역 경찰관과 대치하다가 살해되었는데, 그의 자동차에 번호판 달기를 거부함으로써 일어난 시비 때문이었다. 그는 자기가 "복음과 헌법에 근거해" 세워진 법정의 재판장이라고 주장하고, 그 때문에 오하이오 주 정부는 그의 "여행할 권리"를 규제할 수 없다고 항거하였다. 이 사건과 관련하여 열린 상원 청문회에서 '전국 시민 민병대 연합' 소속의 오하이오 출신 대원인 켄 애덤스는, "민병대원이라면 정지명령을 받았을 때 자신을 방어하게 될 것이다"고 말함으로써 살인자의 입장을 옹호하였다.

아이다호에서는 합중국 민병대협회 소속의 새뮤얼 셔우드가 주 정부에 맞섰다. 그는 아이다호 국립 수목지대를 폐쇄시키려는 환경운동가들에게 맞서면서, 만일 연방지역 판사가 환경운동을 지지하는 판결을 내리게 되면, "길거리에 피가 강처럼 흐를 것이다"고 경고하였다. 그의 행동에 대해 광원들과 벌목공들이 지지했는데, 그 이유는 일자리와 집을 잃을지 모른다는 두려움 때문이었다.

주류 정치인들 가운데서도 이들 극우파의 행동에 동정적인 사람들이 있었다. 1995년에 공화당이 하원의 다수파가 되자, 1993년의 데이비드 지파 살해사건에 대한 대대적인 청문회를 열려고 하였다. 이에 대한 맞불작전으로 민주당이 민병대운동에 대한 청문회를 소집하려 하자, 하원 의장 뉴트 깅그리치(Newt Gingrich)는 청문회 개최를 막았다. 공화당이 그 사건과 동일시될 위험이 있었기 때문이다.

그렇지만 결국 민병대에 관한 청문회는 며칠 동안이나마 상원에서 열리고 말았다. 그리고 청문회에 증인으로 나온 몬태나 민병대의 존 트로크맨은 금융 엘리트를 공격하고 진보적인 언론을 비난하였다. 미시간 민병대의 노만 올슨은 단복을 입고 나와 주의 일차적인 방어는 시민 민병대에 있다고 주장하였다. 몬태나의 밥 플레쳐는 외국무기의 국내 반입과 새로운 세계질서의 도래에 대한 두려움을 피력하였다.

민병대와 관련된 공화당 정치인들 가운데서 민병대에 가장 호의적이었던 사람은 1995년에 하원의원으로 당선된 아이다호의 헬렌 체노웨스(Helen Chenoweth)였다. 그녀는 민병대 조직들, 존버치 협회, 그리고 환경규제에 반대하는 "현명한 사용" 운동의 강력한 지지를 받았다. 그녀는 연방정부의 무장요원이나 경찰이 주 경계선 안에 들어갈 때는 지방 보안관들의 허가를 얻도록 하는 법안을 하원에 제출하였다. 이것은 포세코미타투스의 급진적 지방주의를 반영한 것이었다.

Ⅳ. 결론: 극우파운동의 평가

극우파의 주장은 오늘날 미국에서 우세한 위치를 차지하고 있고 또한 더욱 더 우세하게 되어가는 진보-좌파적이고 다문화주의적인 생활방식(way of life)을 대신할 '대안적 문화'로서 제시된 것이었다. 그렇지만 극우파가 내세우고 있는 전통적인 기독교적 생활방식이 다시 우세하게 될 가능성은 거의 없어 보인다. 설사 민주당 대신 공화당이 정권을 잡는다고 하더라도, 지금의 변화 추세가 뒤집혀질 전망은 보이지 않는 것이다.

이제 극우파의 주장은 대다수의 미국인들에게는 먹혀 들어가지 않는 소수파의 문화임이 확실한 듯이 보인다. 그들의 책, 잡지, 소식지, 비디오, 인터넷 링크가 있기는 하지만, 그것들은 대학가에서는 찾아볼 수 없을 뿐만 아니라 전문직이나 경영직의 사람들에 의해서는 전혀 읽히지 않고 있다. 즉, 그것은 널리 알려질 길이 없는 낯선 문화인 것이다.

그러한 의미에서 오늘날 미국의 극우파를 형성하고 있는 "분노한 대중"은 1920, 30년대의 유럽에서 파시스트 체제를 뒷받침해 주었던 '분노한 대중'과는 크게 다르다. 유럽의 '분노한 대중'은 거대하고 강력한 국가로부터 복지정책, 일자리, 사회안정, 및 국가적 영광을 기대했던 국가지상주의적, 민족지상주의적인 성향을 가진 사람들이었다. 또한 그들은 그러한 목표들이 민족 전체의 대변자로서의 '지도자'에 의한 국가통제에 의해 달성될 수 있다고 믿는 집단주의적, 전체주의적인 성향을 가진 사람들이었다.

이와는 반대로, 오늘날 미국의 극우파는 개인의 자유를 최고의 가치로 여기는 개인주의자 또는 자유방임주의자들이다. 그러므로 그들은 중앙정부(연방정부)의 폭정에 대항해 개인의 자유를 천명하려는 급진적인 자유지상주의(libertarianism), 중앙정부의 통제에 대항해 지방의 권리를 지키려는 급진적 지방주의(radical localism), 연방정부를 무장

혁명으로 타도하려는 급진적인 무정부주의(anarchism)의 사상을 가지고 있는 사람들이다. 그 때문에 그들에게는 투쟁을 이끌어갈 중앙조직이나 카리스마적인 지도자가 없다. 그들의 운동을 가리켜 자발적인 저항, ‘지도자 없는 저항(leaderless resistance)’이라고 부르는 이유는 바로 여기에 있는 것이다.

그들 가운데 일부가 좌절감과 분노심 때문에 히틀러를 존경하고 나찌 기장을 달고 있는 것은 사실이다. 그렇다고 해서 그러한 요소가 그들의 운동 전체를 “신나찌적”이라고 부를 수 있을 정도로 우세한 것이 되지는 못한다. 그들은 공동체 의식(communal ethos)과 중앙정부의 계획수립(central planning)을 내세우는 공산주의자들이나 파시스트가 아니다.

반대로 그들은 개인주의 의식(individualist ethos)과 자유기업(free enterprise)을 내세우는 자유주의자들, 또는 자유지상주의자들인 것이다. 그 때문에 그들은 그들이 가장 미워하는 클린턴 대통령을 “사회주의자 – 마르크스주의자 공산주의자 – 나찌”로 불렀던 것이다. 이 사실은 그들이 정도의 차이는 있지만 공산주의자들과 나찌를 모두 미워하고 있음을 말해주고 있다.

이러한 점에서 본다면, 미국의 극우파운동은 개인주의적인 성향이 강한 미국 역사의 주류 속에서 당연히 나타날 수 있는 정상적인 현상이었다. 그것은 미국 역사에 비추어 전혀 “이상한” 현상이 아니었다. 그들은 전통적인 의미에서의 ‘미국적 가치’와 “미국적 꿈”을 믿는 전형적인 미국인들이었다. 그들이 오늘날 “이상하게” 보이도록 만든 것은 미국을 뉴딜 이전의 시대로 되돌리기 위해 전통주의에 지나치게 매달림으로써 시대의 변화에 적응하지 못하고, 그 결과 소수파의 지위로 떨어졌다는 사실뿐인 것이다.

제2부 현대 미국의 신사회 운동

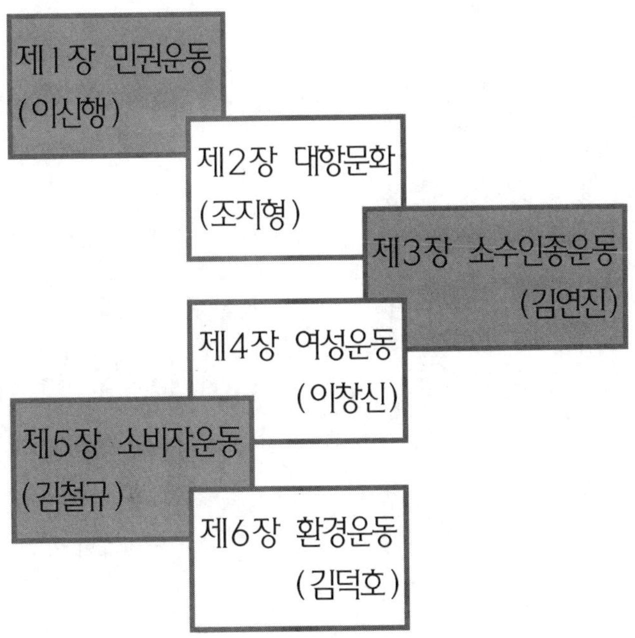

제1장 민권운동^{*)}

이 신 행 (연세대)

I. 서론

북미 대륙으로 건너온 청교도들이 중심이 되어 '자유'와 '정의'의 이름으로 새롭게 세운 나라가 미국이다. 그러나 미국의 역사를 자유와 정의의 역사라고 이름 붙이기는 어렵다. 아프리카로부터 잡혀와 노예로 시작한 흑인들의 과거는 '자유'와 '정의'와는 거리가 멀다. 차별과 억압이란 점에서 보면 흑인들과 더불어 소수민족까지도 오늘날 여전히 어려움을 겪고 있다.

350년이 넘도록 흑인들은 미국사회에서 분리와 차별, 그리고 인종적 편견을 참담하게 겪으며 살아왔다. 그리고 여러 방식으로 '소리치지 않을 수 없는' 그들의 현실에 대하여 저항하였다. 60년대의 흑인 민권운동은 마틴 루터 킹의 그것으로 주로 대표되지만, 큰 범주에서 보면

---

* 이 글의 일부는 서울대 지역연구소가 발행하는 『지역연구』 제 3권 제 1호 (1994) 에 게재한 "미국의 흑인운동" 의 일부를 재수록한 것이고, 일부는 서정갑 교수의 『미국정치의 과정과 정책』(서울 : 나남출판, 1994)에 수록되어 있다.

말콤 X의 흑인 회교운동도 함께 생각해 볼 필요가 있다. 킹(Martin Luther King, Jr.)과 말콤(Malcom X)에서 두드러지는 현대 흑인들의 저항운동은 그 어려움의 폭이나 크기로 볼 때 비단 미국사회의 인종차별 문제를 해결하는 것에 한정되는 것이 아니다. 그들의 운동은 인간해방과 정의실현을 위한 세계사적인 운동에 그 기초를 제공하고 있다.

미국사회의 흑인운동의 두 가지 큰 흐름은 긴 기간 동안 '통합주의적'인 것과 '분리주의적'인 것으로 대별할 수 있다. 전자의 대표가 킹이고, 후자의 대표적인 예는 말콤 X의 운동이다.[1] 이는 앞으로도 그 영향을 미칠 두 가지 큰 흐름이라고 할 수 있다. 하나의 변동지향적인 운동이 사회적, 정치적 변동을 이루어 내기 위해서는 인종적, 종교적 기반과 같은 사회의 주요 부문들을 바탕으로 하여 조직되어야 한다. 그렇게 조직된 운동이 독자적인 상징·가치를 차별적으로 지니면서 기존 사회 관행에 대해 안티테제를 걸 수 있는 능력을 갖출 수 있어야 한다. 그리고 결국 그것이, 예컨대 자유주의나 프로테스탄티즘과 같은 사회 각 구성원의 물적·인적·심정적인 복합체, 즉 공공권역의 지지를 받을 때 성공할 수 있다고 할 수 있다.[2] 이러한 의미에서 본다면, 민권운동은

---

1) 말콤 X의 백인우월주의에 대한 비타협적 태도와 흑인의 역사, 문화, 인종주의에 대한 "직설적" 언설은 민권운동가들을 포함한 후대의 활동가들에게 크게 영향을 미쳤다. 흑인인권운동의 주요 단체인 SNCC와 CORE가 말콤 X가 주장한, 흑인들의 "자기방어적 무장", "인종적 긍지", 흑인 주도의 "기관 창설" 등을 말콤 X의 말년 이래 지지했다는 점에서, 또한 말콤 X의 자서전이 그의 사후 '흑 표범당'이나 여러 흑인운동의 주요 준거점이 되었으며 그의 삶 전체가 흑인운동의 큰 전통인 분리주의의 대변자로 간주된다는 점에서, 말콤 X를 민권운동의 큰 범주에 넣어 검토하는 것이 타당하다고 생각한다. Robin D. G. Kelley and Earl Lewis, ed., *A History of African Americans*(New York: Oxford University Press, 2000), pp. 521–522 참고. 말콤과 민권운동 단체간의 관계, 특히 SNCC에 대한 영향력에 대해서는 Clayborne Carson, *In Struggle: SNCC and the Black Awakening of the 1960s*(Cambridge: Harvard University Press, 1995), pp. 135–136 참고.
2) 공공권역(Öffentlichkeit, public sphere)에 관한 설명은 이신행, 『한국의 사회운동과 정치변동: 87년 6월 항쟁과 90년대 한국의 사회운동』(서울: 민음사, 1997), pp. 261–289 참조.

하나의 완벽한 변동운동의 모델을 제시한다.

킹과 말콤의 운동은 종래의 부정적이고 자기멸시적인 이미지를 극복하고 자기긍정적인 '새 흑인성'이라는 상징·가치에 기반을 두고 있다는 공통점을 가지고 있다. 둘의 차이는 크게 보아 킹의 그것이 자유주의나 프로테스탄트적인 미국 주류의 뒷받침을 받아 '흑인' 사회라는 한계를 넘어서는 변동지향적 세력화를 지향하였다고 한다면, 말콤의 운동은 흑인 무슬렘을 중심으로 배타적인 세력화를 지향하였다는 것에서 찾아볼 수 있다. 즉, 킹이 정의를 강조하며 백인 중심의 기존 사회체제 속에 편입, 통합되는 것을 지향하였다면, 말콤 X는 자유와 자기 정체성을 확보하기 위하여 분리주의를 강조하였다.

그러나 흑인 민권운동은 킹이나 말콤류의 대중의 힘을 기반으로 하는 운동만을 꾸려간 것은 아니다. 킹과 말콤의 운동과는 달리 미국 주류사회 안에서 기관적 관성을 확립해 가는 조직체를 강조한 예로 '전국 유색인 지위향상 협회(The National Association for the Advancement of Colored People: NAACP)'를 들 수 있다. NAACP는 킹의 흑인 민권운동이나 말콤 X의 흑인 회교운동과는 달리 자기계몽적인 시민참정성을 가지고 조직적인 기반을 통해 비교적 일상적인 문제를 중심으로 하는 점진적인 방식으로 운동을 전개했다. 21세기로 접어든 오늘, 민권운동 당시 활발한 활동을 벌이던 '인종평등회의(Congress of Racial Equality: CORE)', '남부 기독교 지도자 회의(Southern Christian Leadership Conference: SCLC)', '학생 비폭력 조정위원회(Student Nonviolent Coordinating Committee: SNCC)' 등의 조직적 활동은 쇠퇴한 반면에, 점진적인 운동방식을 유지하였던 NAACP는 흑인운동이 1960년대라는 변동기에 조성한 에너지를 넘겨받으면서 기관지향적인 사업을 통하여 그 활동이 더 부각되는 가운데 흑인사회가 관심별, 부문별 조직운동을 지속적으로 펼칠 수 있도록 견인차 역할을 해 왔다. 즉, NAACP는 기관화 운동의 모델을 제시했다는 점에서 의미를 갖는다.

오늘의 시점에서 미국 민권운동의 전반을 조감한다면, 1992년의 'L.A 폭동'에서 보았듯이, 미국사회의 인종문제는 여전히 많은 문제를 안고 있음에도 불구하고 60년대처럼 직접행동이나 폭발적인 강연, 격렬한 토론으로 표출되지는 못하고 있다. 그러나 민권운동과 이에 후속되는 여러 움직임이 미국사회에서 흑인들이 자기정체성을 강화하고 그들의 공동체를 만들어가는 데 여전히 중요한 몫을 담당하고 있고, 아울러 미국의 장래를 형성하는 주요한 변동인자가 되고 있다. 또한 앞서 지적한 '통합'과 '분리'라는 두 큰 움직임은 앞으로 등장할 흑인운동까지도, 그것이 민권운동의 차원 안에 있든 아니면 그것을 넘어서는 새로운 것이든 간에, 기본적으로는 통합과 분리의 두 축을 변주, 응용할 것이라 생각되기 때문에, 미국의 민권운동을 검토함에 있어서 킹과 말콤 엑스의 운동을 검토하는 것은 중요하다. 이 점은 민권운동의 범주 안에, 60년대의 흑인 무슬렘의 운동을 포함시키지 않는 견해에도 조언이 되리라고 본다. 또한 흑인운동은 종래의 운동노선에서 기관화 지향으로 크게 달라졌다는 점에서, 또한 흑인 민권운동이 시민운동적인 사회사업 프로그램으로 옮아가고 있다는 점에서, NAACP에 중점을 두고 민권운동을 살펴볼 필요가 있다고 하겠다.

Ⅱ. 왜 민권운동인가 [3]

미국에서 민권운동이 일어날 수밖에 없게 했던, 흑인과 흑인사회가

---

3) 민권운동에 관한 부분은 모리스(Aldon D. Morris)가 1999년에 이를 요약하여 *Annual Review of Sociology*에 발표한 에세이인 "A Retrospective on the Civil Rights Movement: Political and Intellectual Landmarks"와 블룸버그(Rhoda Lois Blumberg)의 *Civil Rights: The 1960s Freedom Struggle*(Boston: Twayne Publishers, 1984)를 많이 전제하였다. 재정리 과정에는 필자의 운동론적인 이해를 반영하였다.

겪어온 역사적, 사회적 어려움을 대변하는 가장 좋은 표현이 '짐 크로우 체제(Jim Crow System)'라고 할 수 있다. 민권운동은 이 짐 크로우 체제를 바꾸려고 하는 흑인들의 절박한 노력이 사회운동으로 나타난 것이다.

짐 크로우 체제는 17세기 이래의 긴 내력과 사회적으로 복잡하게 얽혀 있는 흑인에 관한 법체계의 일부를 표현하는 말이다. 이는 1866년 해방 흑인에게 평등한 보호를 보장하는 법률과, 1868년 이를 보다 확실히 하려는 헌법 수정조항 14조가 발효되는 상황을 과거로 되돌리려는 남부의 인종차별 상황을 반영하는 법적·사회적 체계이다. 짐 크로우 체제는 헌법의 저촉을 피하면서 흑인을 차별하는 하나의 거대한 남부 문화를 형성해 왔다. 특히 1950년대 민권운동이 발생하기 이전 70년간 미국사회의 중요한 성격을 이루었으며, 인종분리정책을 유지함으로써 열등한 인종인 흑인이 여타의 인종과는 격리되어야 한다는 인식을 바탕으로 하고 있다.

경제적으로 흑인은 미국 경제질서의 밑바닥에 위치할 뿐더러, 20세기 전반부의 피할 수 없는 불평등 상황 때문에 농촌지역의 흑인은 대부분 소작인이거나 날품팔이로 착취의 대상이었다. 남부 흑인들이 제1차 세계대전 이후 도시로 대거 이동하면서도 이러한 경제적 여건에는 변동이 없었으며, 도시에서도 비숙련노동자로서 최하층을 구성하였다. 1950년대 민권운동이 전개되기 전 흑인 가계소득이 백인 가계평균소득 수준의 54%에 불과하다는 사실이 그 상황을 말해 준다.

정치적으로 흑인은 실질적인 참정권 박탈로 인하여 참여가 거부되고 있었다. 예를 들면, 판사직에 취임할 수 없고, 배심원으로도 선임될 수 없었다. 이러한 억압적 상황은 흑인에게 별도의 화장실, 별도의 학교, 기차·버스에서 뒷좌석 앉기, 대화시 백인에 대한 경의 표하기가 요구되었다. 법정에서 증인으로 선서할 때 흑인은 백인과는 다른 성서에 손을 얹어야만 했고, 옷을 살 때 흑인은 미리 한 번 걸쳐볼 수 없었으며, 식당에서도 백인과는 따로 앉아야 했다.

짐 크로우 시대에 흑인에 대한 폭력과 테러는 백인 지상주의 그룹인 '큐 클럭스 클랜(Ku Klux Klan: KKK)'과 '백색 카멜리아 기사단(Knights of the White Camellia)'의 악명으로 인해 잘 알려져 있다. 이들은 흑인들에 대한 위해행위로서 거주지와 직장으로부터의 추방, 선거권 매수, 방화, 암살을 그 도구로 사용하였다. '린치 올가미'는 가장 치를 떨게 하는 효과적인 테러방식이었다. 이러한 사형(私刑)은 남부의 이른바 재건기(再建期) 말기에서 민권운동이 있기 이전 기간에 루이지애나주와 미시시피주에서 극심하였는데, 이 기간 동안 미시시피에서만 539명의 흑인들이 린치를 당하였으며, 1930년에서 1950년까지는 33건의 린치사건이 있었다. 공포에 떠는 남부 흑인들에게는 50년대까지도 20세기 안에 이러한 상황은 도저히 개선될 수 없을 것이라는 절망감이 지배적이었다.

많은 학자들을 포함하여 그 어느 누구도 민권운동의 발생을 내다보지 못했다. 그 이유의 심층에는 흑인의 자존성(自尊性)을 인정하지 않는 편견이 자리잡고 있었다. 그것이 바로 짐 크로우 체제가 딛고 서 있는 불행한 전제였다. 그만큼 크로우 체제는 흑인들에 대한 압제뿐만 아니라 그 체제를 시행하는 백인들의 인간 이해까지도 훼손토록 하는 병리성이 있었다. 그러나 듀보이스(W. E. B. Dubois)는 『흑인의 영혼(The Souls of Black Folk)』에서, 20세기의 문제는 바로 인종관계에 있다고 예언했다. 백인의 영구지배라는 신화 이면에서 1950년이 오기 훨씬 전부터 변동의 에너지가 쌓여가고 있었기 때문이다. 이러한 움직임을 느끼지 못할 때 백인들은 물론 흑인 자신들까지도 끝내 흑인인 자신들은 자기네의 문제를 대변할 단체도, 운동도 만들어내지 못하리라는 미몽에 사로잡히게 된다.

20세기 초에 들어서면서 흑인들은 인종적 불평등에 직접적으로 대결하는 저항을 조직적으로 드러내기 시작했다. 1900년에서 1960년 사이에 남부 흑인들은 남부의 큰 도시들에서 짐 크로우 체제를 거부하는 활동을 시작했다. 이 기간 동안 흑인여성들은 짐 크로우 체제를 거부하면서 여권을 신장하는 클럽을 지방 또는 전국 단위로 조직하였다. 1909년에 창립된 NAACP는 짐 크로우 체제와 인종적 불평등을 전국적인 단위에서 공격하는 첫번째 조직화였다. NAACP는 인종분리 교육을 반대하는 법적 소송에서 승리함으로써 민권운동의 역사에서 큰 의미를 가진다.

흑인 열등성과 백인 지상주의의 강고한 이데올로기에 도전하는 주요 상황은 1920년대에 일어났다. '가아비(Garvey) 운동'이 바로 그것이다. 가아비 운동은 뉴욕을 중심으로 1920년에 조직된, 흑인 역사상 최대 단일조직이었다. 그 운동의 메시지는 흑인성, 흑인 문화, 흑인역사에 대한 자부심을 강조하는 것이었다. 가아비 운동은 아프리카는 고상하고, 흑인은 서양문화와 경쟁할 수 있는 위대한 문명을 창조하였다는 것을 강조하면서, 흑인들은 마땅히 아프리카로 돌아가야 한다는 것에 초점을 맞추었다.

1920년대의 또 하나 중요한 움직임은 '할렘 르네상스(Harlem Renaissance)'이다. 할렘 르네상스는 뉴욕의 흑인거리인 할렘을 중심으로 가아비 운동과 유사한 메시지를 같이하면서 저항문학적인 성격을 조성하였다. 심미성(審美性)의 강조도 있었지만 흑인성의 전통을 자랑스럽게 생각하고, 격렬한 항의와 흑인해방을 위해서 싸울 자세를 갖추는, 즉 '신 흑인'을 창출하는 것을 과제로 삼았다. 저항의 주제는 크로드 메케이(Claude Mckay)의 시 "우리가 진정 죽는다면"에 잘 나타나 있다. 할렘 르네상스의 문학적인 전통은 미국 흑인들의 고난을 인간존재의 근원적인 문제와 연결시키기도 하였다. 이 기간의 흑인 저항운동은 이렇게 활성화된 저항문학이 동반해 주었다.

1929년에서 1941년 사이의 특징은 경제운동의 성격을 나타내기도 한다. 이 기간 북부 흑인들은 오늘날에도 자주 켐페인으로 나타나듯이

"일할 수 없는 곳에서는 사지도 말자"라는 구호를 외쳤다. 백인이 소유하고 있는 흑인 빈민가 가게들에 대해서 흑인 채용을 요구하고, 나아가 흑인들을 고용하지 않을 경우 불매운동을 벌이곤 했다. 바로 민권운동이 전개되기 10년 전이었다.

이러한 상황을 배경으로 필립 랜돌프(Philip Randolph)는 '워싱턴에서의 행진 운동(March On Washington Movement: MOWM)'을 시도했다. 그는 흑인들의 비폭력 대중운동이 인종적 불평등을 깨뜨리는 데 기본적인 힘이 될 것이라는 전략적인 확신을 가졌던 것이다. 1941년 한 해 동안 그는 이 캠페인을 전 미국에서 흑인들을 동원하여 준비했다. MOWM이라고 이름지은 것은 이름에 맞게 수천 명의 흑인들이 백악관과 워싱턴을 행진함으로써, 특히 방위산업에서 자행되는 인종적 불평등을 깨뜨리는 데 무기가 될 수 있다고 보았기 때문이다. 이러한 대중행진이 온 나라와 루즈벨트 대통령을 당황케 할 것이라 확신하였다. 루즈벨트는 1941년 6월 25일 방위산업에서 인종차별을 금한다는 행정명령을 내리게 된다. 결국 행진은 이루어지지 않았지만, MOWM은 계획만으로도 성과를 거두었다. 1940년대 비폭력 직접행동의 열매이자 20여 년 후 전개될 민권운동의 한 밑그림이었다.

1950년대 초에 짐 크로우 체제를 위협하는 두 가지 대조적인 상황이 발생하였다. 그 하나는 1954년 대법원 판결인 '브라운 대 교육위원회(Brown vs. Board of Education)' 사건이며, 다른 하나는 1955년의 '에메트 틸(Emmett Till)에 대한 린치사건'이다. 브라운 대 교육위원회 소송에서 NAACP는 연방 대법원으로부터 인종적으로 분리된 학교는 헌법 위반이라는 판결을 얻어냈다. 그리고 이 판결은 문자 그대로 짐 크로우 체제가 서 있는 법률적 기반을 흔들어 놓았다. 흑인들은 고무되었다. 이제 인종분리의 법적 체계가 무너진다고 믿었다. 그러나 남부 백인 권력구조는 전혀 다른 반응을 보였다. 그들은 대법원의 판결을 비난하면서, 학교는 결코 통합되지 않을 것이며, 짐 크로우 체제를 해체하지 않을 것이라고 공언했다. 브라운 대 교육위원회 사건의 판결은 남부 백인과 흑인간에 날카로운 전선을 형성시켰다.

에메트 틸은 시카고에서 미시시피를 방문한 당시 14살의 소년이었다. 이 흑인 소년이 백인 여성에게 호루라기를 불었다는 이유로 린치를 당하여 살해된 것이다. 전원 백인으로 구성된 배심원은 틸의 살해자들을 무죄로 판명하였다. 백인들이 짐 크로우 체제를 지켜내기 위하여 살인뿐만 아니라 모든 수단을 다 동원하리라는 판단을 갖게 된 흑인들은 종래의 패턴과는 달리 반응하였다. 틸의 어머니와 흑인언론의 보도는 전국적인 관심을 불러일으켰다. 린치가 엄청난 불의(不義)라는 여론이 형성되었다. 이 린치가 보여준 인종적 잔인성과 전국적인 관심은 짐 크로우 체제를 전국적인 토론과제로 부각시켰다.

틸의 린치사건은 민권운동에 학생세력이 가담하게 되는 교두보가 되었다. 게다가 틸의 암살은 참여자들을 과격화시켰다. 여론은 두 번 들끓었다. 린치의 잔인성에 놀랐고, 살해자들이 백인 배심원에 의해 풀려난 데 놀랐다. 민권운동의 행동주의는 이렇게 해서 조성되었다. 틸의 죽음으로 인해 들끓은 분노는 50년대 민권운동이 떠오르도록 한 무대를 마련하였다. 이러한 상황에서 1955년 12월 1일 알라바마의 몽고메리에서 퇴근 버스에 오른 로사 팍스(Rosa Parks)가 버스분리 조례를 위반했다고 해서 체포되는 사건이 발생했다. 몽고메리의 버스 보이콧은 12월 5일 시작되었고, 마틴 루터 킹 2세가 '몽고메리 개선협회(Montgomery Improvement Association)'의 회장으로 선출되었다.

Ⅲ. 민권운동의 진전

1955년 12월 몽고메리에서 시작되어 1년여 계속된 대중적 기반의 버스 보이콧 운동과 이에 이어진 10여 년의 흑인 저항은 새로운 모델,

즉 정치사회 변동의 새로운 접근법을 미국사회에 제시하였다. 몽고메리로부터 시작된 새로운 변동논리는 지역 내에서의 산발적인 저항운동이 가진 분리주의적 성격과 백인 엘리트에의 수동적 의존이라는 한계를 벗어나는 것이었다. 즉, 짐 크로우 체제의 운명이 백인세력이 아니라 흑인 운동세력의 손에 좌우된다는 새로운 변동의식이 등장하게 된 것이다. 이로부터 짐 크로우 체제를 무너뜨릴 수 있는 힘은 흑인 커뮤니티의 손에 장악되었다. 물론 흑인 커뮤니티 밖의 엘리트들, 법원, 연방정부, 그리고 동조적인 백인세력들은 여전히 일정한 역할을 수행하고 있었다. 그러나 흑인들의 대중적 저항이 독립변수이고, 위의 활동들은 이제 종속변수가 되어 흑인들의 집단행동에 따라가야만 하는 상황으로 바뀌어졌다. 알라바마 분리철폐 버스 보이콧을 분수령으로 결정적인 권력이동이 이루어진 것이다.

몽고메리의 버스 보이콧은 두 가지를 보여 주었다. 하나는 흑인들의 지역공동체가 동원될 수 있다는 것이고, 다른 하나는 이 저항운동이 일 년 넘게 지속되었다는 점이다. 이렇게 지속되는 운동은 짐 크로우 체제에 대한 저항을 지역공동체에 뿌리를 두고 계속하려면 흑인문화가 운동의 기반으로 작용해야 함을 보여주었다. 특히 대중적 기반을 갖고 있고 흑인 문화의 저장고 역할을 하는 흑인교회의 능동적인 움직임은 큰 규모의 저항을 발생시키고 유지하며, 또한 문화적인 역동성을 발휘하는 모체였다. 교회의 음악, 예배양식은 흑인 대중들로 하여금 노예시대로부터 지금까지 저항문화를 면면히 이어오게 하는 바탕이 되었다.

몽고메리 시에서 탄생한 몽고메리 개선협회는 전 미국을 통하여 직접행동 저항운동의 최초이자 가장 두드러진 운동체였고, 훗날 남부 기독교 지도자 회의(SCLC)의 모체가 된다. 몽고메리 개선협회의 활동은 교회의 종교적 부문성과 지역조직의 지역사회적 부문성, 그리고 풀뿌리성, 여기에 더하여 흑인 공동체의 부문성이 삼중적(三重的)으로 결합된 운동기지가 앞으로의 민권운동에 중요한 운동세력을 구축할 것임을 보여주었다. 구성원의 공동체성이 바탕이 되는 부문성은 가치체계나 이념, 운동, 조직을 같이 나눌 수 있다는 점에서 체제변동의 축이 되는 운동세력을 만든다. 이 운동세력이 그 사회에 축적되어 있는 공공적인 흐름의 지원을 얻을 때 체제에 대한 정치·사회적 도전이 가능하고 변동은 시작된다. 젊은 흑인 목회자 킹은 카리스마적 지도력이 요구되는 시대에 그 요구가 인격화된 존재였다. 그리고 엄청난 수의 개인들이 집단행동에 참여함으로써 변동의 열쇠가 흑인 대중에게 넘어올 수 있었던 것은 흑인이 채택한 보이콧 운동이 교회의 풀뿌리성과 지역사회의 풀뿌리성, 그리고 흑인사회의 풀뿌리성을 결합시킬 수 있었기 때문이다. 즉, 현대 저항운동이 어떻게 사회의 각 부문으로부터—인종, 종교, 지역, 성 등—운동세력을 발생시키는가를 가장 분명하게 드러낸 것이 몽고메리 보이콧 운동이었다.

또 하나 결정적인 것은, 이 보이콧 운동이 비폭력 직접행동을 운동의 방법으로 채택한 것이다. 흑인이 벌이는 비폭력운동의 큰 의미 중 하나는 비폭력운동을 흑인의 주체적인 주도성과 결단으로 전개해 감으로써 백인권력구조가 이제부터는 능동적으로 흑인 저항운동에 대응하지 못하는 상황을 만들어냈기 때문이다. 이로써 상황에 대한 선취권(initiative)을 흑인 저항세력이 장악할 수 있었다. 이제 백인 권력구조는 심각한 반작용을 무릅쓰지 않는 한 공개적으로 물리력을 구사하면서 인권운동을 진압할 수 없는 국면으로 들어가게 되었다. 즉, 주도권이 운동세력에게 넘어간 것이다. 지방 공권력의 물리적인 잔학성을 보도하는 모든 매스 미디어 역시 이러한 상황에서 운동의 보조세력이 되어 운동을 승화시키고 고양시키며 세계적 지지여론을 만드는 기능을 수행하게 된다.

대중매체, 흑인 언론, 흑인 커뮤니티 내의 여러 커뮤니케이션 채널들이 직접행동의 비폭력운동을 온 나라와 지구촌에 전파하였다. 이어서 대법원은 알라바마에서의 버스 내 인종분리 조례는 헌법위반이라는 판결을 내렸다. 이 판결로 몽고메리에서의 운동 교훈을 견지하면서 인종분리정책의 요소들을 운동의 과제로 삼는 한, 짐 크로우 체제는 남부 전역에서 패배에 직면할 것이라는 점이 서서히 드러났다.

남부를 가로지르면서 십 년이 넘도록 민권운동은 지속되었다. 남부의 수많은 지역 커뮤니티들이 앞장서고, 전국에 걸쳐 흑인 커뮤니티들의 지지가 뜨겁게 표명되어 나오고, 또한 이에 동조하는 백인들의 지지를 끌어내면서 대중 기반의 비폭력 직접행동은 보다 강해져 갔다. 짐 크로우 체제를 무너뜨리는 수단으로 보이콧, '연좌농성(sit-ins)', '자유를 위한 승차(Freedom Rides)', 대중행진, 자발적으로 구금되기 등 여러 가지 법적 도전들이 포함되었다. 인종분리 식사 카운터를 거부하는 1960년대 학생 연좌농성은 이 방식이 한 달 만에 대중운동의 방식으로 자리잡혔기 때문에 특히 중요한 의미를 가진다. 이 방식은 전 남부에 번져나가고 운동에 중요한 대중기반을 조성하였다. 대중동원에는 주로 흑인 대학생들이 참여했지만 백인 대학생, 고교생과 국민학생들까지도 참여하는 정도가 되었다. 연좌전략은 응용력과 전파력이 강했다. 인종분리 수영장에서는 연좌 대신 함께 수영장에 들어가는 데모로, 인종분리 교회에서는 기도 참가 데모로, 분리기업에 대해서는 전화 연속걸기 데모로 변형하여 적용하였다.

또한 연좌농성은 민권운동의 주요 운동세력 중의 하나인 학생 비폭력 조정위원회(SNCC)를 조직하는 데 촉매역할을 했다고 할 수 있다. SNCC는 미국 민권운동에서 학생조직이면서 학생들을 통하여 학생들을 넘어서 풀뿌리 지역공동체와 연결되고 동원화 작업으로 이어졌다는 의미가 있다. SNCC는 훗날 투표자 등록 운동과 '흑인 권력'의 철학을 민권운동에 도입하는 데 주요한 역할을 담당하였다. 또한 남부 기독교지도자 회의(SCLC), 인종평등회의(CORE), NAACP, 기타 수많은 지방 조직들과 함께 공식적 조직기반을 넓히는 데 이바지하였으며, 연좌농성과 SNCC는 대량의 백인 대학생들이 민권운동에 참여하는 데 구조적 틀이 되었다.

민권운동이 조직된 세력을 통하여 짐 크로우 체제를 와해시키는 역할을 한 것은 60년대 초부터 중반까지였다. 이 기간 동안 고도의 공공성을 띤 데모운동이 남부를 망라하여 일어났고, 이를 지원하는 북부의 데모에 의해 남부의 데모는 점차 그 강도를 더해갔다. CORE에 의해 61년 2월 시작된 버스터미널에서의 분리에 반대하는 '자유승차단(Freedom Riders)' 켐페인, 투표권 등록 캠페인과 '자유 여름(Freedom Summer)' 캠페인인 셀마(Selma)의 대결이 이 기간중에 일어났다. 그리고 이러한 운동들은 미국사회에 어떤 위기감을 고조시켰다. 왜냐하면, 이러한 저항운동들이 기존 사회질서를 깨뜨릴 뿐만 아니라 기업활동과 상업활동에 부정적인 영향을 주고, 이러한 상황이 전 사회를 긴장 속으로 몰아넣을 수 있었기 때문이다. 이에 대해 백인 관리들이 폭력 등의 반응을 보임으로써 갈등이 더욱 고조되어 가는 가운데, 마틴 루터 킹은 점차 전국적이자 국제적인 인물로 되어 갔다. 킹의 지도력은 운동의 주요 현장들을 계속 방문하면서 더 높아져 갔다. 킹이 나타나면 그 현장은 전국적, 국제적인 조명을 받아 더 활성화되었고 쟁점 또한 뚜렷이 부각되었다. 흑인지역운동이 지금껏 이러한 비중있는 인물의 지원과 세계적 조명을 받아본 적이 없었다. 전에 없던 상황이 창출되었고, 이것은 흑인 커뮤니티에 커다란 힘이 되었다.

저항운동의 가시성(可視性)과 강도, 미국 전역에 형성된 위기의식, 그리고 세계적으로 고조된 관심은 케네디 행정부와 미 의회가 시위를 멈추게 할 어떤 조처를 취하고 사회질서를 회복할 단초를 만들어 내지 않을 수 없게끔 몰고갔다. 또한 흑인 저항운동은 대(對) 유럽, 대 소련, 대 아프리카 외교정책 수행에 있어서도 큰 걸림돌이 된다는 사실을 연방정부는 의식해야 했다. 국내적 혼란상황의 원인제공자로서, 또 국제적 관심의 초점으로서, 짐 크로우 체제는 아주 취약한 처지에 놓이게 되었다.

결과적으로 1963년 버밍햄 대결과 1965년 셀마에서 벌어진 저항운동은 짐 크로우 체제의 공식적 모습을 전복하는 지렛대가 되었다. 이 두 대결은 사회질서를 깨뜨리는 이른바 '중단' 전략을 동원함으로써 거대한 데모군중이 야기한 '균열'상황이 사회질서를 붕괴시키는 결과를 가져왔다. 각 지역의 당국자들은 잔인한 폭력을 썼고, 이는 전 미국과 세계 전역의 미디어에 여과 없이 보도되었다. 특히 경찰견, 소방호스, 대량구금으로 앞장선 버밍햄 경찰서장은 잊혀질 수 없는 잔영을 남겼다. 버밍햄 운동은 버밍햄에서의 인종분리를 해체토록 하는 것뿐 아니라 인종분리정책 전체를 부정하는 국가입법을 창출하는 것이 그 목표였다. 미디어 보도는 효과적이었고 가시적이었으며, 남부 전체에 끊이지 않고 저항들이 발생하였다. 버밍햄 대결 이후 10주 안에 186곳에서 758회의 데모가 발생했고, 그 중 1473명이 체포되었다. 민권운동단체, 교회, 노조의 연대체로 조직된 워싱턴 행진도 이때 일어났다.

1965년 셀마 운동의 목표는 남부 흑인들이 선거권을 가질 수 있도록 국가입법을 이끌어내는 데 필요한 압력을 조성하는 것이었다. 말콤X가 뉴욕에서 저격당하는 상황하에서 셀마 대결의 강도도 버밍햄과 같은 수준이었다. 2,600명이 구금되었고, 3월 21일에는 전국에서 모여든 수천 명의 사람들이 셀마에서 몽고메리로 가는 행진을 벌였다. 이 대결에서 북쪽에서 내려온 두 사람의 백인과 한 사람의 흑인 시위 참가자가 알라바마 경찰에 의해 살해되었다. 버밍햄과 마찬가지로 셀마 역시 전국을 분노케 하고 세계적 관심을 끌었다. 이러한 국면이 계속되는 중에 연방정부는 더욱 더 위기를 해결할 어떤 조처를 취하지 않을 수 없는 압박을 크게 받을 수밖에 없었다.

버밍햄 운동과 그것의 여파는 연방정부가 전국적 법제화를, 즉 모든 종류의 인종분리와 차별을 불법화하는 국가입법을 반포하게 했다. 그리하여 1964년에는 의회를 통과한 민권법안을 존슨 대통령이 서명했고, 의회는 남부 흑인에게 선거권을 부여하는 국가입법을 통과시켰다. 그리고 존슨은 1965년 투표권법(Voting Rights Bill)에 서명했다. 이 두 법은 짐 크로우 체제를 종식시키는 상징이었다.

짐 크로우 체제를 전복시키는 운동을 벌여가면서 민권운동은 미국과 전 세계에 중요한 교훈을 남겼다. 대중적 기반의 풀뿌리 사회운동이 잘 조직되고 유지되고 또 이것이 갈등상황을 적절히 조성한다면 근본적인 사회변화를 일으킬 수 있다는 점이다. 특정한 체제로 인하여 고통을 겪고 있는 사람들, 그 고통을 겪고 있는 사람들과 함께 사는 사람들은 변화를 원한다. 그리고 변화를 위한 운동에 동참하고자 한다. 그러한 참여는 결국 변동의 실마리를, 체제를 운영하는 사람이 아니라 체제를 극복하고자 하는 사람들의 손에 넘겨 준다. 대안이나 새 체제는 이렇게 시작되는 것이다. 그리고 그것의 성패의 관건은 운동을 조직하는 운동세력과 그 운동세력의 운동을 지속시킬 공공성의 존재 유무에 있다.

Ⅳ. 마르틴 루터 킹과 비폭력주의

흑인 민권운동의 뿌리는 1619년 미국땅에 처음 흑인노예가 들어온 이후 350년간 참담한 곤경에 처해 있던 흑인들이 1950년대 중반 남부(deep south)에서 자발적으로 일으킨 사회운동이다. 킹의 민권운동 역시 흑인들의 어두웠던 전통과 연결된 사회적, 정치적, 종교적 움직임이었다. 몽고메리의 승차 거부 운동으로부터 시작한 킹의 민권운동은 이른바 '비폭력의 시대'라고 하는 1955년부터 10년간 흑인운동의 주역으로서 그 위치를 차지하였다. 그리고 그것은 1960년의 연좌운동(the sit-in crusade)과 1961년의 자유승차 여행(freedom ride)으로 이어졌다. 이러한 과정을 통하여 남부 기독교 지도자 회의(Southern Christian Leadership Council)를 중심으로 하는 흑인운동 영역이 형성되었으며, 이를 모체로 하여 1962년 남부에서 투표권 없는 수백만의 흑인들을 위한 참정권 운동의 위험한 고비를 넘겨가면서 민권운동은 하나의 공공권역을 형성하게 되었다. 1962년부터 1년 반 남짓한 기간 동안 이 운동에 참여한 흑인들은 남부의 모습을 바꾸었다. 뿌리깊은 인종주의에 도전하면서 공공시설의 분리철폐 정책(desegregation)을 실현시켰으며, 마침내 연방정부가 1964년에 민권법안(Civil Rights Act of 1964)을 제정하게 됨으로써 민권운동은 제도 차원에서의 변동을 이루어낸 것이다.

이와 마찬가지로 중요성을 가지는 것은 킹의 민권운동이 이룩한 정치적 승리이다. 투표자에 대한 교육과 투표자 등록운동을 전개함으로써 1965년 투표권법(Voting Rights Act)의 제정이라는 결과를 얻어내었다. 그리하여 남부에서의 흑인들의 투표는 결정적인 정치적 힘이 되어 남부 재건기(Reconstrution) 이후 수백 명의 흑인들을 선출직에 진출시킨 힘의 바탕이 되었고, 이른바 선동가 정치를 종식시키게 된 것이다.

그런데 결국 이러한 과정은 킹과 흑인 민권운동이 구사하는 가치 – 상징과 운동의 흐름이 미국 기독교의 기본 신조와 일치함으로써 그들이 형성한 공공권역이 미국사회 전체에 흐르는 보다 더 큰 공공권역에 편입되어 운동세를 확장시킬 수 있었기 때문인 것으로 생각된다.

킹의 논문인 "비폭력에의 순례"에 따르면, 킹이 보스톤 대학교를 선택한 것은 인격주의(Personalism)를 공부하기 위함이었다. 지금은 비록 인격주의적 전통이 정통신학계에서는 사라졌지만, 하느님을 인성(人性)을 가진 존재로 바라봄으로써 킹은 흑인들의 고통과 인내 속에서 하느님을 아버지와 같은 존재로 이해하였다. 이것은 '노예종교'인 흑인 기독교가 흑인들이 오랜 기간 겪어온 좌절 밑에 깔고 있던 종교적 주제와 신학적 관심이 킹에게서 일치하여 나타난 것이라고 할 수 있다.

인격주의는 '모든 사람의 위엄과 가치의 기초'라고 킹은 말한다. 인격은 반인격적 힘의 무차별적 살육에 저항할 수 없다. 차별이 존재하는 한 인간은 자유롭다고 말하더라도 결코 자유롭지 못하다. 열린 사회에서 자유로운 상호관계를 가질 수 없을 때에는 자유와 평등이 존재할 수 없다. 차별은 개인행위들 간의 상호작용이 없다는 것을 의미한다. 이는 반인격주의다. 민권운동에 나선 킹의 대의가 바로 이것이었다.

킹이 인종문제를 제기할 때에는 여러 가지 개념들과 동기들이 인격주의와 서로 얽혀서 나타난다. 법의 한계, 자유와 평등의 문제, 집단행동의 역동성, 우월감, 공포, 불안전이 혼재한 정치적 사회적 삶의 메카니즘, 문제의 보다 깊은 차원을 위하여 환상을 제거할 필요성, 도덕의 방향 재설정과 복음의 은총 등의 문제점들이 서로 얽혀 들어 있다. 그러므로 킹은 인간으로서 자아실현이 거부되고 손상된 흑인들의 삶을 민권운동의 아젠다로 삼았다.

킹이 제시한 인격주의는 흑인들이 오랜 인고와 곤경을 통해서 본 하느님의 모습에서 찾을 수 있다. 인격적인 하느님이 흑인들의 아버지로서 그들이 겪고 있는 고통을 해결해 주실 것이라는 믿음은 미국 흑인교회가 전하는 가장 기본적인 메시지였고, 이것이 킹의 주제였다. 미국 사회에 내재해 있는 유대교-기독교적 전통이 미국의 에토스를 규정하고 있기 때문에 인간에 대한 기독교적 이해와 그러한 이해 위에 서 있는 인간의 존엄성 문제에 대해서 흑인이 제기하는 문제를 미국인은 도덕적으로, 또 공개적으로 반론을 제기할 수 없었다. 따라서 킹은 이 주제를 미국의 신조(信條)와 연결시킴으로써 자연스럽게 미국사회의 공공권역을 움직였던 것이다.

유명한 'I have a dream'이라는 제목의 연설에서, 킹은 그만의 독특한 목소리로써 바로 미국사회가 지녀온 신조와 '워싱턴의 행진'에서 나타난 주제를 그의 연설에 덧붙였다. 제퍼슨, 링컨, 그리고 미국의 대통령들이 손을 얹고 취임선서를 하는 성서의 권위를 빌려 "흑인에 대한 차별은 제퍼슨의 비젼을 치욕스럽게 하고, 링컨의 노예해방 선언의 정신과 그 본질을 거부하는 것일 뿐만 아니라, 구약의 아모스에 나타난 하느님의 요구와 이사야의 바램을 범한 것이며, 결국은 미국의 자유를 더럽혔다"는 내용의 연설을 위싱턴에서 하였다. 킹은 바로 이러한 미국의 신조에다 흑인의 문제를 정면으로 결부시켰던 것이다.

실제 미국사회에서 백인들은 한번도 유색인들에 대하여 '평등과 자유'의 신조를 실천한 적이 없다. 스웨덴의 경제학자 군나르 미르달(Gunnar Mirdal)이 말한 '미국의 딜레마'가 바로 여기에 있다. 그러나 '신조'와 '행위'와의 명백한 괴리를 넘어서는 문제점이 도사리고 있었다. 킹의 민권운동이 이러한 의식을 가졌던 것은 흑인과 백인간의 '명백한 괴리'와 '상충'에서 발생하는 긴장을 운동의 에너지로 삼아 미국사회의 인종적 구조와 그 구조를 둘러싸고 제도화된 감성을 흔들었기 때문이다. 인종차별적인 미국사회의 구조와 그것을 아무 꺼리낌없이 용인하는 백인들의 감성이 바로 하나님의 뜻을 거역하는 우상숭배와 같은 것이므로 이것을 타파하여야 한다고, 킹은 다음과 같이 백인들의 표현을 가지고 백인들의 신조와 양식에 호소하였다.

> 인종차별주의는 삶에 대한 경멸에 기초한다. 인종차별주의는 한 인종이 가치중심이며 숭배대상이므로 다른 인종은 무릎을 꿇고 항복해야 한다는 교만한 주장이다. 한 인종이 미래의 모든 진보를 책임진다는 도그마는 허황된 것이다. 인종차별주의는 완전한 일탈이다. 몸을 해체시킬 뿐만 아니라 마음과 영혼을 해체시킨다. 인종차별주의는 필연적으로 자신의 집단 밖의 사람들에게 영적 신체적 살륙을 하는 타락을 맛보게 된다.[4]

킹의 삶과 운동에 있어서 가장 중요한 원칙은 사랑이었다. 그러나 킹의 생을 돌아보면, 그가 운동의 초기에 더욱 많은 관심을 기울였던 것은 정의의 문제였음을 알 수 있다. 아마도 이는 니이버(Reinhold Niebuhr)의 영향 때문인 것으로 보아야 할 것 같다. 니이버는, 사랑이

---

4) Martin Luther King, Jr., *Where do we go from here: chaos or community?* (Boston: Beacon Press, 1967), p. 70.

근본이요 모든 것의 목표인 것은 분명하지만, 현실세계에서 그것은 정의를 통하여 실현되는 것으로 보았다. 즉, 그는 "사랑의 옆에는 언제나 정의가 있습니다. 우리는 오직 '정의의 도구'만 사용합니다. '설득의 도구'도 사용하지만 때로는 '강제의 도구'를 사용할 필요가 있는 것입니다"라고 주장하고, 강제를 사용해서라도 법적, 제도적 수정을 이루어 흑인의 인권을 신장시켜야 한다고 했다. 바로 이것이 정의이며, 공의로운 하느님이 정치현실에서 역사하시는 모습이라고 했다.

킹이 몽고메리에서의 승차거부 운동의 초기에 초점을 둔 것도 정의였다. 그러나 시간이 지나면서 결국 그가 강조하지 않을 수 없었던 것은 사랑이었다. 정의는 사랑을 성취하기 위한 수단이었으며 일종의 전제조건이었다. 사랑을 이루어야겠다는 그의 기본적인 관심은 결국 비폭력을 그의 운동의 신앙으로 삼지 않을 수 없게 하였으며, 그는 비폭력 정신이 흑인과 백인이 어울려 사는 공동체 실현의 바탕이라고 생각하였다.

킹의 민권운동이 미국이 궁극적으로 나아갈 방향까지를 재조정할 수 있었던 것은 인종문제를 미국사회가 지향하는 가치와 상징을 따라 운동으로 전개하면서 이를 하나의 거부할 수 없는 당연한 미국사회의 목표라고 주장할 수 있었기 때문이다. 따라서 이러한 주장하에서 남부의 인종주의적 백인을 전체 백인으로부터 고립시키고 다수의 백인들을 '속죄' 하게 했기 때문이다. 킹의 운동권역이 사회 전체의 보다 큰 공공권역(公共圈域)에 받아들여지는 과정이 성공할 수 있었기 때문에 사회변동의 가장 큰 축이 되는 연방정부의 지지를 계속 확보할 수 있었던 것이다.

V. 말콤 X와 분리주의 운동

위의 민권운동은 미국 흑인운동에서 '통합'을 지향하는 운동에 속

한다고 할 수 있다. 하지만, 이와 대비되는 '분리'운동 .또한 중요한 의
미를 지닌다. 남부 농업 지대에서 흉작이 거듭되고 KKK단이 발호하자
불평등한 흑백구조에 대한 흑인들의 환멸감이 더욱 커져 갔다. 이러한
상황에서 흑인 민족주의를 주장하는 가아비(Garvey)의 운동이 흑인 하
층계급을 중심으로 번져나갔던 것이며, 이러한 민족주의적 경향은 예술
과 문학 방면에서 이른바 할렘 르네상스(Harlem Renaissance)로 나타
났다. 이것은 아메리카와 아프리카 어느 한 쪽에 치우치지 않은 제3의
길에서 자신의 정체성을 찾으려는 흑인들의 노력의 일단이었는데,
Howard 대학교의 한스베리(William Leo Hansberry)의 아프리카 역사
탐구와 같은 활동들이 이러한 경향을 자극하였다. 1930년대에 있었던
리베리아와 흑인왕국으로 가장 역사가 깊은 이디오피아에 대한 모금운
동 역시 이러한 민족주의적 흑인운동의 한 측면이었다.

　흑인 회교(Black Muslim)도 바로 여기에 연결되는 역사적 흐름이
었다. 1930년대 이전부터 그 기원을 찾을 수 있는 흑인 회교는 알라
(Allah)를 섬기고, 구약성서를 믿었으며, 흑인과 백인이 분리되어야 한
다고 생각하였다. 그들은 흑인들만의 높은 도덕적 수준 확립과 백인들
로부터의 경제적 자립을 주장하였으나, 이러한 목적을 도달하기 위한
방법으로는 기독교적인 내용과 방법을 차용하였다. 비교적 작은 종교그
룹이었던 흑인회교는 주로 네 가지 경로를 통하여 구성원들을 충원하
였으며 사회적 인지성(publicity)을 획득하였다. 첫째는 흑인 회교의 공
식조직을 통해서였고, 둘째는 흑인 회교가 공식적으로 발행한
「Muhamad Speaks」라는 신문을 통해서였다. 이 신문은 흑인 계통의
신문으로서는 한때 가장 많은 구독자를 확보하기도 했다. 셋째는 파드
무하마드(Fard Muhammad)나 일라이자 무하마드(Elijah Muhammad),
말콤 X와 같은 저명한 인물들의 활동을 통한 것이었다. 넷째는 시카고,
디트로이트, 뉴욕 등의 대도시에 설치한 경제활동기구들을 통한 것이
다. 이 기구들을 통해서 흑인 회교는 회원들을 충원하였으며 자신들의

존재를 알려 나갔다. 이러한 흑인운동에서의 분리주의 철학을 가장 극적으로 보여준 인물이 말콤 X이므로, 그의 사상을 통해 흑인 분리주의 운동을 살펴보려 한다.

1. 말콤 X의 주장과 흑인 회교운동

흑인 분리주의 운동의 중심인물인 말콤 X는 삶의 굴곡과 역정, 예리하고 열화와 같은 얼굴, 유례없는 세계관의 변화, 청중을 사로잡는 강연과 매스컴 활동, 그리고 그의 극적인 죽음, 이 모든 것들이 '아프리칸 아메리칸(African American)' 사고에 큰 충격을 던져 주었으며, 따라서 말콤은 이후의 흑인운동의 흐름에서 빼어놓을 수 없는 중요한 '샘'이 되었다. 말콤이 전하고자 한 기본적인 메시지도 바로 이러한 민족주의적 흑인운동의 한 표현이었다.

흑인회교의 목사로서 말콤은 민권운동과 흑인 기독교에 대한 하나의 대안과 도전으로서 '이슬람의 민족(Nation of Islam: NOI)'을 제시하였다. 통합을 주장하는 민권운동은 흑인의 정치적인 필요성이라는 점에서는 부적절한 것이고, 하늘 위에 있는 천당만을 설교하는 흑인 기독교도 흑인의 진정한 해방과 자유를 위해서는 적절하지 않은 것으로 생각하였다. 이와는 달리 '이슬람의 민족'은 흑인의 정치적, 종교적 필요를 충족시키는 것으로 생각되었다. 이슬람의 민족이 가르치는 엄격한 도덕성, 백인과의 분리, '지상 천국'의 신학이야말로 흑인들이 겪어온 정신적, 사회적 어려움을 치유할 수 있는 유일한 처방이었다.

말콤의 상징과 운동을 기계론적으로 구분할 경우, 그것은 크게 다른 두 가지 성격으로 나누어진다. 하나는 말콤이 12년간 흑인 회교의 목사로서 활동하면서 보여준 것이고, 다른 하나는 메카 순례 이후 흑인 회교와 결별하기까지 2년간의 활동에서 나타난 변화이다. 그러나 말콤의 사회운동적인 의미는 무엇보다 흑인 목사로서 그가 지녀왔던 역사적인 모습, 즉 '이슬람의 민족'과 '분리주의'에 두어야 한다. 그의 활동은 '이슬람의 민족'과 '분리주의'의 역정이었기 때문이다.

종교는 삶의 전 존재를 안고 있다. 따라서 정치를 제외하고 삶의 다면성을 가장 잘 포괄할 수 있는 기능을 갖고 있는 것이 종교이다. 이슬람의 민족 역시 종교이자 운동이고, 생활이며, 또 그것은 경제이자 사회이고, 문화이다. 말콤은 "이슬람과 일라이자 무하마드가 나의 온 세계를 변화시켰다"고 이야기하였다. 이슬람의 민족은 보통의 종교가 아니고, 백인이 누구이며 따라서 흑인이 누구인가를 스스로 깨달을 수 있도록 해 주는 것이었다. 마치 신(神)처럼 그들 위에 군림하여 그들의 삶을 일방적으로 존재지웠던 적이 누구인가를 명백히 보여줌으로써 알라신이 본원적 죄를 짓고 있는 적들을 무너뜨릴 것이라는 믿음을 갖게 하였다. 이것이 말콤의 '이슬람의 민족'이었다.

'이슬람의 민족'이 기본적으로는 파드 무하마드에서 일라이자 무하마드로 이어지는 종교적 신념의 상징어인 것은 분명하지만, '이슬람의 민족'은 비단 종교적 기반만 가지고 있는 것이 아니라 미국사회에서 흑인들이 처한 경제적, 정치적, 심리적 문제까지도 폭넓게 안아내는 것이었다. 그러므로 말콤의 상징-가치는 '이슬람의 민족'에만 머무는 것이 아니라 이슬람-흑인-민족주의를 모두 포함하는 것이었다. 이는 결국 흑인문제를 바라보는 말콤의 세계관이기도 하였는데, 그는 백인 기독교나 흑인중산층의 기독교가 백인들과 흑인 중산층에게 준 의미보다 훨씬 절실하고 포괄적인 의미를 '이슬람의 민족'에서 찾았다. 말콤의 삶을 송두리째 변화시킨 흑인 회교는 흑인들의 개인적, 사회적 전 존재가 알라신의 은총으로 변화될 수 있을 것이라 하였는데, 흑인 회교에 속하지 않는 흑인들에게도 말콤의 메시지는 그들이 추구해야 할 목표가 무엇인지를 보여주는 것이었다. 더욱이 백인과 백인사회의 운명이 무엇인지를 말콤이 매우 명쾌하게 설파했기 때문에, 많은 흑인들은 '이슬람의 민족'으로 그들 자신이 변화하고 하나가 되어 새로운 공동체를 형성하는 것만이 사람다운 삶을 살 수 있는 길이라고 생각하였다. 이러한 흑인들의 의식과 움직임 뒤에는 아시아, 아프리카에 있는 회교도들과 모든 유색인종간에는 연대가 형성되어 있고, 자신들이 정작 속해야 하는 공동체는 미국이 아니라 바로 '이슬람의 민족'이라는 믿음이 있었다.

'이슬람의 민족'은 두 가지 큰 줄기로 종합될 수 있다. 첫째로는 아프리카로의 회귀이다. 말콤은 아프리카를 미국 내 흑인들의 기원으로 보고 흑인들의 모국 아프리카와 아프리칸 아메리칸 사이에 의미있는 연결을 형성시키고자 노력하였다. 이러한 연결을 통하여 흑인의 완전한 자기 정체성이 획득되리라고 말콤은 믿었다.

둘째로는, 흑인이 자기 정체성을 확립하는 데 있어서 가장 중심되는 과제는 백인과 미국사회의 실상을 보여주는 것이 무엇보다 분명하고 중요한 가르침이라고 강조하는 것이다. "백인은 악마다"라고 하는 언명은 악마인 백인들이 만들어 낸 흑인들의 운명에 대응하는 존재로서의 흑인의 모습을 극명하게 보여준다. 말콤은 이렇게 말하였다.

일라이자 무하마드의 가르침이 감옥 속에서도 그처럼 빨리 흑인 죄수들 사이에 번지는 이유가 바로 여기에 있다. "백인은 악마다"라는 말은 죄수가 된 그들의 삶을 가장 정확하게 반영하는 메아리인 것이다.[5]

말콤은 그가 백인들을 악마라 명명할 수 있는 것은 '역사적 권위'에 의지한 것이라고 함으로써, 그의 말이 가지는 설득력을 강화하였다. 그리고 바로 흑인에 대한 백인의 범죄가 세계사에서 가장 극악무도한 범죄라고 지적하였다. 따라서 '백인 미국'은 멸망선고를 받았다고 하는 것이 말콤의 결론이다.

---

5) 알렉스 헤일리 기록, 김종철, 이종욱, 정연주 역, 『말콤 엑스(上)』 (서울: 창작과 비평, 1978), p. 299

흑인들이 그들이 문화와 역사 그리고 인종주의적 상황에 대한 '자기인식'을 회복하게 될 때 비로소 주체적인 인격으로 서는 것이다. 백인보다는 흑인 동료들과 함께하는 것을 즐기게 되는 것은 자기 멸시가 사라지고 자기애와 흑인간의 연대가 강화된 모습이고, 이 때부터 흑인들은 백인과의 종속적인 관계를 깨뜨려 가기 시작한다. 흑인들이 스스로 백인과 연계될 수밖에 없는 구조를 깨뜨리지 않는 한, 불평등과 억압에서 평생 벗어날 수 없는 것이 미국사회의 현실이라고 한 것이다. 그리고 이를 통해서 흑인들의 자기정체성이 확립되어야 하는 것이다. 말콤은 같은 인종들 간의 연대가 이루어지지 않으면 인종적으로 혼합된 상황에서는 결코 연대가 이루어질 수 없다고 단정하였다. 말콤은 흑인을 연대성이 없었던 민족으로 보았고, 바로 그것 때문에 백인이 흑인을 노예로 삼고 계속 억압한 것이라고 판단하였다.

말콤이 연대와 자기애, 자기방어를 강조한 것은 흑인들로 하여금 자기정체성을 확립하도록 하기 위한 노력이었다. 특히 연대는 흑인들이 자유를 얻고 이를 유지하기 위해서 긴요한 것인데, 이는 흑인들이 자기 증오가 아닌 자기애를 가질 때 가능한 것이다. 그리고 흑인들이 자신들의 문화와 역사에 대한 올바른 지식을 획득함으로써 자기애를 가질 수 있을 것이라고 생각하였다.

말콤이 볼 때, 킹이 주장하는 것과 같은 흑백 통합운동은 흑인들의 진정한 평등과 해방을 가져올 수 없는 것이었으며, 통합을 주장하는 것은 결국 백인들의 기만적인 이데올로기일 뿐이라고 보았다. 따라서 말콤이 제시한 최선의 해결책은 완전한 흑백 분리였다. 백인과의 통합은 흑인들간의 분열을 가져올 뿐이고, 영구적인 정신적 노예화를 초래하는 것이라고 생각하였다.

말콤의 정의관은 킹의 그것과는 달랐다. 말콤의 정의관은 '자기방어'라는 개념과 연결되어 있었다. 그러므로 말콤은 '눈은 눈으로'라는 식으로 적대자를 대하였다. 말콤의 자기방어는 수동적이고 소극적인 것이 아니라 능동적이고 적극적인 것이었으며, 흑인들의 인권을 획득하기 위해서 필요하다면 폭력까지도 사용할 수 있다고 생각하였다. 말콤에게 킹의 주장과 같은 흑백 통합운동은 흑인들의 진정한 평등과 해방을 가져올 수 없는 것이었으며, 통합을 주장하는 것은 결국 백인들의 기만적인 이데올로기이며 흑인간의 분열과 영구적인 정신적 노예화를 초래하는 것이었다. 따라서 말콤이 제시한 최선의 해결책은 완전한 흑백 분리였다. 즉, 흑인들 간의 연대를 이루어 인종차별로 초래된 흑인문제가 완전히 해결된 흑인공동체를 실현하는 데까지 나아간 것이다. 말콤의 정력적인 활동은 실제로 여러 부문에서 효과를 나타냈다. 우선 무엇보다 흑인들 스스로가 자신들의 정체성을 인식하는 구체적인 사례와 설득력을 지니기 시작했다는 점이다. 일체감을 갖지 못한 채 미국사회의 제일 밑바닥을 채우고 있던 흑인들이 그들의 상징과 공동체를 형성하는 데 말콤은 큰 자산을 제공하였다. 그리고 흑인들은 이제 미국사회에서 백인들에게 억압당하는 존재로서만이 아니라 오히려 백인들을 위협할 수 있는 힘을 갖게 되었다. 흑인들의 자기인식이 상대적으로 백인들에게는 위협으로 작용하였던 것이다. 이것이 이른바 '흑인 권력(black power)'이며, 흑인신학에 대한 관심도 말콤 사후 널리 번져나갔다. 이에 대하여 백인들은 말콤을 매도하고 흑인 내부에 분열을 조장하는 방식으로 대응하였다.

말콤은 흑인운동이 킹이 주도하는 민권운동과는 달리 흑인의 새로운 인간상을 구축하고 새로운 공동체를 실현하는 것이어야 한다는 것을 하나의 당위로서 미국사회에 제시하였다고 생각하였다. 비록 그가 대중적 직접행동을 벌이지 않았고, 그의 종교적 활동도 흑인회교라는 제한된 범위에서 행해진 것이었지만, 수많은 강연, 텔레비젼과 라디오 토론을 통한 그의 메시지는 흑인사회뿐만 아니라 미국사회 전체와 나아가 세계적으로 반향을 일으키기에 충분한 것이었다. 그러나 말콤은 그의 근본주의적인 성향과 종교적, 관념적인 면에서 스스로에게 가한 제한 때문에 여타의 흑인단체나 중산층 흑인들로부터의 지원을 기대할 수 없었다. 그의 주장은 미국의 중산층과 지도자들에 의해 의도적으로 배제되거나 무시되어 왔다. 말콤의 '이슬람의 민족'에 기초한 분리주의적 주장이 백인들에게는 폭발적인 인종주의로 번져갈 위험성이 있는 것으로 보였으며, 자위적 폭력에 대한 말콤의 견해가 백인들뿐만 아니라 흑인 중산층에게는 인종간의 전면적인 폭력대결을 자극하는 것으로 여겨졌다. 여기에다 킹의 '온건한' 민권운동이 가시적인 성과를 거두고 있는 상황이었다.

비록 흑인 회교가 말콤의 정력적인 노력에 힘입어 상당한 영역을 형성한 것은 부정할 수 없지만, 말콤의 메시지와 활동은 킹이 전개한 운동처럼 새로운 공공권역(公共圈域)을 만들어 내거나 이미 있는 미국의 주요 공공권역으로부터 지지를 끌어내는 단계까지는 이르지 못했다. 말콤의 운동은 미국사회에 흐르고 있는 백인문화의 기본적인 신조와 자유주의 그룹들이 만들어 내는 이해의 공간과 일치되지 못했기 때문에, 킹의 민권운동과는 달리 전 사회를 움직일 수 있는 에너지를 형성하지는 못했다. 미국사회에서 자연스럽게 받아들여지기 힘든 하나의 이방적인 종교분파로 간주되기만 했던 흑인 회교가 다수의 흑인들의 참여를 불러일으킨다고 하는 것은 역부족일 수밖에 없었을 뿐더러, 지나치게 엄격한 이슬람의 도덕률은 많은 흑인 대중과 말콤이 결합하는 데 오히려 방해가 되었다고 할 수 있다.

말콤이 '이슬람의 민족'에 속해 있을 동안은 교주인 일라이자 무하마드(Elijah Muhammad)의 방침에 순응하여 "비정치"의 원칙을 표면적으로 수용하였다. 그러나 1964년 '이슬람의 민족'을 이탈하여 무슬렘 모스크(Muslim Mosque, Inc.)를 조직하면서 민권운동과 협력하고 정치적인 활동에 '헌신' 할 것을 천명했다. 메카 순례 후 말콤은 자기 이름을 바꾸고(El-Hajj Malik El-Shabazz), '아프로-아메리칸 연대 기구(Organization of Afro-American Unity)'를 직접 조직했다. 또한 말콤의 사후 그로부터 영향을 받아 여러 급진적 조직들이 만들어지기도 했다.

2. 민권운동의 한계와 흑인운동의 증폭

와츠에서 시작된 '길고 무더운 여름'은 더 이상 킹과 NAACP에 의해 주도되어 왔던 통합운동이 흑인문제의 온전한 해답일 수가 없음을 드러내었다. 1965년 8월, 로스엔젤레스의 와츠(Watts)에서 흑인들은 재산을 파괴하고 약탈했는데, 그 와중에 34명이 사망했다. 60년대 이후 흑인의 반 이상이 도시 빈민가에서 만성적인 실업과 빈곤에 시달리고 있던 상황에서 일어난 와츠 폭동은 이전의 흑인 폭동과 달리 실업과 기회상실에 대해 분노한 흑인들이 일으킨 폭력이었다.

흑인들이 이처럼 폭력적인 성향을 가지게 된 것은 비폭력 저항운동의 성과에 대한 회의에도 그 원인이 있다. 특히 북부 흑인들 가운데는 과연 비폭력 저항을 통해 흑인들의 요구가 얼마나 관철될 것인가에 의문을 표시하는 사람이 많았다. 말콤 X 방식, 즉 흑인세력의 연대와 적극적인 자기 정체성에 대한 주장에 영향을 받은 민권운동가들은 '흑인권력(Black Power)'을 향후 흑인운동이 나아가야 할 방향으로 삼기를 제안하였다. 1966년, 학생 비폭력 조정위원회(SNCC)의 스토클리 카마이클(Stokely Carmichael)이나 인종평등회의(CORE)의 플로이드 매키시크 등은 비폭력 저항과 인종적 통합보다는, 말콤이 주장한 것처럼 폭력을 통한 분리가 흑인문제를 해결하는 관건이 되리라고 생각하기 시작했다. 카마이클은 백인들로부터의 압제에서 자유로워지려면 흑인들은 그들 스스로의 경제, 정치, 교육을 가져야 한다고 믿었다. 그러기 위해서 흑인들은 흑인 정치후보를 선출하고 흑인학교에서 흑인학생을 가르쳐야 한다고 주장했다. 이에 공감한 SNCC와 CORE는 흑백 통합에 반대하고 흑인들에게 필요한 것은 백인들의 우정이 아니란 것을 강조하면서 결국 백인 회원들을 축출하였다. 한편, 함께 민권운동을 펼쳐 가던 조직들 간에서는 '흑인권력'의 개념과 그 채택 여부를 두고 토론을 거듭하기 시작하였는데, SNCC와 CORE가 '흑인 권력'을 적극적으로 도입하고자 하였다면, NAACP와 Urban League는 반대하였고, 그 가운데서 비교적 온건한 입장을 취한 조직이 SCLC였다. 킹과 NAACP의 운동가들은, '흑인 권력'을 민권운동의 슬로건으로 삼으면서 기존에 이루었던 법적인 성과와 백인들의 지지를 잃게 될 것을 우려하였던 것이다.

위와 같은 기존 조직의 변화 외에도 분리주의를 수용한 새로운 조직들이 나타나기 시작했는데, 그 가운데서 가장 대표적인 단체는 '흑표범당(Black Panther Party)'이었다. 그들의 지도자인 보비 씰(Bobby Seale)이나 휴이 뉴튼(Huey Newton)은 표범가죽 점퍼를 입고 무장을 하였으며, 자본주의 체제의 타도를 지상의 목표로 삼고 기존의 정당, 대기업, 노동조합, 중산계급적인 생활방식 등을 부정하였다.

이처럼 흑인 운동조직의 과격화 이면에는 흑인 민족주의가 있었다. 그것은 흑인들은 백인들과는 전혀 다른 그들만의 역사와 유산이 있으며, 따라서 흑인들은 백인들과 분리되어 살 수밖에 없다는 분리주의자들의 믿음을 바탕으로 했다. 분리를 통해서 흑인공동체를 형성해야 한다는 말콤의 주장이 미국사회에 미친 영향은 상당히 충격적인 것이었다. 미국사회가 구조적으로 안고 있던 인종문제에 대한 말콤의 지적은 흑인들 중 일부에게는 더 없이 명쾌한 것이었다. 더욱이 그것은 폭발적인 에너지를 담은 말콤의 통열한 '언어(language)'로 던져졌기 때문에 선명한 쟁점과 과제로서 미국사회에 부여되었다.

말콤은 미국 흑인의 문제를 '아프리칸 아메리칸'의 입장에서 인식하고, 흑인 민족주의의 실현으로서 흑인공동체의 완성을 주장하였다. 그가 구축한 토론상황이 비록 일라이자 무하마드의 영향으로 인하여 종교적인 울타리 안에서 형성된 것이긴 했지만, 말콤은 권력질서에 아무런 영향을 미치고자 하지 않을 뿐 아니라 흑인의 실존과 사회상황에 대한 고려를 하지 않은 미국 민권운동의 큰 흐름을 신랄히 비판하였다.

미국사회에서 흑인들이 처한 상황을 정신적인 노예상태의 지속으로 파악한 말콤은 법적 차원에서 타협을 지향한 민권운동을 흑인에 대한 배신으로 비난했다. 백인과의 어떠한 통합도 있을 수 없다는 주장 또한 흑인 민족주의에 대한 그의 인식의 연장이었다. 운동의 확산보다 운동의 진정한 출발점을 올바로 찾고자 한 것이 말콤의 메시지이며, 흑인이 말하고자 하는 것, 그리고 그들의 느낌을 그대로 표현해 온 그의 '언어'는 앞으로 미국사회가 어떻게 변화하든 간에 흑인들이 지녀온 분리지향적 사회적 욕구를 표현한 정신적인 샘으로서 흑인들의 가슴에 남아 있을 것이다.

Ⅵ. 민권운동의 기관화와 공동체 세우기

60년대의 흑인 민권운동 기간에 활발히 활동하였던 다섯 개의 조직 – NAACP(National Association for Advancement of Colored People), Urban League, CORE(Congress of Racial Equality), SCLC(Southern Christian Leadership Conference), SNCC(Student Non–Violent Coordinating Committee) – 중 여전히 활발한 활동을 하고 있는 것은 NAACP와 Urban League뿐이다.

1911년에 세 단체의 통합체로서 창립된 Urban League는 남부 흑인들이 남부의 짐 크로우 체제를 이탈하여 북부도시로 옮겨오고 있을 때, 그들이 북부의 도시 지역에 재정착하도록 주선하는 데 이바지하는 것이 창립의 목표였다. 그 세 단체는 산업지역에서의 흑인, 도시환경에서의 흑인, 흑인 여성의 문제를 다루고 있던 단체들이었고, 1916년 경에는 미국 전역의 주요 도시 10여 곳에 지부를 창립하였다. 일자리 찾기와 집 정하기, 장보기뿐만 아니라 심지어 근무요령, 전기・가스 등

집 관리, 집주인과 관리 대하기, 그리고 위상문제와 건강문제 등의 사회 교육을 주요하게 언급하였다. 그리하여 할 것과 안 할 것의 리스트까지 만들었다. 따라서 Urban League는 남부 흑인들이 도시로 이주해서 정착하는 데 큰 도움이 되었다는 평판을 얻었다.

미국의 흑인들은 1910년대 이래 하나의 변동노선으로서 사회당과 공산당을 통한 접근을 한정된 범위에서 시도하였지만 별 성과를 거두지 못했다. 따라서 Urban League는 그간 비판적으로 거리를 두었던 AFL(American Federation of Labor)을 통한 흑인 노동자들의 권익보호 문제를 다시 평가하는 데 선두에 섰다. 미국 노동운동이 反흑인적 자세를 띠거나 인종적인 자세를 바꾸지는 못하고 있지만, 미국의 체제를 인정하고 체제 안에서 자본주의 기업이 확보하고 있는 이윤의 일부를 노동자의 것으로 확보한다는 AFL의 틀을 흑인 노동자들도 받아들여야 한다는 흑인사회의 묵시적 자세는 1920년대에 형성된 것이다. 흑인들은 실제로 백인 노동자보다 노조운동에의 참여도가 높아서 1983년 현재 백인 노동자의 참여도가 19%인 데 비하여, 흑인 노동자의 그것은 27% 이상이다.

NAACP나 다른 민권단체들과는 달리 Urban League의 역사는 민권운동의 역사가 아니었다. 대중항의, 소송제기 등의 접근은 생리적으로 거북한 방식이었다. 그러나 1963년 워싱턴 행진에서 민권운동 단체와 연대하면서 Urban League는 커다란 파동을 경험하였다. 여기에 총무인 휘트니 영(Whitney Young)의 역할이 컸다. 워싱턴 행진에 주요 단체로 참가하면서 Urban League는 민권단체이자 경제적·사회적 기구로 재형성되어 갔다.

그럼에도 불구하고 Urban League의 역사는 민권운동 내에서의 자신의 위치를 전반적으로 보수적으로 보이게끔 했다. 한 예로, SNCC의 의장 랩 브라운은 휘트니 영의 흑인권력에 대한 발언에 대해서 논평하면서 "Urban League가 흑인자본주의를 통해서 흑인권력의 의미를 추구해가겠다고 하는 것은 흑인권력의 개념을 단지 희석시킬 뿐만 아니라 가장 보수적인 니그로까지도 흑인권력을 운위할 정도로 흑인권력을 팔아먹는 일"이라고 비난하기까지 하였다. 그러나 민권운동의 주류 조직체의 하나로서 Urban League는 NAACP와 함께 법적인 접근을 중요하게 생각하고 사회복지 프로그램을 강화한다는 입장을 견지하였으며, 이와 함께 로비활동과 흑인들에게 동조적인 정치인의 선출을 돕는 활동을 중요하게 여겨 왔다.

CORE는 설립 당시 기독교적인 비폭력을 중심 이념으로 삼음으로써 1960년대 초반까지는 대중성을 많이 확보하였던 단체다. CORE는 NAACP와 유사하게 백인들과 함께 인종혼합단체로서 운동을 전개하였는데, 그 창립기에는 오히려 백인들의 수가 더 많았다. 특히 창립될 당시 참여하였던 사람들의 대부분은 평화주의자였던 시카고 대학의 대학원 졸업자들로서 비폭력을 강조하였다. 그러나 CORE는 대중적 기반이 미약한 까닭에 주로 소수의 회원들을 중심으로 현장증언적 활동방식을 택하여 왔는데, 이로 볼 때 본래부터 풀뿌리적 기반은 약했던 것으로 생각된다.

민권운동을 통하여 흑인권력 개념을 도입하긴 했으나 CORE는 킹과 로버트 케네디가 저격당한 이후 '커너(Kerner)위원회'(실제 이름은 National Advisory Commission on Civil Disorders)의 보고서가 나온 뒤로는 지역주의적인 관심이 흑인권력 개념을 대체해 갔다. CORE는 흑인권력 개념을 앞세우는 경우에도 이를 지역주의적으로 해석하였다. 즉, 흑인권력 개념을 거대하고 가시적인 직접행동 켐페인으로 해석하기보다 독자적이고 자율적인 기관들을 흑인지역 안에 창설하는 것으로 나타난다고 생각을 바꾸기 시작한 것이다. 즉, 빈곤한 흑인 주거지역을 인보(隣保)적인 지역조직 활동을 통하여 재생시키고자 하는 취지를 더 강조하였다.

CORE의 전국총무 플로이드 매키시크는 이를 위해 전국 본부 사무실을 뉴욕시의 다운타운에서 할렘으로 옮기기까지 하면서 풀뿌리 접근을 강화하였다. 이러한 접근은 큰 회원증가와 함께 경제개발 프로그램과 문화훈련 프로그램을 쉽게 접속시킬 수 있게 했다. 아프리카 언어교육도 이 때 강화된 것이다. CORE의 경우 흑인권력이라는 개념이 차지하고 있던 자리를 흑인의 자율성과 흑인의 자기결정성이라는 개념이 대치하였다. 1960년대 말에는 흑인 자율성과 흑인자본주의 개념을 접속시키려는 시도가 강조되었고, CORE는 이를 위해 연방기구들을 적극적으로 동원하게 되고, 1972년 대통령후보로 닉슨을 지지하기도 했다. 따라서 흑인 민족주의의 자리는 민권운동의 기구들 안에서 그 설 자리가 실질적으로 더 제한되어 갔다.

CORE는 60년대 중반 이후 다른 민권단체들과 마찬가지로 그 운동방식과 성격에 변화를 가져왔고, 현재 그 조직을 유지하고 있기는 하나 전국적인 조직체로서 일컬어질 수 없게 된 지 이미 오래이다. 지금은 단지 뉴욕만을 중심으로 활동하고 있을 뿐이다. 더군다나 최근에 자금 사용과 관련하여 부정혐의를 받은 적이 있어서 운동단체로서의 신뢰도는 더욱 실추되었다.

킹의 민권운동에 조직적 기반이 되었던 SCLC는 미국 내 흑인교회가 가지고 있던 잠재력을 대중운동 조직 수준으로 끌어 올렸다. 미국 민권운동에서 SCLC가 걸어온 비폭력 대중 직접행동 외에 SCLC의 사업을 소개하자면, 그 중의 하나는 1962년에 시작된 '빵바구니 작전(Operation Breadbasket)'을 들 수 있다. 빵바구니 작전은 흑인 노동자와 기업가의 문제, 그리고 소비자의 문제를 다루는 프로그램이다. 특히 다른 어느 조직보다도 SCLC에서는 남아프리카의 인종차별정책에 대하여 보다 많은 관심을 기울여 왔으며, 최근에 와서는 NAACP와 마찬가지로 흑인 가족의 문제를 매우 중요한 이슈로서 다루고 있다.

SCLC는 킹의 역동적인 지도력이 사라진 이후에는 사실상 이전의 명맥을 유지하는 것조차 힘든 상태이다. 현재는 킹의 부인인 코레타를 앞세워 단지 남부지역을 중심으로 간헐적인 활동을 하고 있을 뿐이다.

NAACP는 설립 이래 사형(私刑)과 여러 가지 형태의 사적, 공적 차별, 고용과 병역문제, 사회보장제도 등에 있어서 흑인들이 받는 차별과 불평등을 해소하기 위하여 많은 활동을 하여 왔다. 흑인 운동단체로서 NAACP가 목표로 삼은 것은 인종 통합주의에 근거하여 흑인들이 사회의 각 분야에서 좀 더 향상된 지위를 획득할 수 있도록 법률적인 차원에서의 시민권을 보장하도록 하는 것이었다.

전통적으로 NAACP가 택한 운동방법은 시위 등 직접적인 저항행위보다는 청원이나 소송 혹은 입법과정에 대한 로비와 압력행사 등 합법적인 것들이었다. 이를 위해서 여러 운동체간의 연대활동을 폭넓게 벌여왔고, 특히 1930년대 이래 노조(CIO, Councils of Federated Organization)와의 연대활동 등 주택, 임금, 노동조건, 사회보장 등의 각종 문제에 대해서 연대를 통한 소송활동에 주력하였다. 물론 "일할 자리 없는 곳에서는 사지도 말자(Don't buy where you can't work)"라는 캠페인과 같은 주요 움직임에서는 NAACP 역시 행동으로 나서기는 했다. 그러나 NAACP는 주로 교육활동을 강조하였다는 점에서 NAACP가 취한 운동방법은 '청원(litigation), 입법(legislation), 교육(education)'이라고 요약될 수 있다. 이러한 운동방법이 바로 NAACP를 다른 흑인 운동조직들과 구별하게 하는 특징적인 측면이기도 하다. 이러한 면에서 보자면, NAACP는 법률적인 방법으로 불의에 저항하는 엘리트적인 조직이라고도 할 수 있을 것이다. 실제로 NAACP를 지지하는 사람들 중에는 교사나 성직자, 그리고 정부 관료들이 많은 것으로 알려져 있으며, 회원 중에도 전문직에 종사하는 사람들이 적지 않았다.

NAACP는 그들이 비폭력적이고 합법적인 방법으로 운동을 전개하는 것을 스스로 자랑스럽게 여겼다. 이를테면 흑인들로 하여금 유권자 등록을 하도록 교육을 하는 것 등이 그들이 행한 구체적인 운동 중의 하나이다. 그리고 그들은 또한 흑인들에 대한 교육을 강화하는 것도 그들의 지지기반을 넓히는 데 중요한 방법 중의 하나라고 생각하였다. 그리고 NAACP에서는 교육이야말로 법적인 평등을 성취하는 가장 빠른 길이라고 생각하였다. 그들은 분리주의가 가져온 가장 큰 폐해는 교육에서의 분리라고 생각하였다. 그들이 강조한 것은 제도교육뿐만 아니라 의식개혁까지를 포함하는 것이었다. 교육을 통하여 흑인들이 그들이 처한 상황을 보다 분명하게 인식하게 함으로써 스스로 문제를 해결하도록 하려는 것이었다.

이러한 NAACP의 운동방법은 지나치게 엄격한 법률주의이며 실제 흑인들이 원하는 개혁과 동떨어진 것이라는 비판을 받기도 하였다. NAACP가 흑인들의 실제적인 요구에 부응하지 못한다고 생각한 흑인들이 적지 않았다. 이러한 비판과 불만에 대하여 NAACP는, 흑인문제를 해결하는 데 있어서도 다양한 방법이 있을 수 있다고 함으로써 스스로를 변론하였다.

NAACP는 주거, 고용, 선거, 정치적 대표, 교육, 법률, 행정 그리고 보건 등의 분야에서 흑인들이 백인들과 동등하게 대우받을 수 있도록 제도와 법률을 확충하는 데 힘써 왔다. 그런데 최근에 와서는 법률의 제정과 관련한 로비활동보다는 이미 제정된 법률이 과연 공정하게 집행되고 있는가 하는 것을 감시하는 데에 보다 많은 노력을 기울이고 있다. 이는 법률과 제도와 같은 형식적인 수준에서는 흑인들의 시민권이 보장되는 수준에 이르렀다는 판단에 기인한 것으로 생각한다. 이제 더 이상 미국사회에서는 흑인들이 법률과 제도 그 자체의 잘못으로 차별을 받는 일은 없을 것이라고 평가를 내린 것이다.

물론 NAACP가 가장 중요한 이슈로 삼아 왔던 것은 흑인들의 정치적 법률적 지위와 관련한 시민적 권리의 문제였지만, 이외에도 NAACP는 흑인들이 사는 지역의 경제적, 사회적, 문화적 문제에도 관심을 기울였다. 예컨데 공동화되어 가는 도시 내부 지역을 재활성화하는 문제, 그리고 보다 많은 건강관리 시설을 확충하는 문제 등도 NAACP가 해결해야 하는 문제들이었다.6)

흑인들의 경제적인 문제와 관련하여 NAACP는 흑인들이 생산한 서비스와 상품을 살 것을 촉구하는 '공정한 분배(Fair Share)' 프로그램을 실시하기도 하였다. 뿐만 아니라 보다 지속적으로 흑인들의 경제문제를 해결하기 위하여 그 산하에 NEDCO(National Economic Development Corporation)라고 하는 기구를 두어 고용을 확대하고, 흑인들의 사업을 장려하였으며, 산업공단을 조성하여 저렴한 가격에 사무실을 제공하기도 하였다.

1970년대에 들어와 NAACP의 회원수는 감소하는 추세를 보였는데, 이로 인하여 NAACP는 재정문제에 봉착하게 되었다. 백인 자선단체나 정부에 의존하지 않고 NAACP가 독립성을 유지할 수 있었던 것은 전국적으로 조직되어 있는 하부 조직체들과 이에 속한 많은 회원들로부터 받아 온 회비 때문이었는데, 이제 이전과는 다른 국면을 맞이하게 된 것이다.

최근에 들어와 NAACP는 그들의 활동의 강조점에서도 변화를 가져왔다. NAACP는 흑인 가정의 문제(결손가정)와 마약, 범죄, 십대의 임신 문제 등을 해결하는 데 한층 노력을 기울이고 있다. 그리고 NAACP는 정부의 정책과 각종 정부 주도의 프로그램에 대하여 감시자로서 기능해왔는데, 일방적으로 감시만 하는 것이 아니라 그들이 동의하는 정책에

---

6) 구체적으로 NAACP는 지역적인 수준에서 학교에서 탈락된 학생들을 학교로 돌려보내는 운동(Back-to-School 또는 Stay-in-School 프로그램)을 전개하기도 했고, 전국적인 수준에서 흑인들의 정치참여를 증대시키기 위한 선거에 대한 교육을 실시하였다. 그리고 NAACP의 대표적인 프로그램 중의 하나가 바로 ACT-SO라고 하는 것인데 이것은 학생들의 학업성적 증진과 구직을 위한 준비, 그리고 전과자들의 재활 등을 목표로 하는 것이다.

대하여는 후원을 보내기도 하였다. 예를 들면, 학생들을 위한 교육 프로그램에는 적극적인 후원자가 되었으며, 10대의 임신을 방지하는 프로그램을 지원하기도 하였다.

80년이 넘는 오랜 기간 동안 흑인들의 시민적 권리의 보장과 지위 향상을 위하여 활동해 온 NAACP의 성과는 컸다. 무엇보다 NAACP는 흑인문제에 대한 대중적인 관심과 참여를 불러일으켰으며, 정치적인 분야뿐만 아니라 모든 분야에서 흑백 분리와 차별을 철폐하고 흑인이 백인과 동등한 대우를 받을 수 있도록 애써 왔다.

계급적, 사회적, 정치적, 종교적 구분 없이 흑인들이 미국사회의 주류로 성장하는 데 있어서 NAACP가 보여준 역량은 조직접근적 민권활동으로서는 유례가 드문 것이었다. 60년대 이래 흑인들이 정치적인 분야에서 선출직으로 진출한 것은 괄목할 만한 발전이었는데, 이에 비하여 다른 분야에서의 흑백간의 거리는 아직도 아득하다.

지난 과거를 돌이켜 보면, NAACP가 없는 흑인들의 투쟁은 상상하기 힘들 정도이다. 그야말로 NAACP는 미국사회의 흑인운동에서 척추와 같은 역할을 담당해 왔던 것이다. SCLC의 회원들 중 많은 수가 NAACP의 회원을 겸했고, 또한 NAACP는 재정적으로도 많은 흑인기구들을 도왔고, 법률적인 면에서의 지도력도 제공하였다. 이러한 상황에서 NAACP가 흑인운동이 NAACP를 중심으로 하나로 집중되어야 효과적일 수 있다는 전략적 관심과 자존심을 가지고 있었던 것은 어찌 보면 당연한 것이었다.

그렇다면 때때로 흑인들로부터도 보수적인 조직이라고 비판을 받아온 NAACP가 미국내 흑인운동 조직 중 가장 많은 지지와 선호를 받아온 것은 무슨 까닭일까?[7] 그것은 상황적인 측면과 주체적인 측면으로 나누어 볼 수 있을 것이다.

---

7) 1960년대 흑인들의 운동조직에 대한 지지도와 공헌도에 대한 평가를 조사한 것을 보면

의회주의적 다원사회를 지향하는 미국사회의 정신적, 법적 상황에 맞추어 중앙과 지방 양면에서 압력단체와 같은 역할을 해 온 NAACP는 변동의 소강상태와 평상적인 사회관계하에서 어떠한 운동단체보다 꾸준하고 능동적인 활동을 다양하고 조직적으로 벌임으로써 부문 활동으로서의 성과를 최대한 거둘 수 있었다. 이것이 바로 NAACP가 그 역량을 계속 유지해올 수 있었던 상황적인 측면에서의 설명이다.

NAACP가 생활세계에 기반한 시민조직으로서 미국사회가 인정하는 방식으로 활동을 벌여 나간 것은 운동의 참여자들에게도 안정감을 줄 수 있었다. 이것이 바로 부문운동의 특징인데, 운동의 주체들로서는 이러한 운동을 보다 쉽게 선택할 수 있었을 것이다. 흑인의 영역을 지향했던 말콤의 흑인 회교운동이나 킹의 흑인을 넘어서는 권역적(圈域的)인 민권운동과는 달리, 일상성을 뚜렷이 한, 부문지향 운동으로서의 NAACP는 특히 비교적 안정된 지위를 가지고 있던 흑인들의 참여를 폭넓게 불러일으킬 수 있었다.

미국사회에서 흑인들의 시민적 권리가 중요한 이슈로서 등장하게 된 것은 1910년 경부터인데, NAACP와 같은 단체가 등장함으로써 흑인들의 시민적 권리를 위한 투쟁이 교회에서 민간조직으로 옮겨져 수행되었던 것이다. 따라서 흑인운동이 종교적인 울타리를 넘어서 사회적인 지평을 확보하고 제도적인 수준에서 행하여지게 된 것이다. 그리고 NAACP는 킹의 민권운동이 하나의 영역성을 넘어 미국 현대사에 가장 큰 권역(圈域)운동으로 자연스럽게 상승하여 사회적, 정치적 변동을 이끌어낼 수 있게 한 도화선의 역할을 한 것으로 생각한다.

SNCC는 1960년에 노스 캐롤라이나에서 창립되었으며, 백인과 흑인

단연 NAACP가 CORE나 SCLC 등의 조직보다 많은 지지를 얻고 있는 것으로 나타나 있다. William Blink and Louis Harris, *The Negro Revolution In America*(New York: Simon And Schuster, 1964), p. 117.

대학생으로 구성되었다. 1960년대 초기 SNCC는 남부에서 분리정책에 반대하는 평화적인 시위를 조직하는 역할을 했으며, 1964년에는 흑인들이 투표권을 등록하는 데 도움을 주기 위해 계획된 미시시피 여름 봉사활동(Mississippi Summer Project)에 800여명의 봉사자들을 동원하였다. SNCC는 직접행동과 투표권 등록을 2대 사업으로 채택하였다. 투표세, 문맹 테스트, 시민권 시험 등은 남부에서 흑인들을 투표에 참여하지 못하도록 저지하는 수단으로 쓰였다. 흑인아동을 위한 자유학교(freedom schools)도 SNCC가 운영하였다. 당시 킹의 연설과 격려가 조직을 출발시키는 데 힘이 되기도 했다. 킹은 학생들의 활동이 대중기반의 비폭력 운동을 전개하는 데 도움이 크다고 보고, "감옥을 가득 채우자"라고 강조하기도 했다. 1963년 당시 SNCC의 상근자는 60명에 이르렀다.

또한 SNCC의 자원봉사자들은 미시시피주의 흑인들과 협력하여 '미시시피 민주자유당(Mississippi Freedom Democratic Party)'을 조직하고 민주당 전당대회에 항의단을 파견하였다. 미시시피 자유민주당은 주의 민주당 조직들의 당원들이 열렬한 인종차별주의자들임을 알리고 자신들에게도 민주당 대표권을 주도록 요구하였다. 그러나 1964년의 민주당 전당대회에서 MFDP가 뜻을 못 이루게 되자, 흑인들에게 필요한 것은 연방정부의 힘에 의존하는 것이 아니라 흑인 자신들의 권력을 가지는 것이라고 생각하게 되었다. 고위직에 흑인들의 친구가 필요한 것이 아니라 흑인권력(black power)이 필요하다는 의식이 싹트기 시작했다. 흑인권력의 개념은 이렇게 시작되었다.

설립 초기 비폭력적인 방법으로 운동을 전개하였던 SNCC는 1960년대 이후 말콤의 분리주의로부터 영향을 받아 급진화해 갔다. 1966년 SNCC의 새로운 리더로 카마이클이 떠오르기 시작했다. 미국 태생이 아니라 트리니타드에서 출생한 카마이클은 투표권 등록 운동에서 일해왔었고, 1965년에는 알라바마에서 'Lawndes County Freedom

Organization'을 조직하기도 했었다.

카마이클은 비폭력 저항을 통해서는 인종차별에 대한 개선이 더딜 수밖에 없다고 노골적인 불만을 토로하기 시작했다. 그는 흑인을 억압하는 '백인권력(white power)'과 투쟁하기 위해 '흑인권력(black power)'을 쟁취해야 한다는 캠페인을 벌였다. 카마이클은 흑인 스스로의 커뮤니티에 대해 정치적, 경제적 힘을 가져야 한다고 주장했으며, SNCC에 대한 백인들의 지원을 거부했다. 흑인이든 백인이든 대부분의 SNCC의 회원들은 당시 카마이클의 주장에 동조하지는 않았지만 SNCC에 큰 변화가 오고 있다는 것은 분명했다. SNCC의 통합주의적인 기조에 의문이 생긴 것이다. 그것이 1966년 여름이었다.

1966년 6월 미시시피 대학에 흑인으로서는 처음으로 입학인 제임스 메레디스(James Meredith)가 멤피스에서 잭슨까지 투표권 등록운동을 위한 행진을 시작한 후 몇 시간 후에 저격당하자, 흑인권력의 개념은 운동참가자들에게 급격히, 크게 주목을 받기 시작했다. 흑인 권력의 개념에 대한 관심은 민권운동에 여러 가지 변화를 가져왔다. 민주당이나 자유주의자들과의 협상 태도에서 더 이상의 양보를 해서는 안 된다는 것도 그러한 변화 중의 하나였다. 그러나 그 근저에는 정치권력에 참여하고 온전한 평등을 성취하기 위해서는 짐 크로우 체제를 종식시켜야 한다는 인정만이 전부가 아니라는 남부의 운동의식이 깔려 있었다.

또한 빈곤과 경찰들의 잔혹성이 점점 확대되어 가는 형편에서 흑인 권력의 개념은 흑인 대중들이, 비록 나라의 모습은 아닐지라도, 스스로의 운명에 대하여 스스로 결정력을 가지는 하나의 공동체를 형성하여야 한다는 소망을 담고 있었다. 주된 주창자에는 카마이클을 포함하여 노스 캐롤라이나의 NAACP 리더인 로버트 윌리암스와 SNCC의 랩 브라운 등이 있었다. 1966년 SNCC는 베트남에 대한 미국의 개입을 반대한 최초의 민권단체가 되었다. 카마이클과 다른 SNCC 지도부는 미국이 유색인종들의 독립을 저해하고 있다고 주장했다. SNCC는 반전성명을 내었고 공개적으로 징병거부 입장을 밝혔다.

SNCC의 또 다른 측면은 안젤라 데이비스(Angela Davis)를 통해서 그려질 수 있다. 그녀는 70년대 초 미국 민권운동에서 가장 중요한 "정치적 수감자"였다. 당시 흑인 거주지역에서 젊고 아름답고 도전적이고 지적인 모습의 "안젤라 데이비스를 풀어 주라"는 포스터, 버튼, 티 셔츠는 빼놓을 수 없는 광경이었다.

버밍헴에서 민권운동 활동가이자 교사인 부모 밑에서 자란 안젤라는 1963년 백인 우월주의자들에 의한 폭발물 장치로 이미 두 친구의 죽음을 경험했을 정도로 어린 시절부터 긴장을 경험하며 자랐다. 그가 자란 동네는 잦은 폭발물 테러를 통하여 흑인들을 그 지역으로부터 축출하려는 백인들의 시도가 끊이지 않는 현장이었다. 흑인들은 이름마저 버밍헴을 Bombingham으로 불렀고, 안젤라가 자란 지역은 특히 악명이 높아 "다이나마이트 언덕"이라고까지 불리기도 했다.

가족들은 그후 뉴욕시의 그린위치 빌리지(Greenwitch Village)로 이사를 갔으며, 그녀는 브랜다이스(Brandeis) 대학, 소르본느, 괴테 대학을 거쳐 캘리포니아 대학에서 박사학위를 받고 SNCC에서 적극적으로 활동했다. 1969년 미국 공산당의 일원이던 안젤라는 그후 계속 여러 사건의 중심인물로 여론의 초점을 받았다. UCLA 철학교수에 취임, 레이건에 의한 교수직 해임, 법적 투쟁, 재취임에 이어 흑표범당에의 참여 및 유명한 흑인 수감자 그룹인 솔다드(Soledad) 형제의 핵심 인물인 죠지 잭슨(George Jackson)과의 연대 활동, 죠지 잭슨의 동생 죠나단에 의한 법정 판사 납치사건에의 관련 여부, 끝내 판명된 무혐의 처리 — 안젤라 데이비스의 인생이 이렇게 불꽃처럼 타오르는 가운데서도 미국의 흑인사회, 특히 70년대 흑인의 운동세계는 60년대와는 달리 크게 달라져 갔다.

안젤라 데이비스라는 사건은 하나의 외로운 섬이었다. 데이비스 이후 흑인사회와 흑인운동은 데이비스라는 존재의 반향으로 60년대와 다른 점을 더 두드러지게 보여주었다. 안젤라 데이비스라는 상징은 이러한 일련의 사건을 거치면서 흑인운동에서 70년대가 투쟁적인 운동의 시기로부터 정치화의 시기로, 또한 남성 중심의 흑인 민족주의로부터 흑인 여성운동의 시기로 들어가는 것을 보여주는 이정표가 되었다. 특히 정치화의 의미가 다방면으로 긍정적으로 받아들여지면서 흑인 선출직 인물들이 지역 공동체 활동가들이나 흑인 문화예술가들과 연대해 나가는 모습이 새 경향으로 나타나게 되었다.

Ⅶ. 결론: 민권운동의 종언과 영향

운동은 그 목표를 달성하고 종식되지만 그 파장은 남는다. 그리고 이러한 파장은 다른 운동에 영향을 미친다. 민권운동은 미국에서의 그 이후의 여러 움직임에 큰 영향을 끼쳤다. 특히 민권운동은 1964년과 1965년 민권법안의 통과에 큰 영향을 미쳤다. 그것이 민권운동의 기본 과제였다. 그러나 민권법안의 통과는 민권운동의 연대가 해체되는 또 하나의 시작이 되었다. 민권법안의 통과라는 하나의 고지에 오르면서 민권운동은 넘어야 할 또 하나의 산을 내다볼 수밖에 없었다.[8]

입법상의 성취는 공식적이지만 형식적인 것이었다. 새롭게 통과된 법들이 실질적으로 경제적, 사회적 변화와 지위향상을 가져다 주지는 않았다. 흑인공동체의 앞에 놓인 어려움들은 실업, 빈곤, 주택, 의료, 문맹 등의 난제들이었다. 이러한 어려움을 하나하나 짚어보면, 통과된 민권법안들이 갑자기 낡은 종이 위에 쓰여진 공언(空言)이고 시대착오적인 것인 양 느껴지기도 했다. 운동을 끌고 가던 사람이나 운동에 기대

---

8) 민권운동의 종언에 대한 정리는 Dennis Chong의 저서를 바탕으로 정리하였다. Dennis Chong, *Collective Action and the Civil Rights Movement*(Chicago: the University of Chicago Press, 1991), p. 203.

를 건 사람들 모두 넘어야 할 산을 내다보며 지금까지 넘어온 산이 무슨 의미가 있느냐고 허탈해 했다.

McAdam의 분석에 의하면, 60년대에 뜨거웠던 운동체들인 NAACP, CORE, SNCC와 SCLC가 1970년대에 조직된 운동들에 끼친 영향은 미미한 정도이다. 이 네 단체가 60년대 전반 조직운동의 사분의 삼을 주도한데 비해 70년대에는 단지 삼분의 일을 담당했을 뿐이다.[9]

70년대에 들어서면서 "과격한" 흑인들과 '흑인권력'의 주창자들의 영향력은 이전과는 달리 많이 소진되었다. 민권운동을 지탱하던 몇몇 조직들이 여전히 활동해 오고 있었지만, 80년대 이후에는 전국적인 차원에서의 투쟁적인 활동가들과 '흑인권력'의 주창자들은 사실상 잠적하였다. 60년대처럼 대중적 지지를 받고 조직을 이끌던 지도자들 또한 없어진 상황이었다.

주요 원인의 첫째는 민권운동의 주류인 통합주의자들과 보다 급진적인 새 지도력 간의 갈등이었다. 주류 통합주의자들이 체제적인 채널을 통한 종래의 방식을 주장했다면, 보다 급진적인 새 세력은 전통적인 비폭력주의 노선으로는 불가능하다는 입장이었다. 흑인권력의 개념 역시 결과적으로 운동영역 형성이라는 내부관계에 있어서나 공공권역의 형성에 도움이 되지 못했다. 흑인권력의 개념은 백인 중산층과 의회, 행정부 내의 민권운동 지지세력, 중도적인 흑인들의 이반(離反)을 가져왔다. 흑인권력이라는 개념이 자아내는 백인 중산층의 부정적인 반응은 한마디로 흑인들의 주장이나 요구가 어디까지 갈 것인가라는 비아냥이었다.

둘째로, 민권법안의 통과 이후 민권운동은 지역적으로, 부문상으로 확대되고 퍼져 나가면서 남부의 흑인사회가 60년대에 지녔던 지지네트

---

9) Doug McAdam, *Political Process and the Development of 'Black Insurgency'* 1930 – 1970 (Chicago: the University of Chicago Press, 1982) D. Chong의 위의 책으로부터 재인용.

워크를 만들어 낼 수 없었다는 점이다. 특히 남부의 흑인사회가 누렸던 베이스캠프로서의 흑인교회와 같은 네트워크를 다른 지역이나 다른 부문에서 찾을 수 없었기 때문에 지지네트워크 역시 만들어낼 수 없었다. 이러한 지지기반 없이 북쪽의 운동가들이 도시 게토(ghetto)를 일사분란한 정치행동으로 이어지게 할 수는 없었던 것이다. 이와 동시에 민권법안이 통과된 이후 운동의 템포가 뜸해지면서 反민권운동 세력이나 중도적이 세력들이 떠오르게 되고, 이들이 반격할 수 있는 기회를 갖출 수 있었다는 점이다.

셋째, 민권운동에 제동을 건 것은 베트남전쟁이었다. 1965년 이후 베트남전쟁이 민권운동을 밀치고 미국의 가장 중요한 아젠다로 부각되었을 뿐만 아니라, 베트남 전쟁으로 인하여 존슨 정부와 민권운동가들 간에 그간에 만들어진 협조체제가 흔들리게 되었다. 민권운동과 반전운동이 겹쳐지는 가운데 민권운동의 지도자들이 존슨 정부의 전쟁정책을 거부하게 되고, 따라서 존슨 정부 역시 이후 민권운동의 프로그램에 소극적일 수밖에 없었다.

넷째로, 닉슨 정부의 등장으로 사회의 전체 기풍이 민권운동과는 역회전하게 되는 상황을 맞이하게 되었다. 반전운동, 도시 및 캠퍼스 소요들로 인하여 정치인들은 질서와 평정 찾기에 보다 많은 관심을 가지게 되었다. 케네디와 존슨 정부가 장기적인 입장에서 민권운동의 성공에 이바지한 데 반해, 닉슨 정부는 급속한 반전(反轉)을 가져왔다. 닉슨은 흑인이 아니라 보수적인 남부 정서에 힘입어 당선되었고, 흑인들은 그 때 97%가 험프리를 지지했다. 존슨이 위대한 사회(Great Society) 정책을몰고 갔는 데 반해, 닉슨 정부는 연방정부의 역할을 제한시키는 정책이었고, 흑인 아메리칸에 관련되는 정책, 민권, 투표권 법안을 추진하는 데 관심이 적음을 분명히 드러내기도 했다.

종합하면, 민권운동이 비록 남부에서의 짐 크로우 체제를 붕괴시키는데 큰 역할을 했지만, 70년대의 달라진 사회경제적 여건 하에서도 계속하여 운동을 새롭게 이어갈 수는 없었다.

민권운동은 가라앉았지만 미국 내에서 민권운동은 새로운 운동이 시작되는 데, 또 기존의 운동이 강화되는 데 큰 영향을 미쳤다. 여러 문헌들은 민권운동 후의 학생운동, 평화운동, 여성운동, 농장노동자 운동, 토착미국인 운동, 동성애자 운동, 환경운동, 장애인 운동 등이 모두 민권운동으로부터 중요한 영감과 교훈, 그리고 캠페인의 실마리를 얻어냈음을 지적한다. 그러한 영향을 정신적인 측면에서 정리해 보면, 여러 운동들은 민권운동을 통하여 인간억압이 불가피하고 당연한 것이 아니라는 것을 보여 주었고, 집단행동이 변화를 가져온다는 것을 가르쳐 주었다. 흑인들의 자유를 위한 싸움은 여러 다른 그룹들에게 인간억압의 본질에 대해서 가르쳐 준 것이다. 특히 민권운동이 제2차세계대전 이후 미국이라는 국가가 내세웠던 가치들, 즉 자유, 평등, 정의라는 것이 과연 무엇인가라는 흑인들의 깊은 회의 속에서 탄생한 것이었다면, 같은 맥락에서 여성과 다른 소수민족들의 권리를 위한 운동들은 많은 영감을 흑인민권운동으로부터 얻을 수 있었던 것이다.

특히 미국 민권운동의 법률적 성취는 다른 운동들이 출발하는 계기를 부여하는 데 큰 역할을 했다. 그 중 에서도 가장 기념비적인 것이라고 할 수 있는 1964년의 민권법은 아프리칸 아메리칸의 흑인성이라는 부문성이 그 정신적인 기반이지만, 이 법이 인종, 색깔, 종교, 민족적 배경, 성에 따른 광범위한 차별을 모두 금지함으로써 각 부문들이 자기네의 부문성을 바탕으로 부문운동을 벌일 수 있게 하였고, 또한 이 부문운동이 헌법적 권한임을 보장해 주고 있다. 민권운동이 60년대 후반에 급격한 사회변동의 에너지를 상실하기 시작한 반면에, 중국계, 원주민, 다른 소수민족들의 조직화를 촉진하였으며, 복지를 위한 운동을 지속적으로 전개할 수 있는 발판을 제공하였다. 1963년과 1967년, 대통령 명령으로 발효된 '소수자 우대법(Affirmative action)'은 특히 여성의 사회적, 문화적, 정치적, 경제적 지위를 향상시키고자 하는 운동에 큰 의미를 제공해 주었다. 이를 통하여 변동을 요구할 정신적 기반뿐만 아니라 법적 권한을 확보해 주었기 때문이다. 한편으로, 1960년대 말 이후 급진화되었던 민권운동 내에서 '흑인권력'에 대한 자각은 뒤이어 남아메리카와 아프리카에 있는 흑인들과의 연대를 형성하고 세계 속에 억압받는 지위에 있는 흑인들의 권리를 위한 운동을 전개하는 교두보가 되었다.

미국의 민권운동은 또한 여러 사회운동에 사회적 정당성과 사회적 권위를 부여해 주었다. 발전도상국에서 전개되는 사회운동의 경우 민주화운동이 일반적으로 사회적 정당성을 잠재적·불가시적으로 지닌 채 출발하는 것과 달리,[10] 민권운동은 그 초기에 정당성과 권위를 확보하는 일이 손쉽지 않았다. 따라서 민권운동은 남부 교회를 매개로 미국의 자유주의적 공공성, 프로테스탄트적 기풍을 신중하게 민권운동의 지지 세력으로 확보해 갔다.

결과적으로 민권운동이 확보한 사회적 정당성과 사회적 권위는 여러 소수파 운동, 실험적인 운동을 포함한 여러 부문별, 관심별, 지역별 운동의 자산이 되었다. 시민의 사회운동은 이론적인 것이 아니라 희생과 도덕적 용기를 견지한 집단행동을 통하여 열매를 맺는다. 아프리칸 아메리칸들이 자발적으로 구타당하고 구금되고 죽임을 당하는 사례들은 미국과 전세계의 사회운동들이, 그것이 지역적인 것이든 전국적인 것이든, 정치권력과 대결하는 용기를 북돋워 주었다. 체제와 정치적 권력, 정치적 정통성과 대결하는 사회운동의 설득력은 비폭력을 포함한 사회 윤리적 힘이 그 바탕이 될 수밖에 없다.

또한 민권운동이 운동의 방식으로 택했던 비폭력 직접행동은 60년대와 70년대를 거쳐 전세계에 영향을 주었다. 프라하의 봄, 68년 파리 학생운동, 유럽과 미국에서의 평화환경운동, 反마르코스 필리핀 민주

---

10) 한국의 민주화 과정에서의 사회적 정당성의 문제는 이신행, 『한국의 사회운동과 정치변동 : 87년 6월 항쟁과 90년대 한국의 사회운동』(서울 : 민음사, 1997)을 참조.

화 운동, 타이와 미얀마의 反군부운동 등이 크게는 이 범주에 속한다. 우리의 4. 19와 97년 6월의 민주화운동 역시 큰 흐름은 비폭력 직접행동의 범주 안에서 보아야 한다. 맥아담이 지적했듯이, 남아프리카 공화국의 反인종분리 운동, 중국의 민주화 운동들까지도 모두 미국 민권운동의 영향을 인정하고 있고, 민권운동의 이념적 문화적 기반에서 그들이 응용할 자원들을 찾아내고 있다. 미국의 민권운동은 아직도 살아 있다.

제2장 대항문화

조 지형 (이화여대)

I. 서론

'대항문화(Counterculture)'는 1960년대에 기성 사회의 주류 문화에 대해 대안적 삶의 방식과 의미체계를 제시한 사회운동이었다. 그러나 일반적으로 대항문화는 1960년대에만 발생하였던 특수문화현상이 아니다. 모든 문화에는 그 자체에 문화갈등을 일으키는 문화요소 혹은 문화특질이 존재하며, 모든 사회에는 자신들만의 독특한 의미체계, 감정, 행위양식을 가지고 있는 작은 집단구성원들이 존재한다. 이들은 사회경제적 계급, 인종적 배경, 거주지역, 종교관계 등의 문화적 특성에 따라 하위문화(subculture)를 형성한다. 하위문화는 일반적으로 지배적 문화에 도전하지 않지만, 그 가운데에는 전체 사회의 지배문화에 순응하지 않고 이에 반대하거나 충돌을 일으키는 反문화(contraculture) 혹은 대항문화(counterculture)가 존재한다. 대항문화는 어떤 집단의 가치체계가 전체 사회의 규범체계와 갈등을 빚게 될 때는 언제든지 출현한다. 개인의 문화적 경향은 그 집단의 규범 유지와 발전에 직접적으로 영향을 주게 되고, 反문화의 규범과 가치는 이를 에워싸고 있는 지배문화와 관련할 때 의미를 갖게 된다.[1]

대항문화는 지배문화의 입장에서 볼 때 일탈적 성격을 띤다. 대항문화는 지배문화의 규범으로부터 상당히 벗어난 비정상적 혹은 병리적 현상으로 간주된다. 그러나 대항문화는 문화적 탈선현상이 아니다. 대항문화는 지배문화의 규범과 가치체계의 타당성을 원칙적으로 인정하면서도 의도적으로 불법적인 혹은 탈선적인 행위를 통해 자신 혹은 집단의 이익을 취하려는 행위 혹은 그 이면의 가치와는 다르기 때문이다.

대항문화는 지배문화의 규범을 의도적으로 위반하고 그 의미체계의 정당성을 거부하는 非동조적인(nonconformist) 특성을 갖는다. 대항문화적 실천행위는 자신의 행동이 옳다는 것을 가정함으로써 근본적으로 대항문화의 정당성 혹은 우월성을 전제로 하고 있다. 일반적으로 절도·강도와 같은 탈선행위는 행위의 탈선적 일탈성을 은폐하여 지배문화의 억압과 형벌을 회피하려고 하지만, 테러리즘·평화운동과 같은 非동조적 행위는 오히려 행위의 일탈성을 공개적으로 과시함으로써 지배문화의 부당성을 폭로하고 보다 우월한 유토피아적 의미체계와 가치질서를 제시하고자 한다. 따라서 대항문화는 죄의식 없는 일탈행위로서 지배문화의 타당성을 비판하고 거부하는 하위문화라고 할 수 있다.

또한 대항문화는 지배문화를 비판하면서 이에 반대되는 일련의 의미체계와 가치질서를 통해 문화적 청사진을 제공한다는 점에서 일종의 대안문화(alternative culture)라고 할 수 있다. 그렇지만 모든 대안문화가 대항문화는 아니다. 경우에 따라 대안문화는 지배문화의 변화 혹은 변용 속에서 지배문화에 동조적일 수 있다. 일반적으로 대안문화는 적어도 잠재적인 문화갈등을 수반하지만 지배문화의 규범적 구조 안에 있는 '사회학적 양면성(sociological ambivalence)'과 다양성을 통해

---

1) J. M. Yinger, "Contraculture and Subculture", *American Sociological Review* 25 (October 1960), p. 627.

지배문화와 유사한 문화적 경향과 지향성을 보인다. 그러나 대항문화로서의 대안문화는 지배문화에 대해 전혀 다른 혹은 정반대의 가치지향성을 띨 뿐만 아니라, 지배적인 가치기준에 의해 보다 바람직한 것으로 인정되지도 않는다. 말하자면, 대항문화는 분리주의적인 非동조적 대안문화이다.

대항문화의 정체성은 단순히 내재적 특성, 즉 非동조적 대안성에 의해서만 결정되지 않는다. 기본적으로 대항문화는 지배문화와의 관련성 속에서 정치적 과정을 통해 컨텍스트적으로 결정된다. 일탈은 지배문화의 가치기준에 위배되는 것으로 파악될 수 있어야 한다. 예를 들면, 자동차를 운전하는 암만교도(Amish)는 자신의 문화 안에서는 일탈적이지만 전체 사회 안에서는 전혀 일탈적이지 않다. 더욱이 일탈에 대한 낙인은 하나의 정치과정으로서 지배문화의 권력집단들이 일탈자에 대해 규제와 제재를 적용한 결과로 나타난다. 어떤 문화현상이 실제로 일상적인 것이었다고 하더라도, 권력구조에 의해 일탈로 낙인이 찍히게 되면 그것은 더 이상 일상적인 것으로 남아 있기가 매우 어려워진다. 그러나 어떤 사람이 일탈자로 낙인찍히게 되면, 스스로 자신을 일탈자로 정의하고 일탈적 문화를 재생산하기가 매우 쉬워진다.

그렇지만 대항문화가 전혀 내용 없이 지배문화에 의해 일방적으로 일탈문화로 낙인찍힌 공허한 문화가 아니라는 것은 두말할 나위가 없는 사실이다. 지배문화 혹은 낙인이론의 입장에서 보면, 대항문화는 지배문화에 적응하지 못한 '낙오자'나 '아웃사이더'의 문화이기 때문에, 이를 지배문화의 '절대적' '보편적' 가치에 어긋나거나 그릇된 문화로 잘못 이해할 수도 있다. 그러나 대항문화는 단순히 타락이나 이단, 치욕, 대중선동이 아니며, 단순히 희망이나 구원, 마지막 기회도 아니다. 텍스트없는 컨텍스트란 존재하지 않으며, 컨텍스트없이 텍스트가 만들어질 수도 없다. 비록 변증법적 발전은 아니라 하더라도, 대항문화는 지배문화의 비판과 대안을 제시함으로써 이데올로기와 행위 모두의 차원에서 전체 사회문화의 역동성에 간접적으로 기여하면서 문화의 변화를 유도하고 문화의 다양성을 유지해 주기 때문이다.

이러한 사회학적 특징들은 1960년대의 대항문화에서도 어렵지 않게 발견된다. 그러나 1960년대의 대항문화는 그 폭과 깊이, 그리고 영향력에서 다른 어떤 대항문화들보다도 지대한 중요성을 가지고 있다. 이러한 이유로, 일반적으로 1960년대의 대항문화를 보통명사가 아닌 고유명사의 형태로 사용하는 것은 그리 놀라운 일이 아니다. 특별한 설명이 없는 한, 이 글에서도 같은 이유로 대항문화는 1960년대의 대항문화를 지칭하는 것으로 사용될 것이다.

또한 이 글은 대항문화를 주로 미국의 맥락에서 살펴볼 것이다. 물론대항문화는 단순히 미국에만 국한된 문화현상은 분명 아니었다. 그것은 영국·프랑스·독일·이탈리아를 비롯하여 여러 국가에서 발생한 국제적 문화현상이었다. 그러나 이데올로기적 경직성을 가지고 있던 유럽에서는 제도화된 좌파의 유산 때문에 급진적인 청년들은 자신들을 '부르조아지'의 압제에 항거하는 '인민'의 투사로서 간주하는 경향이 있었다. 그러나 그들의 역사적 경험은 자신의 이익과 현상유지를 우선하였던 '오랜 동지들', 즉 좌파 정당·노조·노동계급의 배신으로 점철되고, 그들이 직면하고 있던 현실은 전통적인 좌파 해석의 유효성을 파괴하였다. 이러한 좌절과정과 독특한 사유전통에 의해 특히 프랑스에서 근대문화와 근대성에 대한 치밀한 이론적 성찰이 등장하였다. 비록 미국은 유럽처럼 대항문화 이데올로기의 급진성과 이론성이라는 측면에서 충실히 발전시키지 못했지만 실험성과 실천성이라는 측면에서 유럽과 달리 기존 사회비판들의 이데올로기성에 얽매이지 않고 유연하고 다양하게 기존체제를 총체적이고 근본적으로 의문시하면서 대안적 의미체계와 가치를 제시하려고 하였다.

그리고 이 글에서는 대항문화를 주로 문화적 관점에 한정하여 서술할 것이다. 물론 사회운동으로서의 대항문화의 주된 표현은 정치적 폭동과 문화적 소외이다. 정치적 폭동은 주로 문화적 소외로부터 종종 영향을 받으면서도 나름대로 대항문화를 표현하였다. 대항문화의 구체적인 정치적 표현은 민권운동과 신좌파 운동을 통해 표출되었고, 자유언론운동이 민권운동과 신좌파 운동의 가교역할을 하였다. 또한 여성운동과 동성애운동은 민권운동과 신좌파 운동의 발전에 의해 크게 고무되면서 자유언론운동으로부터 영향을 받았다. 이러한 사회운동들은 20세기 중반의 미국 자본주의 사회에 대한 비판인 동시에 인간과 사회 그리고 역사에 대한 근본적인 의문을 제기하고 그 대안을 제시하였다. 이러한 거대한 역사적 중요성을 가지고 있음에도 불구하고 이러한 사회운동들을 이 글의 논의에서 제외하는 것은, 본서의 다른 부분에서 포괄적으로 다루어지고 있을 뿐 아니라 주어진 지면이 한정되어 있다는 편의상의 이유 때문이다. 따라서 대항문화의 포괄적인 이해를 도모하고자 하는 독자는 민권운동·신좌파 운동·여성운동을 다룬 글들도 함께 참고해야 할 것이다.

Ⅱ. 대항문화의 출현배경

시기적으로 대항문화는 1950년대 중반 이후 1970년대 초까지 진행된 문화현상이다. 대항문화라는 용어는 이미 1960년에 제이 밀턴 잉어 (J. Milton Yinger)에 의해 사회학적 범주의 구획이 시도되어 학문적 용어로서 정착되었으며, 1968년에 시오도어 로작(Theodore Roszak)에 의해 대항문화에 대한 본격적인 역사연구가 이루어졌다. 로작은 『대항문화의 형성(*The Making of Counter Culture*)』에서 대항문화를 기본적으로 청년문화로 규정하고, "소외심리, 동양적 신비주의, 환각약물, 공동체적 실험"에 대한 젊은이들의 관심을 포함한 다양한 문화양식으로서 "적어도 17세기의 과학혁명 이후 우리 서양사회의 주류를 형성해 온

가정들과 가치질서로부터 근본적으로 이탈"하려는 문화적 충동과 그 결과를 의미한다고 정의하였다.[2]

1. 戰後의 물질적 풍요와 사회적 변화

대항문화는 일차적으로 제2차세계대전 이후 미국사회의 물질적 풍요에 대한 하나의 반응이었다. 전후 미국은 그칠 줄 모르는 번영과 경제성장을 구가했던 1920년대가 오히려 불황처럼 느껴질 만큼 놀라울 정도의 경제적 성장을 이룩하였다. 1945년과 1960년 사이에 국민총생산은 2천억 달러에서 5천억 달러로 250 퍼센트 성장하였고, 1950년대와 60년대 초에 실업률은 5 퍼센트 혹은 그 이하에서 유지되었으며, 인플레는 매년 3 퍼센트 내지 그 이하였다. 이러한 경제성장은 근본적으로 제2차대전과 한국전쟁의 전시경제, 주택공급사업과 제대군인을 위한 사회복지사업, 주간고속도로 건설 등 대규모 공공사업의 성공적 실시, 1950년대에 4천 건이 넘는 경제구조조정을 위한 기업합병, 1950년대의 베이비붐에 따른 소비자 수요팽창에 힘입은 결과였다.

이러한 경이로운 경제발전은 중요한 사회적 변화, 특히 소비패턴의 변화와 사회의식의 변화를 가져왔다. 중산층을 중심으로 출현한 소비주의의 대표적인 현상은 수많은 신용할부를 통한 전자제품의 구입과 교외로의 대규모 이동이었다. 중산층의 교외지역화는 처음에 공동체의식을 불러왔지만 곧 체제에 대한 순응성·고립감·획일성을 조장하는 결과를 초래했다. 더욱이 백인이 교외지역으로 떠난 도심은 소수인종, 특히 흑인들이 자리를 잡으면서 게토화되고, 백인으로 거주가 한정된 교외지역은 사회계급적·인종적·종교적 배타성을 띠게 되면서 잠재적인 사회적 인종갈등을 더욱 첨예하게 조장하였다. 또한 교외생활로

---

2) Theodore Roszak, *The Making of Counter Culture* (Garden City, N.Y.: Doubleday & Company, 1968), xii.

공적 영역과 사적 영역이 엄격히 분리되고, 사적 영역 속에 갇힌 중산층의 여성들은 그들의 놀라운 지성과 재능 그리고 지적 노력에도 불구하고 좌절과 불행 속에 갇혀 차별받는 생활을 해야 했다.

2. 청년문화와 세대반란

사회경제적으로 풍요한 환경과 가부장적인 가정에서 성장한 자녀들은 자연스럽게 여러 면에서 부모와 중대한 세대차이를 갖게 되었다. 요컨대, 대항문화는 일종의 광범위한 세대반란이었다. 중산층을 중심으로 부모들은 벤저민 스포크(Benjamin Spock)의 관대한 자녀양육법에 크게 의존하면서 자녀들을 양육하였다. 부모들은 자녀들의 '창조성'과 '자기표현'을 격려한다는 미명 아래 엄격한 훈육을 기피하고 용변가리기부터 자위행위에 이르기까지 모든 자녀교육에 대해 지나치게 관용적 태도를 취함으로써 유아적 환상에 매달리는 자녀들과 '버릇없는' 세대를 양성하는 결과를 초래하였다. 이러한 지나친 관용적 훈육 속에서, 고도의 소비와 레저 문화가 중심을 이루는 사회에서 기존 사회의 틀에 맞추어 엄격하게 훈련되고 교육받은 '책임'있는 인간형은 거부되고, 타협할 줄 모르는 새로운 인간형이 등장하였다. 경제적 풍요 · 안일 · 자유로움을 지극히 당연하게 생각하는 자녀세대는 유년기가 확장되고 표류하는 흥미 위주의 청년문화 속에서 물질적 풍요의 권태로부터 벗어나 상업화된 자유와 쾌락에 몰두하였다.

이러한 가운데 그들은 새로운 스타일, 새로운 태도, 새로운 음악, 그리고 새로운 의식을 창출하였다. 그들의 눈에는 중산층의 자존심과 청교주의로 대변되는 근면 · 예의 · 절제 · 책임감 · 저축 · 미래를 위한 인내와 같은 부모 세대의 전통적인 가치가 풍요한 소비사회에 걸맞지 않거나 위선적인 것으로 비쳐졌다. '뉴프론티어'나 '위대한 사회'라는 정치권의 자유주의적 개혁으로는 그들을 만족시킬 수 없었다. 만약

기성사회의 가치와 규범을 받아들인다면, 그들에게 그것은 사회화가 아니라 굴종과 노예화나 다름이 없었기 때문이었다. 기성사회의 가치질서와 의미체계에 대한 거부는 대항문화의 문화적 근간이 되었다. 그들 사이에서는 '30세 이상은 믿지 말라'는 말이 당연시되었고, 자기 자신들만의 청년문화가 새롭게 등장하게 된 것이다.

그러나 청년문화는 청소년들이 상당한 구매력을 가지게 된 바로 그 거부대상의 경제적 풍요와 과학적 발전의 부산물이기도 하였다. 유아화된 청년문화의 역사적·사회적 중요성은 베이비붐으로 청소년의 인구가 급증함으로써 더욱 더 강화되었다. '십대(teenagers)'라는 용어가 생겨난 것도 바로 이때였다. 십대는 록문화를 비롯한 대중문화의 실질적인 소비자였고, 그들의 구매력 없이 대중문화는 더 이상 생존할 수 없게 되었다. 1964년 가장 인구수가 많은 인구집단은 17세의 연령층이었다. 1940년에 대학생 인구가 전체의 9.1 퍼센트밖에 되지 않았으나, 1960년에는 22.2 퍼센트, 그리고 1970년에는 32.1 퍼센트(790만 명)로 급증하였다. 30세 이상의 기성세대를 믿지 않는 십대와 대학생들은 자신들의 독특한 소비문화에 탐닉하였고, 그 소비문화가 사회 전체의 문화에 지대한 영향력을 행사하게 된 것은 지극히 자연스러운 결과였다.

3. 냉전문화와 근대성의 문제

청년문화는 냉전과 핵전쟁으로 상징화되는 억압적인 정치문화에 대한 비판과 반성이기도 하였다. 공산주의에 대한 공포는 조지프 맥카시(Joseph McCarthy) 상원의원의 '마녀사냥'을 정당화하였다. 극단적인 반공주의의 억압적인 분위기는 자유에 대한 희구를 청년문화의 화두로 만들어 놓았다. 작가 잭 커로액과 그의 친구 닐 캐서디(Neal Cassady), 영화스타 제임스 딘(James Dean)과 말론 브란도(Malron Brando), 미술가 잭슨 폴락(Jackson Pollack)과 로버트 프랭크(Robert Frank),

이들은 모두 티셔츠와 블루진, 그리고 가죽 재킷을 입고 차가운 표정, 묘한 미소, 가식이 없으면서도 우수에 어린 눈빛을 통해 여리면서도 광기어린 자유에 대한 욕망을 표출한 청년문화의 상징들이었다.

대항문화의 가장 중요하고 심층적인 문화적 배경은 근대성의 문제화였다. 근대적 생산성·효율성·합리성에 의해 정의된 권력구조와 과학적 합리주의는 청년문화의 핵심적인 공격목표였다. 근본적으로 대항문화가 비판하고 회의하고자 했던 대상은 물질적·군사적 영향력을 행사하는 사회구조를 넘어 수많은 체제적 비판과 동요를 거대한 스펀지처럼 흡수하여 희석해 버리는 권력구조였다. 그 권력구조는 객관성을 가장한 과학적 메커니즘을 통해 생산성과 효율성을 제고하는 사회기획을 추구함으로써 전통적인 정치적 범주를 회피하여 권력구조의 이데올로기성을 은폐하고 스스로 정당화한다. 전후 냉전논리 속에서 놀라운 속도로 발전한 자본주의적 과학과 기술, 그리고 이를 기반으로 하는 사회공학은 권력구조의 사회기획의 한 예에 불과하였다.

권력구조의 이데올로기와 허구는 자본주의뿐 아니라 사회주의 사회에서도 공통적으로 발견되었다. 두 체제를 넘어서서 근대성에 입각해 있는 권력구조는 모든 삶과 의미를 전체주의적 통제하에 놓고 감시를 한다. 더욱이 과학적 합리주의에 입각한 전체주의적 통제는 더욱 잠재의식화되고 세분화되기 때문에 더욱 非가시적인 것이 되고 더욱 완전해진다. 근대적 권위주의는 과학적 세계관과 산업적 풍요를 통해 물질적 안락과 사회적 안전을 제공함으로써 다른 형태의 행복 가능성에 대한 대안적 사고를 고갈시키려고 한다. 허버트 마르쿠제가 말했던 것처럼, 이러한 근대적 권위주의는 복종을 강요하고 저항의 합리성을 약화시키는 방식으로 만족을 제공한다. 그러나 그 만족은 기성사회의 틀에 끼워맞추는 억압을 전제로 하는 것이다. 따라서 대항문화는 거의 모든 형태의 근대성의 체제적인 만족과 억압을 거부하고, 근대성이라는 '틀에 박힌' 의미체계와 가치질서를 거부하는 형태를 띨 것이었다.

Ⅲ. 새로운 의식과 새로운 감수성: 대항문화의 前史

대항문화는 직접적으로 지적·문화적인 뿌리를 1950년대에 두고 있었다. 물론 대항문화는 1920년대의 '재즈의 시대', 더 거슬러 올라가면 대항적인 흑인문화의 아프리카 의식의 문화적 연장선상에 놓여 있다. 그러나 무엇보다도 대항문화의 모체는 고착화된 냉전문화와 근대성 논리의 틀 속에서 이를 거부하는 여러 새로운 의식과 새로운 언어가 중첩적으로 변화하고 대화적으로 진행되었던 1950년대의 문화적 다양성에 있었다. 1920년대에 경제발전이 흑인을 북부와 도시로 이동시켜 재즈의 시대에 기여하였던 것처럼, 전후 리듬 앤 블루스와 재즈댄스와 같은 흑인문화가 급속도로 발전하는 경제적 번영 속에 북부와 도시로 이동하였다. 또한 1950년대에 도시문화에 염증과 소외감을 느낀 비트 세대가 자신들의 목소리를 내기 시작하였으며, 전쟁의 외중에서 미국으로 이민을 온 유럽 지식인들은 나치의 정치적 억압을 상기하면서 경제적으로 엄청난 풍요 속에 있는 미국사회의 사회경제적 억압을 고발하였다. 그리고 1950년대에 엘에스디(LSD)와 같은 환각제가 서서히 퍼져나가고 있었다. 비록 1950년대는 대항문화로서의 문화가 성숙하기에는 아직 이른 시기였지만, 대항문화의 문화적 원천들이 서로 중첩되고 영향을 주고받으면서 발전하고 있었다는 점은 분명하였다. 그러나 이 글에서는 대항문화의 흐름을 단순화한다는 위험성을 감수하면서 이해의 용이성을 위해 대항문화의 前史를 몇 가지로 구분하여 설명하고자 한다.

1. 비트 세대의 등장

그러나 1950년대에 새로운 의식과 새로운 감수성의 창출에 기여한 뚜렷한 문화현상이 있었는데, 그것이 비트 세대(beat generation)의 출현이었다. 비트 세대는 주류 사회질서와 주류 문화에 대한 저항이라기보다는 이를 무시하는 문화적 이탈현상이었다. 비트라는 용어는 전통사회와 그 가치질서에 도전하였던 1950년대의 작가들을 지칭하는 말이다. '비트 세대'라는 용어를 처음 사용한 것은 잭 케로액이었으며, 『뉴욕타임즈 매거진(*New York Times Magazine*)』을 통해 소설가 존 클레런 홈즈(John Clellon Holmes)에 의해 대중화되었다. 일반적으로 비트족(beatniks)은 긴 머리에 더러운 비행을 일삼으며 마리화나 때문에 미쳐 있고 외설적인 시나 쓰고 미국 전역을 무모하게 여행하는 데 대부분의 시간을 소비하는 이미지로 그려졌다. 그러나 홈즈는 '비트'라는 말의 기원이 모호하지만 그 의미는 모든 미국인들에게 너무나도 분명하다고 전제하고, 비트란 단순한 싫증을 넘어서 일종의 소모되고 난 느낌과 다 발가벗겨진 느낌을 포함하여 정신, 그리고 결국에는 영혼의 일종의 무방비 상태, 의식의 바닥에까지 추락해 버린 느낌을 의미한다고 말하였다. 말하자면, 비트 세대의 문화적 기원은 기원 자체의 부재(不在), 과거·미래·현재에 대한 소외감, 산업발전과 테크놀러지 발전에 대한 무관심, 이성·교회·정치에 대한 신뢰감 상실에 있었다.

그러나 그들은 단순히 기성 사회를 거부한 것은 아니었다. 그들의 주장에 따르면, 자신들에게는 거부할 사회 자체가 없었다. 철학적으로는 비트 세대는 프랑스의 실존철학으로부터 많은 영향을 받았으나, 프랑스 실존철학자들과 달리 선택과 결단의 문제에 무관심하였고, 사회로부터 이탈하여 자발적으로 빈곤 속의 경험을 선택하였다. 또한 억제되지 않은 자유로운 성은 비트 세대의 중심주제였으나, 난잡하게 성에 탐닉하지는 않았다. 그들에게 성이란 케네스 렉스로스(Kenneth Rexroth)의 말처럼 "세계의 멸망에 대항하는 유일한 방어책, 즉 창조적 행위"였다. 그들은 중산층의 틀에 박힌 가치질서로부터 이탈하여 주로 정체성·구원·각자의 내재적 개인혁명을 추구하였다.

비트 세대의 가장 유명한 작가는 의심할 여지없이 커로액이었다. 전통적인 방식으로 3년간 수많은 수정을 거친 그의 첫번째 소설과는 달리,

그는 『길거리에서(*On the Road*)』를 풀로 붙여 연결한 긴 종이 두루마리에 즉흥적으로, 타이프라이터로, 거의 수정하지 않은 채 완성하였다. 이 소설의 주인공 딘 모리아티(Dean Moriarty)는 버스와 승용차를 얻어 타고 다니며 순간을 위해 사는 거의 즉흥적이며 광인과 같은, 그렇기 때문에 전통적인 관점에서 본다면 거의 신뢰할 수 없는 성격의 소유자였다. 비록 비트 문화는 근본적으로 문학운동은 아니었지만, 커로액은 딘 모리아티를 통해 부르조아적 안락에 대한 거부와 개인의 확실성, 모험, 감동의 추구를 상징화하였다. 더욱이 이 소설은 구문법과 문학적 관례 그리고 전통적인 줄거리 구성(plot)을 거부함으로써 기성사회의 형식주의적인 틀을 깨뜨리고자 하였다.

비트 세대의 대표적 소설가가 커로액이라면, 비트 세대의 대표적 시인은 그의 절친한 친구였던 앨른 긴즈버그(Allen Ginsberg)였다. 긴즈버그는 커로액과 함께 신비평(New Criticism)의 형식주의를 주된 적으로 간주하고 글쓰기의 즉흥성을 강조하였다. 그들의 '새로운 비전'은 낭만주의적 작가, 특히 보들레르와 랭보로부터 큰 영감을 얻었다. 긴즈버그는 "예술은 바로 그리고 궁극적으로 자기표현이기 때문에, 우리는 완전한 예술, 즉 가장 개인적이며 영향을 받지 않고 억압을 받지 않으며 무제한의 예술표현이 진정한 표현이며 진정한 예술이다"고 주장하였다. 불교와 선(禪)에도 심취했던 그는 『울부짖음(*Howl*)』(1955)이란 책에서, 중산층이 신뢰하는 풍요로운 미국과 근대적 합리성을 밀턴의 몰록(Moloch: 아이를 제물로 바치고 섬긴 신)에 비유하면서, 광인과 정상인이 도치된 현대사회를 맹렬히 비난하였다. 그는 현대사회는 돈에 의해 움직이는 속물적인 것이며, 군대로 권력과 이권을 지키는 야만 속에서 인간성과 성(性)이 없는 수소폭탄의 구름이 그 운명이 될 것이라고 비난하였다. 그는 대중문화의 개방성을 추구하면서 대중문화와 고급문화의 장벽을 해체함으로써 새로운 대안적 문화를 제시하고자 하였다. 이러한 근대성과 현대 물질사회에 대한 광기어린 비판과 대안적 문화

추구는 대항문화에서도 계속되었다. 커로액과 긴즈버그는 대항문화의 대표적 가수 밥 딜런(Bob Dylan)에게 지대한 영향을 끼쳤다. 그러나 1960년대에 히피문화와 대항문화에 등을 돌렸던 커로액과 달리, 긴즈버그는 비트 세대와 대항문화의 가교 역할을 담당한 새로운 의식의 예언자였다.

커로액, 긴즈버그, 그리고 윌리엄 버러스(William Burroughs)가 동부의 비트 세대를 대표한다면, 서부의 비트 세대는 게리 스나이더(Gary Snyder)와 필립 웨일른(Philip Whalen)이라고 할 수 있다. 초기부터 동부와 서부 사이에는 일종의 긴장이 있었다. 동부의 비트 세대는 표현과 욕망의 개인적 자유를 강조했던 반면, 서부의 비트 세대는 새로운 공동체 의식을 추구하였다. 뉴욕과 같은 동부 도시에 비해서 서부, 특히 북부 캘리포니아와 샌프란시스코는 비트 세대에게 전원적 감수성을 제공하였고, 1970년대 환경운동으로 나아가는 길을 제공하여 주었다. 그러나 이들 모두 미국의 물질주의를 거부하고 동양, 특히 중국·일본·인도의 신비주의 종교(불교와 선)와 흑인의 재즈문화에서 대안적 가치 질서와 새로운 감수성과 성의 표현을 찾으려고 하였다. 그들은 젊은 사람들에게 영적인 경험과 약물도취상태는 영육간에 보다 높은 차원의 지혜를 얻는 데 필요조건임을 강조함으로써 대항문화를 예고하였던 것이다.

2. 유럽 망명지식인과 비판의식

비트 세대와 더불어 대항문화에 새로운 언어와 새로운 의식을 제공한 사람들은 유럽 망명지식인들이었다. 그들은 비록 나치의 전체주의적 억압과 통제로부터 탈출하여 미국으로 건너왔지만 미국사회의 풍요와 안락함에 만족하지 않고 새로운 대안적 사회에 대한 꿈을 확산시켰다. 물론 그들의 지적 영향력은 1950년대에만 한정된 것은 아니다. 그들은

1960년대 이후에도 막대한 지적 영향력을 과시하며 미국의 지적 흐름을 주도하여 나갔다. 그들 가운데 한나 아렌트(Hannah Arendt)는 나치의 전체주의에 대한 분석을 통해 미국사회의 대중화(masssification)가 전체주의로 나아가는 단계가 될 수 있다고 경고하였다. 그녀는 대중사회에서의 실존적 고독이 사르트르나 까뮈가 말했던 영웅적 실존과 전혀 다르다고 파악하고, 고전고대 폴리스에서의 집단적 정체성과 개인적 활동의 조화를 강조하였다. 특히 그녀는 『인간의 조건(*The Human Condition*)』에서 조직과 인간성의 관계를 탐구하고 고도로 통제되는 현대사회의 정치 속에서 죽어가는 개인의 모습을 고발하였다.

그러나 허버트 마르쿠제(Herbert Marcuse)만큼 미국사회의 풍요와 근대사회의 억압적 정치성을 명확하게 파악한 사람은 없었다. 그는 자본주의와 사회주의를 넘어서서 보다 폭넓은 맥락에서 해방의 변증법을 해명하면서 정치사회적 자유뿐 아니라 정신적·성적 해방에도 깊은 관심을 표명하였다. 그는 정신 및 신체와 관련된 해방, 즉 총체적인 인간존재의 해방에 주목하고, 해방은 정치적 변화뿐 아니라 유기체적·직관적·생물학적 변화를 수반하는 것이어야 한다고 주장하였다. 이러한 맥락에서 그는 감수성·창조적인 상상력·놀이를 사회변혁의 추동력으로 파악하고 이를 억압하고 있는 정치적 억압을 포함한 모든 장애물을 해체하고자 하였다.

마르쿠제는 문화와 문명이 필연적으로 인간본능의 억압에 기초한다는 프로이트의 이론을 비판하면서, 인류와 문화의 생존상 불가피한 기본억압과 달리 사회통제와 지배를 위해 강제된 잉여억압(surplus repression)을 제거하고자 하였다. 특히 근대사회에서의 테크노크라시(technocracy)의 지배는 과학적이며 합리적인 통제와 '억압적 탈승화(repressive desublimation)'를 통해 질서와 효율성을 끊임없이 추구하게 만듦으로써 복종을 강요한다고 지적하였다. 예컨대, 『플레이보이(*Playboy*)』는 여성성을 단순한 성파트너 혹은 상품으로 전락시킴으로써 성의 승화가 오히려 거부되는 것이다. 따라서 그는 에로스의 진정한 해방과 발현을 통한 새로운 가치질서와 새로운 문화를 희구하였다. 이러한 에로스의 해방논리는 『해방론(*An Essay on Liberation*)』과 『일차원적 인간(*One – Dimensional Man*)』에서 에로틱 차원과 정치적 차원의 결합을 통해 대항문화와 반전운동의 이론으로 전개되었다.

전후 풍요한 미국사회에 대한 통렬한 비판을 담은 비트 문화와 유럽 망명지식인의 이론은 고도로 발달한 조직구조 속에서의 진정한 자아실현의 가능성을 거부하고 새로운 문화와 세계에 대한 대안을 포함하고 있었다. 그들은 대항문화에 무엇보다도 사회적 실재에 대한 지적·문화적 통찰을 제공하여 주었다. 그러나 그들은 단순하고 무절제한 혹은 사회도피적인 해방을 주장한 것은 아니었다. 오히려 그들은 사회에 대한 냉엄한 비판과 성찰을 통해 새로운 사회건설을 위한 새로운 인식과 새로운 감수성을 1960년대에 물려주었다.

Ⅳ. 록 문화

록 문화는 기본적으로 십대문화였다. 그러나 록 문화는 자본주의의 이윤추구 논리가 음악시장을 통제하였던 기성체계의 한 부분이기도 하였다. 그럼에도 불구하고 록 문화에는 실제로 기존체제를 전복시킬 수 있는 잠재성을 지닌 이념과 의미가 내포되어 있었다. 등장하고 있던 청년문화의 가치는 록 문화를 통해 가장 극적으로 표현되었다. 청년문화의 반항과 이상은 록의 가사뿐 아니라 비트, 조명과 무대장치, 십대 청중의 태도에 이르기까지 모든 록 문화에서 반영되었다. 팝뮤직은 로큰롤(rock'n'roll)에서 팝록(pop rock)으로, 비트에서 콘템퍼러리 포크(contemporary folk)로, 그리고 저항음악에서 사이키델릭 록(psychedelic rock) 혹은 애시드 록(acid rock)으로 진전되었다. 이러한 음악은 기성음악에 대한 환멸, 환각적인 약물문화, 반전운동뿐 아니라 인도, 아프리카, 카리브해지역의 음악으로부터 영향을 받았다.

1. 로큰롤과 엘비스 프레슬리 그리고 팝록

로큰롤이라는 말은 1952년 오하이오주 클리블랜드의 백인 디스크 자키였던 앨런 프리드(Alan Freed)가 인종주의적 편견과 비판을 의도적으로 회피하기 위해 처음 사용하였으나, 백인 청중을 위한다는 것뿐 리듬 앤 블루스와 큰 차이가 없었다. 그러나 곧 기성문화와 성인들은 로큰롤이 원초적이며 무절제한 성욕을 자극하고 폭력을 유발하며 흑인문화에 문화 적 기원을 두고 있기 때문에 청소년들에게 유해하다는 이유로 로큰롤을 억압하려고 하였다. 사실, 로큰롤은 흑인 가수들이 즐겼던 것처럼 성행위를 떠올리는 은유적 언어들, 예를 들면 뒤흔들기(shattle), 앞뒤·좌우로 흔들기(rock), 돌리기(roll)를 통해 사랑의 열정이나 성적 쾌락을 암시적으로 노래하였다. 또한 로큰롤 댄스는 부기-우기(boogie-woogie: 빠른 템포의 재즈), 블랙바텀(black bottom), 시미(shimmy: 상반신을 선정적으로 흔들며 추는 재즈댄스)와 같은 흑인 춤에서 유래한 것으로 청교적 규범과 가치질서로 획일화된 백인 중산층의 지배문화를 흔들기 시작하였다. 그러나 청교적 미국사회의 구미에 맞는 노래로 만들기 위해 노래 내용의 외설적인 부분에 대해 약간 "소독처리"를 할 필요가 있었다.

블루스와 리듬 앤 블루스에 대한 백인 청소년들의 관심이 확대되는 가운데, 젊음·반항·낭만을 상징하는 로큰롤이 등장하였다. 흑인 댄스 리듬을 기반으로 리듬 앤 블루스와 컨트리 앤 웨스턴이 결합하면서 엘비스 프레슬리(Elvis Preseley)로 대변되는 '컨트리 록(country rock)' 혹은 록커빌리(rockabilly)가 출현하였다. 그는 노골적인 가사를 피한다는 불문율을 깨뜨렸을 뿐 아니라 음악의 인종적 경계선을 모호하게 만들고 많은 음악인과 청소년에게 흑인음악을 소개함으로써, 의도하지는 않았다고 하더라도 잠재적으로, 인종문제를 사회화하는 결과를 가져왔다. 그러나 무대에서의 격렬한 성적 동작과 반항적인 외모에도 불구하고 그는 기성사회에 비교적 심각한 도전을 제기하지 않았다. "나를 부드럽게 사랑해 주세요(Love Me Tender)"와 같은 그의 발라드들은 지배문화의 분노를 달래 주었기 때문이다. 그러나 "비밥바룰라(Be-Bop-a-Lula)"의 진 빈센트(Jean Vicent), "서머타임 블루스(Summer time Blues)"의 에디 코크런(Eddie Cochran), "페기수(Peggie Sue)"의 버디 홀리(Buddy Holly)는 말론 브론도의 폭주족 이미지를 이어받아 젊은이들 사이에서 로큰롤의 폭력성과 선정성을 폭발시켰다. 젊은이들은 코크런의 머리 스타일, 버디 홀리의 재킷 등을 통해 거리패션을 만들고 주크박스를 통해 로큰롤을 즐겼다. 또한 전통적인 록 리듬을 강조하는 리듬 앤 블루스 록(R&B Rock)과 오리걸음의 무대매너로 유명한 기타리스트 척 베리(Chuck Berry)는 풍자와 해학을 통해 청소년 세계의 생활양식과 일상성을 비평하면서 수많은 로커들의 모방 대상이 되었다.

1956년과 1957년에 거의 전적으로 청소년, 특히 백인 중산층 청소년들을 겨냥한 음악이 출현하면서 로큰롤은 팝록(pop rock)으로 변화하였다. 또한 1958년 '로큰롤의 왕' 엘비스 프레슬리가 왕좌에서 내려와 군입대를 해야 했고, 다음 해 버디 홀리는 비행기 사고로 목숨을 잃었으며, 흑인이었던 척 베리는 그의 인기를 시기한 백인사회에 의해 미성년 여성을 데리고 주경계선을 넘음으로써 연방법을 어겼다는 이유로 오랜 재판 끝에 3년형을 선고받았다. 1960년에는 영국공연을 마치고 공항으로 가던 중 코크런과 진 빈센트가 화물트럭과의 충돌사고로 비극적인 죽음을 맞았다. 로큰롤은 원래의 생동감을 상실한 것처럼 보였다. 보수적인 도시에서는 로큰롤의 음반이 불태워졌고, 흑인 라디오방송국은 보이콧의 대상이 되었으며, '살균처리'된 록만이 허용되었다.

2. '영국의 침입'과 새로운 음악적 실험

척 베리를 모범으로 한 영국의 두 록그룹의 영향으로 미국의 록 문화가 다시 활기를 되찾게 되었다. 젊은이들에게 절망과 환멸을 가져다 준 케네디의 암살사건 몇 주 후, 1964년 미국에 도착한 비틀즈(Beatles)는 미국 젊은이들에게 새로운 희망을 가져다 주면서 록 문화의 전환을 가져왔다. 존 레논, 폴 메카트니, 조지 해리슨, 링고 스타로 구성된 비틀즈는 영국적 비트 스타일을 통해 미국의 팝뮤직계를 재편하였다. 버디 홀리를 연상케 하는 영감적인 선율과 리틀 리처드의 고음 처리를 빼닮은 비틀즈는 영국 리버풀의 억양으로 개인의 독립성과 새로운 양성적인 성적 이상을 보여주었다. '얌전한' 비틀즈와 달리 록의 악동(惡童)을 자처한 롤링 스톤즈(Rolling Stones)는 시카코 흑인영어의 억양에 육감적인 무대매너와 과감한 머리 스타일과 의상으로 젊은이들의 좌절과 반항을 상징화하였다. 이러한 '영국의 침입'은 미국 청년문화의 반항성과 표현성을 다시 일깨웠다.

이 과정에서 포크뮤직의 사회비판 혹은 사회저항적인 내용을 담은 포크록(folk rock)이 등장하였다. 밥 딜런, 폴 사이먼(Paul Simon)은 사회비판과 기존의 도덕원칙에 대한 저항을 담은 컨템포러리 포크 스타일로 록뮤직을 열었다. 학생운동의 사랑을 받는 저항가수였던 밥 딜런은 수많은 반항정신의 모방자들을 생산하였다. 그의 "바람만이 아는 대답(Blowin' in the Wind, 1967)"과 사이먼(Paul Simon)과 가펑클(Art Garfunkel)의 "침묵의 소리(The Sound of Silence)"와 같은 록뮤직은 고독·자유·정의를 위한 순교를 노래하면서 사회부패와 부정· 전쟁·착취를 고발하고 비판하였다. 비틀즈와 롤링 스톤즈도 포크록의 영향을 받아 보다 복잡한 음악구성으로 인간관계·사회·정치에 대한 보다 사회비판적인 내용의 록을 내놓았다. 예를 들어, 비틀즈는 "당신이 필요한 것은 사랑뿐(All You Need Is Love, 1966)"을 통해 중산층의 물질주의와 속물적 근성을 비난하였다. 또한 비틀즈의 존 레논처럼 로커들은 평화운동과 같은 사회운동에 직접 가담하기도 하였다.

1960년대의 록 르네상스는 하드록(hard rock)과 헤비메탈(heavy metal)등과 같은 음악적 실험을 가능케 하였으며, 히피의 예를 따라 엘에스디(LSD)와 같은 환각제를 통해 환각경험을 시도하였다. 비틀즈도 "삶에서의 하루(A Day in the Life, 1967)"에서, '난 너에게 환각을 일으키게 하고 싶어'라고 노래하였다. 샌프란시스코를 중심으로 사이키델릭 록이 등장하였다. 그레이트풀 데드(Grateful Dead)와 도어즈(Doors)와 같은 록 밴드들은 환각적인 음악과 무대 연출을 통해 공동체의식과 사랑을 부르짖었다. 비트의 순수성을 지키면서도 "헤로인(Heroin, 1967)"에서, 헤로인을 '나의 아내이자 나의 삶'이라고 노래하였던 뉴욕의 벨벳 언더그라운드(Velvet Underground)는 샌프란시스코의 록밴드와 달리 외적인 사회혁명보다는 내적인 개인혁명을 추구하였다. 사이키델릭 로커들 가운데 제니스 조플린(Janis Joplin)은 수많은 남녀와 성관계를 가지는 한편 헤로인 정맥주사를 맞으면서 샌프란시스코의 환각음악의 여왕, 록큰롤의 스타, 대항문화의 전설적인 인물로 상징화되었다. 그녀는 축축하면서도 날카로운 소리로 고문받는 듯한 블루스 풍의 록을 통해 황홀경을 자아내는 분위기를 연출하였다.

3. '우드스탁 공화국'과 록의 쇠퇴

무엇보다도 록이 추구한 세계를 가장 잘 보여주었던 것은 '우드스탁 공화국'이었다. 1969년 8월, 우드스탁 페스티벌(Woodstock Festival)은 록과 예술의 페스티발 이상이었다. 우드스탁은 약 30만 명 이상의 사람들이 참가한 '3일간의 음악, 평화, 사랑, 그리고 비와 약물의 제전'으로 새로운 공동체 의식과 새로운 유토피아를 환상적으로 실현시킨 대항문화의 잊지 못할 경험이었다. 그 후 우드스탁을 모범으로 한 수많은 록 페스티발이 열렸다. 우드스탁에서 마일스 데비스의 재즈, 라비 생커의 인도 음악, 조운 바에즈(Joan Baez)의 전투적인 포크에서 펑키한 흑인음악 등 잡다한 음악이 선보였다. 페스티벌에 참가한 리치 헤이븐, 조 코커, 텐 이어스 애프터와 같은 무명가수와 그레이트풀 데드, 제퍼슨 에어플레인(Jefferson Airplane) 밴드들은 실황음반, 순회공연, 영화 등을 통해 슈퍼스타로 부상하였다. 젊은이들은 빗속에서 잠을 자고 형편없는 음식을 먹으며 저급의 마리화나를 피우고 미지근한 맥주를 마셔 가면서도 평화로운 분위기를 유지하였다. 그러나 2달 후, 롤링 스톤즈의 샌프란시스코 부근 앨터몬트 페스티벌에서는 '지옥의 천사들' 이라는 경호원 조직이 관객을 살해하는 사건이 발생하였다. 1967년의 '사랑의 여름' 처럼, 우드스탁 이후 록 페스티발은 더 이상 평화로운 것이 아니었다. 그 속에는 늘 폭력과 약물과용이 잇따랐다.

1960년대 말, 사이키델릭 록의 폭풍이 지나가면서 록은 뿌리찾기에 나섰다. 비치 보이스가 닦아 놓은 신화 위에 옛 컨트리음악과 포크적 영감이 혼합되어 '남부 캘리포니아 스타일'이 출현하게 되었다. 이글스(Eagles)의 "호텔 캘리포니아(Hotel California)"는 그 대표적인 예였다. 밥 딜런조차 "내시빌의 지평선(Nashville Skyline)"을 통해 컨트리음악을 재발견하였다. 또한 레너드 코헨, 조니 미첼, 폴 사이먼, 팀 버클리, 톰 웨이츠 등은 시적이고 내면적인 노래들을 다시 등장시켰다.

1970년대 초, 반전운동과 인권운동이 현저하게 약화되고 대항운동이 쇠퇴하면서 자극과 각성을 추구하는 글램 록(glam rock) 혹은 글리터 록(glitter rock)이 등장하였다. 현란한 화장과 기괴한 의상으로 방탕과 양성성을 상징화한 '지기 스타더스트(Ziggy Stardust)'의 이미지를 내세운 데이비드 보위(David Bowie)가 글램 록의 대표적인 로커였다. 그러나 더 이상 1960년대 록의 건강성을 되찾을 수는 없었다. 제퍼슨 에어플레인, 도어즈, 지미 헨드릭스(Jimi Hendrix)와 같은 사이키델릭 록 뮤지션들의 음반들은, 영적 해탈에는 전혀 관심이 없고 도시의 물질주의적 풍요를 기꺼이 즐기며 정치성을 상실한 십대들의 손에 넘어갔다. 또한 제니스 조플린처럼 많은 로커 자신들은 중독성이 강한 약물을 사용하면서 때로 약물과용으로 비참하게 생을 마쳐야 했다. 이 과정에서 대항문화로서의 록 문화는 생명력을 잃어 가고 있었다.

V. 성혁명

성혁명은 대체로 규범적인 성의 통제로부터 사람들을 해방시킨 사건을 지칭한다. 일반적으로 성혁명은 성 연구의 변화, 성에 대한 태도와 성행위의 변화, 성과 관련된 사회구조, 특히 가족의 변화를 통해 나타났다. 그러나 성혁명은 성을 단순히 성으로 인식하지 않고 정치와 권력의 문제로 본다는 점에서 혁명성을 가지고 있었다. 즉, 성적인 것은 정치적인 것이다. 여성운동과 신좌파 운동에도 이러한 혁명적 성격이 깊이 각인되어 있다. 기성 사회의 위선과 억압성을 폭로하고 중산층의 청교적 가치질서에 대한 대항세력으로서 성이 활용되었던 것이다.

1. 성에 대한 연구와 성 태도의 변화

20세기에는 섹슈얼리티에 대한 많은 연구가 이루어졌다. 정신분석가들에 의한 초기 연구는 신경증(노이로제) 연구를 통해 성을 연구하는 방식을 취하였으며, 특히 성적 억압의 중요성을 강조하였다. 지그문트 프로이트(Sigmund Freud), 리하르트 폰 크레프트에빙(Richard von Krafft – Ebing), 해브록 엘리스(Havelock Ellis) 등이 이 분야의 개척자였다. 이들의 업적을 바탕으로 성과학(sexology)이 등장하였다. 성과학의 대표적 연구가는 빌헬름 라이히로서, 『오르가슴의 기능(*The Function of Orgasm*)』(1942)에서 성적 억압을 정치적 질서와 연관시킴으로써 성을 정치혁명의 지렛대로서 활용하였다. 또한 알프레드 찰스 킨지(Alfred Charles Kinsey)는 1940년대와 1950년대 초 남성과 여성의 성행위 연구를 통해 섹슈얼리티의 탈신비화 작업을 시작하였다. 그는 빅토리아주의적 성적 담론과 실제의 성행위의 간극을 보여주고, 성에 대한 중산층 문화의 위선을 폭로하면서 동성애에 대한 보다 객관적인 관점을 제시하였다. 이러한 성과학을 통해, 성이 보다 객관화되고 공론화되면서 섹슈얼리티는 사회의 주된 관심사가 되었으며 대항문화의 반항과 표현이라는 점에서 맞물리게 되었다.

성혁명은 젊은이들 사이에서 성에 대한 태도를 급진적으로 변화시켰다. 이러한 변화는 록을 통해 표현되고 강화되었다. 1960년대 중반에 이르러 초기 비틀즈의 감상적인 사랑의 노래는 롤링 스톤즈와 도어즈와 같이 성적 유혹을 공공연하게 드러내는 노래로 바뀌어졌다. 비틀즈의 "너의 손을 잡고 싶어(I Wanna Hold Your Hand)"는 롤링 스톤즈의 "함께 밤을 지내자(Let's Spend the Night Together)"와 도어즈의 "나를 만져 주세요(Touch Me)"로 바뀌었다. 이러한 변화는 또한 1960년대 후반과 1970년대 초를 기점으로 여성에 대하여 수동적이고 복종적인 이류시민적인 이미지 혹은 단순한 성적 대상의 이미지로부터 대안적인 이미지로의 변화를 수반하였다. 예를 들면, 버디 녹스(Buddy Knox)의 "파티 인형(Party Doll, 1957)", 롤링 스톤즈의 "멍청한 여자(Stupid Girl)"에서 레슬리 고어(Lesley Gore)의 "넌 나를 소유할 수 없어(You Don't Own Me, 1964)", 헬렌 래디(Helen Reddy)의 "나는 여자(I Am Woman, 1972)"로 바뀌어졌다.

2. 성적 행위의 변화: 이성·동성·가족

성적 행위는 성에 대한 태도보다는 더 서서히 변화하였다. 성적 행위의 변화라는 점에서 볼 때, 성혁명은 일어나지 않은 것처럼 보였다.

그러나 현대 기술의 혁명적 변화는 성적 행위의 변화를 예고하였다. 이러한 변화는 경구피임약과 (성 접촉에 의한 성병 전염을 막는 데 사용되는) 페니실린의 생산으로 가능하였다. 피임의 확산은 성에 대한 태도와 성적 행위의 변화를 몰고온 가장 중요한 요인이었다. 성을 임신 혹은 재생산의 관점이 아니라 관계라는 관점에서 고려할 수 있도록 만들었던 것이다. 성을 통한 쾌락이 아무런 걱정과 도덕적 죄의식 없이도 가능하게 되었다.

성혁명으로 혼전 성관계의 패턴이 급격하게 변화되었다. 20세기 초에는 성의 이중적 기준에 따라 미혼 여성의 12 퍼센트와 미혼 남성의 36 퍼센트가 혼전 성경험을 가졌을 뿐이었다. 그러나 킨지의 연구에 의하면, 남성중 85 퍼센트가 혼전 성관계의 경험을 가지고 있었으며, 그 중 70.5 퍼센트가 성관계를 십대 말에 경험하였다. 이 결과, 사생아의 출산율이 증가한 반면 임신한 신부 비율이 감소하였다. 그렇다고 해서 성혁명이 난 혼 혹은 무절제한 성의 증가를 의미하지는 않았다. 그러나 성혁명은 혼전의 성 경험에 대한 인식과 태도에 있어서 이완을 가져왔다. 1970년의 조사에 따르면, 70 퍼센트가 신부는 반드시 처녀일 필요는 없다고 생각하고 66 퍼센트가 혼전 성관계가 부도덕하다고 생각하지 않았다.

동성애에 대한 태도도 변화하였다. 흔히 사용하는 말로, 이 시기에 "동성애자들이 닫혔던 벽장 속에서 걸어 나왔다(커밍 아웃)." 더 이상 동성애는 은폐와 비난의 대상이 아니었다. 비록 동성애를 일종의 질병, 성적 신경증으로 간주하였으나, 성도착자 혹은 성도착(perversion)이라는 용어는 점차 사용하지 않게 되었다(오늘날에는 모든 사람에게 다소의 차이가 있지만 동성애적 경향이 있다고 인정되고 있으며, 질병이론의 정당성은 더 이상 유지되지 않는다.). 동성애 해방전선(Gay Liberation Front)이 출현한 이후 동성애에 대한 변화가 가속화되었다. 남성패션의 폭발, 양성적 개념에 대한 운동, 『쿼어럼(*Quorum*)』, 『런치(*Lunch*)』, 『게이 뉴스(*Gay News*)』 등의 동성애 잡지와 신문의 등장 등도 동성애에 대한 태도를 변화시키는 데 일조하였다.

성혁명은 가족의 역할과 가치에 대한 의문을 극적으로 제기하였다. 가족은 기성 사회질서를 옹호하고 재생산하는 기반으로 간주되었으며, 기성 질서와 기성 가치의 거부는 곧 가족의 거부를 요구하였다. 혼전 성관계의 급증과 성담론의 급격한 변화는 가족의 사회적 정체성에 위기를 초래하였고, 기존의 가부장적인 가족구조를 재조정하거나 파괴하였다. 더욱이 동성애가 사회적으로 용인되기 시작하면서 새로운 형태의 가족, 즉 동성가족이 가능하게 되었고, 나아가 미혼모 가족, 편모 혹은 편부 가족과 같은 다양한 가족형태를 사회적으로 받아들이게 하였다. 또한 성혁명은 여성의 사회적 역할을 인정함으로써 가족 내의 성역할에 대한 민주적 변화를 수반하였다.

3. 성 담론의 변화

사회 전반에 걸쳐, 성혁명으로 성 담론의 개방성과 솔직성이 증가하였다. 성에 관한 외설의 금기뿐만 아니라 성에 대한 논의 금기와 두려움이 현격하게 줄어들었다. 성을 다룬 작품, 특히 영화의 제작과 상영으로 성에 대한 공포와 억압의 정도가 현저히 줄어들었다. 또한 성혁명으로 여성에 대한 견해가 변화되었다. 여성은 이제 더 이상 성적 도구가 아니었다. 질 오르가슴의 신화가 거부되면서 여성이 수동적인 성적 파트너라는 고정관념이 문제시되고, 섹슈얼리티에 대한 여성의 적극성이 사회적인 차원에서 긍정적으로 인식되었다.

성혁명은 성담론의 변화를 통해 성의 다양성과 건전성에도 기여하였다. 사실, '혁명'이라는 용어는 히피의 경우를 제외한다면 적절한 용어가 아닐 수도 있다. 실제로 혼전 성관계는 60년대에조차 결코 보편적인 현상이 아니었으며, 대부분의 남녀들은 어떤 종류의 피임도 이용하지 않았다. 여성의 88 퍼센트와 남성의 46 퍼센트는 처음 성관계를 갖는 사람과 결혼하였다. 그리고 남성 중 오직 2 퍼센트와 여성 중 3 퍼센트만이 동성애적 매력을 느끼고 있었을 뿐이다. 또 킨지가 성 보고서를 제시하였던 1950년대 초와 성혁명을 경험한 1970년대 초 사이에 불륜관계를 가진 사람들의 수는 거의 변화하지 않았다. 약간의 변화와 스와핑(swaping)과 같은 특이한 현상이 나타나기도 했지만, 남자 가운데 절반, 여자 가운데 1/4이 혼외 성관계를 경험하였다. 또한 정상적인 부부는 성관계를 1940년대보다 1970년대에 더 자주 가졌던 것으로 보고되었다.

성혁명은 무엇보다도 성담론과 혼전 성관계에 대한 급격한 변화를 가져왔다. 실제로 성행위는 그보다는 천천히 변화하였다. 또한 집단적인 스와핑과 양성성(bisexuality)을 경험하였던 히피와 같은 소수의 전위집단을 제외하고는 대부분의 남녀는 적절한 성 파트너에게 성을 보다 적절하게 표현하는 계기를 갖게 되었다. 그러나 극단적인 소수의 경우에도 그들 중 상당히 많은 사람들에게 성은 대안적 사회에 진입하는 문이자 도구였으며 성 자체를 위한 탐닉에만 몰두하였던 것은 아니었다. 마르쿠제의 '억압적 탈승화'에서 단적으로 볼 수 있듯이, 그들은 성 자체가 언제나 권력과 기성질서체제를 위해 악용될 수 있다는 것을 알고 있었다.

VI. 약물문화

약물(drug)[3] 사용은 서구문화에서 관습적인 틀 안에서 확립된 현상

---

3) 약물 (drug)이란 질병을 예방·치료하는 데 사용되는 물질을 지칭한다. 모든 향정신성 약물은 중추신경계를 흥분시키거나 억제시키는 기능을 가지고 있으며, 약물 사용은 경우에 따라 의학에서 약물 본래의 치료예방 목적에 맞게 사용하는 긍정적인 효과와 약물 남용으로 자기파괴와 사회파괴를 초래하는 부정적인 효과를 수반한다. 이러한 이유로, 'drug'을 단순히 마약으로 번역하는 단순한 이해는 지양되어야 한다.

이었다. 특히 알코올과 담배는 사회적인 부작용에도 불구하고 서구사회에서 대체로 용인되어 왔다. 그러나 1950년대와 1960년대에 이르러 약물사용이 문제가 된 것은 약물문화가 청년현상이었으며 때때로 약물의 남용으로 이어지는 약물 사용패턴의 변화 때문이었다. 요컨대, 대항문화는 환각의 시대이며 약물남용의 시대였다. 젊은이들의 사용으로 증가한 마약의 종류는 암페타민(중추신경자극 각성제), 헤로인(모르핀 진정제)과 '주사마약', 대마초(마리화나), 엘에스디(LSD, 환각제) 등이었다. 그러나 기존 서구사회의 약물 관행을 염두에 두고 말한다면, 그러한 사회 속에서 위기의 청년들이 약물을 사용하지 않았다면 그것이 오히려 기이한 일이었을 것이다.

1. 암페타민과 대마초

암페타민은 1932년 흡입용으로 벤제드린(Benzedrine)의 상표명을 달고 흡입용으로 사용되기 시작하여, 정제 형태로 신경 각성제와 피로해복제로 널리 사용되었다. 이미 1930년대에 암페타민의 오용과 이를 통한 정신이상이 보고되었다. 그러나 적어도 미국에서 1963년 이전에는 청소년 사이에서 암페타민의 오용이 주요한 문제로 부각되지 않았으며, 상습적이고 강박관념적인 암페타인 사용 문제는 대수롭지 않게 취급되었다. 물론 영국의 사정은 달랐다. 1963년에 소호(Soho)街의 암페타인 상용이 절정에 달하여 오용문제가 사회문제화되면서 마약오용 방지를 위한 입법이 다음 해 마련되었다. 그러나 미국의 경우 1966년 이후 암페타인의 공급이 충분해지고 특히 정맥주사용 암페타인의 사용이 샌프란시스코, 로스엔젤레스, 뉴욕 등의 도시를 중심으로 널리 확산되어 사회문제가 되었다. 정맥주사용 메테드린(Methedrine, 메틸암페타인의 상표명)은 환각상태에 빨리 빠져 들어가려는 '각성제 중독자(speed freaks)'를 양산하였을 뿐 아니라, 알약 형태의 마약을 사용하는

히피문화와 헤로인과 코케인 중독자로 대표되는 정맥주사용 히피문화
의 가교 역할을 하였다.

대마초는 암페타인보다 훨씬 더 사회문화적으로 큰 영향력을 미쳤
다.[4] 대마초는 술과 담배를 제외하면 어떤 약물보다도 순수하게 오락
목적으로 이용되었으며, 극단적 보수주의자를 제외한 다양한 계층의 사
람들 사이에서 널리 사용되었다. 시기와 장소에 따라 대마초 흡연은 다
양한 하위문화 혹은 소수문화와 연계를 가지면서 이루어졌기 때문에,
대마초의 구체적인 문화적 특징을 규정하기란 거의 불가능하다. 그리고
대마초는 실제로 어떤 약물보다도 더 다양한 환각·히스테리·비이성
적인 행동을 일으키며, 광기·폭력·범죄·강간·살인·도덕적 타락
을 초래하고 헤로인 중독으로 이어진다고 주장되고 있다. 마리화나에
대한 여러 연구와 조사에도 불구하고, 마리화나의 위험성에 관한 잘못
된 많은 신화와 정보가 대중매체, 심지어 전문가들의 연구를 통해 일반
인들의 마음속에 자리잡았기 때문에, 히피문화와 대항문화를 잘못 평가
하는 데 깊은 영향을 주었다.

1969년의 갤럽조사에 따르면, 대학생의 1/4이 적어도 한 번 대마초
흡연의 경험이 있었다. 1971년에는 대학생 중 1/3이 마리화나 흡연의
경험이 있고, 1/7이 상습적인 대마초 흡연자였다. 통계적으로 대마초
흡연은 좌파 성향 혹은 정치에 무관심한 사람들과 보다 밀접한 관련이
있었으나, FBI는 대마초 흡연을 자유성교·반전론·좌파와 관련시켰
다. 그러나 실제로 대마초 흡연은 사회문화적 계층과 정치적 성향과

---

4) 대마초는 대마에서 대마밧줄과 함께 대마(大麻)에서 산출된 마약 성분의 물질로서, 마
   리화나(marijuana, 대마의 잎과 꽃잎 및 지상부로 제작)와 마리화나보다 8 - 10배 정도
   더 마약성분이 강한 대마 마취제(hashish, 끈적한 암갈색의 수지(樹脂)로 제작) 두 형태
   가 있다. 대체적으로 영국에서는 해쉬(hash)라고 불리는 대마 마취제가 사용된 반면,
   미국의 마약 시장에서는 팟(pot) 혹은 그래스(grass: 주로 마리화나 흡연자가 지칭)로
   속칭되는 마리화나가 통용되었다. 대마초는 헤로인과 같은 육체적 의존성(중독성)은 없
   지만 금단현상으로 불안과 초조가 나타날 수 있는 등 정신적 의존성(습관성)이 있는 것
   으로 여겨지고 있다.

관계없이 널리 확산되었다. 또한 많은 좌파들은 마약문화를 의심의 시선으로 보았으며, 흑인운동가들은 마약을 흑인에 대한 백인 노예화의 또 다른 형태라고 파악하기조차 하였다.

대마초 흡연은 대마초가 동양에서 들어온 약물이라는 점 때문에 자연스럽게 동양의 문화와 종교에 대한 관심의 부활로 이어졌다. 대마초 흡연은 기본적으로 정신이완제였기 때문에, 반성적이고 평온한 상태에서 꿈꾸는 듯한 명상을 강조하는 경향을 띠었다. 히피의 90 퍼센트 이상이 사용하였던 마리화나는 알코올지향적 기독교 문화의 '틀에 박힌' 사회의 가치질서를 거부하거나 의문시하는 것과 동일시되었다.

2. 엘에스디

1938년 스위스의 화학자 알버트 호프만(Albert Hoffman)에 의해 처음 발견된 엘에스디(LSD)는 호밀에서 생기는 곰팡이 맥각에서 추출된 리세르그산 환각제(Lysergic acid diethylamide)를 말한다. 적군 스파이를 심문하기 위한 미국 중앙정보부(CIA)의 약물 프로그램의 일환으로 미국에 소개된 엘에스디는, 초기에는 정신치료를 위해 1954년부터 사용되기 시작했으나 그 후에는 알코올중독치료를 위해서 사용되기도 하였다. 엘에스디의 복용은 의식적 자아가 몸으로부터 분리되고 현실세계와의 상징적 분열을 경험하는 일종의 자아분리를 경험하기 때문에, 정신질환자와 알코올중독자의 치료를 위해 정신과 의사들은 '환각치료(psychedelic therapy)'를 고안하여 발전시켰다. 그러나 1960년대에 들어와 엘에스디의 불법적 복용은 심각한 사회문제를 일으켰다.

엘에스디의 환각경험은 대항문화에서 빼놓을 수 없는 중요한 경험이었다. 일반적으로, 매우 적은 소량(1회복용은 평균 100~250 마이크로그램)으로도 환각증세가 15~30분 후에 나타나는데 2~6시간 후에 절정에 도달하고, 그 후에는 12~24시간 동안이나 지속된다. 엘에스디를 복용하면 색깔 감각과 빛 감각, 그리고 모든 신체감각이 갑자기 변화하면서 공간감각의 변화를 일으킨다. 또한 엘에스디의 환각경험은 탈개인화(depersonalization) 혹은 '자아 이탈(ego-loss)'로 이어지면서 절정에 도달하고, 상반된 감정을 동시에 느끼면서 현실과 우주의 새로운 해탈을 얻은 듯한 느낌을 갖게 된다. 이러한 환각경험은 엘에스디 복용자에게 신비로운 경험, 즉 일체감, 시공간을 초월한 느낌, 즐거움과 사랑의 분위기, 공포와 경외감, 철학적 통찰력을 주는 것으로 간주되었다. 때로 엘에스디는 기분좋은 환각경험(good trip)과 동시에 불안과 공포를 느끼게 되는 기분나쁜 환각경험(bad trip)을 동시에 가져다 주었다.

3. 환각세계와 약물의 대항문화적 의미

환각세계의 옹호자이자 후원자였던 티모시 리어리(Timothy Leary)는 환각경험에 종교성을 불어넣음으로써 대항문화의 유행을 창출하였다. 캘리포니아 주립대 버클리캠퍼스에서 임상심리학으로 박사학위를 받고 하버드대학의 개성연구소(Centre for Research in Personality)에서 연구를 하면서, 리어리는 1960년에 엘에스디와 유사한 환각제인 실로시빈(psilocybin)을 멕시코에서 손에 넣게 되었다. 그 과정에서 그는 선인장의 일종인 메스칼에서 추출된 흥분제 메스칼린(mescaline)에 관해『세터데이 이브닝 포스트(*Saturday Evening Post*)』에 글을 쓴 얼더스 헉슬리(Aldous Huxley)를 만나게 되었다. 헉슬리는 마약은 "수많은 남녀들에게 철저한 자기초월과 사물의 본성에 대한 보다 깊은 이해를 가능케 해준다. 이러한 종교의 부활은 동시에 혁명이 될 것이다"라고 서술하였다. 1963년 하버드대학에서 해고된 리어리는『환각평론(*The Psychedelic Review*)』을 창간하는 한편, 영성 발견 연맹(League for Spiritual Discovery)과 뉴욕 주의 밀브룩(Millbrook)에 환각운동의 공동체를 설립하고, 이듬해 환각운동의 성경이라고 할 수 있는『환각경험(*The Psychedelic Experience*)』을 출판하였다. "환각경험은 새로운 의식의 세계로 가는 여행이다. 환각경험의 범위와 내용은 무한하지만, 그 주요 특징은 언어적 개념, 시공간의 차원, 자아 혹은 정체성의 초월이다. 의식 확대의 이러한 경험은 감각의 이탈, 요가 운동, 명상훈련, 종교적 혹은 미적 황홀경 등의 다양한 방식으로 일어날 수 있다. 가장 최근에는 이러한 경험은 누구에게나 엘에스디, 실로시빈, 메스칼린, 디엠티(DMT) 등과 같은 환각마약의 복용을 통해 가능해졌다."[5]

물론 리어리는 엘에스디의 복용이 자동적으로 종교적 해탈로 이어진다고 주장하지는 않았다. 사실 그는 엘에스디의 복용이 종교적 해탈의 문을 열고 해탈경험이 가능하도록 해 줄 뿐이며, 환각경험은 해탈의 지름길이라기보다는 힘들고 큰 노력을 요구하는 길이라고 하였다. "환각적 요가는 모든 요가 가운데 가장 고되고 큰 노력이 드는 요가이며…… 엘에스디의 훈련은 의심할 여지없이 이 지구상의 사람들이 지금까지 직면했던 것 가운데 가장 복잡하고 큰 노력을 필요로 하는 수행과제이다."[6]

그러나 리어리는 환각제의 사용을 종교적 해탈은 아니지만 종교적 황홀경에 도달하는 가장 효과적이고 빠른 길로 여겼으며, 종교적 황홀경은 성관계를 통한 성적 황홀경과 분리할 수 없는 것으로 보고 성관계의 충족감을 추구하였다. 나아가 그는 환각경험을 통한 종교적 해탈은 개인의해탈뿐 아니라 인간의 일체성 강화를 통한 공동체의 연대성 증대와 인간의 해방을 이끌어 줄 것이라고 믿었다. 물론 이 과정은 단순히 엘에스디와 같은 화학약제의 복용만으로 가능한 것은 아니었기 때문에, 명상·독거(獨居)·침묵·기도를 강조하였다. 그럼에도 불구하고

---

5) Timothy Leary, Ralph Metzner, Richard Albert, *The Psychedelic Experience*(New York: Broadside Records, 1966), p. 11. 디엠티는 디메틸트리타민(dimethyltryptamine)의 약자로 속효성 환각제이다.

6) Timothy Leary, *The Politics of Ecstasy*(New York: Putnam, 1968), p. 38.

화학약제의 복용이 종교적 해탈로 나아가는 길에서 가장 중요한 요소로 간주되었다는 것은 분명하였다.

소설가 켄 케이시(Ken Kesey)는 리어리의 '환각의 교회(high church)'를 통한 종교적 해탈을 거부하고, 그 대신에 환각의 예술을 통해 히피문화의 폭발을 촉발하였다. 1950년대 말, 소설가 케이시는 엘에스디와 관련된 의학실험 프로그램의 실험대상으로 참가하면서 환각여행을 경험하게 되고, 우주와의 신비적인 교섭과 기성사회에 대한 반항정신을 강화하였다. 그는 소설과 짧은 글들을 통해 사람들을 불공정하고 미친 게임으로 몰아넣는 미국사회의 주류 문화를 비판하면서 이에 대한 대안을 제시하고, 개인들로 하여금 자신의 개성을 변화시킴으로써 물질적인 안락과 사회적 증오를 거부해야 한다고 주장하였다. 1964년과 1965년에 걸쳐, 샌프란시스코 남부의 라혼다(La Honda)에 자리를 잡은 케이시는 엘에스디의 환각세계의 확대와 대중화를 위해 플래시 라이트와 환각적 포스터로 장식된 홀에서 (당시에는 합법적이었던) 엘에스디가 섞인 청량음료를 제공하면서 그의 메리프랭크스터즈(Merry Prankersters, 즐거운 장난꾸러기들) 밴드가 펼치는 록뮤직과 환각음악을 함께 펼치는 '환각테스트(Acid Tests)'를 수많이 개최하였다. 모든 감각기관을 활짝 열게 만든 환각테스트는 곧바로 1966년 1월의 환각여행 페스티발로 이어졌고 엘에스디와 히피문화를 일반 사람들에게 선전하는 효과를 가져왔다.

약물사용은 대항문화의 주요한 요소이기는 했지만 그 이상의 의미를 갖지 못하였다. 그러나 약물을 통해 실현하고자 한 것은 환각에 도달하려는 것이 아니라 오히려 기성체제가 강제하는 그 환상으로부터 벗어나려는 것이었다. 약물사용은 사회에 대해 직접적인 비판의식을 전혀 갖지 않았다는 점에서 도피주의적이라고 할 수 있다. 그러나 그것은 기존 질서의 기저에 깔려 있는 가치와 방식을 거부하고 새로운 대안적 가치와 방식을 제시하려는 것이었으며, 서구사회의 지배적인 신화로부터 젊은이들을 해방시키려는 도구이며, 하나의 디딤돌 역할을 하였을 뿐이다. 약물사용은 불법이었을 때조차 불법이란 이유만으로도 기존사회의 가치질서를 거부하는 일탈행위로서 자랑스럽게 행해졌던 것이다. 환각세대는 기존의 정치경제적 목적을 거부하고, 후기산업사회 양식을 통해 새로운 역사단계의 시작을 제시하려고 하였다. 히피운동은 환각세대의 꿈을 현실에서 실현하려는 대항문화적 실천운동이었다. 그러나 불행하게도 환각세대는 환각에 내포되어 있는 또 다른 억압성과 중독성을 직시하는 데 실패하고 자멸의 길을 걷게 되었다.

Ⅶ. 히피문화

히피는 대항문화의 가장 뚜렷한 상징이었다. 힙(Hip)이라는 말에서 유래된 히피(Hippie)는 일반적인 편견과 달리 감정적으로나 정신적으로 현명한 혹은 배타적인 소집단을 가리키며, '영리하고, 밝고, 쾌활하고, 진보적'이란 긍정적 의미를 함축하고 있다. 그들은 사랑·평화·약물·공동체·새로운 언어와 새로운 의식을 표현하였다. 흔히 이해되는 것보다, 혹은 일반적인 대중매체의 정의보다, 히피는 어느 정도의 지속성을 가지고 기존 질서체제와 가치에 대항하여 대안적 가치를 제시함으로써 다양한 방식으로 대안적 삶을 살았고 공동체 생활을 하였다. 그들을 히피라고 부르게 된 것은 기존 사회로부터 이탈하여 부랑자와 같은 공동생활을 하는 모습 때문이었고, 자신들은 기성사회에 비해 현명하고 첨단을 걷고 있다는 집단의식에 기인하였다. 실제로 1965년 봄, 사회비평가 레슬리 피들러(Leslie Fiedler)는 그들을 새로운 형태의 젊은 비트족, 힙스터(hipster), 부랑자(layabouts), 이탈자(dropouts)라고 부르고 있다고 지적하였으며, 두 달 후 『샌프란시스코 크로니클(*San Francisco Chronicle*)』의 한 신문기자가 '히피'라는 용어를 공론화하기 시작하였다.

1. 히피와 "축제의 운동"

히피는 서양 문명의 형식적인 물질주의를 거부한다는 의미로 신비적인 환각문화를 추종하였다. 그들은 구슬·늘어뜨린 겉옷·샌들과 같은 동양의 신비주의적 장식물을 일상생활 속으로 끌어들였으며, 집안에 향을 피우고 인도 양식의 침대 덮개로 집안을 수놓았다. 또한 그들은 영적 생활을 증진시키기 위해 자연식을 하였으며, 생경한 색으로 만든 소용돌이 모양의 환각예술을 표현한 록 포스터 혹은 티셔츠를 입음으로써 자기생활 속으로 내면화하였다. 그러나 그들의 가장 중요한 상징은 마리화나와 엘에스디와 같은 환각약물이었다. 비록 그들에게는 지도자가 없었으나, 환각약물은 그들에게 인간과 우주의 신비적인 교섭을 가능케 하는 길로 간주되었다.

히피는 기성사회의 입장에서 볼 때 분명히 사회 부적응자들이었다. 물론 그들에게는 도피주의적인 요소가 전혀 없었던 것은 아니다. 그러나 그들은 지배문화와 결연히 단절하고 새로운 언어와 새로운 인식을 기반으로 사물·사건·관계에 대한 새로운 관점을 제시함으로써 대안적 사회와 새로운 스타일의 공동체를 꿈꾸었다. 이러한 이유로 히피운동은 내부지향적인 운동으로 평가된다. "혁명은 젊은이의 마음속에서 일어났다." 개인의 자발성에 기초한 히피혁명은 反정치적 혹은 脫정치적인 입장을 견지하면서 쾌락을 추구하는 혁명이었다. 그들에게 혁명의 수단은 무기와 전쟁이 아니라 새로운 감수성과 사랑이었다. 히피운동은 단순히 "저항의 운동이 아니라 축제의 운동이었다." 그들은 이성을 가장한 야만보다는 야만의 패션과 기괴한 음악을 통해 축제를 벌였던 또 다른 형태의 '이성적인' 집단이었다. 축제를 통해 히피가 전복하고자 한 것은 리차드 네빌(Richard Neville)이 지적한 대로 '회색세계', 즉 질서에 얽매인 세계, 틀에 박힌 정신과 영혼과 사회, 화려함의 허울과 허위 가치, 공장과 매연, 이익을 최고의 가치로 삼는 경제계와 관료

들, 무례한 공무원, 억압과 전쟁, 그리고 무언의 절규가 존재하는 세계
였다.

2. 하이트–애쉬버리와 "히피의 장례식"

1967년 여름에 이르러 미국 전역에서 도시와 대학 타운에 히피 주
거지가 자리를 잡았다. 그 가운데 특히 캘리포니아 주의 샌프란시스코
에 골든게이트 공원(Golden Gate Park)과 인접하고 있는 하이트–애
쉬버리(Haight–Ashbury) 지역은 '히피 세계의 수도', '대항문화의 중
심지'로서 관심의 대상이 되었다. 1965년, 중산층 지역으로 제2차세계
대전 종전 이후 쇠락하던 하이트–애쉬버리 지역은 아틀리에와 부티크
상점이 늘어나면서 상업화로 찌든 기존의 비트족 주거지 노스비치
(North Beach)로부터 비트족들이 몰려들기 시작하였다. 거리의 상점들
은 기괴한 상호 아래 다양한 색채와 환각적인 모양의 간판을 달고 중고
서적·손목거리·옷·향·포스터·환각약물을 판매하였으며, 커피전
문점과 작은 음식점에서는 채식주의 음식과 자연식을 팔았다. 또한 사
람들은 전위적인 양식의 옷, 미니스커트, 다양한 색채의 페이즐리
(paisley) 무늬 옷 혹은 불교승려풍의 옷을 입었다. 그들은 엘에스디의
환각종교적 능력과 초월적 느낌 그리고 새로운 의식의 획득을 확신하
였으며, 사랑·자유·평화·창조성의 확대를 믿었다. 이러한 믿음을
통하여 그들은 틀에 박힌 사회의 이기심·탐욕·안락에서 벗어나 진
정한 공동체를 건설해 나가고 있다고 생각하였다. 기성사회로부터 이탈
해 나온 정치적 '이탈자들(drooputs)'은 반전운동을 거부하는 기성사
회를 맹렬히 비난하거나 완전히 백안시하였으며, 보다 급진적인 평등주
의자들이었던 디거스(Diggers)는 사회 전체의 해방과 구원을 위해 노
력하였다.

1967년, 하이트–애쉬버리는 예기치 않은 위기에 직면하였다. 대중

매체가 하이트-애쉬버리를 발굴하여 세상에 알렸다. 스캇 맥켄지(Scott McKenzie)는 "샌프란시스코"에서 "만약 샌프란시스코에 가기를 원한다면, 당신의 머리에 꼭 꽃을 달고 가세요"라고 노래하였다. 샌프란시스코는 평화를 사랑하는 '꽃의 아이들', 엘에스디, 보편적 사랑이 숨쉬는 지상의 낙원으로 그려졌다. 그러나 전체적으로 대중매체는 히피문화의 본질과 깊이를 피상적으로 인식하고 하이트-애쉬버리를 타락의 소굴 혹은 자유연애를 위한 천진난만한 천국으로 단순화하여 왜곡시킴으로써 주체성없이 방황하는 수많은 비행 청소년들과 만성적인 약물중독자들이 하이트 지역으로 쇄도하는 결과를 초래하였다.

1967년의 여름은 '사랑의 여름'이 아니라 이제 '환멸의 여름'으로 변하였다. 하이트-애쉬버리 지역은 평화로운 히피공동체로부터 범죄와 폭력이 난무하는 비행지역으로 변모하게 되었다. 환각 약물은 엘에스디와 마리화나에서 중독성과 습관성이 강한 정맥 주사용 암페타민과 헤로인으로 변하였으며, 더 이상 정신적 해탈과 사회개혁 및 대안적 사회의 제시를 위한 방법으로서가 아니라 사회도피와 자기도취를 위해 사용되었다. 또한 하이트-애쉬버리 지역에 인구가 급증하면서 실업, 무숙자, 음식공급 부족 등의 여러 사회문제가 발생하였다. 그해 '사랑의 여름'이 끝나면서 많은 히피들은 노스비치로 되돌아가거나 다른 히피 공동체로 이주하였고, 10월에는 대중매체에 의해 생산된 '히피의 장례식(Death of Hippie)'이 행해졌다.

3. 히피문화의 상징성과 의미

대중매체에 의해 흔히 그려진 것처럼, 초기 히피문화의 상징은 꽃이었다. 꽃의 상징성에는 폭력과 억압에 저항하고 이를 부드러움, 비폭력, 자연에 대한 사랑으로 대치하려는 의미가 내포되어 있었다. 그러나 일반 대중이 이해했던 꽃의 이미지를 넘어서서 초기 히피문화는 틀에 박힌 가치가 아니라 자기 자신의 가치와 의미에 따라 '자기 자신의 일 속에서' 개성의 표현을 추구하고, 기성 사회의 성적 억압과 관습적인 도덕을 해체함으로써 개방적인 성의 표현을 통해 친밀성과 이를 통한 새로운 공동체의 건설을 성취하려고 하였다. 반전운동이나 민권운동과는 달리, 히피문화는 기존 질서체제를 정면에서 거부하기보다는 기성사회의 가치 자체를 외면함으로써 기존 질서체제를 백안시하고 대안사회를 위한 대안적 가치질서를 만들고자 하였다.

물질적 풍요에도 불구하고 기성사회의 가치질서와 주류문화에 불만과 좌절을 느낀 일단의 청년들은 자신들만의 공동체를 형성하고 자신들의 환상을 실천에 옮겼다. 히피문화는 이러한 노력의 결과였다. 히피문화는 한편으로는 기성사회가 그들에게 충분한 문화적 역동성과 충족감, 포용성을 제공하지 못했다는 사실을 단적으로 보여 주었으며, 다른 한편으로는 청년들의 이러한 문화적 불만과 공허감을 메우는 역할을 하였다. 이러한 맥락에서, 히피문화의 가장 중요한 특징은 해방성과 창조성이었다. 그러나 설령 그들이 창조성, 휴머니즘, 사랑에 대한 열망을 추구하는 문화를 만들지 않았더라도, 미국사회는 문화의 생존을 위해 어떤 방식으로든 이를 창안했을 것이다.

1960년대 말과 1970년대 초, 거의 대부분의 초기 히피 주거지들은 관광객, 중독성 환각제 사용자, 사회 혹은 학교 중퇴자들의 주거지로 변했다. 이제 대중매체와 관광객들이 직접 확인한 문화는 다름아닌 '히피의 장래식'을 치룬 다음의 대항문화의 퇴폐적인 시체였다. 초기의 건강한 히피문화는 사라져 가면서 중독성 마약의 문화와 사회도피적 문화가 대항문화의 울타리를 넘어 미국 전역으로 확산되었다. 이러한 과정에서 불행하게도 말기 히피족 혹은 껍질만을 물려받은 대항문화 추종자들의 약물중독과 퇴폐현상을 히피문화의 진정한 모습 혹은 전체로 오해하게 되었고, 틀에 박힌 물질주의적 미국사회에 대한 청년들의 진지한 성찰과 반성은 자연히 무시되거나 폄하되었다.

Ⅷ. 결론: 대항문화의 평가와 유산

물신화된 미국사회의 기존 가치와 의미체계를 거부하고 이에 근거한 모든 게임에 대한 참여를 거부한 대항문화는 새로운 언어와 가치질서, 새로운 의식과 직관적인 감수성, 그리고 새로운 공동체와 희망을 통해 청년들이 보여준 성적·도덕적·정치적·문화적 반란이자 해방이었다. 그들은 과학적 합리주의와 청교적 아메리카니즘에 입각한 물질적 풍요와 전후 세계질서의 냉전문화와 근대성 논리 속에서 위조된 행복과 왜곡된 행복의식의 객관성과 절대성을 부정하면서 체제 동조적이고 순응적인 '일차원적 인간'이 되기를 거부하였다. 그리고 성·약물·록·히피 생활방식은 '의식혁명'을 넘어서 이러한 반항정신을 문화적으로 표현하고 대안적 가치와 의미를 찾으려는 그들의 몸부림이었다. 찰스 라이히의 말을 빌리자면, 대항문화는 "기계와 정면으로 싸우는 것이 아니라 플러그를 잡아 뽑는 것이다."[7]

그러나 대항문화는 매우 값비싼 역사적 대가를 치러야 했다. 대항문화는 사회 전반에 걸쳐 팽배해 있는 권위주의뿐 아니라 권위 그 자체에 대해서도 파괴하거나 모독하는 결과를 초래하였다. 사회의 기초단위인 가족에서부터 근대사회라는 문화적 기본틀에 이르기까지 모든 형태의 권위가 거부되었다. 그러나 대항문화에는 선별적이거나 중도적인 태도란 존재하지 않았다. 권위에 대한 문제에서도 그러했고 환각약물에 의한 경험도 그러했다. 시간이 흐르면서 대항문화가 퇴폐와 향락으로 치달은 것은 대항문화와 이를 신봉했던 추종자들에게 적절한 자제력과 견제능력이 없었다는 것을 간접적으로 보여 주었다. 또한 대항문화의 쾌락주의는 미국의 지적 생활과 교육제도의 황폐화를 가져왔다. 그들은 기존사회에 대한 참여와 사회화를 거부하기 위해 사회와 학교로부터

---

7) Charles A. Reich, The Greening of America (New York: Random House, 1970), p. 316.

이탈하였다. 기존의 지혜와 교육은 그들에게 쓸모없는 것으로 버림받았던 것이다. 특히 대항문화는 과학적 사고방식과 기술향상에 따른 생산성과 효율성을 '억압적 탈승화'로 간주함으로써 미국의 국가경쟁력을 심각하게 저하시키는 결과를 가져왔다. 또한 정치적 반란으로서의 대항문화와 관련하여, 청년들, 특히 신좌파와 흑인급진파의 폭력에 대한 호소는 한나 아렌트와 같은 여러 지식인들의 이반(離反)을 가져왔다.

이러한 값비싼 대가에도 불구하고, 지배문화의 입장에서 파악된 대항문화의 평가는 상당히 왜곡되어 있었던 것이 사실이다. 다니엘 벨은 대항문화를 "1950년대의 쾌락주의의 연장이며, 이미 오래 전 진보적인 상류층이 획득한 자유사상의 민주화"일 뿐인 일종의 "허세"라고 폄하하였다.[8] 그는 비록 대항문화 이데올로기의 정수가 "이성 그 자체에 대한 공격"이라고 정확히 파악하였지만, 대항문화를 모더니즘의 연장선상에서만 파악하고 미국 문화의 비민주성과 억압성 그리고 근대성의 폭압성과 연결하여 이해하지는 못하였다. 또한 멜빈 매독스(Melvin Madocks)처럼 대항문화를 하나의 평행문화로 파악하고, 非동조성의 하위문화로 인식하는 태도도 경계하여야 한다. 이러한 지배문화중심적 태도는 대항문화를 일종의 여가문화로서 단순히 "일종의 겉치레, 즉 청년시장을 위한 스타일, 찢어진 옷 그 자체"[9]라고 폄하하기 때문이다.

문화적 반란으로서의 대항문화는 일상생활의 가치질서를 새롭게 재조정함으로써 가치의 다양성과 역동성을 소중하게 여기고 각 계층·인종·성·세대간의 다양한 문화를 인정하는 계기를 가져다 주었다. 즉, 대항문화는 다문화주의(multi-culturalism)의 지적·문화적 뿌리가 되었다. 1980년대와 1990년대에 이르러 대항문화는 '문화전쟁(Culture War)'과 사회의 파편화를 야기하는 결과를 가져왔지만, 전체적으로 볼

---

8) Daniel Bell, *The Cultural Contradictions of Capitalism* (New York: Basic Books, 1976), pp. 74, 73.
9) *The Christian Science Monitor*, December 15, 1970, Section 2, 1

때 의상·머리 스타일·식사 양식·성행위 등 여러 일상활동과 계층·인종·성·세대간의 문화양식에 대해 좀더 관용적인 태도를 취할 수 있도록 해 주었다. 물론 대항문화의 실험성과 문화의 폭(다양성)은 미국의 실용적 정신과 시장논리에 의해 왜곡되기도 했다. 극단적으로 표현하면, 록의 생명력은 음반회사의 결정에 따라야 했고, 히피생활을 위해 성이 교환되기도 하였으며, 약물은 마약으로 변하기도 하였다. 그러나 대항문화는 기성문화의 경직성과 위선을 폭로함으로써 문화의 역동성과 활력을 괄목하게 증진시켜 줌으로써 포스트모던 사회의 도래를 앞당겼다. 대항문화는 세련된 이론으로 전체주의적 문화의 소외와 물신화 그리고 근대성의 모순과 폐해를 지적하는 데 충분하지 못하였고, 문화와 가치의 다양성이 무질서와 혼란의 문화로 잘못 이해될 수 있는 소지를 제공하였다. 그럼에도 불구하고 대항문화는 다양한 문화형태와 문화적 대안을 제시함으로써 현대 문화, 특히 대중문화의 다양성과 역동성으로부터 포스트모던적 가치와 대안적 문화가 자라날 수 있는 건강한 토양을 배태하고 있었다.

제3장 소수인종운동

김연진(단국대)

I. 서론

미국의 1960년대는 정치·사회·문화적으로 급격한 변동의 시기였으며, 모든 사회·정치·경제·문화적 가정들이 도전을 받고 시험대 위에 오른 시기였다고 할 수 있다. 1960년대와 1970년대 초 미국 전역에서는 소수 인종·민족 집단들과 주류 집단의 청년들이 미국의 미래에 대해 새로운 희망을 표출하려 하였다. 미국의 역사에서 그 어떤 시기도 이같은 청년층의 자의식에 기반을 둔 이상주의가 등장했던 적도, 그리고 인종적, 민족적·정체성의 등장을 목격했던 적도 없었다.

대도시에 거주하는 중간계급의 백인 미국인 청년들은 자신들을 대항문화로써 표현하였다. 이들은 제2차세계대전과 냉전이 지배한 세계의 이념적 제약으로부터 자신들을 해방시켰으며, 이같은 해방을 통해 독특한 미국적 급진정치로 자신들을 이끌어 갔다. 이같은 현상의 뿌리는 아마도 1950년대 비트닉스(Beatniks)라고 알려진 이들에게서 찾을 수 있을 것이다. 이들은 미국적 반체제적 비판자들이라고 규정된 지식인 저항자들이었다. 이들은 미국의 사회와 문화의 획일성을 낳은 "무언의 세대(silent generation)"를 비판하였으며, 냉전정치가 자유로운 표현을 억누르고 획일적인 "미국적" 양식을 따르지 않는 이들을 억압한다고 생각하였다. 1950년대의 이같은 현상은 1960년대의 여러 운동들 속에서 확산되어 갔다. 이같은 운동이 최초로 표면화된 것이 캘리포니아 주립대 버클리 캠퍼스에서 마리오 새비오(Mario Savio)의 주도하에 일어난 자유언론 운동(Free Speech Movement)이었다. 이같은 활동은 주류 고등교육기관의 진부한 교과 과정의 기본 과정에 의문을 품게 하였고, 자유로운 사고와 의식을 고양시키기 위한 저항운동들을 이끌어 냈다.

흑인운동 또한 체제저항운동의 상징이 되었다. 이는 민주주의와 평등의 이상이 어떻게 인종적 소수 집단들에 대한 억압과 공존할 수 있는지에 대해 생각하게 하였다. 이같은 분위기는 소수인종 집단들을 일깨웠는데, 흑인운동은 이같은 소수인종 집단의 민족적 각성과 운동의 모델이 되었을 뿐 아니라 그 운동전략까지 제공하였다. 흑인운동은 이와 병행하여 라틴계(Latin American), 아시아계(Asian American), 그리고 인디언(Native American) 인종을 기반으로 한 범민족운동(Pan – ethnic movement)과 각 민족집단의 운동도 자극하였다. 이 시기의 인종적 호전성은 주류 미국을 '백인'으로 규정하게 했으며, 그 인종적 헤게모니를 노출시켰고, 또 그에 도전하였다. 이같은 동적인 시대의 부산물은 미국인들이 자신들을 인종적 요소로, 그리고 그에 기반을 둔 상호관계로, 즉 백인은 지배, 유색인종은 피지배라는 세력관계로 바라보도록 하였다. 또한 베트남전쟁의 심화와 이에 대한 반전운동은 이들의 급진화를 이끌었으며, 소수 인종·민족 집단들은 인종적 자각과 정체성의 추구를 통해 인종적, 문화적 획일성에 도전하기 시작했다.

1960년대의 인종을 기반으로 한 운동의 급부상은 인종에 부여된 사회적 의미에 대한 투쟁이었다고도 할 수 있다. 인종은 정치, 경제, 문화의 문제일 뿐만 아니라 삶 및 경험의 문제이기도 하였다. 이는 무엇보다도 사회적인 현상으로서, 각 개인들의 정체성, 가족과 지역사회, 그리고 국가 기구와 시장관계에도 파급되고 영향을 미치는 것이었다. 이 시대의 소수인종(racial minority)운동은 사회운동이자 新사회운동(new social movement)이라고 할 수 있다. 사회운동으로서의 이 운동의 참가자와 지지자들은 기존체제가 제공한 자신들과 자신들의 세계에 대한 세계관이나 인식과는 다른 시각을 가지고 집단적 정체성을 형성하였다. 또한 이 운동은 정치적인 관심을 사회적, 개인적 일상의 삶의 영역으로 확대시킨 운동으로서 소수인종 집단들뿐 아니라 사회문제에 관심을 가지고 있던 다른 집단들의 집단적 동원에도 파급되었다. 60년대의 새로운 집단적, 인종적 정체성의 형성은 이 시기 소수인종운동이 남겨준, 지속성이 가장 큰 유산이었다.

오늘날 이들 운동조직들은 거의 와해되거나 거대한 대중적 동원능력을 거의 상실하였지만, 이들 운동은 미국사회·정치·문화에서 영구적인 위치를 갖게 된 인종과 민족에 대한 인식을 새롭게 하였다. 본장에서는 범 민족적 소수인종운동을 미국의 소수인종의 대표적 이민집단인 치카노를 중심으로한 라틴계 미국인 운동과, 아시아계 미국인 운동을 통해 살펴보고자 한다. 이들 집단들의 운동은 각각 이들의 유래와 삶의 조건 등 여러 면에서 상당한 차이를 가지고 있으나, 동시대에 발생한 소수집단 운동으로서 상당한 유사성 또한 가지고 있다. 그러므로 이들의 행동주의를 통해 현대 미국사회운동의 인종적, 민족적 컨텍스트를 이해할 수 있을 것이다.

Ⅱ. 라틴계 미국인 운동

1960년대 소수 인종집단 운동들 중 규모 면에서나 활동 면에서 큰 비중을 차지한 것은 라틴계의 운동일 것이다. 1960년의 인구 통계는 미국에 3백만 명이 넘는 라티노가, 1970년의 통계는 9백만 명의 라티노가 거주하고 있다고 밝혔다. 라티노는 1960년대 이래 미국의 모든 합법적 이민 중 1/3을 차지하였으며, 그 이후 더욱 많은 이들이(대략 7백만 명에서 1200만 명으로 추정) 불법 이민으로 미국에 거주하고 있는 것으로 추정되고 있다. 그러므로 미국 내 라티노 이민의 실제 비율은 훨씬 높을 것임에 틀림없다. 그러나 남서부 주를 제외하면, 1960년대 이전의 라티노들은 "잊혀진" 소수 집단, 또는 "잠자는 갈색 거인"이었다. 하지만 급속한 인구 증가와 도시화, 미국에서 태어난 라틴계 미국인의 증가, 그리고 흑인운동의 자극은 라틴계들이 자신들의 열악한 사회, 경제적 상황, 미약한 정치적 세력을 인식하고 자신들의 정체성을 새로이 확인하며 인종적, 민족적 자부심을 강조하는 집단적 운동을 시작하도록 하였다.

미국의 라티노는 상당히 다양한 종류의 사람들을 포용하는 개념이다. 라티노란 단일민족도, 또 동질적인 집단도 아니다. 라티노라고 총칭되는 사람들에는 푸에르토리코인, 쿠바인, 엘살바도르인, 그리고 과테말라, 니카라과, 페루 등 중앙아메리카와 남아메리카로부터 온 이민 등 다양한 민족들이 다 포함된다. 또한 라티노는 식민화된 토착인들, 합법, 불법적인 이민들, 그리고 이들의 자손들과 정치적 망명자와 난민들을 모두 포괄한다. 공통의 언어와 종교로 인해 문화적 공통성을 가지는 것으로 이해되기도 하지만, 라티노는 상당히 다양한 집단들로 구성된 汎민족적, 인종적 개념이라고 할 수 있을 것이다. 따라서 라티노 간의 통합이나, 통합을 향한 집단적 움직임은 매우 어려웠으나, 치카노 운동의 등장과 그 자극으로 범민족, 범인종 운동이 시작되는 중요한 계기가 마련되었다. 치카노 운동은 라틴계 범민족 운동의 상징이자 그 모델이 되었다.

1. 치카노 운동의 등장 배경

라티노 중 가장 다수를 차지하는 이들은 바로 멕시코계 미국인들이다. 멕시코계 미국인들(치카노, Chicano)의 다수는 제2차세계대전 중 전시 노동인구 부족을 틈타 미국에 건너왔으며, 이들 중 다수가 남서부와 태평양 연안에 그대로 정착하였다. 또한 전후 멕시코 노동자들의 입국을 허용했던 협약이 말소되자 수많은 이들이 미국으로의 불법 이민을 택하였다. 1953년 정부는 불법 이민자 추방 정책(Operation Wetback)을 개시하였으나 새로운 이주민들의 물결을 막기에는 역부족이었다. 1950년 이래 5개의 남서부 주들, 즉 캘리포니아, 애리조나, 뉴멕시코, 콜로라도, 그리고 텍사스에 이들 인구의 90 퍼센트가 집중 거주하였다. 또 다른 중요한 발전은 멕시코계 미국인 집단의 급속한 도시화였다. 1950년의 경우, 66 퍼센트가 도시 거주자였고, 1960년에 이르면 79 퍼센트, 1970년에는 85 퍼센트로 증가하였으며, 특히 거대 도시에 집중 거주하는 양상을 보였다. 1960년대에 이미 로스앤젤레스와 멕시코 시티 등 여러 미국 도시들에 상당 규모의 치카노 집중 거주지(barrio)가 만들어져 있었다.

　1960년의 미국 인구통계는 멕시코계 인구 중 20 퍼센트도 안 되는 이들만이 소위 사무직 또는 非육체노동에 종사하고 있다고 보고했으며, 1972년의 통계 또한 60년의 통계와 거의 차이가 없다고 지적하였다. 실업률 또한 미국 전체 평균보다 높아 1960년의 경우 8.5 퍼센트, 1972년의 경우에는 7.9 퍼센트였으며, 청년층(16세에서 24세)의 경우 그 비율은 15.1 퍼센트에 이르렀다. 1972년의 미국 전체 인구 평균소득이 10,286 달러였던 반면, 멕시코계 가구의 평균소득은 7,486달러에 머물렀다. 그들의 교육수준 또한 낮아 1960년 평균 수학년은 7.2년에 불과하였다(남서부 지역 백인의 평균 수학 년은 11.6년이었다). 멕시코계는 또한 남서부에 백인들이 정착한 이후 인종적 차별의 대상이 되었다. 그들은 폭력과 박해, 경찰의 가혹행위, 불공정한 재판, 문화적 말살과 역사적 왜곡의 대상이 되어 왔다. 또한 그들은 영어도 제대로 구사하지 못함으로써 이들의 취업전망은 어두울 수밖에 없었다. 그 결과 그들은 주로 저임금 서비스 업종과 육체노동에 종사할 수밖에 없었다.

이같은 빈곤과 억압의 문제에 저항하며 강력한 사회·정치적 활동을 펼친 집단이 바로 멕시코계 미국인들이었고, 이들에 의해 치카노 운동(Chicano Movement)이 전개되었다. 치카노 운동은 당시의 현실비판 가운데 탄생하였으나, 또한 역사적 유산에 기반을 둔 것이기도 했다. 이 운동은 백인들이 남서부를 정복했던 바로 그 시기의 "도적떼(bandits)"에 의한 게릴라 활동에서 그 기원을 찾을 수 있을 것이며, 그 이후 멕시코계 활동의 비판적 연장선상에 있는 것으로 볼 수 있을 것이다. 19세기 멕시코계 게릴라들은 정복자들의 폭력에 저항하면서 그들 역시 폭력으로 대응하였다. 이같은 초기운동은 예외없이 폭력적으로 억압되었으며, 이들의 지도자들은 투옥되고, 살상되었으며, 추방되었다. 그리하여 불신과 증오는 점점 더 커져 갔다. 그후 50여년 간 멕시코인들은 거의 어떠한 정치 활동도 펼치지 못했다.

1920년대 이후, 치카노 인구 중 중간계급의 통합주의적 열망을 반영하는 조직들이 등장하기 시작하였고, 이같은 조직들은 "미국적 생활" 양식을 추구하였다. 1921년 성립된 '미국의 아들단(The Order of the Sons of America)'은 오로지 미국 시민들만을 회원으로 받아들였을 뿐만 아니라 미국에 대한 충성을 맹세하였으며, '라틴계 미국시민 연맹(The League of United Latin American Citizens: LULAC)' 또한 체제로의 통합을 추구하였다. 제2차세계대전 이후에도 통합주의적 경향이 주도적이었다. 이들은 미국의 체제에 고유한 이익집단의 압력정치를 이용하여 정부기구 내 멕시코인의 대변인을 확보하고 이를 통해 구체적인 사회·경제·정치적 문제들을 해소하는 데 중점을 두었다.

명실상부한 치카노 운동은 제2, 3세대의 수적 증가(1960년의 경우, 15퍼센트만이 외국 태생)와 함께 1960년대의 격렬한 변화의 소용돌이 속에서 자신들의 열악한 상황을 시정하려는 운동과 함께 시작되었다. 흑인 운동의 영향을 받아서 많은 멕시코계 미국인들은 흑인들의 억압상을 인지하고, 자신들의 상황도 인식하게 되었다. 또한 이들은 베트남 전쟁에 대한 미국의 깊숙한 개입에 저항하는 반전운동의 전반적 열기에 빠져들면서, 이를 민족적-인종적 시각으로 바라보게 되었다. 그리고 청년층의 대항문화 역시 이들의 인종적 획일성에 대한 도전에 지대한 영향을 미쳤다. 1960년대에 등장한 치카노 운동은 분명 19세기의 투쟁적 성격의 유산일 뿐 아니라 이전 세대의 통합적, 체제순응적 활동에 대한 비판의 성격을 띠며, 치카노의 현실을 개선하고, 오늘날의 치카노의 상황을 가져온 미국의 기존 체제, 구조, 가치관에 대한 저항과 이의 개혁을 요구한 것이었다.

2. 치카노 운동의 조직과 활동

치카노 운동은 1960년대라는 격동의 시대에, 수세기에 걸친 멕시코계 미국인들의 경험이라는 기반 위에서 사회적 변화를 추구한 운동으로서, 일원적인 것이 아니라 "멕시카니다드(Mexicanidad)"에 대한 자부심을 공유하고, 치카노의 정치·사회·경제적 지위를 증진시키고, 문화를 재건하며, 미국사회에의 건설적 변화를 추구하는 수많은 개인들과 조직들의 혼합이었다. 다양한 흐름들이 각기 다른 방식으로 치카노 운동을 구성하였다. 치카노 운동의 주요 특징은 이질성과 다양성이었다. 케사르 차베즈(Cesar Chavez)가 이끌었던 '농장노동자 연합운동'의 전략과 조직 방법은 라이에스 로페즈 티에리나(Reies Lopez Tijerina)의 '토지 양도 연맹운동(Land Grant Movement)' 또는 로돌포 코키 곤잘레스(Rodolfo Corky Gonzales)의 '정의를 위한 십자군(Crusade for Justice)'과는 달랐다. 이들 세 조직들은 학생들과 지식인들이 이끌었던 운동과도 상이하였다. 그러나 이들을 모두 통합시켰던 하나의 특징이라면, 수십년 만에 처음으로 멕시코인들이 백인들의 주도에서 벗어나 자신들을 정치적으로 표현하게 되었다는 것이다.

가. 농장노동자 연합운동

치카노 운동은 무엇보다도 도시를 주무대로 문화적 재건과 사회·경제·정치적 개혁을 위한 운동이었다. 그렇다면 무엇이 이 운동에 불을 당겼는가? 비록 도시가 치카노 행동주의의 발판이었지만, 치카노 운동의 불을 당긴 것은 농촌이었다. 치카노 운동 중 가장 유명한 것이 바로 멕시코 민족주의의 깃발을 들고 종교적 상징을 내세우며 도시 치카노들의 관심을 끌었던, 1965년 캘리포니아 주 델라노에서 케사르 차베즈(Cesar Chavez)의 영도 하에 일어난 포도농장 파업이었다.

캘리포니아의 멕시코계 미국인 농장노동자였던 차베즈는 '농장노동자 연합(United Farm Workers: UFW)'이라는 라티노 농장노동자들이 중심이 된 조합을 결성하였다. 실상, 대규모의 상업적 농장에서 일하던 노동자들 간의 노동조합 결성을 위한 노력은 멕시코 혁명에 자극을 받아 결성된 1920년대의 '과일과 야채 따기 노동자 조합(fruit and vegetable pickers)'과 공산주의자들이 지도한 1930년대 초의 '상업과 농업노동자의 산업 노조(Commercial and Agricultural Workers Industrial Union)'로까지 거슬러 올라갈 수 있으나, 이같은 운동이 활성화된 것은 전후 멕시코 노동자들이 캘리포니아 농업노동력의 다수를 차지하게 된 이후였다. 카리스마적 조직가인 차베즈의 지도하에 캘리포니아 농장노동자 연합은 1965년, 농장주들에게 조합을 승인하고 보다 높은 임금, 보다 나은 작업 환경, 보다 우호적인 계약, 조합을 결성할 권리, 그리고 그 외의 혜택들을 늘여줄 것을 요구하는 장기간의 비폭력 파업 투쟁에 돌입하였다. UFW의 전략은 파업, 불매운동, 그리고 우호적인 입법을 통과시키기 위한 로비활동을 포함하고 있었다.

UFW는 자신들의 파업을 단순히 노동조합과 경영주간의 갈등으로 보지 않았고, 멕시코계 미국인 사회가 그 자신의 민족적 전통과 완전한 미국시민으로서의 권리를 깨달을 것을 요구하며 5년간에 걸쳐 투쟁을 계속하였다. UFW 집회와 행진은 멕시코인의 자존심과 힘을 상징하는 검은 아즈텍의 독수리를 새긴 거대한 핏빛의 깃발을 내걸었다. 이들의 파업은 또한 치카노 민권운동과 종교적 집회의 의미를 띠고 있었다. 주도를 향한 3백 마일의 행진 동안 파업노동자들은 스페인어와 영어로 "우리는 승리하리라(We·Shall Overcome)"를 부르며 과덜루프의 성모(Our Lady of Guadalupe) 깃발을 높이 치켜올렸다. 차베즈는 선언하기를, "이는 종교적 순례이고 농장노동자들을 위한 사회변화에 대한 선언이다. 우리는 신의 자녀들이 우리의 요구에 반응을 보일 것을, 또 흑인 형제들이 셀마에서 그러했던 것처럼 우리와 함께 할 것을 희망한다."[1] 고 하였다.

차베즈는 전국적으로 대대적인 호응을 얻었다. 고용주들이 조합의 요구를 거부하자 UFW는 대학생, 가톨릭 교회, 연합 자동차노조(United Automobile Workers), 흑인운동 단체(SNCC, CORE)의 지원을 받아 처음에는 캘리포니아 재배 포도에 대한, 그리고는 양배추에 대하여 전국적인 불매운동을 체계적으로 벌여나갔다. 1968년, 차베즈는 농장노동자들과 빈민들의 연대를 이루고, UFW를 전국적 규모로 확대시켜 갈 것을 주창했으며, 정치활동에도 나서서 UFW를 지원하던 상원의원 로버트 케네디를 공개적으로 지지하였다. 2년 후, 캘리포니아 포도재배업자의 반수가 조합과 계약을 맺었고, 차베즈는 큰 승리를 거두었다. 그러나, 수년간의 투쟁의 결과 얻었던 포도계약이 만료된 1973년, 트럭 운송노조(Teamsters)가 재배업자들의 지원을 업고 농장노동자들을 자신들의 조직으로 끌어들이려 하자, UFW는 또 다시 자신들의 존재를 위해 운송노조와 재배업자에 대한 저항을 벌여야 했다.

그러나, 이같은 활동을 통하여 UFW는 마침내 많은 재배업자들로부터 공식적인 인정을 얻었을 뿐 아니라, 남서부에서 중요한 정치세력으로 등장하였다. 차베즈는 농장노동자들에게 물질적 혜택과 작업환경의

---

1) Arturo Rosales F., *Chicano!*: *The History of Mexican American Civil Rights Movement*(Houston: Arte Publico Press, 1996), p. 140.

향상을 가져다 주었을 뿐 아니라 치카노 운동의 상징과 정신이 되었고, 대중들에게 치카노들이 당면한 문제들을 알게 하고 그들을 일깨우는 교육적 역할도 수행하였다. 그리고 농장노동자 연합의 운동은 도시에서의 치카노 운동에 불을 붙였다고 할 수 있을 것이다.

나. 토지 양도 연합 연맹운동

차베즈가 캘리포니아 농장노동자들을 조직하고 있는 동안, 또 다른 역사적 투쟁이 시작되었다. 이는 뉴 멕시코의 라티노들이 미국의 정복으로 잃어버린 공동체의 토지를 회복하고자 조직화와 함께 대담한 대항적 전략을 통해 대중들의 관심을 일깨운 것이었다. 이 운동은 '토지 양도 연합 연맹(the Alianza Federal de Mercedes)'의 창시자인 라이에스 로페즈 티예리나(Reies Lopez Tijerina)가 주도한 운동으로, 백인 소유자들과 연방정부가 멕시코인의 땅을 불법적으로 획득했다면서 자신들의 선조에게 부여되었던 토지의 소유권 반환을 주장하며 행동에 나선 것이다. 연맹운동의 기반은 1848년의 과덜루프 이달고(Guadalupe Hidalgo), 즉 멕시코인들에게 시민으로서의 모든 권리를 보장하고, 그들의 토지 재산과 문화적 기구 및 제도(언어와 전통)를 보존할 권리를 약속한 조약이었다. 실상 미국이 그 조약의 내용을 위반했다는 인식은 치카노 운동의 당위성이 되었다.

연맹운동이 제시한 목표는 잃어버린 땅을 되찾는 것이었다. 티예리나는 뉴 멕시코 토지양도의 법 조항들을 조사하고, 미국이 조약을 위반하였다고 결론내렸다. 그러므로 이같은 잘못을 시정하는 운동은 적절하고 필요할 뿐 아니라 신성한 것이었다. 1964년과 1966년, 티예리나는 라디오 방송을 통해, 미국이 라티노에 대해 취했던 잘못된 행동을 지적하고 운동을 시작할 필요를 널리 알렸다. 이는 수천의 라티노에게 분노를 불러일으키는 효과적인 수단이 되었다. 운동 초기, 연맹이 꿈꾸었던 해결책은 체제 내에서 비폭력적 방식에 의존하여 활동하는 것이었다.

티예리나는 라티노의 "잃어버린" 토지에 대한 주장이 정당한지 여부를 조사할 정부 위원회의 설립을 요구하였고, 1966년 7월 뉴 멕시코 주지사는 토지분배에 대한 조사에 착수하고 역사적으로 이들의 주장에는 아무런 유효성이 없다는 조사결과를 발표하였다.

이에 티예리나는 분쟁의 대상이 되는 토지를 점령하고 자신들을 쫓아내려는 정부의 어떤 행동에도 저항할 것이라고 선언하였다. 연맹은 1966년 10월 16일, 18세기 스페인 국왕이 하사한 이후, 생 후아퀸 델 리오 차마(San Juaquin del Rio Chama)라고 불린 지역이자, 당시에는 킷 카슨 국유림(Kit Carson National Forest) 내 캠프장인 에코 애머피씨에터(Echo Amophitheater)를 점령하였다. 그리고 그곳에 생 후와퀸 델 리오 차마 공화국(Republic of San Joaquin del Rio Chama)을 설립하였다. 그후 이들은 이곳을 잠시 비우면서, 다시 돌아올 것을 선언하였다. 그러나, 국유림의 감독관과 주 경찰은 연맹원들의 복귀를 방지하기 위해 입구를 봉쇄하였고, 티예리나와 무장한 회원들이 봉쇄를 뚫자, 이들은 체포되었다. 이는 다음해 더욱 호전적인 연맹활동의 시작을 알리는 것이었다.

결국, 지역 당국과 연맹원들 간의 갈등이 확대되었고, 연맹은 정부 관리들에게 자신들의 명분의 유효성을 확신시키려는 시도로 직접 행동에 뛰어들었다. 연맹원들과 동조자들은 티에라 아마릴라 법원(Tierra Amarilla courthouse)의 지방 검사를 체포하려고 시도하였고, 또 연맹이 영유권을 주장하던 킷 카슨 국유림 내 땅을 무단침입한 국유림 순찰대를 체포하려 하기도 했다. 이같은 호전성으로 인해 티예리나는 2년간 수감되었고, 연맹은 UFW와 같은 극적인 승리를 맛보지도 못했다. 법적으로 볼 때 잃어버린 땅을 되찾는다는 것은 불가능한 것이었을 것이고, 티예리나가 非현실적인 목표를 설정한 것이라는 비판을 받기도 한다.

그러나, 연맹활동은 가난하고, 고립되고, 백인들의 멸시에 대한 분노를 느끼던 이들에게 자신들의 분노를 표출할 수단을 제공했으며, 동시에 이중 언어 교육, 민권, 경제적 동등성, 그리고 법 집행 당국의 차별적 행위의 종식을 요구하며 치카노 운동의 범위를 확대시키는 데 일조하였다. 또한 연맹의 호전적이고 대담한 전략과 자유로운 사회의 설립이라는 목표는 점차 성장하고 있던 치카노 민족주의자들과 분리주의자들에게 상당한 호소력을 가지고 있었다. 주류 멕시코계 미국인 정치가들과 민권운동가들이 추구하던 "일상적 정치"를 거부하며, 이들은 가장 구체적으로 분리주의를 드러내었다. 그러므로, 연맹운동은 이 운동의 전략에 동의하지도 참여하지도 않았던 상당수의 멕시코계 미국인들 사이에서도 폭넓은 세력기반을 형성할 수 있었다. 그리고, 이들의 활동은 다른 라티노들을 자극하여 민권운동과 교육개혁에 동참하도록 하기도 하였다.

다. 치카노 청년운동

농촌의 멕시코계 운동이 치카노 운동의 등장에 중요한 자극제였다면, 이같은 현상이 가장 효과적으로 정치적, 사회적 조직화라는 결과를 가져온 것은 도시에서였다. 1960년대의 베트남전, 인종적·사회적 갈등의 첨예화 등 모든 것들이 새로운 의식의 창조에 기여하였다. 더욱이 도시로의 지속적인 이주는 이전에는 존재하지 않았던 종류의 조직이 가능케 하였다. 그리고 청년층 치카노 수의 증가는 치카노 청년운동의 급성장을 낳았다. 치카노 청년운동은 모든 이념적 경향을 포함하고 있었다. 많은 학생들이 대중운동에 뛰어들었고, 특히 농장노동자 운동에 적극적인 지원을 하였다. 다른 이들은 자신의 민족운동에 전반적인 지원을 보내되, 학생운동의 틀 안에 남아 있기도 하였다. 또 일부는 중간계급적 관심을 대변하며 회피주의적인 자세를 보이고 있기도 하였다. 그러나 또 다른 일부는 의식적인 치카노 운동의 주도적인 역할을 담당하였다.

의식적 치카노 청년운동의 시발점은 1967년 캘리포니아에서 등장하였다. 비록 연맹운동과 농장노동자 운동이 이미 등장하였으나, 이는 의식적인 치카노 오리엔테이션을 갖지는 못했다. 이에 반해 로돌포 코키 곤잘레스(Rodolfo Corky Gonzales)의 '정의를 위한 십자군(Crusade for Justice)'은 운동의 초기 징조를 보였다. 이 조직은, 1963년 '자원자(Los Voluntarious)'라 불린 조직과 더불어 곤잘레스가 빈곤층 멕시코계 미국인에 대한 덴버 시의 정책과 경찰의 잔학행위를 비판했던 것을, 곤잘레스가 "그날 정의를 위한 새로운 운동이 시작되었다"[2]고 선언한 데서 비롯되었고, 1966년 정의를 위한 십자군이라는 명칭으로 공식적으로 연합되었다. 곤잘레스는 배리오 계획(El Plan del Barrio)을 발표하고 치카노들을 위한 공공주택, 이중언어 교육, 멕시코계 집중 거주지(barrio)의 경제발전, 그리고 콜로라도와 뉴 멕시코의 "잃어버린" 땅을 되찾을 것을 외쳤다. 마치 블랙 무슬림(Black Muslim)과 같이, 곤잘레스는 자신의 조직이 조정, 통제하는 자급적인 집중 거주지 내 비지니스의 활성화를 꿈꿨다. 즉, 정의를 위한 십자군은 문화적 민족주의를 확립하고 분리주의의 개념을 정립하는 역할을 하였다. 그러나, 그것은 규모가 너무 작아서 즉각적이며 광범위한 영향력을 갖지는 못했다.

텍사스의 '멕시코계 미국인 청년 조직(Mexican American Youth Organization: MAYO)'은 치카노라는 개념을 정립하는 단계였고, 애리조나의 중간계급 멕시코인들과 대다수의 학생들은 여전히 통합주의적 성격을 띠고 있었다. 그러나, 캘리포니아에서 교육적 태만과 경찰의 잔학행위에 대항하던 급진적 청년집단이었던 '브라운 베레(Brown Beret)'는 급속히 지역사회와 동부 로스앤젤레스 고등학교 학생들과의 강력한 연대를 형성하기 시작하였다. 그리고 이해 캘리포니아 대학 캠퍼스에서의 사회적 혁명의 열기는 이들에게 지대한 영향을 미쳐, 남부

---

2) Christine Marine, *A Spokesman of the Mexican American Movement: Rodolfo "Corky" Gonzales and the Fight for Chicano Liberation, 1966－1972*(San Francisco: R & E Research Associates, 1977), p. 10.

캘리포니아의 치카노들은 자신들의 이데올로기를 정립하기 시작하였고, 치카노 민족주의 노선에 따라 치카노가 당면하고 있는 문제들을 지적하였다. 또한 캘리포니아 이외 지역들의 치카노 운동가들은 "치카니스모"를 계발해 나갔다.

1969년 3월, 콜로라도 주의 덴버에서 최초의 전국 치카노 청년회의(Chicano Youth Conference)가 개최되었고, 여기서 치카니스모(Chicanismo)의 개념과 민족에 기반을 둔 치카노의 범 민족적 통합을 강조하는 '아즈틀란 선언(El Plan Espiritual de Aztlan)'이 채택되었다. 치카니스모라고 불린 새로운 이념은 멕시코인들에 대한 새로운 이미지를 제시하였다. 이는 치카노의 인종적, 민족적 자부심과 토착문화를 강조하고, 미국적·유럽적 기원 대신 집단의 신화적인 기원을 추구하는 것이었다. 그리고 아즈틀란(아즈텍 인디언의 고향의 신화적 명칭이었다) 이 자신들의 뿌리라는 사고는 많은 젊은이들이 그 지역, 즉 오늘날의 남서부 지역에 대한 자신들의 역사적 권리를 주창하도록 고무하였고. 이를 기반으로 통합을 추구하도록 하였다: "... 우리는 브론즈 문화를 가진 브론즈 인종이다... 우리는 하나의 인종이고, 자유로운 푸에블로의 연합이며, 우리는 아즈틀란이다."[3]

미국 전역에 걸쳐서 치카노들은 자신들의 문화, 언어, 전통을 되찾고, 자신들의 뿌리를 재확인하며, 자신들의 민족적, 문화적 기원에 대한 자부심을 만들어내었을 뿐 아니라, 라 라자(La Raza: 문자 그대로는 인종을 의미하나, 공통의 기원과 경험을 가진 치카노인들을 의미한다)로서의 정체성, 이들간의 결속과 형제애를 일깨웠다. 치카노는 자신들의 진정한 역사에 대한 자부심을 강조하였고, 주도 사회의 가치관과 이념을 거부하였다. "치카노는 미국의 개인주의라는 신화를 거부한다... 멕시코인들이 자신들 집단의 문제에 현실적으로 대처하려면, 집단적으로 행동해

---

3) Gilberto Lopez y Rivas, *The Chicanos: Life and Struggles of the Mexican Minority in the U.S.* (New York and London: Monthly Review Press, 1973), p. 66.

야만 한다."⁴) 즉, 이들은 자신들이 치카노 민족임에 자부심을 갖고, 계급, 연령, 지역을 넘어서는 하나의 민족으로서 공유하는 독특한 경험을 기반으로 하나로 통합되어야 한다고 주장한 것이었다.

현실 비판적인 다수의 멕시코계 미국인 학생들은 캠퍼스와 지역조직을 통합, 조율하는 조직들을 형성하였다. 덴버 회합이 있은 지 한 달도 못되어 캘리포니아의 학생들이 캘리포니아 대학 산타바바라 캠퍼스에 모여 지역사회에 적절하고 유용한 대학 커리큘럼과 그에 대한 자신들의 통제권을 요구하고, 아즈틀란 선언을 미래의 치카노 연구와 학생들의 이념적 표현으로 포용하였다. 1967년 이들 학생조직들의 다수가 '아즈틀란의 치카노 학생운동(Movimiento Extudiantil Chicano de Aztlan: MECHA)'으로 통합되었다.

이들 청년 학생들은 미국사회로의 통합 대신에 문화적 민족주의를 주창했고, 자신들의 정체성을 확인하려 하였으며, 자신들의 목적을 위해 급진적 방법까지 자유롭게 사용하기도 하였다. 이들은 때로는 좌절감으로 수업 거부와 연좌 농성을 하기도, 또 학교 위원회와 행정과 직접적으로 대결하는 양상을 보이기도 하였다. 농장노동자들의 운동과 민권운동에 고무되어, 로스앤젤레스와 또 다른 도시의 치카노 학생들은 학교에 대한 일련의 보이콧 운동을 벌였다. 이들은 낮은 수준의 교육에 불만을 표하며, 멕시코계 미국인 사회가 보다 강력한 힘을 얻기 위한 보다 폭넓은 운동을 추진하였고, 사회·경제·정치적 차별에 대한 종식을 요구하였다.

이들은 또한 백인의 시각에 기반을 둔 사회학적 연구에 강력한 비판을 가하며, 학계에서의 투쟁도 벌여나갔다. 1967년 4월, 닉 바카(Nick Vaca)는 옥타비오 로마노(Octavio Romano)와 함께 인종차별주의, 온정주의, 스테레오 타입, 심리학적 일반화, 민족중심적 평가 등으로 가득

---

4) Joane Moore and Alfredo Cuella, Mexican Americans(Englewood Cliffs: Prentice Hall, 1970), p. 143.

한 미국의 인류학, 사회학, 역사학, 심리학 연구를 공격하였다. 이들은 그같은 연구들이 치카노인들의 실제상황을 비추기보다는, 백인들의 인종주의적 사고와 문화적 스테레오 타입을 지지하였다고 비난하였다. 문화적 민족주의의 이상에 고무되어, 많은 청년층 치카노들은 치카노 역사 연구 프로그램의 정립과 다양한 교육 프로그램, 교육개혁을 위한 활동을 시작하였다.

학생들은 치카노 자신들에 대한 자신들이 운영하는 교육 프로그램을 실천하기 위하여 투쟁하였고, '멕시코계 미국인 학생 연합(United Mexican American Students: UMAS)', MAYO, 그리고 MECHA와 같은 조직들을 통하여 교육개혁을 추진하였다. 이는 학교 탈락률의 감소, 교과 수행 능력의 증진, 이중 언어, 이중 문화 프로그램의 개발, 고등교육을 위한 장학금의 확대와 지원조직의 확대, 치카노 연구 프로그램과 교과 과정의 정립, 그리고, 치카노 교사와 행정가의 수적 확대 등을 꾀하였다. 이 운동은 또한 고등교육을 위한 대안학교와 기관들의 설립을 자극하여 치카노의 실체와 필요를 가르치려는 의도하에 텍사스의 하킨토 트레비노(Jacinto Trevino) 대학과 같은 자신들의 학교를 세우기도 하였다. 이같은 활동은 1970년대에 보다 확대되어, 오레곤 주의 케사르 차베즈 대학(Colegio Cesar Chaves), 캘리포니아의 티에라 대학교(Universidad de la Tierra), 텍사스의 히스패닉 국제대학교(Hispanic International University) 등이 지속적으로 설립되었다. 이같은 움직임에 견인차 역할을 한 것이 치카노 학생들의 교육개혁 운동이었다.

라. 치카노 통합당

상당 수의 치카노들은 또한 자신들의 지역사회에 대한 통제권을 얻기 위해 정치활동을 시작하였다. 그리고, 학생조직 구성원 중 다수가 정치 활동의 지도적 위치로 올라섰다. MAYO의 공동설립자인 호세 앤젤 구티에레즈(Jose Angel Gutierrez)는 치카노 정당인 '치카노 통합당

(Partido La Raza Unida)'을 이끌기 시작하였고, 또 다른 MAYO의 지도자 윌리 벨라쿠에즈(Willie Velaquez)는 남서부 유권자 등록 교육 프로젝트의 설립을 지원하였다. 미국사회로의 동화를 외치는 동화주의자들과는 달리, 이들은 공화당과 민주당을 모두 비난하고, 자신들만의 정당을 조직하였다. 치카노 통합당이 그것인데, 이는 전국적으로 확산되었다.

치카노 통합당은 텍사스의 MAYO와 콜로라도의 정의를 위한 십자군에 그 기원을 두고 있으며, 통합당의 창설에 가장 큰 공헌을 한 이로는 곤잘레스를 들 수 있다. 덴버 지역조직과 정의를 위한 십자군의 창설자이자 가장 적극적인 치카노 민족주의와 자결의 지지자였던 곤잘레스는 새로운 정당의 교육적 역할을 강조하였다. 곤잘레스는 "우리는 우리 자신을 민족으로 간주해야 한다. 우리는 우리가 아즈틀란의 민족임을 이해해야 한다... 우리는 해방이 자결로부터 올 것이며, 민족주의를 통하여 우리의 배리오 거주 형제들이 우리와 함께 하도록 해야 한다... 우리는 어떤 형태든 세력을 얻기 위해 멕시카노의 사회를 창조해야 한다."[5]며, 멕시코계 미국인들이 하나의 깃발 아래 투표하는 결속력을 가지고 전국적 치카노 정당을 창설할 것을 제안하였다.

또한, MAYO의 지도자였던 구티에레즈는 치카노 대중에게 치카니스모를 확산시키는 데 선거라는 합법적 수단의 유용성을 인식하였고, 정당이 정치적·경제적·사회적 이슈에 대해 치카노를 교육시키는 데 강력한 무기가 된다는 것을 인식하였다: "이같은 제3당은 매우 중요한 대안이며, 해결책이다. 여러분들이 여러분 자신의 법정에 앉아 있을 때, 여러분들은 더 이상 지역사회의 자율적 통제(community control)에 대하여 논할 필요가 없다. 왜냐하면, 여러분 자신들이 바로 지역사회(community)이기 때문이다."[6] 구티에레즈는 남부 텍사스에서 치카노

---

5) Armando Navarro, Mexican American Youth Organization: Avant-Garde of the Chicano Movement in Texas(Austin: University of Texas Press, 1995), p. 67.
6) Ignacio M. Garcia, *United Win: The Rise and Fall of La Raza Unida Unida*

통합당을 창설하였고, 치카노가 대다수인 지역뿐 아니라 각 주에서 후보자를 내고 이들을 당선시키기 위한 활동을 시작하였다.

1970년 통합당은 치카노가 다수를 차지하는 지역에서 자신들의 후보를 내세웠다. 특히 유명한 것이 텍사스 주 리오 그란데 계곡의 크리스탈 시(Crystal city)의 통합당이 교육위원회와 시의회의 통제권을 획득한 것이었다. 이같은 성공에 힘입어 이 당의 지도자들은 보다 넓은 기반 위에 정당을 세우려 하였고, 선거를 통한 투쟁이 공격적인 방식으로만 이용된다면 조직화의 중요한 수단이 될 수 있을 것으로 보았다. 1970년 텍사스에서의 성공적 캠페인 이후, 전국적으로 수많은 통합당이 등장하였다. 그러나 이 당은 전국적 협조 하에 존재한 것은 아니었다. 실상, 이들 중 다수가 독립성을 가지고 있던 지역적 치카노 운동의 연장일 뿐이었다. 전국적 협조의 부재를 조정하기 위하여 곤잘레스는 1972년 전국 회합을 요구하며 통합당의 분파들을 모두 함께 불러 모아 전국적 "운동(Movie miento)"을 추진하였다.

그러나, 전반적으로 이들은 텍사스에서 거두었던 그같은 승리는 기록하지 못했다. 치카노 정당을 통한 정치활동은, 결국 기존의 제도권 내에서 자신들의 목소리를 내는 방향으로 선회하였다. 이들의 정치적 목적은, 치카노가 아닌 후보들이 멕시코계 미국인 사회의 필요에 헌신하기는 어렵다는 확신하에, 치카노 후보들의 수를 증가시키는 것이었다. 이들은 광범위한 유권자 등록과 지역사회 조직화를 시도하며, 보다 많은 치카노를 정부에서 임명하도록 운동을 벌였고, 입법활동을 지지하였다. 어떤 이들은 양대 정당을 통해, 또 어떤 이들은 非정당 조직인 멕시코계 미국인 정치협회(Mexican American Political Association)와 스페인어 조직 정치연합(Political Association of Spanish-Speaking Organizations)을 통해 이같은 활동을 추구하였다.

Party(Tucson: MASRC, University of Arizona Press, 1989), p. 21

이같은 활동의 결과, 1974년 두 명의 치카노가 주지사로 선출되었다. 한 사람은 뉴 멕시코의 제리 애이포카카(Jerry Apocaca)였고, 또 한 명은 애리조나의 라울 카스트로(Raul Castro)였다. 이는 뉴 멕시코가 주로 승격된 초기, 에즈퀴엘 데 바카(Ezequiel C. de Baca)와 옥타비아노 라라졸로(Octaviano Larrazolo) 주지사 이래로 처음이었다. 1976년 대통령 선거의 경우, 치카노는 텍사스와 오하이오 주에서 지미 카터(Jimmy Carter)에게 표를 몰아 주었다. 전통적으로 민주당에 표를 던지던 라티노의 표(1976년 카터에게 81 퍼센트가 투표하였다)를 획득하기 위해, 공화당은 공화당 전국 히스패닉 회의(Republican National Hispanic Assembly)를 설립하여, 민주당 전국 위원회의 히스패닉 업무과(Democratic National Committee's Hispanic Affairs Division)와 경쟁하였을 뿐 아니라, 양대 정당은 이들의 표를 획득하기 위한 시도를 지속해 나감으로써 중앙 정계에서 치카노의 목소리는 보다 강화되었다고 할 수 있다.

3. 치카노 운동과 범 민족적 라티노 운동

치카노의 움직임과 함께 라티노들은 남서부에서 영향력있는 정치 조직을 형성하였고, 남서부에서 멕시코계 미국인을 연방의원으로, 또 주지사로 선출하기도 하였다. 특히 멕시코계 미국인들의 정치조직인 통합당은 남부 캘리포니아와 남서부의 타 지역에서 1970년대뿐 아니라 그 이후에도 영향력을 행사하였다. 그러나, 대부분 라티노에게 있어 경제, 정치적 세력을 얻기는 매우 어려운 일이었다. 언어장벽과 가족 중심의 문화는 효과적인 조직체의 결성을 저해하였고, 멕시코계 미국인들과도 다른 그들은 자신들의 인구 규모만큼 정치적 영향력을 행사하지 못하였다.

라티노란 명칭은 공통의 언어와 종교 등 문화적 공통성을 가지고 있음을 시사하고 있지만, 사실상 다양한 집단들의 경험은 상당 정도의 사회·경제적 차이를 가져와 汎민족적 조직과 정체성의 발전에 상당한 저해 요소로 작용하였다. 이같은 汎민족적 정체성 인식의 어려움은 또한 이들 주요 라티노 민족집단들이 지역적으로도 분산되어 있다는 사실로 인해 보다 복잡한 문제가 되었다. 상호부조 기구와 종교단체들은 캘리포니아와 남서부의 멕시코인의 정착만큼 오래된 것이나, 1960년대 치카노 운동 이후에야 사회적 변화를 추구하는 진정한 조직이 발전되었다. 차베즈의 농장노동자들로부터 도시의 대학생들까지, 땅에 목마른 뉴 멕시코의 농부들로부터 브라운 베레에 이르기까지 다양한 집단들을 함께 엮고, 여기에 '라틴계 미국인 시민 연합(League of United Latin American Citizens: LULAC)'과 같은 민권조직들이 함께 했던 것이 범민족주의의 하나의 실행이었다고 볼 수도 있다.

그러나, LULAC은 기본적으로 텍사스에 근거한 멕시코계 미국인 민주당 조직에 머물렀고, 정치활동을 위한 민족적 기반의 확대는 종종 혼란을 야기하였다. 남서부 지역의 치카노들은 멕시코인들의 민족적 특수 이미지와 뿌리에 의존하였고, 푸에르토리코인들은 푸에르토리코의 독립을 추구하였으며, 쿠바계 미국인들은 쿠바의 해방을 지향하였다. 분명 이들 세 가지 운동은 상호 별 연관성을 가지지 못하였다.

그러나, 전국적으로 볼 때, 하원에 '히스패닉 코커스(Hispanic Caucus)', '라티노 선출직, 임명직 공직자 협회(National Association of Latino Elected and Appointed Officials: NALEO)'가 있고, 이들은 주와 지역 수준에서 선출된 이들에게도 확대되고 있다. 이는 가장 중요한 범민족적 라티노 조직이며, 기본적으로 남서부 출신의 멕시코계 미국인들과 뉴욕 시 주위의 푸에르토리코계 간의 (민주당) 의회 연맹이라고 할 수 있다. NALEO외에, 진정한 범민족적 기구와 조직들은 거의 발전되지 못했다. 분명한 것은, 문화적 유사성이 범민족적 협력의 충분한 기반은 되지 못하며, 경제적 박탈과 정치적 배제에 대한 공통의 의식과 객관적으로 유사한 계급적 지위가 범민족운동의 기본적인 요소가 될 것이다. 1960년대와 1970년대를 지나, 지난 20여년간 라티노는 눈에 띨만한 움직임을 보이지는 못했다. 이들은 여전히 경제적으로 열악한 위치에 있고, 정치적으로도 미약한 지위에 머물렀다. 인구가 많다고 곧 정치적 세력이 강해지는 것은 아니다. 특히, 투표로 연결되지 않는다면 더욱 그러할 것이다.

그러나, 만약 이들이 시민권을 획득하고, 유권자 등록을 하고, 또 투표에 직접 참가한다면, 라티노가 중요한 정치세력이 될 가능성은 충분히 있다. 이들에게 필요한 것은 보다 폭넓은 범민족적 인종집단으로서 라티노의 정체성 확립과 미국 내 다양한 라티노 집단들 간의 하나의 사회로서의 인식일 것이다. 또한 이들이 지속적 이민과 높은 출생률로 인한 인구수에서뿐 아니라 점차 미국의 다양한 직업들과 영역으로 움직여 가고, 전통적인 지역적 고립을 탈피해 간다면, 라티노의 결속력은 강화될 수 있을 것이며, 미국사회에서 보다 중요한 위치를 차지할 수 있을 것이다.

4. 치카노 운동의 평가

치카노 운동은 정체성 찾기, 교육 개혁, 민권 행동주의, 정치적 활동, 일자리 수호 등에서 명확하게 나타났다. 그러나 이것이 곧 완전히 새로운 패러다임이 등장했다는 것을 의미하지는 않는다. 분명히 이전 세대들도 이같은 문제들을 논의하였고 문제삼았으나, 치카노 운동은 가장 최근의 가장 의미있는 통합이었다고 할 수 있다. 즉, 이 운동은 다양성의 운동이었으나, 착취와 억압의 의식에 공통의 기반을 가지고 해방을 위한 길을 찾는 것이었다. 그리고 수많은 치카노들을 정치, 사회적 의식에 근거한 행동주의로 이끌어 내려는 시도였다. 이같은 의식의 고양과 급진화는 지속되었고, 멕시코계 미국인들을 통합하고 조직하는 최선의 방법을 찾아 나갔다.

정치·경제·교육 등 치카노 운동은 사회의 많은 다른 국면에서의 변화도 일으켰으며, 수많은 치카노 조직들의 탄생을 가져왔다. 아마도 치카노 운동의 가장 눈부신 유산이라면 수천의 지역조직들이 치카노 집중 거주지의 거주자들을 위해 만들어진 것일 것이다. 연방정부의 "빈곤과의 전쟁"에 의해 지원금을 받고, 또 지역이나 주 기구로부터 지원을 받거나, 때로는 사적 기구의 지원을 받아서 법률적 지원이나 의료지원, 교육 지원 프로그램, 지역개발 사업들을 수행하는 다양한 조직들이 형성되었다. '전국 치카노 변호사 협회(La Raza National Lawyer's Association)', '멕시코계 미국인 교육자 협회(Association of Mexican-American Educators)', '멕시코계 미국인 엔지니어 협회(Mexican-American Engineering Society)'와 같은 전문조직들이 형성되어 치카노들의 법적 보호와 경제적 지위 향상을 도모하였다.

또한, 치카노 전문직 종사자들과 과거 멕시코계 미국인 조직을 이끌었던 이들은 '멕시코계 미국인 법률 옹호와 교육 기구(Mexican American Legal Defense and Educational Funds: MALDEF)'와 '전국 멕시코계 미국인 위원회(National Council of La Raza)'와 같은 전국적 규모의 치카노 이익 옹호조직과 민권조직들의 결성을 도왔다. 1970년 대 말, 빌마 마르티네즈(Vilma Martinez)가 영도한 MALDEF는 사법부에 도전하며, 법 집행 기구의 반 치카노적 행위를 축소시키고, 법체계에 있어서의 또 다른 개혁을 추구하였다. 가톨릭 교회는 '치카노를 위한 가톨릭교(Catolicos por la Raza)'와 같은 조직을 통해, 치카노 빈민들의 삶의 환경을 개선하는 데 자금을 지원하였다. 치카노 신부들은 '종교, 교육, 사회적 권리를 위한 신부 연합(Padres Associados para Derechos Religiosos, Educativos y Sociale)'이라는 전국조직을 결성하였고, 곧 이어 수녀들도 '수녀들(Las Hermanas)'이라는 라티노 수녀들의 전국조직을 결성하였다. 이들은 교구 학교에서의 이중 언어, 이중

문화 교육을 주창하였고, 교회의 각급 성직에서 라티노의 대변자들을 보다 늘릴 것을 요구하였으며, 불법체류자에 대한 사면 또한 요구하였다.

그러나, 치카노 운동은 흑인 민권운동의 마르틴 루터 킹(Martin Luther King, Jr)과 같은 전국적으로 유명한 지도자의 이름은 남기지 못하였다. 이 운동의 참가자들 또한 이념, 장기적 전략, 운동의 상징의 선택 등에서 일치점을 찾지 못하였다. 게다가 이들이 제기한 이슈도 지역마다 상당한 차이가 있었다. 만일 치카노 운동의 존속 여부를 운동과 직접적으로 관련된 것이 얼마나 남아 있는지로 측정한다면, 이 운동은 사멸하였다고 할 수 있을 것이다. 그러나, 이들이 추구했던 것과 이들의 조직은 상당 정도 남아 있어서 오늘날의 "다원주의적 미국(multicultural America)"을 만들고 있다고 할 수 있을 것이다.

이 운동의 핵심은 정체성과 인종적 자부심의 문제였다. 치카노 운동은 인종차별주의와 인종적 자기혐오에 당면하여, "갈색은 아름답다(brown is beautiful)"는 슬로건을 사용하였고, 인디언-메스티조 외양에 대한 애정을 증진시키려 하였다. 문화적 민족주의가 이 운동의 주요 요소였다. 분명히 이 운동의 정당성은 문화적 무관심과 인종적 상이성 때문에 주류 사회가 멕시코인들에 대해 편견을 가지고 있다는 것에 있었고, 이는 흑인운동과 궤를 같이한다. 치카노 운동은 현대 멕시코계 미국인들의 애기의 전부도 아니고, 이 집단의 만장일치의 지원을 받은 것도 아니다. 또한, 어떤 이들은 급진적 호전적 민족단합이 진보를 위한 가장 좋은 전략인지 여부에 대하여 의문을 가지기도 했다. 그러나 이 운동은 그것의 최종적 영향이 무엇이든, 변화를 위한 힘을 결집한 것이었다.

Ⅲ. 아시아계 미국인 운동

미국 내 각 아시아 민족 집단들은 자신들의 공통의 문화적 전통과 민족적 정체성을 집단행동의 기반으로 삼으며 각각 평등과 정의를 위해 싸워 왔다. 중국인, 일본인, 한국인, 그리고 필리핀인들은 모두 자신들의 고유한 가치관과 관습, 그리고 공통의 언어로 민족원들을 동원해 왔고, 이같은 기반 위에서 자신들의 이익을 수호하기 위한 활동을 해왔다. 그러나 각 아시아 민족집단은 소규모였으므로 그들의 투쟁은 그리 효과적이지 못했다. 1960년대 흑인운동이 미국사회의 인종문제와 미국 정치체계가 과연 얼마나 민주적인지에 대해 의문을 불러일으키자, 각 아시아계 민족집단들은 자신들을 아시아계 미국인으로 간주하고 함께 움직이기 시작했다. 그리하여 아시아계 미국인들의 운동은 시작되었다. 아시아계 미국인이라는 개념은 아시아계 미국인으로서 공통의 의식과 독특한 문화가 있다는 것을 의미한다. 자신들의 정체성과 문화를 정의함으로써, 아시아계 미국인들은 이전의 분화되고 비효과적이던 억압에 대한 저항 투쟁을 사회변화를 위한 보다 일관된 汎아시아계 운동으로 변모시켰다.

1. 아시아계 미국인 운동의 등장 배경

미국의 아시아계는 다양한 민족집단들을 전부 포용하는 개념으로 이들 중 중국인, 일본인, 한국인, 필리핀인, 베트남인, 인도인 등 가장 대표적인 이민집단만 하더라도 각각 그 이민 시기나 이민 배경·사회·경제·문화적 성격들이 다양하다. 이들의 미국 이민은 19세기 중반 중국인 이민으로부터 시작되었고, 일본인과 필리핀인, 한국인, 그리고 그 외 동남아시아로부터의 본격적 이민과 망명을 통해 그 인구는 급속하게 증가하였다. 이들은 미국에서의 "기회"를 찾아 왔으나, 이들의 미국에서의 경험은 제2차세계대전 이전만 해도 법적 차별과 폭력, 이민 제한과 축출 등이 대부분을 차지하였다.

이미 1882년 중국인 축출법(Chinese Exclusion Act)을 통해 중국인

들은 인종적, 민족적 이유로 처음으로 이민제한을 받는 이들이 되었고, 일본계의 경우, 미국 시민 여부와 관계없이, 2차대전 중 강제수용소에 구금되는 인종적 민족적 차별의 대상이 되었다. 게다가 제2차세계대전 전 아시아 이민 지역사회는 상당히 독특한 존재로 남아 있었다. 이들은 상호 분리되어 있었을 뿐 아니라 주류사회로부터 고립되어 있었다. 언어 문제, 편견, 경제적 기회의 부족으로 인하여 미국의 아시아계들은 자신들의 민족 집중 거주지 밖에서는 별다른 기회를 갖지 못하였다.

2차대전 이후 직업 및 거주지의 장벽은 와해되기 시작하였다. 나치에 대한 전쟁은 국내의 인종차별에 관심을 가지게 하였고, 백인 우월주의의 와해를 가져왔다. 또한 민권법의 통과로 명백한 인종차별도 감소되었으며, 대중들의 아시아계에 대한 부정적인 태도도 점차 완화되기 시작하였다. 주로 아시아계를 대상으로 하였던 캘리포니아의 외국인 토지 소유 금지법(Alien Land Law)이 1946년 폐지되었고, 중국인 축출법 또한 폐지되었으며, 아시아 이민들도 시민권을 신청할 권리를 얻게 되었다. 맥카란 월터법(McCarran–Walter Act)의 통과로 아시아–태평양 삼각지대(Asia–Pacific Triangle)에도 이민 쿼터가 설정되어 다시 미국으로의 이민이 가능케 되었으며, 1965년에는 이민법 개혁을 통해 인종, 민족과 관계 없이 누구나 이민에 있어서의 평등한 권리를 누리게 됨으로써 미국 내 아시아계 인구는 폭발적으로 증가하게 되었다. 1951년에서 1965년 사이 아시아계 이민은 총이민 중 6.6 퍼센트에 불과하였으나, 1966년에서 1993년 사이 이들의 비중은 33.6 퍼센트로 확대되었다.

또한 이들의 경제적 상황도 향상되어, 중국계와 일본계의 소득은 백인보다는 낮았으나 백인 평균소득의 4/5에 이르렀으며, 교육수준도 높아져 보다 나은 직종에 종사할 수 있게 되기도 하였다. 그러나 이들은 고위직에 오르거나, 승진할 기회에 있어서는 상당한 불이익을 당하고 있었다. 비록 아시아계에 대한 공식적 차별은 사라졌다 해도, 아시아계들은 이전의 아시아계 이민들이 겪었던 비공식적 차별, 특히 취업에 있어서의 차별 등 사회·경제적 차별을 지속적으로 경험하였다. 그러나 이거주지 면에 있어서, 비록 여전히 하나의 민족집단의 집중 거주지가 보편적인 현상이었지만, 아시아계간의 거주지 격리현상은 완화되었고, 이전에는 동질적 민족집단 집중 거주지들이 또 다른 아시아계 집단들을 수용하기 시작하였다. 또한 아시아계 미국인들이 교외지역으로 이주해 나가면서 아시아계 미국인들이 많이 거주하는 교외거주지들도 등장하기 시작하였고, 혼합된 거주지를 기반으로 하여 다양한 아시아계 집단들이 상호 교류하기 시작하면서 개별 민족집단의 범주 또는 역사적 반감 등을 넘어서 공통의 문제와 목표를 인식하기 시작하게 되었다. 미국의 아시아계들은 자신들을 중요한 공통의 경험, 즉 착취, 억압, 그리고 차별이라는 경험을 공유하고 있는 집단으로 보기 시작하였다.

그러나 아시아계를 공통의 목표하에 결속시킨 것은 1960년대 말, 두 가지 역사적 현상이 동시대적으로 나타난 결과였다. 즉, 대학교육을 받은 아시아계 미국인 세대의 등장과 베트남전쟁을 둘러싼 대중적 저항이라는 상황에서 아시아계는 결속하게 되었다고 할 수 있다. 첫번째 물결의 아시아 이민들은 자신들의 자녀들에게 충분한 교육을 제공할 수 없었다. 이들의 자녀들은 분리된 학교에 등록하거나 자신들만의 학교에 다닐 수밖에 없었다. 그러나, 이같은 차별적 입법의 폐지, 2차대전 직후 아시아계 미국인의 베이비 붐으로 인한 미국 태생의 2세대, 3세대 아시아계 미국인들의 급증, 그리고 아시아계의 경제적 상황의 향상은 상당수 아시아계 자녀들의 대학교육을 가능케 하였다. 대학 캠퍼스에서 아시아계 미국인 학생들은 다양한 민족적 배경의 아시아계와의 교류를 통해 유대를 증진시켰다.

아시아계 미국인 2세, 3세대들이 청년기에 도달했을 때의 미국은 케네디 대통령의 암살, 로버트 케네디의 암살, 마르틴 루터 킹 목사의 암살, 도시 겟토의 폭동 등이 전국을 휩쓸고, 베트남전쟁에 보다 깊이 빠져들어 가던 시기였다. 아시아계 미국인들은 미국을 변화시키려던 흑인

운동, 신 좌파, 여성 해방, 반전, 그리고 또 다른 운동들에 참여하였다. 이들은 특히 흑인운동의 이상을 포용하며, 인종간의 구분선을 넘어 미국사회의 흑인에 대한 차별과 격리를 제거하기 위한 노력에 참여하였다. 그러나 흑인들의 법적 권리를 확보하기 위하여 투쟁하는 동안, 이들은 미국에 있어 사회적 변화를 위한 투쟁은 흑인만의 문제를 넘어서는 또 다른 유색인종의 문제이기도 하다는 것을 깨달았다. 이들은 자신들이 인종차별의 대상이라는 점에 있어서 흑인들과 많은 공통점을 가지고 있다는 것을 명확하게 알게 되었다.

개인적으로 이들 또한 편견과 차별을 경험하였고, 집단적으로 이들 또한 제도화된 인종차별의 희생자였으며, 주류사회로부터는 배제되어 있었다. 이들은 자신들이 경험한 차별이 개인적 차원의 문제이기보다는 미국사회의 내재적 요소에 기인한다는 것을 깨달았다. 이같은 인식은 자신들의 정체성에 대한 의문을 품게 했으며, 미국사회에 대한 환상에서 깨어나도록 하였다. 이들은 백인 진보주의자들과 함께 억압된 흑인들을 사회에 통합시키려는 운동을 시작하였으나, 흑인 문제에의 강조를 중지하고, 아시아계 미국인들, 즉 자신들의 인종적 평등을 이루기 위해 투쟁해야 할 필요를 느끼게 되었다.

그러나 이들을 심리적으로도 정치적으로도 함께 행동하도록 한 것은 주로 반전운동이었다. 반전운동은 이들이 자신들이 汎아시아 사회의 일원임을 확신하게 하였고, 아시아계 미국인 운동의 필요성을 보다 강하게 느끼도록 해 주었다. 초기, 아시아계 미국인들은 반전운동에 개인적 참가자로서, 후에는 아시아계가 집단으로서, 또는 아시아계 미국인 반전연합으로서 참여하였다. 반전운동가로서 아시아계 미국인들은 해외에서의 투쟁의 인종적 성격을 강조하는 독특한 관점을 제공하였고, 이를 자신들의 지역사회 내의 억압적 상황과 연관시켰다. 그러나 이들은 반전운동이 아시아계를 상징적 구성원으로 취급하고 자신들의 관심사와 문제를 무시하자 그로부터 이탈하였으며, 결국 사회변화를 위한 자신들만의 운동이 필요하다는 것을 깨닫게 되었다.

아시아계 미국인 운동은 흑인 민권운동과 다른 사회운동들이 민주적 다원적 사회로서의 미국의 규정에 도전했던 미국사의 가장 격동의 시기에 태어났고, 반전운동을 통해 아시아계 미국인 청년들이 자신들 또한 미국 대중의 反아시아계적 정서로 인한 인종차별로 피해를 받고 있다는 것을 인식하게 되었을 때, 또 공통의 역사와 문화에 기반을 둔 汎아시아계 운동을 통해 이에 효과적으로 대항할 수 있다는 것을 알게 되었을 때, 시작되었다. 아시아계 미국인들은 독특한 소수 인종의 일원으로 자신들이 미국에서 유사한 전통과 운명, 그리고 동질적인 이해관계를 가지고 있다는 인식을 기반으로 집단적 행동을 통해 미국사회에서의 동등한 지위와 세력을 확보하려고 나섰던 것이다.

2. 아시아계 미국인 운동의 조직과 활동

1960년대 말, 아시아계 미국인들의 행동주의가 동시 다발적으로 시작되었다. 서부에서는 지역 사회활동가들이 샌프란시스코의 차이나타운의 고통스러운 상황에 주의를 집중하고, 또 캠퍼스의 활동가들이 대학 커리큘럼에 자신들의 역사적 경험이 배제되어 있는 것에 저항하기 시작되었다. 이같은 집단시위로부터 지역사회를 기반으로 한 조직이 형성되어 아시아 민족 사회에 필요한 사회 서비스를 제공하였고, 캠퍼스 조직들은 서부 해안지대 전역의 아시아계 미국인 학생운동가들이 저항 정치에 참여하는 도구를 제공하였다. 동부에서는 일본계들이 정체성의 혼란을 겪고 있음을 통탄하던 일본 이민 2세대들의 주도하에 아시아계의 정치, 사회 활동을 위한 조직이 등장하였다. 중서부에서는 아시아계 미국인 대학생들이 상호 지원과 집단행동을 위해 모였을 때 행동주의가 시작되었다.

가. 아시아계 미국인 조직

서부의 경우, 이들이 일찍이 시도했던 것은 샌프란시스코 시 정부가 차이나타운이나 마닐라타운이 직면한 문제에 관심을 갖도록 하는 것이었다. 1968년 8월, '사회 행동을 위한 중국인 대학생 연합(Intercollegiate Chinese for Social Action: ICSA)'과 '필리핀계 미국인 대학생 연합(Philippine‒American College Endeavor: PACE)'은 열악한 주거환경과 위생, 실업, 교육과 청소년 문제 등 차이나타운과 마닐라타운의 사회, 경제적 문제를 널리 알리려는 공식, 비공식 활동을 계속하면서 지역사회의 복지증진을 위한 활동을 벌였다. 그러나, 아시아계 미국인 운동의 주요 활동 영역은 차이나타운이나 마닐라타운과 같은 지역사회이기보다는 샌프란시스코 주립대학과 캘리포니아 대학 버클리 캠퍼스였고, 특정 지역 사회의 문제보다는 아시아계 미국인 전체의 문제가 이들의 주 관심 대상이었다.

샌프란시스코 주립대의 주요 아시아계 미국인 학생조직들은 ICSA, PACE, 그리고 '아시아계 미국인 정치 연맹(Asian American Political Alliance: AAPA)'등이었다. AAPA 역시 지역사회에 봉사하려는 ICSA와 PACE의 의지를 공유하기는 했으나, 모든 아시아계 미국인 민족집단들을 아우르는 집합적 정체성, 즉 汎아시아계 정체성을 창조하려는 이상을 갖고 중국계, 필리핀계, 일본계, 한국계, 그리고 또 다른 아시아계 미국인들의 통합과 아시아계 미국인 사회의 정립에 그 목표를 두고 있었다. AAPA는 동등기회 프로그램(Equal Opportunity Program) 예산 삭감에 반대하는 연좌농성이 끝난 후에도 남아 있던 샌프란시스코 주립대 내의 불만을 기반으로 주요 정치활동을 벌여 나갔다. AAPA는 아시아계 운동의 서곡으로 아시아계 미국인의 정체성과 의식 고양을 위한 회합을 시작하였고, 이들의 행동주의는 이전 사회운동에 참여하였던 이들의 동참을 이끌어 냈다.

샌프란시스코 주립대의 AAPA보다 급진적이었던 캘리포니아대 버클리 캠퍼스의 AAPA는 반전 행동주의자들과 블랙 팬더의 연합으로 제3당의 후보를 내세우려던 '평화 자유당(Peace and Freedom party)'에서 시작되었다. 공통의 관심사를 논하기 위하여 소집된 아시안 코커스(Asian Caucus)에서 버클리의 AAPA가 탄생하였고, 전국적으로도 AAPA가 확산되는 계기가 마련되었다. 이들의 일반 목적은 유색인종의 자결을 위한 미국의 사회적, 정치적 변화를 가져오는 것으로, AAPA는 반전운동과 흑인 해방운동을 적극적으로 지지, 동참하였다.

동부에서 시작된 최초의 범 아시아계 조직은 反제국주의를 주창하는 세대를 망라한 조직이었던 '행동을 위한 아시아계 미국인(Asian American for Action: AAA)'으로, 이 또한 다양한 아시아계 미국인들의 통합을 목적으로 하였다. 1969년 제1차 회의에서, 이들은 아시아계 미국인 사회를 위한 정치적 목소리로서의 역할, 집단행동을 위한 기구로서 활동할 것을 결정하였다. 이들의 주요 관심은 베트남전에 반대하는 것으로 미군과 연합군의 즉각적 철수를 요구했고, 베트남인들의 민족 자결을 지지하였으며, 베트남의 군사, 정치적 대변기구로 민족해방전선(the National Liberation Front)을 인정하였다. 이들의 분석에 따르면, 베트남전은 아시아에서의 미국 기업의 이익을 증진시키고 원자재를 획득하기 위한 것으로, 미국의 제국주의와 인종차별주의라는 거대 컨텍스트에 위치하는 것이었다. 미국 외교정책, 특히 베트남전쟁의 인종적 성격을 강조하며, AAA는 미국의 정부 지도자들이 아시아인들을 생물학적, 문화적으로 열등하다고 간주하고 있고, 결국 이같은 인종적 편견이 미국의 베트남인들에 대한 잔혹한 행위를 정당화시키고, 전쟁은 그 자체 아시아계 미국인과 또 다른 미국 내 유색인종들에 대한 인종적 적대를 반영하는 것으로 보았다.

중서부 지역의 아시아계 미국인 조직은 자신들의 개인적 정체성에 주요 관심을 갖는 캠퍼스 조직이 그 다수를 이루고 있었다. 그러나, 개인적 정체성의 문제를 넘어서는 아시아계 미국인 행동주의의 중심으로 미시간 대학교(University of Michigan, Ann Arbor)는 ˝아시아계 정치 연맹(Asian Political Alliance)˝—후에는 이쇼 이꿍(Yisho Yigung: 一所一共)과 동풍(East Wind: 東風)으로 분리—의 본산이 되었다. APA의 관심을 집중시켰던 이슈 중의 하나는 베트남전쟁의 종결이었다. 반전운동에 동참한 다른 아시아계 미국인들과 마찬가지로, APA도 이 전쟁이 인종적 성격을 띠고 있다고 믿었고, 인도차이나에서의 전쟁에 반대하는 모든 아시아계 미국인을 통합시키기 위한 회합을 열기도 하였다. 그러나, 이들이 더 관심을 가진 것은 미국사회에서 소외된 아시아계 미국인을 위한 지원조직의 역할이었다. 1972년에는 이름을 일본어와 중국어를 합쳐 "함께 하나의 삶을(One Life Together)"을 의미하는 이쇼 이꿍(Yisho Yigung)으로 바꾸어, 아시아계 미국인으로서의 결속과 "하나의 가족"이 되자는 의미를 담았다. 그리고, 집합적 정신을 지키기 위해 지도자도 이념도 내세우지 않았으나, 이같은 무형성은 이 집단의 조직적 정치활동을 저해하였지만, "게릴라 극장"을 여는 등 이들의 반전활동은 계속되었다.

1972년 가을에는 동풍(East Wind)이라는 조직(마오쩌둥의 유명한 연설에서 그 이름을 따왔으며, 아시아계 미국인을 의미할 수 있다며 선택된 명칭)이 결성되어 봉사, 교육뿐 아니라 캠퍼스 내 타 유색인종 학생들과 밀접한 관계를 유지하며, '제3세계 단합 회의(the Third World Solidarity Conference)'의 조직과 '제3세계 연합 위원회(the Third World Coalition Council: TWCC)'의 성립에 중심적 역할을 수행하였다. 이들은 또한 정체성 문제에 관심을 집중하고, 아시아계 미국인 사회에 대한 헌신을 증진시키기 위한 선결조건으로 역사를 가르치는 것이 필요하다고 생각하여, '아시아계 미국인의 경험(The Asian American Experience)'이라는 강좌를 개설하였다. 이같은 활동은 아시아계의 정체성을 확립하고, 여러 민족집단들을 결속시키는 중요한 계기를 마련하였다.

나. 반전운동, 블랙 파워, 그리고 신좌파

아시아계 미국인 운동가들은 캠퍼스 문제, 지역 사회 문제 등 다양한 활동을 벌여 나갔다. 이들을 전부 포용하고, 또 이들에게 통합을 가져온 것은 베트남전쟁이었다. 베트남전과 그에 대한 반대는 아시아계 미국인들을 심리적으로도 정치적으로도 통합시켰다. 또한 이 전쟁은 아시아계 미국인으로서의 정체성의 확립을 촉진하였다. 이는 주로 "구키즘(Gookism)"으로 알려진 사회 군사적 현상이 재활된 것과 관계가 있었다. 국스(Gooks)란 필리핀 – 미국과의 전쟁 때는 필리핀 원주민을 지칭하여 이들을 멸시하는 汎인종적 용어였으나, 그후 아이티인, 니카라구아인, 푸에르토리코인 등 유색인종을 지칭하는 데 사용되었고, 한국전쟁 이후에는 아시아인들을 멸시하는 미군의 표현이었다. 그리고 이 용어는 다시 베트남전때 동남아시아인들에게 사용되었다. 구키즘은 아시아인들 간의 차이를 무시하였고, 아시아계 혈통의 후손들을 멸시하는 결과를 가져왔다. 이에 대한 대항으로, 아시아계 미국인 운동가들은 전쟁이 정의롭지 못하고 인종차별적이라고 비난하였다.

"국(Gook)"과 같은 경멸적 용어는 국내의 인종차별과 베트남전쟁과의 연관성을 제시하였고, 미국의 민주적 이상에 대해 의혹을 갖게 하였다. 베트남전쟁의 인종적 성격을 강조하며, 아시아계 미국인들은 반전운동가들이 보통 무시해버린 이슈를 주장하였다. 이들은 "평화를 되찾을 기회를 달라(Give peace a chance)"와 "미군을 귀국시켜라(Bring the G.I.s home)"와 같은 구호 대신 "우리의 아시아 형제, 자매의 살육을 멈추어라(Stop killing our Asian brothers and sisters)"와 "아시아인의 생명은 고귀하며 아시아인들은 지금 그렇게 외쳐야 한다(Asian lives are not cheap and Asians must say so now)"를 구호로 내세웠다.[7] 그러나, 이들이 인종문제를 내세우자, 그것을 반전운동에 분화를

---

7) Yen Le Espiritu, *Asian American Panethnicity: Bridging Institutions and Identification* (Philadelphia: Temple University Press, 1992), p. 43.

일으키고 관심을 다른 데로 이끌어 가는 것으로 생각한 동료 반전운동 가들로부터 비난을 받게 되었으며, 이에 아시아계들은 백인 주도의 반전운동에 점차 환멸을 갖게 되었다.

아시아계 미국인들은 지속적으로 반전운동을 지지했지만, 자신들만의 운동을 추구하려는 목적을 희생시키지는 않았다. 이는 종종 전국을 휩쓴 주요 시위에서 독립 집단을 형성하는 것으로 나타나기도 하였다. 수백 명의 아시아계 미국인들이(이들 중 80 퍼센트는 청년 학생) 1969년 샌프란시스코의 반전 시위에 별도의 분리된 집단으로 행진하였으며, 1971년 워싱턴 D.C에서 열린 반전 시위 조정위원회가 인종차별주의에 반대하는 선언을 채택하는 것을 거부하자 별도의 시위를 결정하기도 하였다. 때로 아시아계 미국인들은 1971년 4월의 샌프란시스코 골든게이트 파크에서 열린 반전 시위에서와 같이, 마이크를 잡고 미국의 침략에 반대하는 베트남인들의 투쟁을 지원하는 선언문을 낭독하는 도발적 행위를 하기도 하였다. 이들은 자신들의 존재를 보다 널리 알리기 위하여, '로스앤젤레스 반전 연합(Los Angeles Asian Coalition Against the War)', '동부 지역 반전 위원회(East Coast Ad Hoc Committee of Asians Against the War in Vietnam)', '반전 아시아계 미국인 참전 용사(Asian-American Veterans Against the War)'와 같은 자신들만의 반전 연합을 조직하였다.

반전운동은 대다수 아시아계 미국인들이 처음으로 정치, 사회적 저항에 참여한 것이었다. 반전운동가로서 이들은 민족적 차이와 지역적 제약을 무릅쓰고 전쟁 중지를 위한 공동의 투쟁에 나섰던 것이다. 반전운동을 위해 여러 지역을 여행하며, 유사한 관심과 시각을 가진 다른 아시아계 미국인들을 만났다. 반전운동에의 참여는 많은 캠퍼스와 지역 사회 운동가들에게, 자신들이 이 나라에서 목소리를 내기 위해서는 하나의 집단, 즉 아시아계 미국인으로 함께 해야 한다는 것을 확신시켜 주었다. 아시아계 미국인 운동가들을 전국의 대학 캠퍼스와 지역 사회를 넘어서는 공동의 관심사에 참여하게 함으로써, 반전운동은 이전의 고립되고 분할된 정치행동을 아시아계 미국인 운동이라는 전국적인 규모의 사회운동으로 전환시켰다. 아시아계들은 자신들의 운동을 통하여 아시아계와 백인들 간의 기존 권력관계의 변화를 추구했으며, 인종적 선입견을 변화시키려 하였다. 즉, 아시아계 미국인들의 종속과 백인들의 권력과 특권을 정당화하는 기반이 되었던, 아시아계는 이국적 열등인종이라는 사회적 편견에 도전하였다.

반전운동이 아시아계 미국인들의 한 세대를 정치화시켰다면, 블랙파워 운동은 이들을 인종간 평등, 사회 정의, 그리고 정치적 세력화의 목표를 향해 움직여 나가도록 하였다. 블랙파워 운동은 민권운동의 통합적 이상과 동화주의적 접근을 거부하고, 흑인 지역사회의 자율적 통제(community control)를 옹호하였고, 미국 내 도시 겟토는 아프리카 식민지와 유사한 "국내 식민지"라고 주장하였다. 아시아계 미국인 운동가들도 자신들의 지역사회—차이나타운, 리틀 도쿄, 마닐라타운 등—와 식민지를 유사한 것으로 간주하며, 아시아계 미국인 노동자들이 정치적으로는 종속되어 있고, 경제적으로는 노동을 착취당하고 있다고 주장하였다. 그리고 이들은 자신들의 아시아계 미국인 운동과 베트남전쟁과 같은 아시아의 민족해방 운동간의 유사성을 찾아내었다. 즉, 이들은 자신들의 운동을 아시아인들이 서양 식민주의자들로부터의 해방을 추구하는 움직임과 동일시하였다. 아시아계 미국인 운동가들은 국제적 맥락에서 인종간의 갈등을 바라보며, "국내 식민지"라는 분석모델을 통하여 경제적 착취, 정치적 무력, 지리적 겟토화, 문화적 경멸 등의 인종차별적 요소들을 인식 가능한 억압의 한 체제로 종합하였다. 그리고 이들은 이같은 억압체제에 대한 내부적 저항을 요구하였다.

문화적 민족주의를 그 중요한 한 요소로 포함하고 있는 블랙파워 운동은 이들이 추구한 하나의 모델이 되었다. 인종적 자부심과 아프리카 문화를 강조한 블랙파워 운동은 아시아계 미국인, 특히 중간계급

대학생들이 자신들을 유색인종으로 주장하도록 고무하였다. 민족적 정체성을 촉구하는 운동으로서 블랙파워 운동은 아시아계 미국인들이 자신들 또한 백인들에 의해 규정되어지며, 유럽중심적인 문화에 의해 지배되고 있다는 것을 깨닫게 하였다. 이들은 독특한 아시아계 민족 그룹으로서의 정체성을 汎아시아적인 것으로 만들어 가며, 자신들이 누구인지 숙고하고, 자신들만의 문화적 정체성을 재창조하고자 했다. 이같은 독특한 정체성의 기반은 억압과 저항의 공통의 역사를 갖는 미국 내 아시아인으로서의 경험이었다.

상당수의 아시아계 미국인들은 또한 '자유언론 운동(Free Speech Movement)', '민주 사회를 위한 학생연합(Students for Democratic Society)', '웨더맨(the Weathermen)', 그리고 '진보주의 노동당(Progressive Labor Party)'등 신좌파 조직에 적극적으로 참여, 활동하였다. 신좌파는 소련 대신 베트남 인민해방 전선(Vietnamese National Liberation Front)과 중화 인민 공화국(the People's Republic of China)을 사회주의의 새로운 모델로 삼았다. 아시아계 미국인 마르크스주의 운동가들의 사고에 영향을 준 것은 신좌파의 이같은 신판 사회주의였고, 아시아계 미국인 마르크스주의적 조직들은 이같은 신좌파 조직들로부터 성장하였다. 반전운동의 경우와 마찬가지로, 아시아계 미국인 신좌파는 주도적 신좌파 운동과는 인종차별주의와 민족억압이라는 문제에서 분리되었다.

아시아계 미국인 마르크스주의자들은 인종, 민족 자결을 자신들의 혁명 제안에 포함시켰다. 많은 아시아계 미국인 운동가들에게 있어 마르크스, 레닌주의적 접근과 인종문제에 가장 큰 중요성을 부여하는 것 사이에 어떤 갈등이나 모순이 있을 수 없었다. 인종은 미국사회의 기본적 카테고리였으며, 아시아계 미국인들은 계급문제도 인종적 시각에서 바라보았다. 예를 들어, 샌프란시스코 차이나타운의 홍위병(Red Guard)의 인종과 민족의식은 계급이념을 지배할 정도로 이들의 의식에 핵심적이었다.

마르크스주의를 이해하고 또 적용하는 데 아시아계 미국인 마르크스주의 조직들은 국가 건설과 정당 건설의 상대적 중요성을 놓고 격돌하였다. 비록 이들 모두 혁명적 변화와 사회주의를 갈망하였지만, 민족 해방이라는 문제는 많은 아시아계 미국인 조직들을 이끌어 가는 지속적 원칙이었고 인종, 민족 자결과 사회주의라는 목표를 종합하였다.

1972년, 마르크스주의를 민족과 국가 문제에 적용하려는 시도로, 마르크스주의적 혁명 지향의 조직인 동풍(East Wind)은 "아시아인의 국가(Asian Nation)" 건설을 주창하며, 인종적으로 억압된 소수인종으로서 아시아계 미국인들은 자신들의 국가를 형성할 당위성을 가지고 있다고 선언하였다. 동풍은 비록 1975년 아시아인의 국가건설을 포기하기는 하였으나, 지속적으로 민족해방의 중요성을 강조하였다. 반면, 뉴욕에 기반을 둔 아시아인 연구 그룹(Asian Study Group)은 정당의 구성을 강조하고, 다른 아시아계 미국인 혁명조직들을 "일회용" 사회서비스 프로그램에 집착하고 있다면서 비판을 가하였다. 이같은 상이점들은 해소되지 못했고, 결국에는 조직의 와해를 초래하기도 하였다. 반전운동의 경우와 마찬가지로, 아시아계 미국인 혁명가들은 신좌파 운동에 인종적 성격을 부여하였고, 이같은 인종에 기반을 둔 시각은 이들을 非아시아계 조직들과 분리시키는 대신, 다른 아시아계들과의 연대를 형성토록 하였다.

다. 제3세계 파업과 아시아계 미국인 연구

아시아계 미국인 학생들은 캠퍼스와 지역사회 내에서 저항 조직들을 만들어 적극적인 활동을 벌여 나갔다. 아시아계 미국인 조직들의 활동 중, 샌프란시스코 주립대에서 열린 '제3세계 파업'은 아시아계 미국인 행동주의의 잠재성을 가장 대표적으로 상징하였다. "폐쇄하라(shut it down)"가 샌프란시스코 주립 대학교와 캘리포니아 대학교에서 열린 제3세계 파업(1968년 11월 6일부터 1969년 3월 27일)에 참여한 아시아계 미국인들과 유색인 학생들의 주장이었다.[8] '제3세계 해방 전선(Third World Liberation Front: TWLF)'의 일부분으로서 이들은 자신들과 자신들의 지역사회의 자결을 획득하고 개인적, 제도적 인종차별주의를 일소하고자 파업에 나섰다.

이들의 당면 목적은 소수인종 집단에 대한 자율적 민족 연구 프로그램(아시아계 미국인 연구)과 그에 대한 학생들의 통제권이었다. 이들은 이같은 프로그램을 통해 사회의 다양성에 대응하는 대학 교과의 다양성을 확보하고, 또한 사회의 문제점을 인지하고, 이해하고, 그리고 해결하고자 하였다. 이들은 학교 당국에 도전하였으며, 미국의 민족적 다원성을 보다 정확하게 반영하는 교육기관으로 변화시키기에 필요한 힘을 획득하고자 하였다. 이같은 활동을 통해 많은 아시아계 미국인 학생 운동가들은 집단적인 직접행동만이 자신들과 자신들의 사회를 변화시킬 수 있다는 확신을 갖게 되었다. 이들 조직과 운동가들은 인종에 기반을 둔 정책과 그 실행으로 인하여 주도 사회에 종속되고 분리된 인종적 소수집단에 자신들이 속해 있다는 것을 인식하고, 미국사회로의 동화를 추구했던 이전의 노력들을 거부하였으며, 민족적 정체성에 대한 권리를 확인하고자 하였다.

아시아계 미국인들은 아시아계 개인과 집단의 무력함을 부분적으로는 자신들의 정체성과 문화에 대한 주류 사회의 지배와 조작의 결과로 보았다. 그러므로, 이들은 세력을 확보하는 데 있어 선결 조건이 자신들의 것이라고 부를 수 있는 정체성과 문화의 계발이라고 믿었다. 이들은 "오리엔탈(Oriental)"이라는 명칭을 거부하고, 자신들을 아시아계 미국인이라고 선언하였다. 또한 汎아시아계 조직, 출판물, 아시아계 미국인 연구 프로그램 등을 통해 아시아계 미국인 운동가들은 미국사회

---

8) William Mei, *The Asian American Movement*(Philadelphia: Temple University Press, 1993), p. 15.

내에서의 공통의 운명을 지적하면서 다양한 아시아계 미국인 집단들이
자신들의 불공평한 상황과 역사를 이해할 수 있도록 汎아시아계라는
포괄적 개념 위에 통합을 이루려 하였다.

3. 아시아계 미국인 운동의 변천

아시아계 미국인 운동에 참여한 이들은 이념적으로도 실제적으로도
상당히 분화되어 있었다. 이 운동에 참가한 이들은 다양한 이념적 기반
을 가지고 있었는데, 그들의 정치적 철학에 따라서 개혁가 또는 혁명가
로 분류될 수 있다. 개혁적 운동가들은 자신들의 아시아계 미국인으로
서의 인식을 기반으로 활동하면서, 보다 넓은 사회에서 아시아계 미국
인들의 영향력을 확대하고, 자신들의 이해를 보다 효과적으로 전달하
는 저항 세력의 원천으로서 지역사회 기반의 조직들을 세우려 하였다.
혁명가들은 "구제할 수 없을 정도로 부패한" 현존 사회질서를 무너뜨
리려고 시도하였다. 아시아계 미국인 혁명가들은 원천적으로 인종차별
적인 자본주의체제의 전복을 통해서만 힘을 얻을 수 있다고 믿고, 혁명
조직을 만들기도 하였다. 그러나 이들은 1970년대 중반까지 혁명을 향
해 나아가기보다는 극좌 분파, 세대별 레토릭과 전술 등의 스타일의 문
제 등에 의해 내부의 분파주의에 빠져들게 되었고, 이들의 라이벌인 개
혁적 운동가들은 미국의 정치체제 내에서 효과적으로 기능하는 방법을
배우고 있었다.

1970년대 후반은 아시아계 미국인 운동에 있어 어려운 시기였다. 반
전운동이 제공한 연합과 통합은 1975년 미국의 베트남 철수로 끝났고,
급진적 아시아계 미국인 조직, 특히 마르크스−레닌주의 조직은 상호
심각한 내분으로 거의 와해되었으며, AAA를 포함한 많은 집단들이 중
요한 변화를 겪었다. 1976년 AAA는 '운동가 연합(Union of Activists)'
으로 이름을 바꿨고, 아시아계 미국인 집단과 민족문제만을 다루던 조

직에서 민족, 계급운동에 관련된 모든 진보적 인물들을 포용하는 것으로 변모하였다.

60년대, 70년대 아시아계 미국인 운동은 수많은 汎아시아계 옹호 정치조직을 탄생시켰고, 70년대 후반 이후, 아시아계는 체제 내의 조직들을 중심으로 활동을 계속하였다. 법률협회, 민권운동 조직, 교육조직, 정당 클럽, 공공고용 조직 등은 1960년대의 대항적 정치와 달리 로비활동을 선호하였으며, 자신들의 네트워크를 개발하고 정치적 저항을 위한 지도자 양성 등을 선호하였다. 미국의 대도시나 모든 지역들에서 아시아계 미국인들은 범 아시아계 조직을 설립하여 아시아계 지역사회 전체의 복지, 위생, 그리고 사업적 이익을 위해 로비활동을 벌여 나갔다. 여러 조직들의 주도하에 汎아시아계 미디어로 『아메라시아 저널(*Amerasia Journal*)』과 같은 학술지, 『아시안 위크(*Asian Week*)』와 같은 신문, 그리고 『아시앰(*AsiAm*)』과 같은 잡지들이 만들어져, 아시아계의 관심사를 반영하는 문제를 논의의 대상으로 삼고, 汎아시아계의 여론을 형성해 나갔다.

더욱이, '일본계 미국인 시민 동맹(Japanese American Citizens League: JACL)'이나 '중국계 미국인 조직(Organization of Chinese Americans)'과 같은 단일민족 조직들도 모든 아시아계에게 영향을 미치는 문제들을 지적, 논의하기 시작하였다. 이와 유사하게, 『이스트/웨스트 뉴스(*East/West News*)』와 같은 중국계 미국인만을 상대로 했던 단일민족 신문들도 다른 아시아계 미국인 사회까지 포괄하는 것으로 확대되었다. 이들의 활동은 아시아계 미국인의 정치적 대변으로부터 反아시아계 차별과 폭력을 모니터하고, 자신들의 특정 전문적 이해관계를 옹호하는 것에까지 이르는 것이었다. 아시아계의 이해를 반영하기 위한 대변자의 선출은 아시아계 인구가 다수인 하와이의 경우, 상원의원, 주지사, 부지사, 주 상원과 하원의원 다수를 배출하여 성공적이라고 할 수 있었으나, 본토에 있어서는 여전히 비교적 성공을 거두지 못했다고 할 것이다. 1980년대의 경우, 본토의 주들 중 단지 두 명의 아시아계 미국인들이 하원에 선출되었고, 아시아계 미국인 인구가 가장 많이 거주하는 캘리포니아에서조차도 주 의회의 단 한 석도 획득하지 못하였다. 그러나 1990년대에 들어와 1명의 상원의원, 그리고 캘리포니아와 하와이의 경우 몇몇의 하원의원이 당선되고, 주 의회에서도 약간의 정치적 약진을 하였다.

이는 아시아계 미국인들이 1960년대의 경험 이후, 점차 적극적으로 정치에 참여하기 시작하였음을 보여주고 있다. 의도적이었건 아니었건 간에, 아시아계 미국인 운동은 민족적·인종적 다원주의를 유효한 것으로 만들었다. 많은 이들이 우려하던 사회적 분화와 종족주의를 강화시키는 대신, 이 운동은 아시아계 미국인들이 자신들의 정의에 따라 미국에서의 자신들의 권리를 인정받고, 존중받고, 책임감 있는 구성원으로서 취급되기를 주장하는 데 있어 효과적인 수단으로 작용하며, 누가 미국인일 수 있는가 하는 규정을 보다 확대시켰다.

4. 아시아계 미국인 운동의 평가

1960년대 말 아시아계 미국인 운동의 등장은 미국 내 아시아인들의 역사에 있어 분기점이 되었다. 이는 미국 내 아시아인들을 아시아계 미국인으로 규정하며 이들에게 힘을 실어 주는 중요한 수단이 되었다. 이 운동은 또한 아시아 민족간의 연합을 통해 아시아계의 사회 정치적 지위와 삶을 향상시키려 한 것이었다. 그리고 하나의 개혁운동으로서 기존 체제에 존재하던 불평등을 확인하고 이를 수정하려는 시도였다. 동시에 이 운동은 인종차별적 억압에 대한 개별적, 분산된 사례들에 다양한 아시아 민족 집단들과 흩어져 있던 아시아계 민족 사회를 인종적 평등을 위한 하나의 공통의 운동으로 묶어 전국적 관심을 집중시킨 것이었다. 그렇게 함으로써 집단적 결속이 정치적 세력의 선결조건이라는 미국의 민주주의의 기본적 신조와 궤를 같이하였다.

아시아계 미국인들의 운동은 미국을 보다 공정한 사회로 변화시키려는 제3세계적 노력의 중요한 한 부분이었지만, 이 운동은 사회적으로 그리 큰 영향을 미치지는 못했다. 이 운동은 전국적으로 유명한 지도자도 갖지 못했다. 또한 아시아계 미국인 인구의 다양성은 이들이 특정의 단일한 인물을 중심으로 움직이는 것을 어렵게 만들었다. 그리고 이 운동은 이념 또는 추종자들을 확보하고 이들을 통합하는 행동계획을 갖지 못했다. 이같은 계획을 가지고 있었을지라도, 대중적 상상력을 불러일으키지는 못했다. 이같은 상황에서 아시아계 미국인 운동이 사회운동으로 불릴 수 있는가라는 의문도 있을 수 있다.

그러나 이 운동은 기존의 사회가 부여한 세계관과 인식틀과는 다른 새로운 "아시아계 미국인"이라는 정체성의 탄생에 기여함으로써 개인과 민족사회에 변화를 위한 결정체가 되었다. 물론 이같은 정체성은 아직도 형성 과정에 있지만, 아시아계 미국인들은 특정의 아시아 민족집단의 공동체, 문화적 제약을 넘어 미국 내 모든 아시아인들의 과거의 경험, 현재 상황, 그리고 미래의 희망을 함께하는 정체성을 형성하기 시작했다는 것이다. 미국 내에서의 자신들의 공통의 경험에 호소하면서, 汎아시아계 의식이 등장함으로써 이들을 분리시키던 특정의 아시아 민족의 민족주의를 넘어섰고, 아시아계 미국인이라는 용어를 창조하였다. 그리고 1960년대의 운동 이후, 아시아계 미국인이라는 용어는 광범위하게 사용되었다.

또한 아시아계 미국인 운동은 아시아계 미국인 사회를 위해 활동하려는 한 세대의 활동가들을 탄생시켰으며, 캠퍼스와 지역사회 내에 수많은 새로운 조직을 일어나게 하여, 아시아계 미국인 연구의 활성화뿐 아니라 지역사회 내의 수많은 조직들을 지원함으로써 아시아계 미국인 사회의 사회적 안정을 이룩하는 데도 기여하였다.

그러나 1965년 이래의 새로운 아시아계 이민은 汎아시아계의 결속

유지를 어렵게 하였다. 새로운 이민들은 아시아계 집단들 간의 문화적 차이를 강화시켰고 세대차도 확대시켰다. 아시아계 미국인들의 다양성의 증가는 공통의 경험, 공통의 정서, 또는 통합적 정치활동을 보여주기도, 그에 대해 말하기도 어렵게 만들었다. 더욱이, 새로운 이민은 필리핀계 미국인들과 같은, 이전에는 소수였던 집단들의 수적 세력을 확대시켰다. 이들은 자신들의 수적 우세로써 아시아계 미국인 사회의 제도화된 세력구조에 도전하였고, 어떤 이들은 자신들이 더 이상은 다른 아시아계 집단들과의 연합을 필요로 하지 않는다고 주장하기도 하였다.

그렇다 하더라도, 어떤 면에서는 새로운 이민 또한 아시아계 미국인들이 범민족적 수준으로 조직화되는 데 힘을 더해 주기도 하였다. 선거의 영역에서 이민들은 아시아계 미국인들의 정치적 세력을 확대시켰는데, 특히 캘리포니아의 경우에 그러하였다. 21세기에는 캘리포니아의 아시아계가 3백만에 달할 것으로 기대되며, 2030년에 이르면, 이들이 캘리포니아 주 인구의 16 퍼센트를 차지할 것으로 예상되고 있다. 이같은 수적 우세를 기반으로 아시아계가 아시아계 블록으로 투표와 로비를 한다면 중요한 정치적 세력이 될 것임에 틀림없다. 새로운 이민은 또한 아시아계 미국인에 대한 폭력의 급증을 가져왔다. 대중들이 아시아 집단들 간의 차이를 구분할 수 없기 때문에, 이들은 자신들을 모두 포괄하는 적대에 관심을 쏟을 수밖에 없다. 자신들의 민족적 선호에도 불구하고, 반아시아계 폭력은 범아시아계의 통합된 대응을 필요로 한다고도 할 수 있다.

지속적인 이민은 아시아계간의 문화적 차이, 계급적 차이를 강화하고 있으나, 언어와 다른 문화적 차이들이 세대가 지나면서 점차 그 중요성을 상실하고 있고, 급속한 경제적 향상으로 인해 계급적 차이도 감소하고 있다. 그러므로 범민족적 지향과 세대, 시간의 경과는 깊은 관계를 가지고 있으며, 외부적인 여건과 여타 구조적인 상황하에 상당히 높은 수준의 아시아계 미국인으로서의 범민족적 의식과 조직을 기대할 수 있을 것이다.

Ⅳ. 결론: 소수인종운동의 평가와 전망

인종에 기반을 둔 범민족 운동은 1960년대 미국을 휩쓴 제 사회적 격동으로 추진되었다. 민권, 반전, 여성, 학생, 그리고 소수민족과 인종 집단들의 운동은 인종차별주의, 빈곤, 전쟁, 그리고 착취에 대항한 운동이었다. 이러한 사회적 투쟁들은 소수집단들이 연합을 형성함으로써만 자신들의 이해가 증진될 수 있다는 인식을 하도록 하였다. 또, 흑인운동은 소수집단들의 인종 이데올로기에 지대한 영향을 미쳤고, 이들이 인종문제에 보다 예민해지도록 하는 역할을 하였다. 블랙파워 운동은 자신들의 인종적·문화적 전통에 자부심을 갖게 하였고, 옐로우 파워(Yellow Power), 레드 파워(Red Power), 그리고 브라운 파워(Brown Power) 운동을 시작하는 계기를 마련해 주었다. 또한 국제적 상황도 이같은 민족적, 범민족적 행동주의에 기여하였다. 아시아, 아프리카, 그리고 라틴 아메리카에서 일어난 反식민주의적 민족주의 운동의 부상과 성공은 인종적, 문화적 자부심을 자극하였고, 민족운동의 틀을 제공하였다.

소수인종운동은 미국의 정치·사회·문화에 거대한 변화를 가져왔다. 이 운동은 우선 새로운 조직, 새로운 집합적 정체성을 탄생시켰고, 과거의 인종적 관습과 전형을 공격의 대상으로 삼아 새로운 사회·정치의 규칙을 정립하기 위한 사회개혁의 물결을 일으켰다. 또한 수백만의 소수인종집단들이 미국의 정치과정에 들어올 수 있게 함으로써 미국 정치의 틀을 변모시켰다. 아시아계와 라틴계, 그리고 또 다른 이들이 자신들의 보다 선명한 집단적 정체성을 형성하려는 노력은 오랫동안 미국의 사회와 정치사상의 기본 가정으로 자리를 잡고 있던 '용광로

(melting pot)' 사상을 정면으로 거부한 것이었다. 과거의 유럽 이민 집단들은 자신들이 이주한 미국의 가치관과 규칙을 받아들이며, 동화를 통해 미국사회에서의 진전을 꾀할 수 있다고 믿었다.

그러나, 1960년대 이래 새로이 등장한 호전적 인종·민족 집단들은 미국사회의 기준을 받아들이는 것을 기꺼워하지 않았으며, 자신들의 정체성에 대한 승인을 요구하였다. 블랙파워를 주장하는 이들은 문화적 동화를 거부하였고, 자신들의 독특함과 유산을 찬양하였다. 멕시코계 미국인들도 라티노의 문화적·정치적 정체성의 보존을 주창하였고, 아시아계 역시 자신들의 정체성과 자신들의 집단에 대한 사회적 승인을 요구하였다. 상당 정도 이같은 움직임은 성공하였다고도 할 수 있다.

인종적 구분에 따른 정치적 동원은 인종질서를 재편하고, 국가 기구의 재조직, 국가활동의 새로운 영역으로의 확대를 가져온 개혁의 입법화라는 결과를 가져왔다. 특정 집단의 특별한 성격을 인정하라는 요구는 흑인뿐 아니라 아시아계, 라틴계, 그리고 또 다른 이들에게도 확대됨으로써 '소수 민족 및 여성에 대한 우대 조치(affirmative action program)'로서 연방법에 반영되었고, 각 대학들은 흑인, 라티노, 아시아, 인디언 연구 프로그램을 성립시켜 이들의 문화와 전통에 대한 새로운 관심을 불러일으켰다. 1972년의 '민족 유산법(Ethnic Heritage Act)'은 이같은 민족 연구 프로그램에 연방예산을 배정하였고, 민족의식이 미국사회에 있어 긍정적이며 건설적인 동력이라는 사고를 연방정부가 승인하게 하는 역할을 하였다.

1960년대의 운동의 결과, 민족(ethnicity)은 제도화되었다. 급진주의는 정당, 선거 정치와 사회프로그램에 대한 정부의 지원을 얻기 위한 정치에 길을 내주었다. 민족의 조직화가 이같은 프로그램의 수혜로 이끌 수 있었으므로, 새로운 이민 지역사회뿐 아니라 소수 민족·인종 집단들은 자신들의 경제적·사회적 상황을 향상시키기 위하여 정치적 세력화를 추구하고 이용하였다. 대부분의 각 민족집단들은 자신들의 보호와 진보를 위하여 범민족적 수준에서의 정치적 연맹이 필요하고 중요하다는 것에 동의하였다. 이같이 새롭거나 또는 이전에는 주변부화되었던 인구들이 정치적 세력화할 수 있는 가능성은 각 민족집단들이 하나의 목소리로 결속할 수 있는 능력 여하에 달려 있었다. 왜냐하면, 정치적 세력화는 수적 우세에 기반을 두고 있을 뿐만 아니라, 외부인들은 특정의 민족 집단을 대변하는 수많은 목소리에 별로 귀를 기울이려 하지 않기 때문이다.

그러나 이같은 명백한 정치적 이점은 특정 민족집단적 특수주의에서 범민족적 수준의 조직과 정서로의 완전한 전환으로 이끌지는 못하였다. 미국의 정치·사회 구조에서 의미를 가지고 있는 것은 투표인구 수이기 때문에, 아시아계와 라틴계 등은 모두 어느 정도 범민족적 수준으로 조직화되어야만 했다. 그러나 이들 집단들의 범세력화의 성공 정도는 다양했을 뿐 아니라, 이를 유지하는 것은 더욱 어려운 일이었다.

1980년대, 1990년대는 1960년대 운동 이래 소수 인종·민족 집단의 급부상에 대한 반작용이 가시화된 시기였다. 우파의 반발과 정치적 세력화가 있었을 뿐 아니라, 지식인들 중 일부는 민주주의와 다문화주의(multiculturalism)의 위기를 외쳤다. 또한 다수의 미국인들은 60년대의 운동이 자신들이 중시하는 전통적 가치와 문화를 파괴하였을 뿐 아니라 미국의 쇠락을 가져왔다면서 자신들을 보수주의자로 규정하였다. 1980년대, 90년대의 우파는 대중적 상상력을 획득한 것이었다.

소수집단들 또한 상당한 변화를 겪었다. 1960년대 중반의 이민법 개정은 민족적, 계급적으로 상이한 이들 집단의 급증을 가져옴으로써 공통의 경험과 공통의 정서를 갖기 어려워졌고, 통합적인 집단적 활동 또한 어려워졌다. 이같은 현실에서, 국가 정책과 미국 대중의 인식이 인종적 구분에 따라 이루어지고 있음에도 불구하고, 인종에 기반을 둔 범민족적 동원은 상당한 어려움을 겪고 있다. 21세기의 미국의 소수 민족·인종 집단의 세력화는 아마도 부분적으로는 이들의 사회적, 경제적 지위의 점진적 향상과 활동영역의 확대를 통해 정치적으로도 강력한 목소리를 가질 수 있는가, 새로이 부각된 문화적, 계급적 차이가 세대와 시간의 경과와 함께 어느 정도 해소될 수 있는가, 그 결과 어느 정도의 결속력을 가질 수 있는가의 여부에 달려 있을 것이다.

제4장 여성운동

이창신(덕성여대)

I. 서론

여성운동(Women's Movement)이란 용어는 온건한 여성 그룹에서부터 급진적인 여성 그룹의 활동을 모두 포함하는 포괄적인 의미로 사용되고 있는데, 여기에서는 여권운동(Women's Right Movement)과 여성해방운동(Women's Liberation Movement)으로 나누어 볼 수 있다.

우선 여권운동이란 여성운동의 한 분파로서 사회구조 속에서 성차별을 없애기 위하여 법적, 경제적, 교육적 개혁을 시도하는 운동을 말한다. 여권운동에 참여하는 여성들은 전통적으로 정치적이나 법적인 통로를 통해서 그들의 목적을 달성하려고 시도하였고, 전국적 규모의 조직을 형성하였으며, 그 구성원 대부분이 온건하거나 보수적인 페미니스트들이란 특징이 있다. 때에 따라 이들 그룹은 보다 많은 회원을 확보하기 위해 논쟁이 될 만한 주제는 고의적으로 피하려는 경향도 있다.

여성해방운동이란 일반적으로 1960년대 초반의 학생운동에서 그 기원을 찾을 수 있는 여성운동의 한 분파를 의미한다. 1960년대의 미국사회는 혼란과 동요의 시기로 폭력과 시위가 만연했고, 대학생 중심의 반전운동이 전국적으로 확산되었다. 또한 젊은이들을 중심으로한 反문화운동은 미국의 전통적인 가치를 파괴하고 새로운 도덕적 가치를 창조하고자 시도하였다.

1960년대 사회운동의 분위기에 앞장섰던 그룹에는 미국 인권운동에서 급진적 성향을 지닌 '학생 비폭력 조정위원회(Student Nonviolent Coordinating Committee, SNCC)'와 신좌파의 한 그룹인 '민주사회 학생연합(The Students for a Democratic Society: SDS)'이 있다. 이 두 그룹은 젊은 백인 여성들에게 큰 설득력을 가졌는데, 그 이유는 그들이 추구하는 것이 남성과 여성의 평등문제였기 때문이다. 하지만 운동을 하는 과정에서 남성들은 그룹 내에서 주도적인 역할을 하는 반면, 여성들은 전통적이고 부수적인 역할만을 할 수 있었다. 이러한 분위기에서 의식을 가진 여성들은 독자적인 조직체가 필요하다는 것을 절감하게 되었다. 1964년 학생운동에 가담하였던 여성들은 남성과의 관계에 민주적 원칙을 적용할 경우 일어날 수 있는 현상을 탐구하기 시작했다. 신좌파의 평등주의적 이데올로기를 자신들과 미국사회 환경에 적용하면서 여성들은 곧 성적으로 불평등한 현실을 깨닫게 되었다. 그들에게 평등주의적 공동체의 가치를 가르쳤던 바로 그 환경이 더욱 광범위한 사회적 편견을 은폐하고 있었던 것이다. 여성해방운동에 참여했던 여성들은 대부분 급진적 페미니스트들로서, 심리적인 억압에 초점을 맞추어 사회구조 속에서의 여성 억압의 기원, 성격, 정도를 분석하는 것을 그 주된 목표로 삼고, 집단적 연대의 필요성을 강조하였으며, 여성 문제에 관한 여러 이슈들에 대해 스스로 연구하거나 다른 여성들을 교육시키는 활동에 주력하였다.

Ⅱ. 여성운동의 등장배경

1. 세네카 폴스 회의

미국에서 여성운동이 등장했던 1800년대는 영토 확장, 산업 발달, 사회개혁 운동의 성장시기이자 개인의 자유와 평등한 교육기회에 대한 요구가 팽배했던 시기였다. 여성의 기회 확대와 관련된 초기의 노력은 교육 분야에서 시작되었다. 1830년대의 노예제 폐지를 위한 여성운동은 여성들이 최초로 정치적 분야에서 그들의 권리를 시험했던 여권운동이었다. 여성들이 노예해방을 위한 일에 가담하면서, 그들은 노예해방을 주장하는 남성들과 정치적으로 평등한 입장에서 운동에 가담할 수 없다는 것을 인식하게 되었다. 그들은 몇몇 기관의 경우에는 회원도 될 수 없었을 뿐 아니라, 단순히 대중 앞에서 강연하기 위해 많은 제약을 극복해야 한다는 사실을 발견하게 되었다. 세라(Sarah)와 안젤리나 그림키(Angelina Grimke) 자매들이 바로 이러한 운동에 앞장섰던 여성들이다. 1840년 영국 런던에서 개최되었던 反노예제도를 위한 국제회의(World Anti-Slavery Convention)에서 엘리자베스 캐디 스텐톤(Elizabeth Cady Stanton)과 루크르티아 모트(Lucretia Mott)는 노예해방운동에서조차 여성들이 차별을 받고 있다는 것을 통감하고, 마침내 1848년 7월 14일 뉴욕 주에 있는 세네카 폴스(Seneca Falls)에서 제1회 여권회의를 개최하였는데, 여기에서 '여권선언(The Declaration of Sentiments)'이 낭독되었다.[1]

---

1) 여권선언(The Declaration of Sentiments)은 1848년 뉴욕 주의 세네카 폴스 회의(Seneca Falls Convention)에서 최초로 낭독되었던 것으로, 인권선언(The Declaration of Independence)을 모델로 삼아 만들어졌는데, 그 앞부분을 보면 다음과 같다. "우리는 모든 남성과 여성이 평등하게 창조되었고, 창조주로부터 몇 개의 양도할 수 없는 권리를 부여받았으며, 그 가운데 생명, 자유, 행복 추구에 대한 권리가 있다는 것을 자명한 진리로서 선언하는 바이다."

1848년에서 남북전쟁이 시작되었던 1861년까지 여권회의는 매년 미국의 다른 도시에서 개최되었다. 남북전쟁이 발발하면서 여권운동에 참여했던 여성들은 그들의 주장을 일단 접고 여러 가지 방법으로 전쟁에 참여하게 되었다. 남북전쟁은 실질적으로 여권운동에 참여한 여성들을 분리시키는 결과를 초래했다. 1869년 이념과 방법 면에서 서로 차이를 드러낸 두 그룹이 생겨나게 되었는데, 우선 수잔 B. 안토니(Susan B. Anthony)와 엘리자베스 캐디 스텐톤(Elizabeth Cady Stanton)을 중심으로 '전국 여성 참정권 협회(National Woman Suffrage Association, NWSA)'가 만들어졌고, 6개월 후 루시 스톤(Lucy Stone)을 중심으로 '미국 여성 참정권 협회(American Woman Suffrage Association: AWSA)'가 조직되었다. '전국 여성 참정권 협회'가 여성 참정권 문제와 더불어 결혼, 교회와 관련된 논쟁의 여지가 있는 주제를 포괄적으로 다룰 것을 주장하였던 반면에, '미국 여성 참정권 협회'는 여권운동을 여성 참정권에 국한시키자고 주장하였다는 점에서 차이를 보였다. 이러한 관계는 20여년 지속된 다음 1890년 '전국 여성 참정권 협회(National American Women Suffrage Association: NAWSA)'로 통합되었다. 결국 세네카 폴스 회의에서 여성 참정권에 대해 주장한 지 70여년 만인 1920년에 와서야 미국 여성들은 참정권을 획득하게 되었다.

2. 제1기와 제2기 여성운동

미국의 여성운동은 크게 제1기(The First Wave)와 제2기(The Second Wave)로 나누어 볼 수 있다. 대체적으로 보아 제1기는 19세기 중엽부터 참정권 획득기인 1920년까지를, 제2기는 미국의 사회운동이 활발하게 진행되기 시작하고 베티 프리단(Betty Friedan)의 『여성의 신비(*The Feminine Mystique*)』가 출판된 1960년대를 말한다. 여성들의 평등권을 위한 제1기의 움직임은 1920년 연방헌법 수정조항 제19조[2]의 통과와 더불어 그 막을 내렸다. 그 후 여성들의 문제가 또 다시 대두되기까지는 40년이라는 세월이 소요되었다. 1930년대 미국은 공황기를 맞이하여 많은 미국의 기혼 여성들은 실업자 가장을 구제하기 위해 가정으로 돌아가야 했고, 여성운동은 공백기에 접어들었다. 1940년 제2차 세계대전으로 말미암아 여성들의 활약은 방위산업체나 중공업 분야에 걸쳐 활발하게 진행되었으나, 전쟁이 끝난 1950년대에 여성들은 또 다시 가정으로 돌아갈 것을 종용받았다.

19세기 중엽부터 시작되어 1920년 참정권 획득시까지 진행되었던 제1기 여성운동은 여러 측면에서 그 한계점을 가지고 있었다. 제1기 여성운동의 한계점은 남성과 다른 차원에서 여성을 강조했다기보다는, 남성과 동등한 대우를 받는 것에 주목하여 여성운동이 전개되어 왔다는 점이다. 1960년 이전의 여성운동이 정치 또는 경제적인 측면에서의 여성운동을 강조한 데 반하여, 제2기의 경우는 이전까지 개인적인 것으로 치부되어 왔던 미국사회 내의 통상적인 성차별 철폐 개념을 없애는 것이 기본적 성격이었다. 성의 차이와 성 역할의 구분은 문화적 소산 또는 사회화 과정의 결과이지 단순한 생물학적 차이에 기인한 것은 아니라는 가정이었다.

성적인 차이라는 의미에서 볼 때, 1960년대의 미국사회는 과거의 사회와는 많은 차이점을 보였다. 그 이유는 첫째, 과거에는 여성들이 많은 시간과 힘을 임신과 육아에 소모해야 했고 자기 개발을 위한 시간투자가 거의 불가능했다. 그러나 1960년대 미국 여성들은 피임약의 발달, 평균수명의 연장, 출산율 저하 등으로 과거보다 더 많은 시간을 자유롭게 사용할 수 있게 되었다. 그만큼 남성과 여성간의 생물학적 차이가 줄어들었다. 둘째, 미국의 경제력 팽창으로 인한 인력수요의 요청에

---

2) 연방헌법 수정조항 제19조가 비준됨으로써 미국의 모든 여성들은 처음으로 법적 권리로서 참정권을 부여받았다. 수정조항 제19조는 참정권이 성별을 이유로 미국의 어느 주에서도 거부되거나 제한되지 않는다고 명시하고 있다.

따라 흑인이나 여성 노동력을 필요로 하게 되었다. 실제로 미국 여성의 고용상태는 이미 1950년대부터 대다수 직장에 진출하고 있었다. 이렇게 시대적 변화로 인해 가정경제에 있어서 맞벌이 부부를 필요로 하게 되었고, 여성 자신의 이중적 역할이 구조적으로 드러나기 시작하였다.

1960년대의 여성해방운동은 인간의 성에 대한 생각과 태도의 변화로부터 기인한 것이었다. 1920년대의 페미니스트들은 여성들의 역할과 도덕에 있어서의 혁명을 불러온 데 반해서, 1960년대는 여성들의 성의 중요성에 대해 관심을 갖게 되었다. 성의 해방은 여성운동과 관련하여 여러 측면에서 주장되었다. 여성들의 경제활동에의 참여는 여성들로 하여금 그들이 사회에서 이성을 만날 수 있는 폭넓은 기회를 마련해 주었고, 1960년대에 시판된 구경 피임약은 여성들로 하여금 그들의 임신을 조절할 수 있게 해 주었을 뿐만 아니라 좀 더 자유로운 성생활을 즐길 수 있도록 해 주었다. 젊은 여성들은 자유롭게 성관계를 맺을 수 있다고 하는 자유분방한 도덕관을 지니게 되었다. 많은 젊은이들에게 있어 혼전의 동거는 죄악시되지 않았다. 이에 따라 동성애, 여성과 남성의 역할 구분, 그리고 가족 관계에 대한 생각도 변하게 되었다.

1960년대 여성운동의 성장을 뒷받침해 주었던 또 다른 요소는 여성학이라는 학문의 등장이었다. 1960년대 여성운동의 학문적인 배경이 되었던 여성학은 1960년대 후반 새로운 여성운동의 물결 속에서 탄생되었다. 당시 서구의 캠퍼스를 중심으로 치열하게 전개되었던 민권운동, 학생운동, 반전운동, 반문화운동에 열심히 참여했던 여성들 사이에서 여성문제에 대한 새로운 인식이 싹트기 시작한 것이다. 운동 과정에서 여성들은 왜 모든 전통적 가치에 도전하는 남성들이 유독 남녀관계에 대해서만은 전통적 가치를 고집하는지에 대해 의문을 품게 되었다. 남성들은 연단에 서서 연설을 도맡아 하면서 여성들에게는 연설문을 타이핑하는 일만 시키는 데 분노를 느끼게 된 것이다. 여성들은 이제 계급문제나 인종문제가 사라진다 해도 여성문제는 고스란히 남을 수밖에 없다는 생각을 하게 되었다. 그리하여 여성문제는 여성들 스스로 주체가 됨으로써만 풀릴 수 있다는 확신 아래 그동안 잠잠했던 여성운동이 다시 전개되기 시작했다. 여성학은 여성해방과 관련된 문제의 진단과 해결을 위해서 성이라는 차원에서 평등의 문제와 인간화의 문제를 중점적으로 다루었다. 여성해방운동이 실천과정인 데 반하여 여성학은 이론적 연구라고 할 수 있다.

Ⅲ. 여성해방운동의 대두

1. 베티 프리단과 '여성의 신비'

1963년에 출간된 베티 프리단의 『여성의 신비』는 당시 여성운동의 활력소 역할을 했는데, 이 책의 출판은 제2기 여성운동의 시발점이 되었다. 여성의 신비라고 하는 용어는 베티 프리단이 자신의 책 제목에서 유행시킨 것으로, 미국 여성들의 삶의 현실과 여성들이 맞추어 살려고 애쓰는 이미지 사이의 불일치를 의미했다. 베티 프리단에 의하면, 1960년대 미국사회의 전반적인 경향은 여성들에게 가사노동만이 적당하고, 그들의 정체성은 무시되어도 좋다는 분위기였으며, 이런 분위기의 조성에 기여한 사람들은 여성잡지 편집자, 심리학자, 정신분석학자, 인류학자들로서, 그들은 여성들로 하여금 여성스러움을 자랑으로 여기고, 어린시절부터 자신들의 삶은 남편을 만나고 아이를 낳는 일에 바치는 것이라고 생각하도록 조장하였다. 『여성의 신비』에서는 또한 미국 가정을 "편안한 강제수용소"라고 묘사하고, "이름없는 병(the problem that had no name)"을 앓고 있는 미국 여성들의 딜레마에 대해 말하고 있다.

여성의 신비가 대중의 관심을 끌기는 했지만, 여성운동의 부활에는 또 다른 원인이 있었다. 프리단이 글을 쓰고 있을 때 존 F. 케네디 대통령은 1961년 미국 내 여성의 지위를 조사하기 위한 '여성의 지위에 관한 대통령 자문위원회(Presidential Commission on the Status of Women)'를 구성할 것을 명령하였다. 엘리노어 루즈벨트(Eleanor Roosevelt)가 의장을 맡고 에스더 피터슨(Esther Peterson)이 강력하게 지도하였던 이 위원회는 경제, 가정, 법제도 안에서의 여성의 지위를 재평가하기 위하여 발족되었다. 위원회의 위원과 직원 그리고 7개의 전문위원회가 노동조합, 여성단체, 정부기관에서 인선되었다. 자문위원회는 여성들의 기본권을 침해하는 사회의 편견이나 차별을 없애기 위한 조사에 착수하였다. 위원회의 과반수 이상이 전국 여성당이 계속 주장해온 '평등권 수정조항(Equal Rights Amendment: ERA)'에 반대하였고, 전후 시기에 전문직 여성과 여성 기업가로부터 새로운 지지를 얻었던 사람들이었다. 1963년 11월, 위원회는 미국의 여성들의 지위와 관련된 조사보고서를 발표하였다. 과거보다는 좀 덜 결정적인 입장을 취하려고 애썼던 위원회의 보고서는, "남성과 여성을 포함하는 모든 사람을 위한 법 앞의 평등은 민주주의의 근본으로서 이 나라의 기본법에 반영되어 있다"고 선언하였다. 이 보고서는 프리단의 책이 나왔던 비슷한 시기에 발표되었고, 미국 여성들의 경제적, 정치적, 교육적인 측면을 평가해 놓았다. 의회는 1963년 '동등임금법(Equal Pay Act)'과 1964년 '민권법(Civil Rights Act)'을 각각 통과시켰다.

2. 전국 여성 협회

베티 프리단과 에일린 허난데스(Aileen Hernandez)는 1966년 전국여성협회(National Organization of Women: NOW)를 설립하였다. 전국 여성협회의 설립자들은 설립의 목표를 여성해방 이론의 구성과 여권운동을 위한 로비활동에 두었고, 그 설립취지를 "미국 여성들을 모든 책임과 특권을 이용해서 미국사회의 주류에 올려놓음으로써 진정한 의미에서의 남성과 여성의 파트너쉽 형성을 그 목표로 한다"고 말하였다. 즉, 이들의 목표는 여성에 대한 차별과 편견을 제거하는 것이었다. 평등권을 인지한다는 것은 법령의 재조정을 의미했으므로, 이 조직은 1967년 아주 포괄적인 프로그램을 만들게 되었다. 여기에는 여성에 대한 공정한 임금, 균등한 고용기회의 보장, 낙태의 합법화, 탁아시설의 확충, 남녀 평등을 위한 관련 법률의 개정운동 등이 포함되었다. 그러나 이 조직은 1960년대에 존재했던 불만과 차별을 날카롭게 감지한 급진주의적 여성해방가들로부터 너무 온건하다는 비판을 받기도 하였다.

1966년에 조직된 전국 여성협회(NOW)는 종종 현대 여성운동에 있어서 오래된 관료적 조직의 예로서 인용되고 있다. NOW는 대통령 또는 주위원회(State Committee) 위원들의 성차별 금지를 위한 입법활동을 통해 부각되기 시작하였다. NOW를 중심으로 활동하는 여성들은 주로 높은 교육수준의 중상류층 이상의 백인 여성들이 중심이 되었고 강한 네트워크를 형성하고 있다. NOW의 광범위한 이슈들, 즉 고용, 교육, 종교, 가족, 대중매체, 빈곤 등과 관련된 여성문제 연구를 위한 소위원회도 구성되었다. 그 야망에 찬 의제에도 불구하고 NOW는 대대적인 여성운동을 일으키는 데는 관심이 없었다. 그래서 초기 그룹의 행동강령은 오히려 온건했고, 중앙정부와 평등고용기회 위원회(Equal Employment Opportunity Commission: EEOC) 등과 같은 중앙정부의 관료조직에 더욱 초점을 맞추게 되었다.

3. 평등권 수정조항

평등권 수정조항(Equal Rights Amendment: ERA)은 1923년에 켄사스 출신의 공화당원들에 의해 미 하원에 소개되었다. 그 대략적인 내용은 이미 제75회 세네카 휠스 회의를 기념하는 '전국여성당(National Woman's Party: NWP)' 모임에서 제안되었다. 민주당이나 공화당 모두

1940년 이전까지는 이 안건에 대해 별 반응을 보이지 않았지만, 공화당이 먼저 1940년에 이 안건을 당 강령(platform)으로 삼았고, 이어서 1944년 민주당이 당 강령으로 선정하기에 이르렀다.

공화당이나 민주당 양당이 1940년대에 평등권 수정조항을 인준하는 동안, 국회 내에서 이를 저지하기 위한 몇몇 움직임은 지속되었다. 필리스 쉴래플리(Phillis Schlafly)를 중심으로한 미국 내 ERA의 반대 주도자들은 ERA가 아내, 엄마, 가정주부로서의 여성들의 역할을 변화시킴으로서 기존의 가치체계를 위협할 것이고, 양성간의 역할 변화를 증진시킬 것이라고 주장하였다. 여섯 아이의 엄마로서 평범한 주부라고 본인을 소개한 필리스는 ERA를 반대하면서, "평등권 수정조항은 여성을 위해 어떠한 도움도 주지 못할 것이며, 이미 가지고 있던 여성들의 권리마저도 빼앗아 갈 것이다"고 주장하였다. ERA를 둘러싼 모든 논쟁은 미하원 에디스 그린(Edith Green)의 주장 속에 모두 담겨 있다고 할 수 있다 그는 만일 이 ERA가 통과된다면, 그것은 사회 전반의 심오한 구조적 변화를 초래할 것이라고 주장하였다.

1923년 처음으로 소개된 ERA는 40년 동안 대중으로부터의 무관심 속에서 때로는 반발도 겪었다. 그러나 새로운 여성운동의 물결이 일어난 1960년 이후에는 이에 대한 관심이 새로이 생겨나게 되었다. ERA의 전개과정상 가장 중요한 단계는 1970년 국회의 양원에 의해 상정되었던 것으로, 그것의 인준을 둘러싼 여성운동의 분열은 그후 운동의 확산에 큰 장애가 되었다. 1970년까지 ERA를 지지하는 여성 조직들은 널리 확산되었다. 1970년 5월에는 상원의원 버쉬 베이(Birch Bayh)가 1956년 이래로 최초의 청문회를 주도했고, 거의 대부분의 여러 가지 법적인 불평등을 문제삼으면서 미국 내 또는 어떠한 주에서도 "법 앞에서의 평등권은 성별에 따라 거부되거나 차별받아서는 안 된다"고 하는 점을 주장하였다. 상원의원인 어빈(Ervin)을 중심으로한 ERA 반대측은, 여성들이 느끼고 있는 차별은 법에 의해서 생겨난 것이 아니기 때문에,

ERA는 여성들에게 아무런 도움도 주지 못할 것이라고 주장하였다. 일반적으로 ERA를 반대하는 측은, 미국 법률에서의 성차별은 여성을 보호하기 위한 장치라고 하면서, 보호법이 여성들을 위해 더 나은 법이라고 주장하였다. 반대 세력들은 대부분 노동조합, 교회 조직, 보수적 우파들이 주류를 이루었다.

1971년 1월에 평등권 수정조항이 국회에 소개된 후 이에 대해 찬반 양측의 로비활동이 활발하게 진행되었다. ERA에 찬성하는 측에는 가장 보수적인 공화당을 지지하는 여성들로부터 결혼 자체를 거부하는 급진주의 여성해방가들까지 포함되었다. 수정안을 반대하는 측에는 매우 보수주의적인 남성 정치가들, 남부 출신의 남자들, 노조원들이 포함되었다. ERA를 둘러싼 두 가지 논쟁은 '동등(Equality)'인가 아니면 '차이(Difference)'인가 하는 문제였다. 미국의 법원칙상 보호주의 성향은 20세기 내내 지속되었다. 주로 노동조합이나 그들의 동맹들에 의해 주장되는 이러한 경향은 1972년까지 ERA에 대한 가장 큰 장애 요소가 되면서 그후 10년간 미국 내에서 이를 둘러싼 논쟁은 끊이지 않았다. 찬반 양론으로 나뉘어져 첨예한 대립을 유지해 가다가, 마침내 1982년 ERA 찬성을 외치던 사람들의 노력은 허사로 돌아가게 되었다. 인준을 위해서는 3/4의 주가 찬성을 해야 하는데, 3개의 주가 모자랐던 것이다. 미국의 여성과 남성은 연방정부나 주정부를 막론하고 법 앞에서 평등권을 갖는다는 것을 그 주된 내용으로 하는 평등권 수정조항은 아직도 여전히 그 해결을 기다리고 있다.[3]

---

3) 평등권 수정조항(ERA)의 인준년도 및 인준주
　1972년: 알래스카, 캘리포니아, 콜로라도, 델라웨어, 하와이, 아이다호, 아이오아, 켄사스, 켄터키, 메릴랜드, 매사추세츠, 미시간, 네브라스카, 뉴햄프셔, 뉴저지, 뉴욕, 펜실베니아, 로드아일랜드, 테네시, 텍사스, 웨스트 버지니아;
　1973년: 커넥티컷, 미네소타, 뉴 멕시코, 오레곤, 사우스 다코타, 버몬트, 워싱턴, 위스콘신, 와이오밍;
　1974년: 몬태나, 오하이오;

4. 새로운 여성잡지들의 등장

대부분의 여성들이 여성운동을 지지하면서 전통적 가족으로 회귀하는 것을 원치 않았지만, 그들은 또한 그 동안의 변화에 대해서도 반감을 나타냈다. 뉴욕 타임스의 여론조사에서 여성들 중 거의 절반이 더 좋은 직업과 기회를 얻기 위해 20년 전보다 더 많은 것을 포기해야 했다고 응답했다. 일하는 여성들의 압박감은 극도로 증대되었는데, 특히 그들이 전일제로 일하고 있거나 자녀가 있을 때 더욱 그러했다. 1970년대는 일하는 많은 젊은 여성들을 위한 6개의 새로운 전국적 여성잡지들이 창간되었다. 이 새로운 잡지들의 이름은 그들이 기획하고 있는 내용과 이미지를 반영하였다. 대표적인 잡지들의 이름에는 『자아(*Self*)』, 『현명한 여성(*Savvy Women*)』, 『일하는 여성(*Working Women*)』, 『일하는 어머니(*Working Mother*)』, 『신여성(*New Women*)』, 『미즈(*Ms.*)』 등이 있었다. 이 이름들은 한편 전통 여성지인 '7대 자매지'인 『가족집단(*Family Circle*)』, 『여성의 하루(*Women's Day*)』, 『훌륭한 가정관리(*Good House keeping*)』, 『더 나은 가정과 정원(*Better Homes and Garden*)』, 『가정주부 저널(*Ladies Home Journal*)』, 『레드북과 맥컬(*Redbook and McCalls*)』등의 이름들과 비교되었다.

당시 통계에 의하면, 전통적인 7대 자매지 독자들의 평균소득이 새 잡지 독자들의 평균소득보다 훨씬 뒤떨어진다는 것을 알 수 있다. 하지만 새 잡지들의 발행부수가 300만 부인 데 비해, 전통잡지의 발행부수는 4,000만 부인 것을 보면, 대부분의 여성들은 여전히 전통 여성지를 읽고 있음을 알 수 있다. 그러나 7대 자매지도 여성의 삶의 새로운 현

1975년: 메인, 노우스 다코다;
1997년: 인디애나

실과 여성성의 변화를 반영하였다.『훌륭한 가정관리(Good House-keeping)』는 '나의 어머니는 정말로 그녀가 무엇을 하고 있는지를 잘 알고 있었다' 라는 식으로 과거를 예찬하면서, 일부 사람들이 구식으로 간주하는 전통적 가치(남편, 자녀, 가정)를 되살리고 여성을 찬미하는 '신 전통주의' 캠페인을 시작했다. 그러나 이 캠페인은 상담자로 일하거나 직업을 모성과 결합시키고자 하면서 전통적인 가족형태로 회귀하지는 않는 직업을 담당하는 것으로 발전하였다. '완만한 변화' 보다는 '재빠른 변화' 를 보인 고학력 여성을 묘사하는 것으로 바뀐 것이었다.

Ⅳ. 급진적 여성해방운동: "사적인 것이 곧 공적인 것이다"

1. '자매애'의 개념과 '성의 변증법'

1960년대 후반에 등장한 '자매애'의 개념은 당시 급진적 여성해방 운동의 형성에 있어서 중요한 역할을 했다. 급진적 여성해방 이론은 1960년대 후반 1970년대 초기 뉴욕과 보스턴에서 처음으로 소개되었다. 19세기의 많은 페미니스트들이 노예제도 폐지 운동에서 그들의 남성 동료들로부터 받았던 대우로 말미암아 여성 자신의 억압을 인식하게 되었던 것과 마찬가지로, 20세기의 급진적 여성해방론자들도 신좌파(New Left) 소속의 남성 급진주의자들로부터 그들이 받았던 경멸적인 대우에 대한 반발로 인해 자각이 싹트게 되었다. 그러한 구체적인 계기는 1969년 워싱턴에서 있었던 창단식 반대 시위에서 발생했다. 페미니스트들이 그 대회 집회에 참여하려고 하자, 관중 속에 있던 남성들은 야유를 보내고, 비웃고, 휘파람을 불어댔다. 여성들은 남성 급진조직 안에서 지속적으로 이등시민(second class citizen)의 대우를 겪어 오면서 강한 남성의식에 염증을 느꼈기 때문에, 본질적인 민주주의를 표방하면서 본래적인 여성의 동등한 역할을 허용해 줄 여성조직에 관심을 기울였다.

급진적 여성해방론자들은 이러한 모든 문제들이 사회에서 일어나고 있는 억압의 뿌리이고 모델이며, 여성해방론은 진실로 혁명적인 모든 변화의 토대가 되어야 한다고 생각하게 되었다. 동시에 동일한 과정중에 전개되었던 급진적 여성해방 이론의 나머지 명제들 속에는 다음과 같은 의견들이 포함되어 있었다.

"사적인 것은 정치적인 것이다"

"부권제 또는 남성지배가 여성 억압의 뿌리이다."

"여성은 정복당한 계급으로서의 자신들의 정체성을 인식하고 압제자인 남성과 싸우기 위해 그들의 기본적인 열정을 다른 여성들과 함께하는 운동속에 쏟아야만 한다."

"남성과 여성은 근본적으로 다르며, 다른 스타일과 문화를 소유한다."

1967년과 1968년에 형성된 뉴욕의 급진적 여성해방 그룹은 여성해방 이론의 주된 골격을 세워 나갔다. 최초의 주요 급진적 여성해방론자들의 간행물인 『제1차년도의 노트』는 1968년 6월에 나왔고, 그 뒤를 이어 『제2차년도의 노트』가 1970년에, 그리고 『제3차년도의 노트』가 1971년에 각각 출판되었다. 타이 – 그레이스 아트킨슨이 1968년 10월 전국여성협회의 뉴욕지부 의장직을 사임한 후 결성한 그룹인 "페미니스트(Feminists)"는 1969년 여름에 일련의 의견서들을 발간했다. 이 의견서들에서 급진적 여성해방 이론의 중요한 관점들이 형성되었다. 이때 나타난 기본적인 명제는 정치적으로 압제적인 남성 – 여성의 역할 시스템이 모든 억압의 원형적인 모델이라는 것이었다. 이 페미니스트 그룹은 또 결혼이 여성 억압의 가장 중요한 형식화이므로, 이러한 제도를 이론적으로든 실제적으로든 모두 거부하는 것을 급진적 여성해방론자의 일차적인 업무로 생각한다고 주장했다. 이러한 목적을 위해 이 페미니스트 그룹은 그들 멤버의 1/3만이 남성과 살 수 있도록 하는 회원 할당제를 정했다. 이 페미니스트 그룹은 또한 남녀간의 사랑에 대해서도 취약성, 의존성, 고통에의 감수성을 증진시키고 여성이 소유한 인간적인 잠재력의 완전한 개발을 방해하는 것이라고 공격하였다. 이러한 비판은 슐라미스 파이어스턴(Schulamith Firestone)의 저서 『성의 변증법(*The Dialectic of Sex*)』에서 이루어졌다.

다른 급진적 페미니스트들과 마찬가지로 파이어스턴도 페미니스트 혁명의 일차적인 목적은 생물학적인 가족의 전제를 끝내는 것이어야 한다고 생각했다. 파이어스턴에 따르면, 페미니스트 혁명을 성취할 수 있는 주된 방법은 생식수단을 소유하는 데 있었다. 그것은 여성을 그들의 생물학적 운명으로부터 해방시켜줄 테크놀러지를 이용하는 것으로, 파이어스턴은 비단 산아제한뿐만 아니라 특히 체외 인공수정, 인공태반 같은 인공적인 발명품을 사용한 새로운 생식수단을 요구했다.

급진적 여성해방론자들은 20여년간 영향력 있는 저술과 지속적인 작업을 통해 주류 여성운동의 이성애주의(異性愛主義)를 와해시키기 시작했다. 1981년까지만 해도 베티프리단은 레즈비어니즘을 페미니즘의 이단아라는 뜻으로 '라벤더 청어(lavender herring)'라고 불렀었다. 그러나 1980년대 말에 여성조직 내에서 게이 권리운동과 레즈비언 활동가의 정치적 세력이 증대하자 이런 태도들은 변화되었다. 1988년에 전국 여성학회 연례회의에서는 최초로 레즈비언 연구에 관한 본격적인 토론회를 열었다. 1989년에 전국여성협회(NOW)는 최초의 전국 레즈비언 대회를 조직했고, 전미 여대생 협회의 전국 대회는 이 최초의 레즈비언 대회를 인정했다. NOW는 레즈비언들을 더 이상 회원에서 배제시키지 않고 성적 성향을 문제삼지 않음으로써 더 많은 회원을 확보할 수 있게 되었다.

2. 항의데모

미국의 여성해방운동의 특성은 일반적인 운동의 조직, 대표, 지도자 등을 무시하고 개인 각자의 자유로운 자발적, 非조직적, 非지도적 집단을 이루는 30대 여성을 중심으로 미국 여러 지역에서 독립적으로 형성되어활약하였다는 사실이다. 미국 여성운동가들은 미국의 정치, 경제, 법률, 교육, 매스컴, 가족 문제, 보건 등 모든 영역에서 성적 차별을 철폐하기 위하여 계몽, 선도, 시위, 항의, 소송 등 모든 방법을 동원하였다. 급진적인 젊은 여성들은 자신들이 역사를 변화시킬 것이라고 확신하고 다양한 형태의 활동을 전개하였다. 그들은 여성 억압의 근본적인 원인은 무엇인가? 누가 진정한 적인가? 등과 같은 이론적 문서들을 배부하는 한편, 가두 연극을 통해 대중매체의 관심을 불러 일으켰다. 이 중 가장 대표적인 것으로는 항의 데모(Zap Action)를 들 수 있는데, 이는 여성문제에 초점을 맞추어서 대중의 관심을 끌기 위한 극적인 데모를 한 것을 말한다. 1968년 9월 7일에는 뉴저지의 애틀란틱 씨티에서 미스 아메리카 선발대회에 대한 항의 데모가 있었다. 뉴욕의 급진적 여성 운동가들은 미인 선발대회라는 것이 여성을 모욕하는 행사라고 규정하고 이에 항의하는 데모를 계획하였다. 여기에는 뉴욕 여성들뿐만 아니라 워싱턴 D.C., 뉴저지, 플로리다로부터 모여든 여성들도 동참하였다. 운동을 조직한 여성 중 한 명인 캐롤 호니쉬(Carol Honisch)는 미인대회는 여성을 선천적으로 타고난 생물학적 요인에 의해서 가치짓는 것으로, 여성도 부단히 노력함으로써 인간의 가치를 개발할 수 있다는 의지를 말살시킨다고 주장하였다. 따라서 미인대회는 미스 아메리카 자신들뿐만 아니라 다른 모든 여성들까지도 피해를 입힌다고 주장하였다. 미스 아메리카를 반대하는 데모는 1960년 제2기 여성해방운동이 시작된 이래로 대중매체의 관심을 끈 최초의 데모였다. 데모에서 사용된 전략은 급진적 여성운동가들이 주로 사용했던 거리에서 행해지는 히피

스타일의 데모였다. 이들은 자신들의 주장을 알리고 관철시키기 위해, 또 여성들이 아름다운 외모를 가꾸기 위해 많은 시간을 할애하는 것에 항의하기 위해, 미스 아메리카 선발대회장 옆에 "자유를 위한 쓰레기통(Freedom Trash Can)"을 마련하여, 미리 준비해 온 헌 브래지어, 핀컬, 하이 힐 등 여자들이 예뻐지기 위하여 많은 불편을 감수해야 했던 것들을 그 쓰레기통에 집어넣는 시위를 벌였다. 1968년의 미스 아메리카 선발대회장 앞에서 그들은 살아있는 양[4]에게 여왕관을 씌우고 여성 억압의 상징물로서 거들, 브래지어, 머리띠, 레이디스 홈저널 등을 자유를 위한 쓰레기통에 던져 넣었으며, 인형을 경매에 붙였다. 즉, 더 이상 남자를 위한 미(美) 의 노예가 되지 않겠다는 뜻이었다. 그들은 '여성은 가축이 아니라 사람이다(women are people not livestock)'고 항의했다. 그러나 그 당시 전개된 이러한 여성운동을 미국 언론들은 남녀관계 문제를 진지하게 이해하려는 자세로 보도하지 않고 비웃고 비난하는 투로 보도함으로써 여성해방운동에 참여하는 여성들은 '브레이지어를 태우는 사람들(bra-burners)' 이라는 조소를 받기도 했다.

이러한 항의 데모는 어떠한 특정한 주제나 사건에 대하여 그 성격상 상징성을 띠는 특별한 행동이었다. 미스 아메리카 항의는 새로 시작된 여성해방운동이 전통적인 정치적 항거와는 다른 성격을 띠고 있음을 보여 주었다. 소위 급진적 여성해방론자들이 말하는 "성차별주의"는 여기저기에서 발견되었고, 공격의 대상이 되었다. 전국을 통해 방영되는 텔레비젼의 영향으로 많은 사람들은 어떠한 형태의 운동이 진행되고 있다는 것을 감지하게 되었다. 매스컴 노출의 결과는 복합적이었다. 한편으로는 새로운 여성들이 이 운동에 동참했다는 점을 들 수 있으나, 매체를 통해 보여진 운동의 부정적인 모습들은 많은 여성들로 하여금 이 운동으로부터 멀어지게 한 결과를 초래하기도 했다. 그럼에도

---

4) 살아있는 양 (Sheep)의 상징적 의미는 '바보' 를 나타낸다.

불구하고 조직을 형성하려는 여성들에게 있어 미스 아메리카 선발대회의 항의 데모는 추진력을 제공해 주었다.

3. 의식화 교육

뉴올리언즈에서는 오래 전부터 여성문제에 대한 토의가 진행되어 왔으나 1968년 가을이 되어서야 여성그룹이 형성되었다. 이렇게 그룹을 형성하게 된 데에는 1968년 미스 아메리카 선발대회 반대를 위한 항의데모가 중요한 역할을 하였다. 각계 각층 여자들인 가정주부, 직장인, 학생들이 모여앉아 자기의 개인문제, 경험, 감정, 관심 등을 이야기하였다. 이러한 도중에 그들은 자신이 당면한 문제가 개인의 문제가 아니라 사회적 구조의 문제이며 모든 여성들의 공통적인 문제임을 깨닫게 되었다. 이러한 개인적인 문제를 정치적인 문제와 결부시키는 것이 여성그룹의 의식화 교육에 있어서 중요한 방법이 되었다. 여성그룹은 대체로 7명에서 15명 정도의 소그룹이 가장 적절한 인원수였는데, 이것이 대중화되었다. 의식화는 여성운동의 활동의 형식과 내용의 중요한 부분을 차지하였고, 이러한 방법들은 급진주의적 여성해방가들에게만 국한된 것은 아니었다. 그들 스스로를 여성해방가로 부르는 것을 가장 꺼려하는 교외에 사는 전업주부들조차 이러한 방법의 의식화 작업에 참여하게 되었다.

의식화 교육은 뉴욕의 여성단체인 '레드스타킹(Redstockings)'이 담당했다. 이 조직은 엘렌 윌리스(Ellen Willis)와 슐라미스 파이어스턴이 주축이 된 매우 과격한 여성단체로서, 이에 동조하는 많은 급진주의 성향을 지닌 여성들이 이 조직에 가담하였다. 그들은 이 조직이 제공하는 교육지침에 따라서 토론하였으며, 주제는 결혼, 직장, 남성 등 다양하였고, 대개 일주일에 한 번씩 6개월간 또는 1년간 만났다. 이 의식화 교육을 거친 여성들은 여성운동의 투사가 되어 여성문제 해결을 위하여 적극적으로 참가하게 되었다. 따라서 여성운동에 있어서 의식화 교육이 여성운동의 하나의 기능, 목적, 그리고 과정으로 받아들여진 점에 대해서는 레드 스타킹의 기여가 컸다고 할 수 있다. 또한 이 그룹은 여성에 대한 억압은 여성의 행동과는 아무런 관계가 없으며, 남성들이 그들의 행동을 바꾸는 것이 가장 중요한 점이라고 주장하는 정치적 노선을 따르게 되었다. 의식화를 위한 소그룹은 그 절실한 필요성에 의해 조직되었고, 그들은 여성들이 개인적으로 억압받는 현실을 직시할 수 있도록 도와주었다.

그러나 1968년 말에 가서는 개인적인 경험이 곧 정치적이라는 생각을 기본으로 하는 이러한 의식화 그룹은 더 이상 인기를 얻지 못했다. 몇몇 뉴욕의 급진주의 여성들은 그들 나름대로의 소규모 토의그룹을 형성하였다. 그들은 토의그룹을 통하여 개인적인 체험을 말하기보다는 좀더 정치적인 토론을 하고자 시도하였다. 게다가 그들은 대중적 움직임(public actions)을 원했다. 이러한 배경하에 등장한 새로운 그룹 '마녀(WITCH)'5)는 전체 운동의 별명이 되었다. 1968년 할로윈 날 첫번째 마녀들의 집회가 결성되었다. 그룹 마녀는 다른 그룹과 개인적인 차이뿐만 아니라 문제점들에 관한 불평이나 분석 면에 있어서도 무척 다른 양상을 띠게 되었다. 집회는 각 도시마다 자체적으로 개최되었고 항의 데모를 통해 그들이 존재하고 있음을 알리게 되었다.

여성해방운동에 있어서 뉴욕의 '마녀'의 발전은 두 가지 측면으로 평가될 수 있다. 우선, 뉴욕의 급진적 여성들의 분열이 심화되었고, 또 다른 한편으로는 많은 여성들, 즉 이전에는 여성해방운동에 대해서 전혀 관심을 가지지 않았던 여성들이 호기심을 가지고 이 운동에 동참하게 되었다는 점이다. 1968년 말까지 여성해방운동 그룹의 숫자는 급증하였으며, 여기에 참여하는 여성들 스스로도 이러한 그룹운동이 전국적

---

5) WITCH: Womens International Terrorist Conspiracy from Hell의 약자.

이라는 점을 인식하게 되었다. 1968년 추수감사절에 캐나다를 포함한
전 미국 내 37개주로부터 200명의 여성들이 시카고에 모여 최초의 회
의를 개최하게 되었다. 여성들 자체가 곧 정치적 그룹이라는 인식이 여
성들을 하나의 계층으로 인식하고 정치적인 힘을 발휘할 수 있게 하는
첫단계가 되었던 것이다.

V. 여성해방운동과 관련된 주요논쟁

1. 평화운동

제1차세계대전 당시 여성들은 "평화운동"에 있어서 큰 역할을 했
다. 거의 반세기 후 미국 여성들은 또 다시 어머니의 역할을 강조하면
서, 여성들이 중심이 되어 세계의 어린이들의 입장에서 핵개발을 반대
했다. 여성들의 평화운동은 쿠바 미사일 위기로 인한 소련과의 전쟁촉
발 위기 및 맥카시즘 때문에 '반미활동 하원조사위원회(House Un -
American Activities Committee: HUAC)'에 의해 조사를 받게 되었다.
1962년 12월 중순쯤 미국 의사당에서는 '여성 평화쟁취 협회(Women
Strike for Peace: WSP)'라고 불리는 여성 평화운동 단체와 반미활동 하
원조사위원회의 정면대결이 시작되었다. 위원회에서는 여성 평화운동
과 공산당과의 관계, 그리고 국가보안과 관련되는 내용을 점검하는 정
면 대결이 시작되었다. 3일에 걸친 열띤 논쟁은 여성 평화쟁취 협회의
승리로 돌아갔다. 이것은 여성들이 냉전의 이념과 정치적 제지에 대응
하여 일어난 것으로, 미국 역사상 평화운동에 있어서 가장 중요한 움직
임의 하나가 되었다.

1961년 11월 1일, 5만 명이 넘는 WSP 회원들이 미국 전역에 걸쳐
60여 개 도시에서 그들의 가정이나 직장으로부터 뛰쳐나와 평화를 위

한 시위에 적극 동참함으로써 미국의 정치에 지대한 영향을 끼치게 되었다. 평화시위에 참여했던 여성들은 일정한 조직에 속해 있지 않았으며, 지도자들도 대중에게 잘 알려진 유명한 지도자들이 아니었다. 데모를 위한 연락망은 전형적인 여성 네트워크를 통해서— 입에서 입으로, 편지나 전화, 학부형회(Parent Teacher Association: PTA), 여성 선거인 협회(the League of Women Voters: LWV), 여성 국제자유평화 협회 (Women's International League for Peace and Freedom: WILPF) — 평화에 대한 소식들이 워싱턴으로부터 재빨리 퍼져 나갔다.

데모의 성격은 단지 각 지역에서 여성들이 무엇을 원하는지에 달려 있었다. 예를 들어 몇몇 여성들은 행진을 했고, 또 다른 여성들은 지방 사무실에서 로비활동을 했으며, 그렇지 않은 다른 그룹의 여성들은 지방신문에 광고를 냈다. WSP운동은 처음부터 엄격한 이념과 형식적인 조직구조에 반대하는 非관료적인 네트워크로 구성된 운동가들에 의한 운동이었다. 여성평화조직이 느슨한 조직과 지방자치를 중심으로 한 것에는 전통적인 평화조직이 지나치게 관료적이었던 것에 대한 반발 때문이었다. 결과적으로 반미활동 하원조사위원회는 모성애를 통해 평화를 지키자는 중산층 가정주부들의 조직에 의해서 밀려나게 되었다. 그들의 행동은 다분히 정치적인 것이었으며, '여성의 신비'의 수동성과 非정치적 성격에 이의를 제기할 수 있는 환경을 조성하게 되었다.

2. 낙태문제

미국 역사상 19세기 초반 여성들에게 있어서 낙태는 큰 문제가 되지 않았다. 모든 인종과 계층의 여성들이 낙태를 할 수 있었다. 낙태에 제재를 가하던 시기는 남북전쟁 이후의 시기로, 새로이 탄생했던 미국 의사협회(American Medical Association: AMA)의 영향에 의한 것이었다. 의사 협회에서는 건강상 위험하다는 주장과 더불어 낙태에 대한 시술권 독점을 원했고, 따라서 산파나 의사증이 없는 낙태 시술자들로 하여금 낙태 시술을 할 수 없도록 할 의도가 있었다. 백년 후 의사들은 또다시 낙태와 관련된 정책에 있어서, 발달된 기술로 태아의 초기 움직임을 파악한 후 낙태시술이 의료적으로 안전한지 여부를 판단한 후 낙태의 가능성을 결정하도록 하였다. 그러나 이 정책의 결정은 의료업계가 아닌 다른 분야에서 그 결정권을 갖게 되었다. 특히 낙태를 불법화시키려는 낙태논쟁에는 여성들 자신이 아닌 의료진들이 주된 참석자가 되었다. 그러나, 낙태권을 옹호하든 반대하든 간에, 여성들 스스로가 이 문제를 공론화하는 데 큰 역할을 했다.

낙태문제가 하나의 사회적 이슈로서 재등장한 시기는 1950년대 말인데, 이때만 하더라도 낙태문제는 여전히 소수의 전문가들에 의해서만 논의되었다. 그러나 오늘날 우리가 알고 있고 논의되고 있는 낙태문제는 소수의 엘리트 남성들에 의한 논의가 아니라 일반인들, 특히 일반 여성들에 의한 것이라는 특징을 가지고 있다. 이렇게 된 배경을 보면, 새로운 기술이 개발되면서 여성들은 19세기에는 꿈도 꾸지 못했던 사회참여를 하게 되었고, 여기서 여성들의 삶에 커다란 변화가 오게 된 것이다. 여성들이 일찍이 역사에서 찾아볼 수 없었던, 자녀 출생에 대한 결정권을 가지게 된 것이다. 즉, 그들은 언제 몇 명의 자녀를 출산할 것인가를 결정할 수 있게 되었다.

1973년은 여성들의 낙태운동에 있어서 큰 획을 그은 해이다. 연방대법원이 로우 대 웨이드(Roe v. Wade) 법정 소송에서 낙태를 인정하는 판결을 내렸던 것이다. 이 판결은 낙태 규제의 완화를 가져왔으며, 많은 여성해방운동가들에게 큰 희망을 안겨다 주었다. 더 이상 그들에게는 불가능이란 없는 것처럼 보였다. 임산부로서 제인 로우(Jane Roe)라는 가명을 사용한 사건 당사자는 텍사스 주 댈러스 카운티에 사는 독신녀로서, 텍사스의 형사법이 규정하고 있는 낙태금지는 의학적으로 안전한 낙태를 할 수 있는 권리를 부정함으로써 그녀의 개인적인 프라이버시 권리를 위헌적으로 박탈하였다고 주장하였다. 이러한 상황에서 그녀는 소송을 제기하였다. 당시 뉴욕 타임스에 의하면, "연방 대법원의 7대 2 결정은 임신 초기 첫 3개월간의 낙태를 금지한 주 법을 무효화시키면서, 지금까지 매우 사적이고 개인적인 문제여야 했던 것을 공적으로 논의함으로써 감정적인 불화까지 불러 일으켰던 사건을 종식시킬 것이다"고 주장했다. 연방 대법원의 이러한 판결은 비교적 극적인 여론의 변화를 가져왔지만, 낙태를 반대하는 소수 미국인들로 하여금 적극적인 행동을 취하도록 유도하기도 했다. 당연히 사적인 관심사로 남아 있어야 하는 문제들과 공공정책과 국가의 통제의 대상이 되어야 하는 문제를 구분하는 기준은 계속 논쟁의 대상이 되었다.

로우 대 웨이드의 결정은 낙태논쟁에 있어서 커다란 변화를 가져왔다. 그후 낙태문제를 둘러싸고 양측은 낙태옹호(Pro-Choice)와 낙태반대(Pro-Life)로 나뉘어져 서로 첨예하게 대립함으로써 이 문제가 공론화되었다. 오늘날 낙태운동과 관련된 연구들을 보면, 낙태문제는 서로 다른 사회적 배경을 가진 두 그룹의 여성들의 낙태에 관한 서로 상반된 견해로 인하여 제기되었는데, 그들은 낙태권에 대한 생각뿐 아니라 윤리적, 종교적 생각도 서로 달랐으며, 여성들의 삶의 목적이나 어머니로서의 삶의 의미에 관해서도 서로 다른 생각을 가지고 있었다. 다시 말하면, 낙태논쟁은 단순히 낙태에 대해서뿐만 아니라 어머니로서의 삶, 어머니로서의 역할 또는 의미에 대해서도 서로 논쟁을 하게 만들었다. 이들 두 그룹의 사물을 보는 관점은 그들의 사회적 배경과 가치관 및 경험에 바탕을 둔 것으로, 그것은 곧 페미니스트의 관점과 전업주부로서의 관점으로 나뉘어진다.

그러므로 낙태권에 관한 논쟁은 곧 여성으로서의 삶의 질에 대한 그들의 시각이나 입장의 차이를 그대로 드러내었다. 낙태옹호 그룹은 도시에서 자라난 고학력 수준의 여성들로서, 그들의 남편은 전문직에 종사하고 있고, 그들 스스로도 직업을 가지고 있고, 종교적인 활동을 즐기지 않으며, 어떤 의미에서는 종교가 중요하지 않다고 생각하는 여성들로 이루어져 있다. 반면에 낙태반대 그룹은 2 - 3명의 자녀를 두고 있고, 고등학교나 대학교 정도의 교육을 받았으며, 주로 전업주부이고, 그들의 남편은 작은 비즈니스를 운영하며, 주로 카톨릭 신앙을 가지고 있고, 그들에게 대해 종교는 매우 중요한 비중을 차지하고 있고, 일주일에 한 번 정도는 성당에 나간다. 또한 낙태찬성 그룹의 경우에는 매우 진보적인 성향을 가지고, 주로 민주당을 지지하는 데 반해, 반대 그룹의 경우에는 주로 보수적인 성향을 가지고, 공화당을 지지하는 것으로 나타났다. 요약하면, 낙태 찬성과 반대는 그 계층의 교육, 직업, 수입, 결혼 상태와 밀접한 관계가 있으며, 그들은 서로 극히 다른 세계에서 살고 있고 서로 다른 가치관과 종교관을 가지고 있는 것으로 나타났다.

여성들의 재생산과 관련된 자유, 즉 낙태문제는 제2기 여성운동의 시작과 더불어 페미니스트의 의식에서 가장 핵심이 되는 문제였고, 오늘날까지도 중요한 문제로 남아 있다. '전 미국 가족계획 협회(Planned Parenthood Federation of America: PPFA)'의 회장직을 맡았던 페이 워래톤(Faye Wattleton)은 재생산에 대한 페미니스트의 입장에 대해서, 여성들이 자신들의 재생산과 관련된 문제에 대해 통제력을 가지고 있지 못하면 다른 어떠한 문제에 대해서도 통제력을 가지지 못하므로, 이것은 여성의 삶과 육체에 대한 가장 기본적인 권리에 대한 문제라고 주장하였다.

3. 탁아소 문제

다양한 사회적 또는 역사적 이유로 미국내 탁아소의 숫자는 터무니 없이 모자랐다. 최초로 대량의 탁아소 건립 움직임이 있었던 것은 제2차세계대전 동안 전쟁에 참전한 남성 노동자들의 빈자리를 채우기 위해 고용된 6백만이 넘는 여성들이 노동시장에 참여한 전시 이후부터이다. 1941년 통과된 렌햄법(Lanham Act)에 의해서 정부는 전시 노동시장에 참여하는 여성들을 위하여 약 3,100개에 달하는 탁아소를 건립하였다. 이 탁아소는 사무직에 종사하는 여성들과 여성 노동자들의 자녀를 위해서 만들어졌던 것이지만, 전쟁이 끝난 후에는 더 이상 탁아소 건립을 위한 자금이 조달되지 않았다.

1969년에서 1970까지 여성운동에 의해 탁아소 문제는 아주 중요한 이슈가 되었다. 탁아소 시설의 건립 요구는 다양한 그룹의 사람들에 의해 이루어졌다. 그 가운데는 보수주의자, 진보주의자, 중류층 또는 하류층 여성들, 그리고 또한 페미니스트들이 모두 포함되었다. 탁아소 건립의 필요성을 주장하는 다양한 의견들 중에서 페미니스트들의 주장은 아이들의 양육은 어머니의 책임이라는 전통적인 관념에 도전하는 것으로서, 그들의 이러한 주장은 가장 많은 공격을 받게 되었다. 그러나 그들의 주장은여성해방운동에서 중요한 역할을 담당했다. 그들은 자주 자신의 자유를 위해 자녀의 복지를 희생시키기를 꺼리지 않는다는 비난을 받기도 했지만, 이에 대하여 여성운동가들은, 여성도 한 인간이므로 인간으로서의 자신의 정체성을 찾으려는 노력에 대하여 죄책감을 느낄 필요는 없다고 주장하면서, 그들을 비난하는 사람들을 도리어 비판했다. 그들은 또한, 그러한 여성들은 가정이나 가족에 얽매어 있는 사람들보다도 오히려 더욱 훌륭한 부모가 될 수 있다고 주장했다.

다른 페미니스트 운동처럼, 탁아소 건립을 위한 운동도 단기적인 목표와 장기적인 목표로 나뉘어져 있었다. 단기적인 목표는 어떠한 재정적인 도움을 받더라도 탁아소 시설을 필요로 하는 사람들에게 제공하자는 것이었다. 장기적인 목표는 자녀 양육과 취학전 아동교육에 있어서 급진적으로 다른 이론을 적용, 교육시키는 것이었다. 예를 들어 페미니스트들에 의해 운영되는 탁아소는 여성과 남성이 모두 선생님으로 고용되었으며, 어린이의 교육내용은 어린이들에게 여성의 역할과 남성의 역할을 구분하지 않는 것이었다. 이러한 교육방법에 대해 反페미니스트들은 어린아이들에게 그들의 성의 정체성을 파악하는 데 어려움을 준다고 강하게 비난하였다. 이러한 비난에 대해서 페미니스트들은 오히려 反페미니스트들이 성 역할과 성 정체성의 개념 자체를 혼동하고 있다고 비난했다.

페미니스트들은 남성과 여성 모두가 어린이 양육에 대해서 책임을 져야 한다고 주장하였지만, 여기에는 몇 가지 문제점이 있었다. 그 중에서 가장 중요한 것은, 남성들이 탁아소에서 일할 때 받는 월급이 그들의 생활비로 충분하지 않다는 점이었다. 탁아소 건립을 요구하는 페미니스트들이 주장한 내용 중 하나는 대학 내 탁아소 건립의 중요성에 관한 것이었다. 그들은, 대학의 재정적인 도움으로 건립된 탁아소들은 대학을 다니거나 대학에 근무하는 여성들의 교육 향상을 위해서 중요한 역할을 할 것이라고 주장하였다. 대학내 탁아소 건립 추진운동은 일찍이 시카고 대학을 시작으로 뉴욕 주립 대학, 하버드 대학, 피츠버그 대학, 콜럼비아 대학 등에서 전개되었다.

VI. 보수주의 반격과 새로운 움직임

1. 저항세력의 도전

페미니즘의 정의는 구질서에 대한 도전을 의미한다. 다시 말해서, 페미니즘은 정치적, 사회적, 문화적 기관들에 대하여 의문을 제시할 뿐 아니라 인간의 사고 자체에 대하여 문제를 제기한다. 구질서에 대한 문제 제기는 항상 보수주의의 저항을 받아 왔고, 페미니즘도 여러 형태의 저항세력의 도전을 받았다. 우선 기득권층의 남성들로부터의 도전이 있었다. 그 밖에 여성들로부터의 도전 역시 하나의 커다란 저항세력이 되었다. 다른 소수 세력과는 달리 여성들은 육체적인 게토(ghetto)에 사는 것이 아니라 정신적인 게토(ghetto)에 머물러 있는 것 같았다. 여성들은 흔히 다른 여자들과의 비교를 통해 그들 스스로를 평가하였다. 페미니스트들을 향한 페미니즘에 대한 반격은, 여성들은 가정에서 너무나 행복하다고 주장하는 것이었다. 이러한 점을 부각시킨 기사는 1971년 1월 "여성의 실수(Feminine Mistake)"라는 제목으로 『에스콰이어(Esquire)』잡지에 실렸다. 이 잡지 기사에서는 여성들이 실제로 빵을 굽는 것을 진정으로 좋아한다고 쓰고 있다. 전업주부들이 이처럼 행복하다는 주장은 베티프리단의 "여성의 신비(Feminine Mystique)"에 대한 반박에서 비롯된 것이다.

여성운동에 대한 또 다른 저항방법은 여성운동을 조소함으로써 여성운동 자체를 비방하는 것이었다. 이러한 조소로써 여성운동 자체의 중요성을 깎아 내리거나 초점을 흐리게 만드는 것이다. 그 한 예로서, 1968년 미스 아메리카 선발대회 때 항의데모에 참여한 여성들을 일컬어 '브래이지어를 태우는 여성(bra-burner)'이라고 부른 것이 텔레비전, 라디오, 잡지, 신문 등의 대중매체를 통해서 보도되기도 하였다. 여성운동가들에 대한 또 다른 저항의 움직임들은 이들을 사회적인 이단아로 취급하는 것이었다. '페미니스트들은 진짜 여자가 아니다'라고 하거나, 또는 '자연스럽지 못하다'고 하면서 이들을 다르게 취급하는 것이다. 페미니스트들에 대한 편견을 보면, 그들을 감정적으로 또는 성적으로 좌절감을 느끼는 사람이거나, 아니면 남성을 증오하는 여성들, 레즈비안 등으로 간주하는 것이다. 이러한 방식으로 여성들에게 꼬리표를 붙이는 것은 여성운동에 참여하는 모든 여성들을 한 가지 성격으로 묶어버리는 과오를 범하는 것이었다.

1970년대의 대중매체는 젊은 여성들에게 여성운동의 종식을 확실히 보여 주었다. 신문과 잡지는, 전문직에 종사하는 커리어 우먼과 주부라는 두 가지의 일에서 동시에 성공하기 위하여 노력하는 과정에서 지칠 대로 지쳐버린 여성들에게 경종을 울렸다. 많은 신문기사들이 고소득을 올리는 전문직 여성들이 자녀들과 함께 시간을 갖기 위하여 직장을 그만두는 일들을 연이어 소개하였다. 1980년대 초에 페미니즘의 죽음 혹은 포스트 페미니즘에 대한 기사가 홍수처럼 쏟아져 나왔다. 대중매체는 만혼인 여성들이 만혼으로 인한 불임으로 한 명의 자녀도 가지지 못하게 될지도 모른다는 두려움을 갖도록 조장하였다.

　1970년대부터 여성운동의 결점에 대하여 거론하는 것이 일종의 유행처럼 되었다. 그리고 페미니스트들에 대한 적대감은 동성애에 대한 공포를 배후에 가지고 있었다. 그리고 동성애에 대한 공포는 에이즈(AIDS)의 전염 가능성과 그 파멸적인 결과에 대한 두려움 때문에 증폭되고 있었다. (에이즈의 확산으로 페미니즘은 후퇴하기 시작했으며 일반 대중의 관심에서 점차 멀어져 갔다.) 1982년 평등권 수정조항의 비준 실패 이후 대부분의 전국적인 여권단체, 즉 전국 여성동맹, 전국 여성 정치위원회, 전국 낙태권 회원이 급격히 줄어들었다. 정부의 지원 삭감이 여성 단체의 회원 감소와 맞물리면서 많은 페미니즘 집단이 해체되었다. 하지만, 1980년대를 통하여 페미니즘이 주변화되고 정형화되었음에도 불구하고, 대부분의 대학 캠퍼스에서 열정적인 학생들은 집단적으로 페미니즘의 의미와 페미니즘이 함축하고 있는 삶의 방식에 대하여 토론하면서 그 명맥을 유지해 갔다.

2. 제3세대 페미니즘

　1980년대 말 대학생들을 중심으로 겨우 명맥을 유지해 오던 페미니즘은 1990년대 초에 와서 새로운 세대의 분명하고 뚜렷한 목소리로 변해갔다. 1991년 수전 팰루디(Susan Faludi)의 『반동(*Backlash*)』은 레이건 시대의 反페미니즘에 이의를 제기하였고, 폴라 카멘(Paula Kamen)의 『페미니즘의 숙명(*Feminist Fatale*)』은 여성운동에 관한 젊은 여성들의 무지와 열정의 공존을 탐구하였다. 1990년대 중반에 이르러 제3기 여성운동의 물결이 일어나면서 이러한 경향을 보여주는 책들이 출판되기 시작했는데, 『次세대 페미니스트의 목소리(*Listen Up: Voices from the Next Feminist Generation*)』(1995) 『페미니즘 제3세대(*Feminism: The Third Generation in Fiction*)』(1996)등이 그 대표적인 것들이다. 페미니즘 제3세대는 주로 제2세대의 자녀들로 구성되어 있었다. 이 그룹들은 대부분 제2세대들이 주장했던 여러 이슈들에 대하여 매우 친숙했으며, 다문화적이며, 동성애자들의 인권에도 매우 협조적이었다. 1990년대의 또 다른 큰 논쟁은 여성들에 대한 폭력에 대항하는 것이었다. 많은 페미니스트들은 다양한 형태의 폭력, 가정폭력, 성희롱, 강간에 대한 여성들 스스로의 통제력을 강화하려고 노력했다.

3. 가정폭력

가정폭력(Domestic Violence)이란 가족 구성원들 간에 신체적 또는 성적인 학대를 가하는 행위를 말하는바, 주로 여성이 피해자가 된다. 1970년 미국사회는 여성에 대한 가정폭력의 문제가 표면화되지 않은 상태에 있었다. 법률은 가정 내에서 자행되고 있는 폭력문제에 대해서 적절히 대처하지 못했고, 남편의 폭력에 못 이겨 남편을 고소하는 아내는 사회에서 지탄의 대상이 되었다. 페미니스트들은 이처럼 숨겨진 사실에 대한 문제를 공론화시키는 데 큰 공헌을 했다. 여성들을 가정폭력으로부터 보호해야 한다는 움직임이 최초로 있었던 곳은 1971년 영국의 런던이었다. 1년 후 미국의 페미니스트들은 런던을 여행하다가 이러한 상황을 목격하고 미국에 돌아와 가정폭력의 희생자들을 위한 쉼터(the women's shelter)를 마련하게 되었다. 최초의 쉼터는 1973년 미네소타(Minnesota)의 세인트 폴(St. Paul)에 세워졌다. 이러한 쉼터들은 곧 다른 도시들에서도 문을 열게 되었고, 오늘날에는 전국 각지에 세워져 있다.

1980년대의 운동은 개별 여성을 돕기 위한 프로그램과 더불어 대중들에게 가정폭력 의식화 작업을 시작하였고, 법률적으로 이들을 보호할 수 있는 조치를 취하도록 노력하였다. 가정폭력의 문제는 1980년대와 1990년대에 몇몇 구타당한 여성들의 이야기가 미디어에 소개되면서 대중들의 관심을 끌게 되었다. 1987년, 남편인 조엘 스타인버그(Joel Steinberg)에게 구타당한 아내 헤다 너스바움(Hedda Nussbaum)에 관한 기사가 사람들의 관심을 불러 일으켰다. 기사의 내용은 너스바움의 아버지가 제공한 것인데, 그녀가 9년 동안 얼마나 정신적, 육체적으로 학대를 당했는지에 대해 자세히 설명하고 있었다.

1994년에 니콜 브라운 심슨(Nicole Brown Simpson)이 살해된 후 미디어는 니콜이 미식축구 선수였던 남편 심슨(O.J. Simpson)으로부터 얼마나 구타를 당했는지 그 실상을 폭로하였다. 살해 사건 이후에 발표된 이러한 구타 소식은 전국적으로 가정폭력에 대한 심각성을 일깨워 주는데 중요한 역할을 하게 되었고, 이것은 대중을 의식화시키는 데 충분한 자료가 되었다. 몇 년에 걸쳐 주정부는 법률과 개혁안들을 발표하였다. 그 결과 오늘날에는 미국 내의 많은 주들에서 가정폭력을 행하는 사람을 의무적으로 구속시키는 법이 시행되고 있다.

페미니스트들은 여성들을 가정폭력으로부터 보호하려는 국가적인 법률을 제정하려고 노력하였고, 가정폭력으로부터 여성을 보호하는 것은 여성의 인권에 관한 문제라는 점을 강조하였다. 1994년 '여성폭력방지법(Violence Against Women Act)'의 제정과 더불어 페미니스트들은 목표의 일부분을 성취할 수 있었다. 1990년대 중반까지 구타를 당하는 여성들의 비율은 점차 증가하였다. 미국내 페미니스트 조직들은 여성은 평생 동안 아버지, 남편, 남자 친구, 오빠, 삼촌 등으로부터 매15 – 18초당 1명 꼴로 구타를 당한다는 통계를 발표하였다. 한 정부기관 보고서에 의하면, 대부분의 폭력은 면식범에 의해서 자행되고, 때로는 남편, 전 남편, 남자 친구, 전 남자친구 등 그들과 친밀한 사람들에 의해서 자행된다고 발표하였다. 페미니스트들은 가정폭력에 대해 다각적인 접근을 시도하고 있다. 여성 쉼터는 이러한 변화를 초래하는 데 큰 역할을 하였고, 오늘날 많은 페미니스트들은 가정폭력을 부추기는 사회의 구조적인 문제를 해결하려고 시도하고 있다.

4. 성희롱 소송의 파급효과

정치적으로 보수적이었던 1990년대 미국사회에서는 여성들과 관련된 주제 중에서 특히 성폭력, 낙태 등 여성의 몸과 관련된 문제가 대중들의 관심을 집중시켰다. 특히 성희롱과 관련된 문제는 1990년대 새로 부각된 논쟁거리가 되었다.

미국에서 '성희롱'이란 용어가 등장한 것은 1970년대 중반이었다. 1974년 미국의 코넬 대학에서 여성운동가인 린 페일리(Lin Farley)는 '여성과 일'이라는 여성학 세미나 시간에 학생들이 여름방학 동안 일하면서 직장에서 느꼈던 불쾌한 경험담과 그로 인해 직장을 포기할 수밖에 없었던 경험담을 듣게 되었다. 린 페일리 교수와 그 밖의 2명의 여성이 이러한 경우에 해당되는 문제를 법적인 소송으로 확대시키고자 변호사를 구했으며, 그것이 발단이 되어 처음으로 '성희롱(sexual harassment)'이라는 용어가 생겨나게 되었다.

1977년까지 3개의 법정 소송이 성희롱과 관련되어 진행되었고, 이 법정소송을 통해서 직장에서의 성희롱은 더 이상 개인적인 문제가 아니라 직장 내 성차별로 간주되어야 한다는 것이 밝혀졌다. 그러나 무엇보다도 성희롱 사례들 가운데 가장 많은 관심과 논란의 대상이 되었던 것은 1990년대의 아니타 힐(Anita Hill)사건이었다. 이 사건은 의회 청문회를 통해서 성희롱이라는 문제를 미국 여성 운동가들의 관심 대상으로부터 미국 국민 대다수의 관심 대상으로 끌어올리는 데 지대한 역할을 하였다.

1991년 7월 미국의 부시 대통령은 미국 연방고등법원 판사 클래런스 토마스(Clarence Thomas)를 마샬(Marshall) 전 연방대법관의 후임자로 지명하였다. 마샬은 주로 민권 사건을 다루었던 민권운동 지도자로서 연방대법원에 재직하고 있던 유일한 흑인이었다. 그러나 그의 후임자로 지명된 클래런스 토마스는 보수적인 흑인으로, 평등고용기회국의 전 국장이었다. 이러한 지명에 대해 민주당과 민권운동 단체들이 거세게 반발하고 나섰다. 그 이유는, 만일 클래런스 토마스가 대법관이 된다면 연방대법원은 더욱 보수화될 것이 확실했고, 보수파 대법관들에 의해 지배되는 법원은 흑인을 비롯한 소수민족들과 여성 등 이른바 소외계층에게 불리한 판결을 내릴 것이라는 우려 때문이었다.

이러한 분위기에서 당시 법학대학 교수였던 아니타 힐은 당시 대법원 판사 후보로 올라가 있었던 클래런스 토마스를 상대로 성희롱과 관련된 법정 소송을 하게 되었다. 아니타 힐은 당시 35세의 흑인 여성으로서, 오클라호마 대학교 법과대학 교수였는데, 자신이 10년 전 토마스의 교육부 민권국장실에서 법무관으로 일하던 때 클래런스 토마스로부터 성희롱을 당했다고 폭로한 것이다. 이 소송을 통해서 많은 미국인들은 처음으로 "성희롱"이라고 하는 용어를 듣게 되었다.

증언대에 선 클래런스 토마스는 아니타 힐의 주장을 완강히 부인했다. 그는 이 문제가 자신의 명예와 관련된 문제이며, 진보세력인 민주당이 정치적 목적으로 자신의 문제를 이용하고 있다고 주장하였다. 몇 번의 의회 청문회에도 불구하고 결국 아니타 힐 교수는 토마스 판사의 대법관 인준을 저지시키는 데 실패하였다. 하지만 그녀는 전국적인 여성운동가로 부상하게 되었고, 미국 자유인권협회, 미국 변호사 협회, 미국 형사 및 변호사 협회 등은 아니타 힐 교수의 용기를 공식적으로 높이 평가하였다. 클래런스 토마스 대법원 판사를 아니타 힐이 기소했던 성희롱 소송사건이 상원에 의해 기각되었을 때, 수 천 명의 여성들은 이에 항의하는 모임을 가지기도 했다. 클래런스 토마스와 아니타 힐의 공청회 이후, 뉴욕시에서 150개 이상의 여성단체가 신속하게 연대하여 개최한 '진실을 말하는 여성: 평등, 권력, 성적 학대 관련 회의'에는 2천여 명이 참여했다. 이러한 움직임 외에도 아니타 힐의 성희롱 문제는 여러 파급효과를 가져왔다. 우선 토마스의 대법관 인준 청문회가 전국에 중계된 이후 성희롱 문제에 대한 경각심이 증가됨으로써 '평등고용기회 위원회(Equal Employment Opportunity Commission: EEOC)'에 접수되는 성희롱 고발 건수는 엄청나게 늘어났다.

1993년 '전미 여대생 협회(The American Association of University Women: AAUW)'는 8학년에서 11학년을 상대로 조사한 성희롱 결과를 출판하였다.[6] 이 책은 심지어 초등학생들까지도 성희롱의 대상이 될 수 있다고 하는 경각심을 일깨워 주었다. 1996년에는 6세의 소년이 소녀에게 원치 않는 키스를 했다는 이유로 학교를 그만두게 한 사건이 있었다. 보수주의자들은 이 사건을 이용해서 성희롱이라는 것이 너무 가혹하다는 것을 보여주려 하였다. 이에 대하여 페미니스트들은, 보수주의자들이 성희롱의 경우를 이용하여 그들의 의견을 관철시키려 한다고 비난하였다. 1997년 미 대법원에서는 폴라 존스(Paula Jones)가 클린턴 대통령을 상대로 고소하는 사건이 있었다. 사건 내역은 클린턴 대통령이 아칸소(Arkansas) 주지사 시절에 자신을 성희롱했다고 주장하였다. 페미니스트 그룹은 그녀를 지지하지 않았다는 이유로 위선자라는 비판을 받기도 했지만, 사실 존스를 재정적으로 뒷받침해 준 그룹이 클린턴의 반대세력인 극보수주의자(Ultraconservative)들이었다는 점이 그녀를 지지하지 않은 주된 이유였다.

1998년부터 성희롱으로 평등고용기회 위원회에 고발된 건수는 크게 증가하였다. 사회 저명인사들이 성희롱 사건에 연루되어 그들의 경력에 치명적인 상처를 받기도 하였다. 성희롱에 대한 인식의 변화와 법적 구제절차의 변화 요구로 인해, 소송을 더욱 쉽게 하고 충분한 보상을 받

---

6) Hostile Hallways: The AAUW Survey on Sexual Harassment in America' s School

을 수 있도록 하기 위한 법안이 마련되었다. 무엇보다도 가장 큰 파급 효과는 성희롱에 대한 의식의 변화를 들 수 있다. 성희롱이라는 것이 더 이상 가볍게 보아 넘길 문제가 아니라, 힘의 우위 관계에 따라 형성되는 권력의 문제라는 것이 인식되기 시작하였다.

VII. 결론: 여성운동의 평가와 전망

현대 여성운동은 이데올로기가 중요한 역할을 했다는 측면에서 볼 때, 최근의 역사에서 가장 이념성을 지닌 운동이라고 할 수 있다. 다시 말해서, 1960년대 후반에 활발히 진행되었던 여성해방의 물결은 그 이론적 바탕을 위해 여성학이나 여성사 등의 학문을 체계적으로 발전시켜 가면서 사회운동으로서의 여성운동의 체계를 구축해 갔던 것이다. 실제로 모든 현대 페미니즘 이론들은 직접적이든 간접적이든 현대 여성운동과 그 주제 및 투쟁에 있어서 서로 밀접한 관련을 가지고 발전해 왔다는 점이 이를 증명해 주고 있다.

1960년대 후반 제2기 여성해방 운동 이후 여성들은 많은 변화를 목격해 왔다. 이러한 변화는 때로는 대규모의 운동으로, 때로는 개인이나 소규모의 움직임을 통해 이루어져 왔다. 여성들은 평등과 해방을 위해 무엇이 최선책인가 고민했고, 그것을 성취하고자 노력해 왔는데, 그 결과는 놀라운 것이었다. 여성들은 무엇보다도 그들의 성(sexuality)에 대한 통제권을 갖게 되었고, 또한 교육과 고용의 기회는 확대되었으며, 성희롱(sexual harassment)이나 성차별(sexism)이라는 개념들을 통해서 법적인 차별을 공식화할 수 있었으며, 또한 경제적 독립권을 획득할 수 있었다. 이러한 움직임을 이끌어 온 것은 무엇보다도 의식화 작업을 담당해 온 여성들의 역할이 컸다고 할 수 있다. 이들은 여성들로 하여금 힘을 기르도록 했으며, 독립성과 여성으로서의 보다 철저한 자각을 갖도록 했다. 교육을 통한 지위 향상 또한 빼놓을 수 없는 것이었다. 문맹을 벗어나는 수준으로부터 고등교육까지, 여성들을 위한 교육은 여성들의 정보를 교환하고 경험을 같이 나눔으로써 힘을 길러갈 수 있는 중요한 방법이었다. 여성들은 이제 국가 재정의 상당부분이 빈곤층을 위한 사회사업에 사용되게 하려고 노력하고 있으며, 직장 여성들을 위한 탁아소 시설을 확충시키고, 폭력이 없고 성 역할의 구분도 없는 평화스러운 가정 꾸미기를 계획하고 있다.

여성들은 또한 그들이 개인적으로 움직이기보다 그룹을 형성하는 것이 더욱 효과적이라는 사실을 인식하게 되었다. 그룹 활동은 그들을 소외감으로부터 해방시켜 줄 뿐만 아니라 서로 협동함으로써 어떻게 사회를 변화시켜 나갈 수 있는지를 인식하게 해 주었다. 여성들은 정치계, 경제계 또는 법조계에서 보다 높은 지위를 확보했고, 보다 많은 여성들이 전문직종을 택하기 위해 법대, 의대, 또는 경영대학원에 진학하였다. 뿐만 아니라 여성들은 국제적인 모임을 통하여 서로 연대해 나가기 시작했다. 1970년대 이래 미국 여성들은 다른 국가 여성들과 함께 U. N.에서 활발한 활동을 해 나갔다. '국제 여성의 해'(1975), '여성들의 10년'(1976~1985), '베이징 여성회의'(1995)등은 여성들이 국제적인 차원에서 모일 수 있도록 해 준 중요한 기회가 되었다. 페미니스트들은 또한 시민 단체(Non Governmental Organization: NGO)들과의 연대도 도모하고 있다.

여성들을 위한 진정한 변화에 대한 희망은 페미니스트 지도자들에게 국한된 문제만은 아니다. 이것은 문화적 국가적 경계선을 초월한 여성들의 연대에 달려 있다. 그들은 보다 포괄적인 범위에서 이 문제를 해결하려 노력하고 있다. 여성의 평등권은 곧 인권에 관한 문제라는 인식을 가지고 그들의 목표인 모든 여성, 더 나아가서는 모든 어린이, 남성들이 당면한 조건들을 향상시키기 위해 단결해야 한다고 주장한다. 여성들은 그들의 성공이 모든 인류를 위해서 정말 중요하다는 사실을 잘 알고 있다. 힐러리 로드햄(Hillary Rodham)이 주장하였듯이, "지난 수십년 동안 우리가 배웠던 가장 중요한 교훈은 여성들이 번영하는 국가가 곧 번영할 수 있는 국가라는 점이다."

　오늘날 여성계의 가장 큰 화두는 무엇보다도 '차이의 정치학'이다. 여성운동은 과거와 비교해 볼 때 인종, 민족적 배경의 차이뿐만 아니라 그들이 주장하고 있는 정치, 사회적 아젠다(agenda)들로 인해 다양한 차이를 보이고 있다. 21세기를 향한 여성운동은 지난 세기의 여성운동을 교훈 삼아 보다 평화로운 사회를 위해 서로 협력함으로써 변화를 추구하고 있다.

제5장 소비자운동

김철규(고려대)

I. 서론

소비자로서의 개인의 권리를 보장받고, 재화 및 용역의 구매로 발생하는 피해를 방지하고 보상받기 위한 일련의 집합적 행동을 소비자운동이라고 할 수 있다. 소비자운동이 하나의 독자적인 사회운동으로 부상하기 위해서는 대체로 본격적인 소비사회로의 진입이라는 사회적 조건이 필요하다. 이것은 미국에서도 마찬가지였다. 제2차세계대전을 전후한 포드주의적 축적체제의 순조로운 작동은 미국인들로 하여금 유례없는 물질적 풍요를 누리게 하였고, 바로 이러한 사회적 맥락에서 미국의 소비자운동은 전성기를 누릴 수 있었다.

대량생산과 대량소비를 중심으로 운용되던 미국사회에서, 1960년대는 일상생활과 직결된 문제에 대한 관심이 높아졌던 시기였다. 전통적인 노동운동의 중심성이 약화되면서 脫(超)계급적인 소비자들의 집단이익을 보호해야 할 필요는 소비자운동의 활성화를 초래하였다. 1960년대 중반부터 약 10년간의 전성기를 누렸던 미국의 소비자운동은 이

제 그 운동의 생애주기(life cycle)로 볼 때 성숙기에 있다고 할 수 있다. 즉, 다양한 형태의 소비자운동조직(consumer movement organization)들이 만들어졌으며, 이들에 의한 조직적이고 전략적인 투쟁에 의해 소비자보호 장치들이 마련되기에 이른 것이다. 소비자운동가들과 운동조직이 목표로 제시했던 소비자들의 다양한 권리들이 법 – 제도적으로 보장되었으며, 연방 및 주정부 내에는 기업의 횡포로부터 소비자들을 보호하기 위한 부서들이 마련되었다. 또한 소비자 권리침해 사례를 상시적으로 감시하고, 소비자들에 대한 교육을 실시하는 전문 조직들이 활발하게 움직이고 있다.

사회운동으로서의 소비자운동은 기존의 구사회운동들과는 상이한 사회 역사적 맥락에 위치한다. 대표적인 구사회운동인 노동운동은 산업사회에서의 두 중심계급인 자본가와 노동자간의 구조적 대립, 타협, 그리고 국가의 조정 등을 통해 그 양상이 결정되었다. 이러한 노동운동의 구조 속에서 운동의 초점은 생산과 분배의 문제에 모아졌으며, 조합주의적 노동조합은 노동환경의 개선, 임금인상, 고용안정 등을 중심으로 운동을 전개하였다. 노동운동과는 반대로 소비자운동은 소비 영역에서 발생하는 포괄적 문제, 특히 소비자와 기업간의 힘과 정보의 불균형 문제를 중심으로 전개된다. 일면 기업의 횡포에 대한 저항이라는 점에서 노동운동과 유사한 것처럼 보이지만, 소비자는 공간적 분산성과 관계의 非지속성 때문에 조직적 동원에 어려움이 있다. 이에 따라 소비자운동에서는 소비자 개개인들의 직접적인 참여보다는 전문화된 운동조직의 역할이 중요하다고 할 수 있다.

자유시장체제에서 기업은 다양한 상품을 만들어내고, 광고를 통해 끝없이 소비충동을 부추긴다. 이윤에만 관심이 있는 기업들의 상품 판매전술 앞에서 소비자들은 지극히 취약한 위치에 놓이게 된다. 소비자들에게는 광고의 진위 여부를 판단하여 합리적인 구매를 할 수 있는 보호기제가 전혀 없었다. 또한 나쁜 상품의 사용으로 인한 건강 혹은 금전상의 피해에 대해 보상받을 수 있는 길도 없었다. 이와 같은 시장에서의 불균형 문제와 이로 인한 피해를 극복하기 위해 소비자들은 소비자 권익을 보장받기 위한 조직적이고 제도적인 운동을 펼치게 되었는데, 이것이 바로 소비자운동인 것이다. 소비자운동은 대개 개인들의 불만 제기, 이의 수렴을 통한 집단적 대응(예를 들면 불매운동), 운동조직에 의한 문제해결 노력, 그리고 지속적인 압력을 통한 입법화 등의 단계를 넘나든다. 불만의 제기는 새로운 상품의 등장이나 특정 상품에 관한 새로운 정보의 발견과 깊이 관련된다. 따라서 새로운 쟁점이 제기되었다가 제도적으로 해소되는 성격을 지닌다. 그리고 이 과정에서 핵심적인 역할을 담당하는 것이 소비자운동 조직들임은 물론이다.

우리는 이 장에서 19세기 말부터 시작된 미국 소비자운동이 어떻게 생성되어 활성화되고, 또 제도화되었는지에 대해 검토한다. 우선 제2절에서는 1960년대 이전에 있었던 소비자운동의 초기 모습들을 살펴봄으로써 당시 소비자운동의 특징과 한계를 검토한다. 제3절에서는 1960년대의 소비자운동을 랠프 네이더와 그의 조직들을 중심으로 고찰한다. 제4절은 소비자운동의 현황에 대한 검토로서 제도화 및 조직화 특징에 대한 논의가 이루어진다. 이상의 작업을 바탕으로 제5절에서는 미국 소비자운동을 운동이론으로서 평가하게 될 것이다.

Ⅱ. 미국 소비자운동의 前史: 1960년대 이전

1. 소비자운동 태동의 역사적 맥락

미국의 소비자운동이 본격적으로 활성화된 것은 1960년대이지만, 그 태동은 이미 19세기 말에 이루어진 것으로 볼 수 있다. 19세기 중반 미국은 전국적으로 건설된 철도망을 바탕으로 급속한 자본주의 발전의 길을 달리고 있었다. 이 발전은 독점적 대기업들에 의한 것으로서 정부와 결탁하거나 정부의 비호를 받으며 지속되었다. 이에 따라 사회적 약자들이라고 할 수 있는 노동자들과 농민들은 비참한 상황에 있었다. 그럼에도 불구하고 친기업적 정부는 자유방임 정책으로 일관했으며, 이는 대기업들의 경제력과 정치력을 제고시켰다. 공장제 생산의 확산과 자본가들의 성장 가운데서 이루어진 정부와 대기업의 결탁, 정부의 무능력, 대기업에 의한 독점과 노동자, 농민, 소비자들의 불만은 19세기 후반 정치적 격랑과 변동의 원인이 되었다. 특히 열악한 노동조건에서 혹사당하던 노동자들은 독점적인 자본가들에 대해 강력하게 저항하였다.[1]

이러한 상황에서 1901년 제26대 대통령에 취임한 루즈벨트(Theodore Roosevelt)는 대기업의 경제활동에 대한 개입, 노동자 이익의 보호, 공공이익의 추구 등을 정부의 과제로 인식함으로써 자유방임주의 노선에 종지부를 찍었다. 정부 역할의 강조는 제28대 대통령인 민주당의 윌슨(Woodrow Wilson)에 이르러 더욱 가시화된다. 정부의 기업에 대한 관리감독은 노동조합, 농민조합, 그리고 소비자들의 이익 증진에 바람직한 사회적 조건을 만들었다. 이들은 대기업들의 독점에 대한 반대라고 하는 점에서 같은 배에 탔다고 할 수 있었다. 따라서 1890년에 통과된 셔만 독점금지법(Sherman Anti‒Trust Act)의 통과는 장기적으로 노동자, 농민, 그리고 소비자 모두에게 이익을 주는 것으로 간주되었다. 또한 1914년에 설치된 연방통상위원회(Federal Trade Commission)도 기업들의 독점에 대한 제도적 규제장치로서 연방정부에 의한 시장개입과 규제를 통해 소비자들의 권리를 보호하는 데 기여

---

1) 예를 들면, 1880년 경 미국에서 500만 명에 달했던 공장제 노동자는 극도로 열악한 노동조건 하에서 단순화된 반복노동을 하였다. 이들은 임금을 받는 근대적인 의미의 자본주의 사회의 노동자 계급이라고 할 수 있는데, 미국 전역에서 불길처럼 일어났던 자본가와 대기업의 횡포에 대한 노동자 저항의 가장 대표적인 것으로는 1877년의 대철도 파업과 1886년의 헤이마켓 소요사태를 꼽을 수 있다.

<표 1> 보건, 안전 및 환경의 질에 대한 정부의 규제

설립연도	조 직	규 제 기 능
1976	통조림 및 가축수용 관리국, 농무성	위생적인 육류를 제공하기 위하여 가축 및 가공육의 생산에 있어서 공장조건 및 사업 관행의 결정
1931	식품 및 의약품관리국, 보건교육복지성	식품 및 의약품의 상표 및 내용을 통제
1937	농산물판매사업부, 농무성	대부분의 농산품에 대한 위생기준의 결정 및 몇몇 지역 우유가격의 최저한도 설정
1948	연방항공관리국, 운수성	항공통제체계의 운용 및 항공기와 공항에서의 사고 경감을 위한 안전기준의 설정
1953	동물 및 식물위생 검사부, 농무성	식물의 안전도 기준의 설정 및 검사, 육류와 가금류의 질과 관련된 법률의 제정

출처: 양동호, 『미국경제사 탐구』(서울대학교 출판부, 1994), 202쪽.

하였다. 이후 정부 차원에서의 각종 규제장치들이 마련되었는데, 1960 년대 이전에 이루어진 것들은 <표 1>과 같다.

2. 20세기 초 유통구조의 변화와 '소비자'의 형성

19세기 후반-20세기 초반은 상품의 유통-소비의 측면에서 새로운 변화들이 많이 일어난 시기였다. 식품, 섬유 등 몇몇 산업은 서서히 대량생산-대량소비 시스템의 초기 모습을 갖춰 가기 시작하였다. 특히 유통 부문에서 몇 가지의 두드러진 특징들이 나타났다. 첫째, 백화점(Department Store)의 발전에 따른 소비양식의 변화이다. 주로 1860년 대와 70년대에 처음 문을 연 백화점들은 제조업체로부터 대량으로 상품을 구입, 소비자들에게 직접 연결해 주는 개념으로 새로운 소비형태를 낳았다. 가장 대표적인 것으로 메이시스(Macy's) 백화점을 꼽을 수 있는데, 메이시스는 도시적 생활양식을 만드는 데 기여하였다. 둘째, 통신판매상들(Mail Order Merchants)의 성장이다. 통신판매는 우편체제의 안정과 철도교통망의 발달을 전제로 한 것으로, 전국을 하나의 시장으로 '소비자'라는 집합적 개념을 낳는 데 대단히 중요한 것으로 평가된다. 오늘날에도 미국을 대표하는 판매상으로 견고하게 자리잡고 있는 시어스(Sears, Roebuck & Company)는 체계적인 고객관리와 상품배달로 새로운 소비문화를 창출하였다. 셋째, 일부 상품의 브랜드화이다. 소비자들은 그저 구멍가게에서 무상표 상품(generic goods)을 구입하는 것이 아니라 표준화된 브랜드를 가지고 전국적으로 광고되고 유통되는 상품을 선호하게 된다. 오늘날 세계적인 브랜드가 된 허쉬 초콜렛, 캠블 수프, 코카 콜라, 코닥 카메라 등이 이 시기에 등장하였다. 넷째, 대기업들이 급속하게 성장하면서 미 전국에 판매망을 확대함으로써, 이에 따라 지역의 소생산자들이 위축되었다. 예를 들면, 앤호이져 – 부시(Anheuser – Busch), 슐리츠(Schlitz) 등과 같은 대 맥주회사들은 기존의 소규모 맥주 양조장들을 대치하면서 전국 규모의 맥주 생산자로 성장한다. 이들은 치열한 경쟁 속에서 금융 및 시설 지원을 바탕으로 지역 술집(community saloons)들을 자신들의 상품 판매출구로 통합했다. 이러한 변화들은 이제 공통적인 상품을 소비하는 전국적인 집합체로서의 '소비자'를 만들어내었으며, 이들의 상품이나 브랜드에 대한 견해가 체계적으로 형성될 수 있는 사회적 조건을 만들었다고 할 수 있다.

새로운 형태의 상품판매 및 소비문화는 광고의 등장에 의해 더욱 빠르게 자리잡았다. 특히 신문과 잡지는 소비자들에게 브랜드를 인지시키고 매출을 신장시키는 중요한 수단이 되었다. 다양한 상품의 범람, 대기업들의 독점적 위치, 시장의 확대, 그리고 신문, 잡지를 통한 무책임한 광고는 소비자들의 불만을 샀고, 기업의 횡포를 규제할 수 있는 제도의 필요를 느끼게 되었다. 이에 따라 소비자 단체들은 압력을 통해

몇 개의 기초적인 소비자 법안을 통과시키는 데 성공하였다. 예를 들면, '소포 우편업무에 관한 법안', '식품 및 의약품법', '육류 검사법' 등이 그것이다.

3. 소설 『정글』과 식품의약품법

소비자들의 불만은 특히 생명과 직결되어 있는 식품과 관련하여 높아지고 있었다. 산업화와 도시화에 따른 인구증가와 소득의 증대는 도시 소비자들의 육류 소비량을 증가시켰다. 그럼에도 불구하고 도축이나 육류 포장과 관련된 법규는 아직 제대로 정비되지 않은 상태였으며, 이에 따라 위생상의 문제가 심각했다. 육류의 위생문제에 대한 소비자들의 우려는 싱클레어(Upton Sinclair)의 소설 『정글(*The Jungle*)』이 발표되면서 정점에 달했다. 노동자들의 열악한 노동상황을 사실적으로 묘사하고 있는 싱클레어의 소설은 그 내용 중에 육류창고와 포장과정에 대한 내용을 담고 있었다. 어둡고 불결한 창고, 수천 마리의 쥐, 쥐의 분비물, 쥐약, 죽은 쥐와 뒤섞인 고기에 관한 세밀한 묘사는 독자들을 충격으로 몰아넣었으며, 소비자들의 분노를 낳았다. 소비자들은 적극적으로 육류의 위생에 대해 문제제기를 하였으며, 들끓는 여론은 정치적 압력으로 작용하였다. 그 결과 육류업자들의 강력한 저항에도 불구하고 1906년 '순정식품 및 의약품법(Pure Food and Drug Act)'과 '육류도매법(Wholesale Meat Act)'이 통과되어 최소한의 규제장치가 마련되었다. 이에 따라 도축과 육류 취급 과정에 대한 위생기준이 만들어지고, 정부의 관리가 제도화되었다.

이들 법안의 통과를 위해서는 1899년에 설립된 최초의 소비자단체인 '전국소비자연맹(National Consumers League)'의 노력이 중요했던 것으로 평가된다. '전국소비자연맹'은 소비자 문제 이외에도 여성 및 아동 노동, 최저임금제, 작업환경 개선 등 사회문제 전반에 관심을 가지고 있었다. 사회적 善의 구현과 계몽적인 사회개혁을 추구하였던 '전국 소비자연맹'은 여성들을 주회원으로 하고 있었다. 사회적으로 볼 때 중상류층에 속했던 이들 여성들은 유럽의 사회개량운동과 맥을 같이하면서 인도주의적인 입장에서 소비자 문제에 접근하였다. 따라서 사회정의와 도덕률의 제도화 그리고 산업자본주의의 폐해에 대한 규범적 비판을 강조하였다. 참여 여성들의 시민적 의무감을 강조했던 이 단체는 소비자들의 요구를 법제도적으로 확보해 내는 데 성공했다는 의미에서 운동사적으로나 정치사회학적으로 큰 의의가 있다.

4. 포디즘과 소비자 조직의 필요성 제고

20세기 초, 그 틀을 잡아나가던 미국의 초기 소비자운동은 제1차세계대전의 발발에 따라 주춤하게 된다. 그러나 제1차대전 이후 미국의 경제가 부흥하면서 소비자운동은 활기를 되찾았다. 대량생산과 대량소비를 축으로 하는 소위 포드주의적 축적체제의 막이 오르며, 미국의 경제는 활황으로 내닫는다. 특히 자동차 산업, 가전 산업, 건설업 등이 급속히 발달하면서, 국내시장이 팽창하였다. 생산성 증가를 전제로 한 임금의 지속적인 상승은 미국 노동자들에게 여러 가지 면에서 새로운 변화를 경험하게 했다. 소득수준이 높아지면서 중산층이 형성되고, 이들은 더 나은 거주지를 찾아 교외로 이동하였다. 교외에 주택을 마련한 도시 중산층은 개별 가옥에 필요한 많은 내구재의 소비자가 되었다. 즉, 자동차, 냉장고, 세탁기, 청소기, 라디오 등을 대량으로 구매하게 됨으로써 생산을 자극하여 포드주의적 축적 시스템이 가동될 수 있도록 만들었던 것이다. 이와 같은 대량생산 및 대량소비 경제가 1930 – 40년대 소비자운동의 사회적 환경을 형성하였다.

제1차세계대전 이후의 시기, 특히 1920년에서 1932년 사이 공화당 정권하에서 시장 메카니즘이 강조되었으며, 이에 따라 대기업들의 사회적 영향력이 증대되었다. 사회적 약자들에 대한 관심은 낮아지고, 사회적 불평등은 심화되었다. 시장의 자유도가 높아진 상황에서 기업의 통합(business consolidation)이 본격화되었으며, 쿨리지(Calvin Coolidge) 대통령과 내각, 심지어는 연방통상위원회까지 친기업적인 정책으로 일관하였다. 결국 친기업적인 자유주의적 사회분위기에서 노동자, 농민, 그리고 소비자들은 독점적인 대기업과의 세력관계에서 약자의 위치에 놓이게 되었고, 무수한 권리침해의 사례들을 경험하였다. 이에 따라 사회집단들은 기업과 친기업적인 정부의 힘에 대항해 자신들을 조직할 필요를 느끼게 되었다.

5. 미디어와 소비자 피해

소비자 조직의 필요성은 미디어의 발전에 의해서도 제고되었다. 1920년대 이후 라디오가 거의 모든 가구에 보급되면서 기업의 입장에서 광고는 대단히 중요한 판매전략으로 자리잡게 된다. 이전의 광고가 상품에 관한 정보를 알린다는 의미가 컸다고 한다면, 대량생산과 소비의 사회에서 광고는 소비자들의 구매를 충동질하고, 소비의 욕망을 창출하는 도구가 된 것이다. 그리고 이 과정에서 라디오는 기존의 활자매체와는 다른 특징들로 소비자들에게 다가섰다. 짧은 시간 내에 소비자들에게 메시지를 전달하는 라디오는 매출의 신장이라는 목표하에 사실과 다르거나 과장이 심한 광고를 무책임하게 내보냈다. 대단히 선동적인 광고가 소비자들의 귀를 자극하였으며, 허위광고에 대한 책임문제는 중요하게 여겨지지 않았다. 그 결과 라디오의 허위 및 과장광고로 인한 소비자들의 피해가 줄을 이었다. 많은 라디오 광고들이 상품의 실제내용과는 상관없이 특정 상품의 구매에 따라 건강, 행복, 사랑 등을 획득할 수 있는 것처럼 포장되었다. 이에 따라 쏟아져 나오는 많은 상품들에 대한 정확한 정보를 요구하는 목소리가 높아졌고, 동시에 기존의 상품광고에 대한 소비자들의 불만이 커졌다.

소비자들의 가장 큰 불만은 소비자 기만(cheating)과 관련된 것이었다. 엄격한 기준이 없는 상황에서 건강을 상품화한 여러 상품들이 무분별하게 생산되었고, 허위과장 광고를 통해 소비자들의 구매를 충동질하였다. 제대로 시험을 거치지 않고 과학적 근거도 갖지 못한 소위 만병통치약들이 쏟아져 나왔으며, 소비자들은 막연한 기대를 갖고 터무니 없이 높은 가격을 지불하기도 하였다. 이러한 건강식품 혹은 약품의 무분별한 소비는 종종 치명적인 건강상의 위해로 이어지기도 하였기 때문에 문제는 더욱 심각하였다. 약품 이외에도 바닥청소제, 광택제, 구강 냄새 제거액 등이 이 시기 허위광고를 통해 소비자들에게 피해를 입혔다.

6. 소비자 정보의 필요와 '소비자연맹'(Consumers Union)의 설립

불량 식약품의 범람과 허위광고에 의한 피해는 많은 소비자들을 개인적인 차원에서 분노하게 만들었다. 소비자들의 분노는, 누구도 상품에 대한 공정하고 정확한 정보를 제공하지 않는다는 사실 때문이었다. 경제적 호황과 산업발전에 따라 새로운 상품이 쏟아져 나오지만 아무도 그 상품의 안전성이나 광고의 진위 여부를 판단할 수 없는 상황이었다. 이러한 상황에서 소비자들은 구매에 따른 경제적 위험과 사용에 따른 건강상의 위험 모두를 스스로 부담해야 했다. 이에 따라 객관적으로 신상품에 대해 평가해 줄 수 있는 공신력있는 기관의 설립에 대한 사회적 요구가 높아졌다. 이러한 소비자들의 요구를 반영하고 있는 책이 1927년 체이스와 슐린크에 의해 출간된 『당신 돈의 가치(*Your Money's Worth*)』라는 책이었다. 이 책은 기업들에 의한 기존의 판매관행을 비판하고, 소비자들의 권리보호를 위한 다양한 제안을 내놓았다.

예를 들면, 소비자들에 의한 건전한 의심, 정부에 의한 상품기준의 설정, 그리고 객관적인 상품 시험기구의 설립 등을 주장하여 커다란 반향을 일으켰다. 이후 슐린크는 '소비자연구소(Consumers' Research Inc.)'를 설립하고, 소비자정보지인 '소비자연구 소식(Consumers' Research Bulletin)'을 창간하기에 이르렀다. 소비자들에게 상품에 관한 공정하고 정확한 정보를 제공할 수 있는 독립적인 연구소와 소식지가 만들어진 것이다.

한편, 슐린크와 한때 같이 일을 하던 아더 칼렛(Arthur Kallet)은 '소비자연맹(Consumers Union)'을 설립하였다. 소비자연맹은 1936년 상품정보잡지인 『소비자연맹 보고서(*Consumers Union Reports* – 후에 *Consumer Reports*)』를 발간하기 시작하였다. 이 보고서는 자체 연구소에서 진행된 체계적이고 객관적인 상품분석을 내용으로 담고 있어서 다양한 상품과 왜곡된 상품정보에 혼란을 느끼던 많은 소비자들의 사랑을 받았다. 즉, 연구소가 제공하는 상품에 관한 정확한 정보는 구매행위와 관련된 소비자들의 합리적 선택권을 보장해 주는 기반이 되었던 것이다. 돌이켜 보면, 소비자연구소의 설립과 상품정보 잡지의 출간은 소비자운동을 한 단계 올라서게 하였다. 기업의 일방적인 광고세례 속에서 소비자들이 선택권을 행사하고, 자신들의 권익을 보장받을 수 있는 최소한의 조건이 만들어진 것이다. '소비자연맹'의 수입은 객관성을 보장하기 위해 『컨슈머 리포트』의 판매 및 여타의 자체 사업과 非상업적인 기부금에 전적으로 의존하였으며, 이러한 원칙은 지난 60여년 간 계속 고수되었다.

7. 소비자보호를 위한 법–제도의 마련과 개선

이 시기 소비자운동의 또 다른 수확으로 소비자들의 권익을 보호하기 위한 각종 법–제도적 장치들의 마련을 꼽을 수 있다. 앞에서 지적한 것처럼, 극히 친기업적이던 정부는 대공황을 전후하여 사회적 약자들을 위한 정책을 폈다. 이는 물론 수요창출을 통한 경제위기로부터의 탈출이라는 미국 정부의 케인즈적인 정책의 틀에서 이해되어야 한다. 민주당의 루즈벨트(Franklin Roosevelt) 대통령은 뉴딜 정책을 펴면서 국가재건단 안에 '소비자 자문 위원회(Consumer Advisory Board)'를 설치하였다. 이는 소비자운동 조직들이 자신들의 의견을 정부의 정책에 반영토록 하기 위한 노력의 결과였다. 또한 비슷한 맥락에서 농무성 산하에 '소비자협의회(Consumers' Counsel)'가 설치되어 식품 및 농업 정책과 관련하여 소비자들의 목소리를 반영하도록 하였다. 그럼에도 불구하고 이러한 소비자 대표 제도는 그다지 성공적이지 못하였던 것으로 평가받았다. 그것은 무엇보다 소비자운동이 형성중인 상태에서 확고한 대표성을 지닌 소비자 대표를 선정하는 일이 쉽지 않았다는 점, 그리고 독립적인 사회적 행위자로서의 소비자 및 그들의 이해가 존재하기 어렵다는 점에서 기인하였다.

1930년대의 중요한 성과로는 오늘날까지도 핵심적인 소비자 법안의 하나로 꼽히는 '식약품 및 화장품에 관한 법(Food, Drug and Cosmetic Act)'의 통과를 들 수 있다. 1938년 통과된 이 법안은 화장품 및 각종 치료 방법에 대해서도 엄격한 규제를 하도록 하였다. 이 법안의 통과는 하루아침에 이루어진 것은 아니었다. 무엇보다 전혀 검증되지 않은 상황에서 시판된 황 관련 약품(elixir of sulfanilamide)을 복용하고 사망한 100여 명의 희생을 담보로 하였던 것이다. 이 어처구니없고 비극적인 사건을 계기로 소비자들은 식품 및 의약품 회사들이 자신들의 신제품이 안전하다는 것을 먼저 과학적으로 입증하지 않고는 시판할 수 없도록 하는 법안을 추진하였고, 그 성과가 1938년에야 가시화된 것이다. 그 결과 오늘날 미국의 '식품 의약청(FDA: Food and Drug Administration)'은 새로운 약이나 식품과 관련된 안전성을 보장하는 세계에서 가장 공신력 있는 기구로 성장했다.

요약하면, 1930년대의 미국 소비자운동은 포디즘과 케인즈적 정책의 맥락에서 사회적 약자로서의 소비자들의 위상을 높이는 데 기여하였던 것으로 평가될 수 있다. 특히 소비자들의 선택권을 보장할 수 있는 소비자 정보에 관한 제도들이 만들어졌는데, 이에는 슐링크와 같은 개인들의 노력이 중요한 역할을 하였다. 그리고 식품의약청의 위상이 높아지게 되었다는 점도 이 시기의 중요한 성과로 꼽을 수 있다.

Ⅲ. 미국 소비자운동의 활성화: 1960년대 이후

1. 침체의 1950년대

앞 장에서 살펴본 것처럼, 20세기 초반에 이미 그 싹이 돋았다고 할 수 있는 미국의 소비자운동은 1960년대에 획기적인 발전을 경험하게 된다. 제2차세계대전을 통해 세계 정치경제의 패권국이 된 미국은 1950년대에 경제적으로 전성기를 구가하였다. 그럼에도 불구하고 1950년대 미국의 소비자 운동은 전혀 활성화되지 못했다.

'왜 1950년대에 소비자운동이 발전하지 못했는가' 라는 질문은 운동사적으로 중요한 질문이다. 또한 이 질문은 '왜 1960년대에는 소비자운동이 활발할 수 있었던가' 라는 질문과도 깊이 관련된다. 1950년대 소비자운동의 침체는 두 가지 변수로서 설명될 수 있다. 첫째, 미국 경제의 급속한 호황과 실질임금의 상승에 따른 '거품적' 소비였다. 본격적인 포디즘의 작동에서 임금은 급속히 상승하였고, 이에 따른 수요의 팽창에 부응하는 상품의 대량생산이 이루어졌다. 상품의 신규수요와 대체수요 창출 속도가 가속화되었으며, 소비자들은 상품의 하자나 문제에 대한 이의제기보다는 새로 쏟아져 나오는 신제품을 구입하는 데 정신이 팔려 있었다고 할 수 있다. 둘째, 맥카시즘으로 표현되는 극우주의의 확산이다. 한국전쟁 이후 본격화된 냉전체제와 반공주의는 미국 내에서 일종의 마녀사냥 바람을 일으켰다. 이에 따라 사회운동을 의심의 눈초리로 바라보는 분위기가 팽배하였으며, 기업활동을 비판하면 공산주의자로 낙인찍힐 위험이 높았다. 실제 맥카시 의원이 깊이 연루되었던 "반미국 활동에 관한 하원위원회(House Committee on Un - American Activities)"는 소비자조합이 공산주의자들의 조직이 아닌지 조사하기도 했었다.[2] 이러한 사회적 분위기 속에서 기업활동에 대한 법적이고 도덕적인 제재를 요구하고 소비자 정의를 촉구하는 소비자운동은 위축될 수 밖에 없었던 것이다. 결국 소비자운동의 부흥은 1960년대를 기다려야 했다. 그 전조는 1957년 패커드(Vance Packard)가 저술한『은밀한 설득자(*The Hidden Persuaders*)』라는 책에 의해 시작되었다. 패커드는 이 책에서 소비자들이 인식하지 못하는 사이에 기업과 광고에 의해 조종당한다고 주장했다. 매출을 신장시키기 위해 기업들은 광고매체를 교묘히 활용하여 소비자들의 소비욕구를 자극하며, 이러한 과정에서 미국인들은 건전한 시민으로서의 의사결정을 하지 못하게 되었다는 것이다. 패커드의 기업과 광고에 대한 공격은 언론의 조명을 받으며 소비자의 권리보호에 대한 관심을 높이는 역할을 하였다.

2. 케네디와 소비자 권리장전

미국사회에서 60년대는 새로운 사회운동의 활성기였다. 기존의 질서에 대한 회의, 대안적 사회상에 대한 갈구, 그리고 변혁에 대한 희망이 섞여 있었던 것이 1960년대 미국사회였다고 할 수 있다. 이러한 사

---

2) 물론 이에 대해 소비자조합은 당당히 맞서기는 하였지만 활동의 제약을 느꼈던 것은 사실이라고 해야 할 것이다. 1940년 컨슈머 리포트는 다음과 같은 발표문을 게재하였다. "부정확한 표기를 한, 형편없는 불량상품에 대한 비난이 빨갱이 활동에 해당된다면, 식의약품 안전청, 연방통상위원회, 그리고 의사협회 모두가 모스크바로부터 직접 자금 지원을 받고 있음에 틀림없다."

회적 환경이 소비자운동에 대하여 긍정적인 기회로 작용했음은 물론이다. 1960년대 미국의 소비자주의의 발달은 당시 미국인들이 공유했던 '위대한 사회(the Great Society)' 이념과 맥이 닿아 있었던 것으로 평가된다.

1960년대 소비자운동의 획기적 발전을 위한 법제도적인 발판은 케네디(John F. Kennedy)대통령에 의해 마련되었다. 케네디 대통령은 1962년 3월 의회 연설에서 발표한 '소비자 권리장전(Consumer Bill of Rights)'을 통해 소비자 권리의 정당성을 마련하였다. 또한 '소비자 권리장전'은 이어서 제정될 소비자 관련 입법들을 위한 여건 조성에 기여하였다. '소비자 권리장전'은 소비자들의 기본권을 제시하였으며, 이후 세계 각국 소비자운동의 기본 이념이 되었다. '소비자 권리장전'은 소비자들이 (1) 안전에 관한 권리, (2) 상품에 관해 알 권리, (3) 선택할 권리, 그리고 (4) 소비자 정책에 자신의 입장을 반영할 권리 등을 지닌다는 점을 천명하고 있다. 이러한 소비자권리에 관한 공개적인 선언은 그 후 구체적인 수준에서 소비자운동이 그 활동을 펼치는 데 중요한 자원이 되었다. 케네디는 특히 식품과 의약품에 대한 규제를 강조하였으며, 기존 법률의 미흡함을 지적하였다. 그러나 실제 새로운 법률이 통과된 것은 케네디 대통령이 암살당한 뒤의 일로, FDA의 권한을 강화하는 법안이 8월에 통과되면서 속속 소비자 관련 법안들의 개정이 있었다.

3. 소비자 대통령 랠프 네이더

다른 어느 운동보다 소비자운동은 네이더라고 하는 개인의 역할이 중요했던 것으로 평가받는다. 네이더는 풀뿌리 차원에서 무수히 많은 소비자 문제들을 붙들고 운동을 펼쳤으며, 그 결과 네이더는 소비자운동과 동의어가 되었다고 할 수 있다. 오늘날까지 각종 이슈에 대해 입장을 개진하고, 영향력을 행사하는 네이더는 미국의 소비자운동의

오늘을 있게 한 장본인이다. 이러한 맥락에서 크라이튼은 네이더에 대
해 다음과 같이 묘사하고 있다.

> "네이더에 의한 기업과 정부에 대한 공격은 종교와 같은 성격을
> 지녔으며, 그는 사람들에 의해 골리앗에 대항하는 다윗, 중세의 십
> 자군, 루터 등으로 묘사되었다. 이런 표현을 통해 사람들은 네이더
> 를 – 그가 즐겨 쓰는 표현인 "정의" 사회에서 – 소비자들이 당연
> 히 누려야 할 권리와 이익을 박탈하려는 힘에 대항하는 소비자들
> 의 챔피온으로 간주하였다."[3]

1934년에 태어나 프린스턴 대학과 하버드 법학대학원을 졸업하고
변호사 생활을 하고 있던 네이더는 1959년 진보적 잡지인 네이션(The
Nation)에 "안전한 자동차는 없다"라는 글을 게재한 뒤 자동차 안전에
관한 일련의 글들을 발표하였다. 이윽고 1965년에는 『어떤 속도에도
자동차는 안전하지 않다(*Unsafe at Any Speed*)』라는 제목의 책을 뉴욕
의 조그마한 출판사에서 발행하였다. 이후 수년간 네이더는 거대한 자
동차 업체인 GM사와 투쟁을 벌여, 미국인들에게 소비자 문제에 대한
관심을 불러일으키게 된다. 네이더는 자신의 책에서 자동차업체들이 사
고의 원인을 운전자와 고속도로에 있는 것으로 오도하고 있으며, 자동
차 자체의 안전을 위한 최소한의 투자도 하고 있지 않다고 통렬하게 비
판하였다. 그는 대부분의 고속도로 차량사고의 책임은 자동차 자체에
있으며, 정부의 개입만이 자동차 업체로 하여금 안전에 대하여 책임감
을 갖는 디자인을 하도록 강제할 수 있다고 결론을 내린다. 네이더는
책에서 특히 GM사의 대표적 차종이었던 콜베어의 안전성 문제를 제기
하였다. 자동차 사고의 주원인이 이윤추구에 눈이 멀어 차의 결함에 눈
을 감고 있는 자동차 회사에 있다는 네이더의 주장은 큰 사회적 반향을

---

3) Lucy Creighton, *Pretenders to the Throne*(New York: Lexington Books, 1976),
   p. 51.

일으켰다.

네이더가 미국인들의 큰 관심을 얻게 된 데에는 또 다른 이유가 있었는데, 그것은 GM사가 사립탐정을 고용하여 네이더를 미행, 감시한 사건이었다. 1966년 초에 네이더는 GM사가 자신과 자신의 책의 신뢰성에 손상을 가하기 위해 사립탐정을 고용하여 사생활에 관한 정보를 수집하고 있다고 공표하였다. 이에 따라 네이더는 단순히 안전한 자동차의 필요성을 주장하는 변호사가 아니라 개인의 권리와 사생활 보호를 위하여 거대한 기업과 일전을 불사하는 영웅으로 비쳐졌다. 네이더의 주장이 사실로 밝혀지고 언론이 이를 크게 보도하자 시민들의 분노가 들끓었다. 결국 네이더와 GM사의 대결은 여론을 등에 입은 네이더의 승리로 결말지워졌다. 승리는 대단히 극적인 것으로, 당시 GM사의 총수였던 로쉬(James M. Roche)가 네이더에게 공개적으로 사과하였으며, 네이더는 사생활 침해를 이유로 GM사에 2천 7백만 달러에 달하는 손해배상 소송을 제기하였다. 네이더는 실제 재판이 열리기 직전 42만 5천 달러의 배상금을 받아내고 소 취하에 합의하였다.

네이더는 자신의 승리에 의해 고무된 여론을 등에 업고는 자동차 안전에 관한 입법화에 총력을 기울였다. 1966년 3월 의회는 '전국 교통 및 자동차 안전법(National Traffic and Vehicle Safety Act)'을 통과시켰다. 이에 따라 자동차와 타이어의 안전에 관한 규정을 의무화하는 '고속도로 교통안전청(Highway Traffic Safety Adminstration)'이 설치되었다. '고속도로 교통안전청'은 결함이 있는 차량에 대한 리콜제도를 명시하였고, 이중브레이크 시스템, 어깨걸이식 안전벨트 등 오늘날 자동차의 기본안전 장치들에 관한 규정을 의무화하였다. 네이더의 열정은 일상적으로 자동차를 타면서 느끼는 불만에도 불구하고 목소리를 내지 못하던 많은 소비자들을 감동시켰다. 이에 따라 지역 차원에서 소비자들이 직접 자신의 불만을 토로할 수 있도록 하는 소비자조직들이 조직되기도 하였다.[4]

　　자동차 안전과 관련된 네이더의 승리는 시작에 불과했다. 이후 네이더는 소비자 권리에 대한 수많은 쟁점들을 제기하고, 다양한 방법으로 자신들이 설정한 목표 달성을 위해 노력하였다. 네이더가 GM사와의 투쟁과정을 통해 얻은 사회적 명성과 인기는 미국의 젊은이들 사이에 소비자운동에 대한 일종의 열병을 낳았던 것 같다. 네이더가 지녔던 소비자운동에 대한 비젼은 기존의 소비자운동 단체들의 그것에 비해 훨씬 근본적인 것이었는데, 이 또한 기성세대에 대한 비판의식이 높았던 당시의 젊은이들을 동원하는 데 큰 힘이 되었다. 네이더는 많은 사회문제의 원인이 거대기업들의 권력과 탐욕에 있다고 생각했으며, 정부는 기업에 대한 관리라고 하는 공적인 임무를 제대로 수행하지 못하고 있다고 비판했다. 따라서 정부가 방기하고 있는 의무에 대한 책임추궁과 기업에 대한 직접적인 제재를 위해 시민들이 나서야 한다고 했다.

4. 네이더의 활동 영역

　　네이더의 활동은 사회 전영역에 걸쳐 광범하게 이루어졌는데, 그 첫째는 저술 및 증언 활동이다. 네이더는 스스로 다양한 지면에 불량상품을 고발하는 글을 썼으며, 수시로 청문회에 나가 증언을 하여 소비자의 권리를 증진시키고, 의식을 높였다. 둘째, 이러한 노력을 통한 입법화이다. 물론 소비자의 권리를 보호하는 법들이 네이더 혼자의 힘과 노력에 의해 이루어졌다고는 할 수 없지만, 다수의 법들이 네이더의 노력에 의해 가능했던 것으로 인정된다. 예를 들면 1967년의 '육류 도매법' 개정, 1968년의 '천연가스안전법(Natural Gas Pipeline Safety Act)'과 '건강과 안전을 위한 방사능 관리법(Radiation Control for Health and Safety Act)', 1969년의 '석탄 및 광산 안전법(Coal and Mine Health

---

4) 가장 대표적인 것이 우리가 뒤에서 살펴볼 '샌프란시스코 컨슈머 액션'이다.

and Safety Act)', 그리고 1970년의 '통합 직업안전 및 건강법 (Comprehensive Occupational Safety and Health Act)' 등은 모두 네이더의 명성과 노력에 의한 결과물로 평가받았다. 네이더는 이미 1970년대에 비행기의 금연화와 원자력 발전의 중단 등을 주장하는 등 사회적 이슈의 쟁점화에 선각자적인 역할을 담당하였다.

네이더 활동의 세번째 영역은 그의 정신을 이어받은 다양한 소비자 행동조직의 구성이다. 예컨대 GM사로부터 받은 보상금 중 28만 달러를 기금으로 1970년에 만들어진 '공익조사단(Public Interest Research Group)'은 본격적인 소비자운동의 핵심조직으로 성장하였다. 또한 1968년 처음 발족한 '네이더 돌격대(Nader's Raider)'는 대학생과 자발적인 시민들의 참여를 바탕으로 미국의 조직화된 부패를 없앤다는 사명감을 지니고 활동하였다. 네이더처럼 당시 물질문명에 대해 회의를 지니고, 기존 사회질서와 부패에 대해 반감을 가지고 있었던 젊은이들은 시민의 힘으로 체제를 감시한다는 자부심을 바탕으로 소비자운동에 참여하였다. 이들은 특히 '연방통상위원회'를 개혁하는 데 큰 역할을 하였다. 일찍이 소비자의 이익을 지키기 위한 감시자로 설립된 '연방통상위원회'는 당시 도덕적 부패와 행정적 무능력의 표본으로 비판받고 있었다. '네이더 돌격대'는 '연방통상위원회'의 실태를 조사하여 보고하는 임무를 부여받았다. 돌격대는 1969년 연방통상위원회의 업무실태에 관한 보고서를 출판하였는데, 평가 요지는 한마디로 권태와 무능이었다. 이 보고서에 놀란 닉슨 대통령은 '미국변호사 협회(American Bar Association)'에 조사를 의뢰하였는데, 그 조사 결과 '네이더 돌격대'의 보고서가 사실로 밝혀졌다. 이에 따라 '연방통상위원회'에 체질개선의 메시지가 전달되었고, 위원장이 바뀌는 등 대대적인 조직정비가 있었다. 그 이후 '연방통상위원회'는 1970년 7월부터 약 1년에 걸쳐 특권기업의 조사, 전국적 소비자보호 위원회 설립, 대기업의 과대광고에 대한 주의, 흡연위험에 관한 안내문 게재 권고, 반품에 관한 규칙 제안 등 다양한 활동을 통해 새롭게 태어났음을 보여주려 노력하기도 했다.

5. 네이더와 소비자운동: 평가

소비자운동의 대부인 네이더는 그러나 일반적인 소비자운동 단체들과는 이념적으로 차이를 보인다. 네이더는 소비자 개인의 의식보다는 경제체제 자체의 변화가 필요함을 역설한다. 즉, 그는 민주적인 시장경제체제의 구현을 강조하면서 경제구조 자체가 소비자들의 이익을 보장하도록 개혁되어야 한다고 주장한다. 이에 비해 일반 소비자운동 단체들은 소비자 교육과 개인의 의식변화를 강조한다. 또한 소비자 교육에 대해서도 이해를 달리하는데, 네이더는 소비자 교육이란 소비자들이 어떻게 체제를 바꿀 수 있는지를 가르치는 앎과 행동의 다리라고 지적한다. 따라서 네이더의 비젼은 단순한 소비자 권익보호에 머물지 않았다. 그에 의하면, 기업의 권력에 의해 야기되는 불의에 반응하고, 부조리를 개선하기 위해 시민들은 운동에 참여해야 한다. 운동을 위해서는 자신과 같은 '전업전문가 시민(full - time professional citizens)'과 자원봉사적으로 참여하는 '파트-타임 전문가 시민(part - time professional citizens)' 간의 유기적인 협조가 중요하다는 것이다. 네이더는 누구나 파트-타임 전문시민이 되어 거대사회의 톱니바퀴가 아니라 주체적인 개인으로 지역사회에 봉사할 수 있다고 지적한다. 이러한 시민참여에 대한 강조는 '소비자조합'과 같은 전문화된 조직과는 뚜렷이 구별되는 것이다.

현재 미국의 대부분의 소비자운동 조직들은 네이더와 직간접적으로 관련되어 있다고 해도 과언이 아니다. 그 중에서도 특별히 네이더가 깊이 관여하고 있는 조직들로는 '시민의 요구에 응하는 법률연구소', '공익조사단', '자동차 안전센터', '퍼블릭 시티즌', '보건연구조사 그룹', '수질정화를 위한 어민 행동 프로젝트', '의회감시 그룹', '식품·의약품 개선을 위한 소비자 행동 그룹', '노동자를 위한 행동 그룹' 등이 있다.

네이더는 소비자 문제를 부각시키고, 다수의 시민으로 하여금 소비자 권리에 대해 경각심을 갖도록 하였다는 점에서 큰 의의가 있다. 또한 그의 정열적인 활동과 이상에 고무된 젊은 시민들이 참여를 바탕으로 미국의 거대한 기업과 정부의 안일함에 도전함으로써 적극적인 의미의 소비자권리를 주장할 수 있었던 것도 두드러지는 부분이다. 이러한 노력의 결과 많은 소비자 관련 법들이 제정되거나 개정되어 항시적으로 소비자의 권리를 보장하도록 제도화되었다고 평가할 수 있다.

6. '소비자연맹' – 전문화의 길

1960년대의 소비자운동이 소비자 대통령이라고 불리우던 네이더와 그의 조직들에 의해 주도된 것은 사실이지만, 그렇다고 해서 다른 소비자조직들이 전혀 없었던 것은 아니다. 네이더와 간접적으로 연관되기는 하지만 나름대로 고유의 주제를 잡고, 고유의 운동영역을 꾸려 가던 조직들도 많이 있었던 것이다. 특히 소비자 선택권과 교육을 강조하는 소비자연맹의 활동은 네이더만큼 화려한 언론의 주목을 받지는 못했지만 1960년대를 통해서도 꾸준히 이어졌다. '저항적' 운동에 대한 억압이 심했던 1950년대에 소비자연맹이 추구했던 소비자 교육과 상품정보 제공이라는 脫정치적인 운동방향은 별 무리없이 소비자 권익을 증진하는 데 기여하였다.

'컨슈머 리포트'를 중심으로한 소비자연맹의 주요 활동사를 간단히 살펴보자. 1953년에 '컨슈머 리포트'는 담배에 관한 기사를 게재함으로써 기념비적인 역할을 하였다. 즉, 담배에 포함되어 있는 타르와 니코틴에 대한 일련의 글들이 실렸고, 흡연의 위험에 대한 기사가 게재되었던 것이다. 오늘날 흡연의 위험이 널리 알려지고, 미국의 담배회사들이 소비자들에 의한 소송에 의해 파산 직전에 이르게 된 데에는 소비자연맹의 역할이 컸다고 평가될 수 있다. 1954년 미국 의회는 소비자연맹을 "반미 활동에 관한 하원위원회"의 위험한 조직 명단(list of subversive organizations)에서 제외함으로써 소비자연맹의 활동은 사회적 정당성을 더욱 공고하게 확보할 수 있었다. 1960년 소비자연맹은 세계의 소비자운동에 기여하게 될 '국제소비자조합(International Organization of Consumers Unions)'을 결성하는 데 도움을 주었다. 1962년에 소비자연맹은 환경운동의 고전이 된 레이첼 카슨(Rachel Carson)의 『침묵의 봄(*Silent Spring*)』을 소개하는 글을 게재하여, 책을 대중에게 소개하는 데 기여하였다. DDT와 같은 각종 화학살충제가 생태계에 끼치는 영향을 과학적으로 밝혀낸 카슨의 저작은 환경운동과 소비자운동 모두에게 큰 파급효과를 낳았다.

창립 25주년이었던 1961년에는 백만 부에 이르는 판매부수를 자랑하게 된 '컨슈머 리포트'는 네이더의 그것과는 다른 성격의 소비자운동으로 자리잡았다고 할 수 있다. 즉, 소비자연맹은 소비자들에 대한 교육과 정보제공이라는 서비스를 통해 소비자들의 권익을 증진시키고 소비자운동 전체의 발전에 기여하는 기관으로 자리잡았던 것이다. 또한 '컨슈머 리포트'의 재정적 성공을 바탕으로 여러 활동을 지원할 수 있었다. 예컨대 소비자문제에 관한 토론회를 개최하였고, 공청회에서 전문적인 지식을 바탕으로 진술하는 등의 활동을 전개하였다. 소비자연맹의 활동은 소득 및 교육 수준이 비교적 높은 층에 대한 서비스를 제공하는 기관으로 자리잡았다. 이는 네이더와 그의 활동들이 풀뿌리적이고 행동을 강조하는 것과는 구별되는 것이었으며, 분화의 주요 근거가 되었다.[5]

1970년대에 들어 소비자연맹은 워싱턴 D.C., 샌프란시스코, 텍사스

______

5) 그러나 실제로 네이더는 소비자연맹의 이사로 7년간 재직하였으므로, 그의 영향력이 전혀 배제되었다고 할 수는 없다.

오스틴 등에 사무실을 열고, 전국적인 거대 소비자조직으로 자리잡았다. 이후 소비자연맹은 소비자 '운동'에서는 다소 멀어지고 상품실험기구로서의 이미지가 부각되어 더 한층 전문화의 길로 들어섰다고 평가된다.

Ⅳ. 소비자운동의 현황

1960 – 70년대에 그 전성기를 맞았던 미국의 소비자운동은 그 이후 제도화와 분화를 그 특징으로 하며 안정기에 접어들었다. 행위자로 본다면 소비자 개인, 소비자운동조직, 소비자 관련 정부조직의 세 주체가 뚜렷이 부각되는데, 이들 간의 관계를 통해 오늘날의 소비자운동을 이해해야 한다. 직접적인 소비주체이자 소비자 피해의 당사자인 소비자 개개인들은 일상적인 구매 및 상품사용 활동을 통해 겪게 되는 불편, 불이익, 피해 등에 대해 문제제기를 한다. 이는 소비자 고발이나 운동단체에의 제보로 이어진다. 소비자운동 단체들은 소비자 개인들의 불만을 수렴하고, 법제도적인 차원에서 문제 해결에 도움을 준다. 또한 소비자 교육을 시키며, 새로운 상품에 대한 모니터 기능을 담당한다. 소비자운동이 제도화된 결과 정부의 소비자보호 장치들이 마련되면서 정부의 역할은 더욱 중요해졌다. 특히 '소비자보호청(US Office of Consumer Affairs)', '소비자상품 안전위원회(Consumer Product Safety Commission)', '연방통상위원회(Federal Trade Commission)', '연방식의약품청(Food and Drug Adminstration)' 등과 주 차원에서 만들어져 있는 소비자 보호실들이 큰 역할을 하고 있다.

소비자운동을 구성하는 정부, 소비자운동 조직, 그리고 소비자 세 행위자 가운데 우리는 이하에서 소비자운동 '조직'에 초점을 맞춘다. 사회운동(social movement)과 사회운동조직(social movement organization)은 서로 다른 단위이다. 그럼에도 불구하고 소비자운동 연구에 있어 운동조직을 중시하는 것은, 첫째, 운동조직의 자원동원 능력이 강조되는 미국적 운동의 특수성에서 그 정당성을 찾을 수 있다. 둘째, 소비자운동의 주체로 상정되는 집단으로서의 소비자는 그 속성상 대단히 분산적이어서 소비자운동을 분석하기 위해서는 조직화된 단위들에 대한 연구가 불가피하다. 셋째, 역사적으로 볼 때 미국에서 소비자운동은 소비자운동 조직의 활동을 중심으로 발전되어 왔다.

1. 소비자운동 조직의 활동

수백 개에 달하는 미국의 소비자운동 단체들은 이슈, 지역, 시기에 따라 조직되고 또 해체되어 왔다. 운동조직들의 다양성에도 불구하고 그들은 대체로 세 가지의 기본적인 활동을 해왔다. 첫째, 상품정보의 확산과 소비자 교육, 둘째, 상품의 안전성 보장, 셋째, 소비자에 가해지는 각종 사기행위와 피해의 예방과 처벌 등이다.

정보의 확산 및 소비자 교육은 전통적인 소비자운동의 영역으로서 가장 기본적인 활동이라 할 수 있다. 즉, 과학기술의 발달과 시장의 변화 속에서 진행된 상품의 다양화와 대량생산에 따른 기업과 소비자간의 정보력 및 정보통제력의 불균형에 대한 소비자들의 자구책이었다. 특히 오늘날 보편화된 대중매체는 소비자들에게 상품에 대한 정보보다는 상품에 대한 구입충동을 혹은 "유도된 욕구"를 만드는 데 혈안이 되어 있다. 이러한 상황에서 소비자들은 합리적인 구매행위에 필요한 정보의 부재를 절실히 느낀다. 따라서 소비자운동 조직들은 정확한 상품정보를 제공하고 소비자교육을 담당한다. 이를 위해서는 객관적인 상품정보 파악을 위한 상품 시험연구소의 역할이 중요하며, 그 대표적인 예가 앞에서도 언급되었던 소비자연맹의 연구소와 발행지인 『컨슈머 리포트』이다.

상품안전에 관한 소비자운동은 네이더의 활동에 의해 특히 중요하게 부각되었다. 자동차, 식품, 약품, 담배 등 다양한 상품이 기본적으로 소비자들의 건강이나 안전에 유해하지 않아야 한다는 네이더의 외침은 소비자운동 조직들에 깊이 각인되었다. 소비자운동 조직들의 안전보장에 대한 적극적인 요구는 정부기구 내에 소비자안전에 관한 부서들의 설치로 이어졌다. 각종 소비자보호 법안들의 제정과 개정도 소비자운동 조직의 중요한 운동목표인 것도 같은 맥락에서 이해될 수 있다.

소비자에 대한 사기행위는 교육 및 소득 수준이 낮은 빈곤층, 외국인, 노인 등의 사회적 약자들을 주 목표로 삼는다는 점에서 그 피해는 더욱 심각하다. 반면, 피해 대상이 사회적 약자라는 바로 그 이유 때문에 공적인 문제화의 가능성이 더 낮다고 할 수 있다. 미국의 사회적 약자들은 피라밋 판매, 우편 구매, 자동차 수리, 전화 사기 등에 의해 피해를 많이 보는데, 이에 대한 제도적 규제는 미흡한 실정이다. 따라서 소비자운 동 조직들은 지역문화회관, 홍보 뉴스레터, 교회 등을 통해 외국인이나 저소득층에 대한 소비자 교육을 시키고 있다.

2. 소비자운동 조직들의 분화

앞에서 논의된 것과 같은 다양한 활동을 하는 소비자운동 조직들은 그 활동의 초점, 조직화, 대상, 자원 등에 따라 내부적으로 분화를 보였다. 사회운동조직을 분류하기 위해서는 다양한 방식이 존재하지만, 우리는 체계적인 유형화보다는 기존 소비자운동 조직들의 특성을 기술하는 데 초점을 맞추고자 한다. 세 가지 정도의 소비자운동 조직들이 발견되는데, 첫째, '전국형 조직', 둘째, '풀뿌리 조직', 그리고 셋째, '전문직형 조직'이다.[6]

---

6) 자세한 내용은 김문조, 손장권, 김철규 "미국의 소비자운동" 『구역연구』 3권 3호 (1994)를 참조할 것.

　　전국형 조직은 로비를 통한 소비자 권리의 법제도적 보장에 주력한다. 워싱턴 D.C.에 위치한 '미국소비자동맹'(Consumer Federation of America)을 그 예로 들 수 있다. 1968년에 전국에 산재한 소비자운동 단체들을 규합하여 조직된 일종의 우산 기구인 미국소비자동맹은 매년 개최되는 총회를 통해 미국 소비자운동의 전체적인 방향을 결정한다. 전국적으로 260여 소비자 조직들이 회원으로 가입해 있으며, 이를 총 회원수로 환산하면 5천만 명 이상인 것으로 알려져 있다. 주요 업무는 의회 및 연방정부에 압력을 행사함으로써 친소비자적인 법안과 정책을 얻어내는 일이다. 또한 소비자와 상품 관련 법안에 대해 자문을 하기도 한다. 그리고 주와 지역단위의 소비자운동을 지원하기 위해 자료센터(Resource Center)를 설치하여 정보 제공, 재정 보조, 노하우 전수 등의 활동을 한다. 10여 명의 상근직 운동가가 근무하고 있으며, 여러 명의 자원봉사자들이 필요에 따라 서비스를 제공하고 있다. 최근의 주요 운동 초점은 금융 서비스, 각종 공과금(전화료, 전기료, 가스료), 상품안전, 교통, 의료, 그리고 식품안전 등의 영역이다.

　　풀뿌리 조직은 '운동적 성격'이 강한 조직으로서 사회 불평등의 문제에 대해 민감한 편이다. 운동의 주요 대상을 사회적 약자로 잡고 있으며, 지역성과 자발성이 크다고 할 수 있다. 1971년에 설립된 '샌프란시스코 소비자액션(Consumer Action of San Francisco)'은 가장 성공적인 풀뿌리 운동조직으로 평가받는다. 이 조직은 교회가 제공한 허름한 사무실에서 소수의 자원봉사자들에 의해 시작되었다. 학생운동가이자 주부였던 케이 패트너(Kay Pachtner)가 몇몇 동료들과 함께 전화로 소비자 불만을 접수하면서 운동을 일구어 나갔다. 개인적인 불만들의 접수가 늘어나면서 소비자액션의 활동은 더욱 적극적이 되었다. 패트너와 그의 동료들은 낡은 밴으로 '이동 불만 조사단'을 결성하였고, 공개적인 시위를 통해 언론의 관심을 끌기도 하였다. 특히 중요한 사건으로는 소비자액션이 설립된 직후에 접수된 중고 재귀어(Jaguar) 자동차에 대한 불만이었다. 구입 후 얼마되지 않은 중고차에서 이런저런 고장이 끊이지 않자 구입 여성은 소비자액션에 불만을 신고했고, 소비자액션은 이 차를 판매한 중고자동차 회사 앞에서 피켓 시위를 벌였다. 이에 분개한 자동차 회사는 무려 6백만 달러의 피해보상을 요구하는 소송을 소비자액션을 상대로 제기하였다.[7] 그러나 결과는 소비자액션의 승리였으며, 이에 따라 소비자들이 피해 유발기업 앞에서 시위(picket)를 하는 권리가 확보되었다. 이렇게 출발한 소비자액션은 조직이 성장하고 초기의 운동가들이 떠난 후에도 비교적 '운동'적이고 '풀뿌리'적인 성격을 유지하고 있는 단체로 평가받는다.

그러나 1980년대 이후 사무총장으로 부임한 캔 맥엘다우니(Ken McEldowney)는 소비자액션의 성격을 조금씩 변화시켜 가고 있다. 예를 들면, 기업과의 관계를 적대적인 것에서 상호협력적인 것으로 인식하면서, 대기업으로부터의 협찬이나 지원금에 개방적이 되었다. 탈규제(deregulation)의 사회적 상황에서 재정을 소수의 대기업(예컨대 AT&T)에 의존하는 경향이 높아지고 있는 것이다. 이렇게 마련된 자금으로 조직을 꾸려나가고, 지역의 빈민이나 이민자들에게 필요한 소비자 교육을 강화하고 있는 것이다. 특히 사기예방을 위한 교육과 정보확산에 적극적인 노력을 경주하고 있다. '지역사회'를 강조하며, 그에 따라 이민자들을 위해 다중언어적 접근을 취하고 있다는 점이 두드러진다. 또한 전문운동가 혹은 스태프들보다는 변호사, 교사, 그리고 일반시민 등 자원봉사자의 역할이 큰 비중을 차지하고 있다.

마지막으로, 전문직형 소비자운동조직은 내부 구성원들이 직업으로서의 업무를 담당한다. 조직과 스태프 모두 재정적으로 가장 안정적이다. 대표적인 예로는 소비자연맹을 꼽을 수 있다. 소비자연맹은 상품의 정보를 제공함으로써 우회적으로 소비자의 권리를 증진하는 데 기여한

---

7) 소송의 소식을 접하고 패트너는 이렇게 애기했다고 한다. "6 백만 달러라고? 6 센트도 없는 판이야."

다. 이들은 전문지식을 통해 소비자들의 합리적 소비를 돕는다는 의미에서 경제주의적이다. 부설연구소는 과학적이고 체계적인 실험을 통해 공신력 있는 상품정보 제공지인 『컨슈머 리포트』를 발행한다. 오늘날 『컨슈머 리포트』는 300만 부 이상 팔리고 있으며, 여기에서 발생하는 1억 달러에 달하는 예산으로 조합이 운영되고 있다. 보고서는 자동차에서 전자제품, 보험, 호텔 등 다양한 상품 및 서비스에 관한 정확한 정보를 제공하는 것으로 정평이 나 있다. 소비자연맹은 어떤 기업의 협찬도 거부하고, 『컨슈머 리포트』의 판매만으로 예산문제를 해결함으로써 기업에 의한 정보의 왜곡과정을 원천적으로 봉쇄하고 있다. 소비자연맹은 본부를 뉴욕에 두고 있으며, 상품시험연구소를 포함하여 총 400명의 직원이 근무하고 있다.

V. 미국 소비자운동의 특성

20세기 초반부터 한 세기 동안 발전해 온 미국의 소비자운동은 오늘날 초기와는 상당히 다른 모습을 띠고 있다. 여타의 운동과 몇 가지의 차이점을 보이는데, 이는 운동 자체의 생애주기, 운동의 주체, 그리고 역사적 우연성 등에 의한 결과라고 할 수 있다. 이제까지의 논의를 바탕으로 미국 소비자운동의 특성을 정리하면, 첫째, 과잉제도화(over - institutionalization)이다. 일반적으로 사회운동은 "기존의 제도 밖에서 집합적 행동을 함으로써 공동의 이익을 증진시키거나 공동목표를 성취하려는 집합적 시도"로 정의된다. 그러나 소비자운동은 최근들어 제도 내로 편입되어 문제 대응을 위한 하나의 하위체계로 바뀌었다. 예컨대 정부 조직인 '소비자보호청'이나 기업의 소비자 담당 부서가 소비자운동 조직의 기능을 대행하고 있는 것이다. 소비자 권익의 증대라는 목표는 점차 제도 안으로 흡수되었으며, 이는 역설적이게도 소비자운동 자체의 역동성을 약화시켰다고 할 수 있다. 이러한 경향은, 루만과 같은 신기능주의자들이 지적한 바와 같이, 현대사회의 중요한 특징이긴 하지만 소비자운동에 있어서는 더욱 두드러지는 것으로 보인다.

소비자운동의 제도화는 운동조직의 관료화로도 나타난다. 소비자운동 조직들은 이제 정부나 기업과 '함께' 소비자문제를 해결하는 전문가 집단으로 자리잡고 있다. 심지어는 풀뿌리적 전통에 의해 형성되었던 '샌프란시스코 컨슈머 액션'과 같은 조직도 1980년대 이후 정부 및 기업과의 협력을 강조하고 있는 것이다. 따라서 운동조직들에서 일하는 사람들도 운동가라기보다는 사무직원으로 일상화된 업무를 처리하게 되었다. 또한 자신들의 업무로서의 소비자교육, 소비자 이익 홍보, 정보 확산 등의 일을 담당하고 있다. 이러한 경향성은 미국의 운동지향적 특수성에서 비롯되는 것이라고 할 수도 있다. 즉, 경쟁하는 다양한 운동조직들로서는 정부에 대한 로비가 중요하며, 목표와 수단을 설정하고, 이를 위한 전략 및 전술을 수립하고 자원을 효율적으로 동원하는 과정이 중요한 것이다. 어찌되었든, 소비자운동은 그 생애주기상 이미 쇠퇴기 혹은 안정기에 들어섰다는 것이 정확한 평가일 것이다.

미국 소비자운동의 두번째 특성으로 우리는 개인 행위자의 중요성을 들 수 있다. 미국 소비자운동의 초기에 『정글』을 써서 사회적 파장을 일으켰던 싱클레어, 상품연구소를 설립하였던 슐린크, 소비자연맹을 조직하였던 칼렛, 그리고 소비자운동의 '대중화'의 장본인인 네이더에 이르기까지 운동지식인(movement intellectual)이라고 할 수 있는 개인들의 역할이 대단히 컸다. 뒤집어 생각하면, 이러한 사실은 소비자운동이 소비자들을 조직화하는 데 태생적으로 어려움이 있다는 것을 보여주는 것으로 해석될 수도 있다. 노동운동에 비해 그 구성원들의 결집력과 집합적 정체성이 취약하고 무임승차의 여지가 크다는 사실이 그만큼 헌신적인 개인에 의존하게 한 것은 아닌가 하는 평가를 내릴 수 있다.

끝으로, 미국의 소비자운동은 현재 이분화(bifurcation) 혹은 양극화(polarization)를 그 특징으로 한다. 즉, 정치 지향성, 조직 구성원, 소비자의 사회·경제적 지위, 운동 지향성 등 여러 면에서 분화되고 있는 것이다. 보다 구체적으로 소비자연맹은 정치적으로 자유주의적이며, 소비자 개인의 책임을 강조하고, 중산층을 주요 운동 고객으로 상정하고 있으며, 그들에게 중고가의 상품에 대한 정보를 제공한다. 또한 조직 구성원들은 전문직 종사자가 많고, 재정적으로 견실하다. 이에 반해 '샌프란시스코 컨슈머 액션'과 같은 조직은 비교적 진보적이고, 풀뿌리적이며, 참여를 강조한다. 특히 저소득층에게 서비스를 제공하기 위해 노력하고 있으며, 자원봉사자들의 역할이 중요하고, 재정적으로 취약하다. 이처럼 이질적인 운동조직들이 병존하고 있는 것이다.

Ⅵ. 결론: 소비자운동의 평가

100년의 역사를 지니고 1960년대에 그 전성기를 누렸던 미국의 소비자운동은 1980년대 이후 안정기에 접어들었다. 소비자운동은 소비자와 생산자 사이의 영향력에 관한 다툼이었으며, 적어도 미국에서 가장 중요한 중재자는 정부였다. 소비자들은 소비자운동을 통해 정부에 영향력을 행사함으로써 자신들의 권리를 보장받을 수 있었다. 따라서 정치환경으로 볼 때 공화당 시절보다는 민주당 시절에 더 효율적인 소비자운동이 가능하였다. 미국의 소비자운동의 사회적 성과는 다음과 같이 몇 가지로 정리할 수 있다. 첫째, 소비자의 권익 및 소비자 주권 신장에 기여하였다. 기업이나 상품에 의해서 발생한 피해에 대해 소비자들은 제도적 차원에서 불만을 제기하고, 배상을 받을 수 있는 장치가 만들어진 것이다. 둘째, 상품의 질적 향상을 초래하였다. 소비자운동 조직의 감시는 기업들로 하여금 상품의 질을 일정한 수준 유지하도록 하였다. 셋째, 소비자들이 합리적인 소비를 하도록 하는 데 어느 정도 기여하였다.

이러한 성과에도 불구하고 최근의 신자유주의적 분위기 속에서 자유스러운 기업활동이 강조되면서 소비자들의 권익이 침해되고 있다. 그 동안 법제도적으로 보장되어 당연한 것으로 인정되던 소비자들의 권리가 정부의 관련부서의 축소, 담당직원의 파면, 그리고 예산삭감에 의해 위협을 받고 있는 것이다. 특히 전화, 텔레비전, 인터넷 등에 의한 소비자 사기의 피해자가 저소득층, 노인, 이민자들과 같은 사회적 약자라는 점에서 문제가 심각하다. 그런 의미에서 보편적 소비자권리가 아니라 계층에 의해 분화되는 차별적 소비자권리 개념이 형성되고 있다고 할 수 있다.

운동론의 입장에서 볼 때, 소비자운동은 사회의 불평등 혹은 불공정을 점진적으로 시정하려는 개량적 운동(reformative movement)이고, 사회의 근본적 변화를 추구하는 구조전환적 운동(transformative movement)과는 다르다. 그 정치적 지향에 있어 약간의 차이가 있긴 하지만, 미국의 소비자운동은 기존 자본주의 질서를 전제로 하여 거대 기업들의 독점과 횡포로부터 소비자들의 권리를 보장받으려는 제한적인 것이었다. 그런 의미에서 소비자운동은 20세기의 대표적인 구사회운동인 노동운동과는 뚜렷이 구별된다.

그렇다면 소비자운동은 1960년대 이후 구사회운동의 권위주의와 비민주성에 대해 비판하며 등장했던 신사회 운동의 하나로 분류될 수 있는가? 대답은 부분적 긍정과 부분적 부정이다. 우선 시기적으로 구사회운동보다 뒤늦게 성장하였다는 점에서, 그리고 국가주의적 프로젝트를 추구하지 않았다는 점에서 소비자운동은 신사회 운동적 성격을 지닌다. 또한 여타의 새로운 사회운동과 마찬가지로 조직의 자원이나 운동지식인들의 역할이 강조된다는 점에서 신사회 운동적 성격을 띤다. 그럼에도 불구하고 소비자운동은 점차 관료화되고 제도화되어 가고 있다는 점에서, 그리고 참여와 자발성이 소멸되었다는 점에서 신사회 운동, 아니 사회운동으로서의 자격을 상실하고 있다. 더 나아가 대표적인 신사회운동인 환경운동이나 여성운동이 제기하고 있는 기존의 근대성에 대한 문제제기와 집합적 정체성 문제를 결여하고 있다는 점에서 양 운동과도 구별된다. 물론 이러한 지적은 실용주의적이고 조직중심적인 미국 사회운동의 특성을 고려한다면 소비자운동에만 국한시킬 수 없는 것이기는 하다.

제6장 환경운동

김덕호 (한국기술교육대)

I. 서론

지리했던, 그러나 핵전쟁의 위협 때문에 아슬아슬했던, 반 세기의 냉전시대가 끝난 지금 인류가 직면한 가장 큰 문제는 무엇일까? 아마도 대부분의 사람들은 지구 온난화나 오존층 파괴, 기상이변 같은 전세계적 생태계 위기 문제를 떠올릴 것이다. 이와 같은 문제들은 국경이나 성, 인종, 계급, 신분, 선진국이건 제3세계건 기존의 범주와 틀을 넘어서는 인류 모두의 문제로 되었다. 이제 인간사회는 여지껏 이용 혹은 착취해 왔던 자연을 계속 방치할 경우 그 재앙이 부메랑처럼 자신들에게 되돌아온다는 사실도 깊이 깨닫고 있다. 이러한 문제들에 미국을 비롯한 유럽의 선진국들이 다른 어느 국가들보다도 먼저 적극적으로 대처해 왔으며, 특히 1960년대 이후 非정부조직(Non-Governmental Organization: NGO)들이 젊은 세대 및 중간계급을 중심으로 우후죽순처럼 환경운동에 뛰어들었다. 그 결과 환경단체들은 전세계적으로 NGO 활동에서 주요한 역할을 담당해 오고 있다. 그리고 미국의 경우도 예외는 아니다.

사실상 여타 사회운동과 비교해 볼 때 환경운동만큼 극적으로 성장하고, 그 이념이나 실천강령 등이 단시일 내에 미국인들의 가치관과 일상생활에 깊숙이 스며든 운동도 별로 없을 것이다. 오늘날 '환경'이라는 단어는 거의 모든 사회 영역에 스며들어 있다. 환경철학, 환경법, 환경생물학, 환경사회학, 환경공학, 환경사, 환경윤리 등 인문, 사회 및 자연과학의 모든 영역에서 환경과 생태학에 관심을 가지고 있다. 그렇기 때문에 20세기 미국의 환경운동에 대해서 사회학자 니스벳(Robert Nisbet)은 1982년의 글을 통해 "20세기의 역사가 최종적으로 쓰여질 때, 이 시기의 단 하나의 가장 중요한 사회운동(the single most important social movement)은 환경운동으로 판단될 것"이라고 단호하게 주장했다.[1]

21세기를 눈 앞에 둔 이 시점에서, 과연 니스벳이 주장하듯이 환경운동은 미국사회에 가장 큰 영향력을 행사하고 있는 사회운동으로 자리잡고 있을까? 더 나아가 全지구사적(global history)인 관점에서도 가장 중요한 사회운동으로 자리매김할 수 있을까? 본 글은 현대 미국사회에서 환경운동이 발생하게 된 배경과 동기, 환경단체들의 출현, 국가의 친환경정책 및 反환경정책, 그에 대한 응전으로서의 환경운동의 다양화 및 환경주의에 대한 여러 시각들, 그리고 反환경운동을 중심으로 전개될 것이다.

---

1) R. Nisbet, *Prejudices: A Philosophical Dictionary*(Cambridge, MA: Harvard University Press, 1982), p. 10; Lynton Caldwell, "Globalizing Environmentalism" in Riley E. Dunlap and Angela G. Mertig, eds., *American Environmentalism: The U. S. Environmental Movement*, 1970 – 1990 (Philadelphia: Taylor & Francis, 1992), p. 63 에서 재인용.

Ⅱ. 1960년대 이전: 자연보전운동

환경운동의 기원은 20세기 초 진보주의 시대에 시작된 자연보전(自然保全)운동이라 할 수 있다. 남북전쟁 이후 미국이 하나의 경제로 통일되면서 미국의 산업화는 박차를 가하게 되었다. 따라서 자본가와 사업가들은 자신들의 이익을 증대시킬 목적으로 자연자원을 무차별 개발함으로써 환경을 크게 훼손시키게 되었다. 그리하여 19세기 말 미국의 산림은 급속하고도 엄청난 규모로 파손되어 가고 있었다. 당시 이러한 자연파괴에 대해 누구보다 앞장서서 그 폐해를 알린 사람은 기포드 핀쇼(Gifford Pinchot, 1865~1946)였다. 그는 씨어도어 루즈벨트(Theodore Roosevelt, 1858~1919) 대통령의 전폭적인 지원하에 자연을 이용하되 효율적 관리가 필요하다고 주장하면서 자연보전운동을 전개했던 것이다. 그는 미국의 산림자원이 무분별하게 착취되는 것을 막기 위해 1세기 후 反환경주의자들이 즐겨 사용하게 될 '현명한 사용(wise use)'이라는 용어를 만들어냈다. 즉, 자연자원을 어리석은 사용으로부터 보호, 감독할 연방기관의 창설을 루즈벨트 대통령에게 건의했던 것이다.

그러나 당시 또 한 명의 대표적 운동가인 존 뮤어(John Muir, 1838~1914)는 자연을 있는 그대로 보존하기를 원했다. 그는 자연을 인간의 개발로부터 보호하고 인간의 간섭을 최소화하고자 했던 자연보호주의자(preservationist)였던 것이다. 따라서 핀쇼와 뮤어는 기본적인 자연관이 서로 상이할 수밖에 없었다. 그 결과 루즈벨트 대통령에게 서로의 주장의 정당성을 놓고 대립 및 경쟁하는 관계에 빠지게 되었다. 결과적으로 루즈벨트는 핀쇼의 손을 들어주었다. 그렇다고 해서 두 사람이 언제나 대립만 했었던 것은 아니다. 그들은 서로 힘을 합쳐 국립공원의 지정 및 삼림보호국(U. S. Forest Service) 같은 국가기관을 설치하는 데 협력하기도 했다.

핀쇼나 뮤어 그리고 그들의 추종자들의 주요 관심사는, 적어도 1960 년대 이전 까지는, 자연보호에 있었다. 즉, 제1세대 환경운동단체들은 원생지(原生地; land)와 야생생물(wild life)의 원상태를 여하히 유지할 수 있을까에 관심을 집중했다. 여기에 해당하는 전국규모의 환경단체는 1892년 미국 최초의 전국규모의 환경단체인 시에라 클럽(Sierra Club), 1905년에 설립된 오더본협회(Audubon Society), 혹은 1922년에 만들어진 아이작 월튼 연맹(Izaak Walton League) 등을 들 수 있다. 이들에게 중요했던 것은 생물들이 인간의 간섭 없이 원래의 상태대로 살아가도록 하는 것이었다. 그렇기 때문에 이들은 특정 지역의 특정 생물의 멸종위기 등에 관심을 기울였다.

제1차세계대전의 발발 이후 미국인들의 관심은 더 이상 환경문제에 머물 수 없었다. 1920년대 대량생산과 대량소비에 기초한 소비사회의 출현으로 미국인들의 주요 관심사는 경제성장이었지 환경파괴가 아니었다. 그후 1929년 전혀 예상치 못했던 대공황의 시작으로 1930년대를 맞이하게 되고, 나아가 경제적 고통뿐만 아니라 홍수 따위의 자연적 재앙까지도 뒤따르게 되었다. 그 결과 프랭클린 루즈벨트(Franklin D. Roosevelt) 정부는 적극적으로 자연재해에 맞서게 되었고, 미국민들의 자연에 대한 관심도 되살아났다. 자연보전은 1930년대 토양보전운동(soil conservation movement)으로 연결되었다. 루즈벨트 대통령은 뉴딜정책의 일환으로 농촌을 살리기 위하여 토양자원의 효율적 사용과 관리를 주 목적으로 하는 '민간자연보전단(Civilian Conservation Corp)'을 만들었다.

그러나 1930년대 미국인들의 환경에 대한 관심은 제2차세계대전의 발발로 다시 약화될 수밖에 없었다. 그후 총력전이 끝나자 사람들의 관심은 다시 자신들의 삶을 형성하고 있는 환경으로 되돌아왔다. 이 시기 동안 주도적 환경단체로 성장한 시에라 클럽은 자연의 아름다움을 보존하는 데 미국인들의 관심을 불러일으켰으며, 많은 시민들이 그랜드

캐년을 비롯한 여러 국립 기념물들을 보호하는 데 환경단체들에 기꺼이 협력하고자 했다. 이러한 자연보호단체들의 환경보호는 '야생보호운동(wilderness movement)'에까지 이르렀다. 이렇듯 자연에 대한 미국인들의 관심과 애정은 1950년대에 부활했다.

그런데 1950년대 '야생보호운동' 혹은 '야생생물보호운동'의 역사적 중요성은 자연보전운동과 환경운동을 연결시켜 주었다는 데 있다. 왜냐하면 삼림, 물, 토양 따위의 자연보전운동의 요소들은 새로운 환경운동과 갈등을 일으켰으나, 야생생물보호운동의 요소가 신구 운동을 연결하는 다리 역할을 했기 때문이다. 그리고 1958년에서 1965년 사이, 오락과 여가를 위해 자연환경을 이용하려는 움직임이 나타나게 되었는데, 이것은 미국이 1950년대에 이른바 '풍요로운 사회'를 구가하면서 여가활동이 증가된 것과 밀접하게 연관되어 있었다. 결국 자연환경을 관리하기 위해 1964년에 '야생보호법(Wilderness Act)'이 제정되었다.

이와 같이 자연에 대한 미국인들의 관심과 애정은 1950년대에 부활했으며, 1960년대에 이르러서는 새로운 상황에서 환경에 관한 오랜 주제들이 만나게 되었다.

Ⅲ. 1960년대: 자연보전운동에서 환경운동으로

일반적으로 하나의 사회운동은 소수의 적극적인 활동가나 조직에 의해 시작될 수 있으나, 그 운동이 사회운동으로서 성공하느냐 실패하느냐는 대중의 지지를 얼마나 확보할 수 있는가에 달려 있다. 미국에 있어 환경운동에 대한 관심은 앞에서 보았듯이 19세기 말까지 거슬러 올라갈 수 있으나, 대중적 지지를 받는 사회운동으로 보기는 어렵다. 차라리 진정한 의미에서의 환경운동은 1960년대 이후에 시작되었다고 볼 수 있다. 그리고 나아가 그 운동은 1972년 스톡홀름에서 열린 유엔 인간환경 회의(United Nations Conference on the Human Environment)를 통해 국제적으로 도덕적, 정치적 정당성을 얻게 되었다. 따라서 제1세대 환경운동인 자연보전운동에서 환경운동의 기원을 찾건 혹은 1950년대 이후의 제2세대 환경운동에서 진정한 의미의 환경운동을 찾건 간에, 현대 환경운동의 기원은 1960년대로 볼 수 있다.

환경에 대한 새로운 관심의 출현은 무엇보다도 제2차세계대전 이후 미국사회의 엄청난 경제적, 사회적 변화에 기인한다. 또한 전후 변화하는 인구구성과 새로운 사회가치에서도 그 원인을 찾아볼 수 있다. 이러한 변화를 주도한 계층은 보다 많은 교육을 받은 젊은 세대로서, 이들이 바로 후일 신 중간계급을 형성했다. 이들은 또한 1960년대 이후 미국사회를 이끌어 가는 중요한 역할을 담당하게 되었다.

일반적으로 1960년대 이후의 환경운동의 기원을 20세기 초의 자연보전운동에서 찾으려 하는데, 역사가 헤이즈(Samuel P. Hays)는 환경운동과 자연보전운동을 서로 다른 것으로 파악한다. 우선 그는 환경주의, 환경운동, 환경의식 등을 제2차세계대전 이후 전개된 새로운 사회 변화의 일부로서 이해한다. 그의 관점으로는, 전자가 자연자원의 효율적 개발 및 이용에 관심이 있었다면, 후자는 '삶의 질(quality of life)'에 관심을 갖고 있었고, 전자가 생산의 역사의 일부라면, 후자는 소비의 역사의 일부이다. 또한 전자가 전문가와 정치가의 요구에 의해 일어났다면, 후자는 시민들이 국가의 엘리트에게 새로운 목표와 요구를 제시한 데서 비롯되었다. 게다가 전자가 대중에 깊이 뿌리내리지 못한 반면에, 후자는 대중의 전폭적인 지지를 받았다. 그러므로 자연보전운동과 환경운동을 동일선상에 놓고 연속된 운동으로 파악하는 것은 잘못된 판단이며, 환경운동은 1950년대 후반 이후 미국사회의 여러 변화가 가져온 결과로서의 새로운 사회운동일 뿐이라는 것이다.

그렇기 때문에 1950년대와 1960년대에 기존의 자연보전주의자들과 새로이 등장한 환경주의자들은 자연자원의 이용을 둘러싸고 대립, 충돌

했다. 특히 환경오염에 대한 관심은 전자와 후자를 구별할 수 있는 중요한 관건이 되었다. 즉, 1950년대 이후부터 후자의 세대는 전 세대와는 달리 특정 지역이나 특정 종의 보존에 관심을 기울이기보다는 결과가 밝혀지기에 시간이 상당히 걸리거나 정교한 원인을 갖는 환경오염에 관심을 기울이기 시작했다.

따라서 오염은 자연보전운동과 환경운동을 구분하는 새로운 요소로 부상했다. 도시, 산업지역에서의 대기 및 수질오염, 하수처리 및 소음 등이 환경운동의 주요 명분으로 출현했으며, 1960년대에 와서야 전국적인 관심을 끌게 되었다. 이러한 측면이 바로 전후 변화와 관련되어 있었으며, 20세기 초의 자연보전운동에서 환경운동의 뿌리를 찾기 어려운 이유이다. 환경오염에 대한 관심은 환경과 인간의 공중보건에 대한 새로운 인식으로부터 나왔으며, 이러한 환경과 생물학에서의 관심이 '생태학(ecology)'으로 나타났다. 그것은 바로 역사에 있어서의 연속이 아닌 불연속을 의미하는 것이었다.

1960년대 초까지의 여론조사에 의하면, 환경문제는 미국의 대다수 시민들로부터 거의 무시되고 있거나 관심 밖의 일이었다. 20세기 초만 하더라도 '환경'이니 '환경주의'니 하는 용어는 결코 사용된 적이 없었으며, 1960년대 초까지도 '환경주의자'는 자신들을 '자연보전주의자'라고 불렀다. 레이첼 카슨(Rachel Carson, 1907~64)이 『침묵의 봄(Silent Spring)』에서 '환경'이라는 용어를 키워드로 사용한 이후 미국 사회에서 널리 쓰이기 전까지 '환경'이라는 용어는 널리 쓰이지 않았던 것이다. 그렇기 때문에 카슨은 미국 현대 환경운동에 커다란 족적을 남길 수 있었던 것이다.

해양생물학자였던 카슨이 1962년에 내놓은 『침묵의 봄』은 당시 침묵하고 있던 미국의 환경운동에 불을 붙였다. 그녀의 책은 미국의 농부들이 즐겨 찾던 농약인 DDT가 어떻게 자연과 인간의 삶을 파괴하고 있는가를 보여주었다. 그녀는 살충제의 영향으로 울새나 찌르레기가 거의 사라져 새들의 울음소리로 가득찼던 계절인 봄이 침묵으로 가득차게 되었다는 것을 적나라하게 보여주었다. 살충제의 환경오염에 대해 그녀의 책만큼 미국인들에게 충격적으로 제시한 적은 없었다. 당시 그 책만큼 인간이 만든 화학물질이 자연환경과 인간에게 얼마만큼 해로울 수 있는가를 웅변적으로 보여준 예도 없었다. 결국 카슨의 책은 환경문제에 대한 정치권의 관심을 불러일으켰다. 케네디 행정부의 내무장관인 유달(Stewart Udall)은 살충제 사용을 줄이게끔 만들었으며, 결국 1970년 환경보호청에 의해 DDT는 그 사용이 금지되었다.

그녀의 책은 근대사회의 신앙과도 같은 과학 및 기술에 대해서 다시 한번 생각할 계기를 제공했다. 즉, 더 이상 기술이 인류에게 축복만을 선사하는 것이 아니라는 점이 명백해졌다. 우리가 기술을 무차별적으로 남용할 경우, 자연생태계의 균형을 파괴하고 그러한 자연파괴의 결과는 부메랑처럼 우리 자신에게 돌아와 인류사회에 위협이 될 수 있다는 점을 카슨은 명백히 보여주었다.

그녀의 책으로부터 파생된 환경 및 환경오염에 대한 관심은 기존의 환경보전주의와는 차원을 달리하는 것이었다. 즉, 새로운 기술에 의해 야기되는 환경문제는 그 발생원인을 추적하기에 복잡하기 짝이 없고, 어느 정도의 시간이 지나서야 인과관계를 확인할 수 있으며, 인체나 자연에 치명적인 폐해를 가져오기 때문에, 환경에 대한 관심은 단순히 자연훼손뿐만 아니라 자연의 오염문제도 포괄하게 되었다. 미국인들은 이제 '삶의 질'에 보다 많은 관심을 기울이게 된 것이다.

미국인들의 환경에 대한 인식이 1960년대 후반 얼마만큼 급성장했는가는 여론조사를 통해서도 알 수 있다. 예를 들어, <갤럽>에서 행한 조사는 정부가 관심을 기울여야 할 전국 규모의 문제 3개를 열거하라는 요구사항을 제시했다. 그 결과 "대기 및 수질오염 감소시키기" 항목이 선택된 비율은 1965년에는 17%인 데 반해 1970년에는 무려 3배 이상 증가한 53%가 되었다. 게다가, 이렇게 선택된 10개 항목 중에서

위의 항목이 순서상 1965년에는 9번째였으나 1970년도에는 1위인 '범죄문제' 다음으로 나타났다. 또 다른 여론조사도 이러한 경향을 뒷받침하고 있다. 즉, 대기오염과 수질오염이 "매우 혹은 다소 심각하다"고 한 응답자가, 대기오염의 경우 65년의 28%에서 70년에는 69%로, 수질오염의 경우 65년의 35%에서 70년에는 74%로 증가했다. 이러한 현상은 미국 시민들이 60년대 후반 불과 5년 사이에 환경에 대한 인식이 급격하게 증가하고 있음을 보여준다.

이처럼 시민들의 환경에 대한 인식이 성장함과 더불어 시민운동 차원의 새로운 환경단체들도 만들어지기 시작했다. 그런데 1960년대 미국의 환경운동은 여타 동시대 사회운동과 그 성격을 달리한다. 즉, 당시 환경운동이 60년대의 혼란스러운 시절에 다른 사회운동들과 두드러지게 차이가 나는 것은, 그것이 여성운동이나 민권운동처럼 차별이나 억압으로부터 벗어나기 위한 운동이 아니라는 점이다. 그렇기 때문에 1960년대 미국의 환경운동은 본질적으로 개혁운동이었지 급진운동이 아니었다고 볼 수 있다.

대중운동으로서의 현대 환경운동의 기반은 1960년대 후반의 민권운동과 반전운동에서도 찾을 수 있다. 특히 이러한 운동에서 적극적으로 활동했던 학생들의 일부가 그들의 에너지와 관심을 환경문제로 전환하면서, 이들이 1970년대 전반 환경운동의 주도적 활동가로 자리잡게 되었다. 거의 모든 미국의 대학에 하나 혹은 그 이상의 환경단체들이 만들어졌다. 그리고 이들 대학의 환경조직들은 언론이나 일반인들에게 환경운동의 당위성을 알리는 데 커다란 공헌을 했다. 그렇더라도 현대 환경운동의 중추적 역할을 해온 환경단체들은 1950년대 이전에 형성되었던 자연보존을 목적으로 했던 주류 단체들이었다.

그럼에도 불구하고 환경운동은 좌우 양 쪽 모두에서 비난을 받았다. 좌파에서는 환경운동이 투쟁의 본질적 대상인 계급간 대립, 성차별, 인종차별 등을 흐리게 한다고 비난했다. 무엇보다도 직접적으로는 베트남전에 대한 반전운동에 대한 시민들의 관심을 빼앗아 간다고 우려했다. 그렇기 때문에 많은 민권운동 및 반전운동 지도부는 '지구의 날'이 미국인들로부터 자신들의 대의명분에 대한 활력을 약화시킬까봐 염려했다. 극우파에서도 환경운동을 좌파의 일부로 파악했다. 그들은 자본주의체제 내에서의 경제성장에 제동을 걸려는 환경주의자들을 고운 시선으로 볼 수 없었다. 게다가 그들은 '지구의 날'이 레닌의 생일인 4월 22일로 정해진 것이 환경주의자들이 바로 좌파라는 증거라고 주장했다.

1960년대 미국인들의 환경에 대한 지대한 관심은 '지구의 날(Earth Day)' 행사로 절정에 달했다. 영향력있는 유력 잡지였던 <라이프>지의 1970년 1월 30일 특집도 '생태학: 대중운동이 된 명분'이라는 주제를 다루고 있었다. 1970년 4월 22일, 세계 최초로 '지구의 날'이 선포되었으며, 미국의 전역에서 약 2천만 명이 그 행사에 참여했다. 제1회 지구의 날은 기존의 자연보전주의와 이념적으로 다른 환경주의가 정치화된 최초의 상징으로 볼 수 있다.

1960년대를 통해 미국인들의 환경에 대한 관심이 고조되고 있음은 환경단체에 가입한 회원수의 급증을 통해서도 알 수 있다. 즉, 1960년에서 1969년 사이 기존의 전통적인 자연보전단체들의 회원수는 12만 3천 명에서 81만 9천 명으로 거의 7배나 증가했다. 또한 '지구의 날'을 전후한 시기에 매스컴의 영향과 홍보 덕택에 환경단체에 새로 가입한 회원 수가 1969년에서 1972년 사이 30여만 명으로 무려 38%의 증가를 가져왔다.

결과적으로 환경운동의 이정표로 볼 수 있는 '지구의 날' 행사는 미국에서의 환경운동이 새로운 단계로 접어들었음을 보여주었다. 이후 미국에서의 환경운동은 패러다임의 전환을 목격하게 되었다. 즉, 자연보전주의에서 환경주의로의 변화를 보여주었는바, 이는 분명히 환경운동에 있어서의 불연속선을 의미한다. 그것은 또한 진정한 의미에서의 환경운동이 미국에서 시작되었음을 상징한다.

Ⅳ. 1970년대: 주류 환경운동의 퇴조와 환경운동의 다양화

1. 정부의 친환경정책과 주류 환경운동의 퇴조

1960년대와 1970년대를 통해 거의 모든 선진국들에서는, 특히 미국과 서유럽의 경우, 일반시민들의 환경에 대한 인식이 고조되고, 그들이 조직을 만들어 압력을 가하게 되자 국가는 어떠한 방식으로든 조처를 취하지 않으면 안 될 수준에 이르렀다. 그 이전까지 미 연방정부는 환경문제를 정치적 과제로 인정하지 않고 있었다.

존슨(Lyndon Johnson) 행정부나 의회도 환경문제에 관심을 기울이기 시작했다. 대기 및 수질오염뿐만 아니라 멸종위기에 놓인 종을 보호하기 위한 법안들도 만들게 되었으며, 의회는 1969년에는 '국가환경정책법(National Environmental Policy Act: NEPA)'을 제정하기에 이르렀다. 이 법은 연방정부가 개입한 사업이 환경에 영향을 미칠 것으로 판단되는 경우, 사업 착수 이전에 환경영향 평가를 반드시 거쳐야 하는 절차를 만들어 놓았다. 의회는 또한 1970년에 대기정화에 보다 엄격한 기준을 적용하는 법령을 개정했으며, 1971년에는 초음속여객기 제조에 대한 재정적 지원을 중단하기도 했다.

그러나 제도의 차원에서 보자면, 환경문제가 1960년대 국가기관에서 본격적으로 다루어졌다고 보기는 어렵다. 존슨 행정부는 단지 몇 년 정도만 진지하게 환경문제를 취급했을 뿐이다. 1970년대 들어서야 공화당의 닉슨(Richard Nixon) 행정부가 본격적으로 환경문제와 씨름하기 시작했다. 닉슨은 자연과의 조화를 주장하면서 환경주의를 이타주의의 출현으로 보고 이를 환영했다. 동시에 그는 환경문제를 새로이 등장하는 정치적 의제로 인식했다. 그렇기 때문에 그는 1970년 1월 1일 '국가환경정책법'에 서명했으며, 그해 12월에는 환경보호청(Environmental

Protection Administration: EPA)을 신설했다.

닉슨은 자신을 '환경대통령'이라고 주장한 바 없지만, 그는 1970년대를 '환경의 10년'으로 만드는 데 다리를 놓았다. 이 70년대의 10년 동안 23개의 주요 연방환경법안들이 만들어졌다. 예를 들면, 대기청정법(Clean Air Act, 1970), 수질오염통제법(Water Pollution Control Act, 1972), 해양보호법(Marine Protection Act, 1972), 안전식수법(Safe Drinking Water Act, 1972), 독극물통제법(Toxic Substances Control Act, 1976), 수질청정법(Clean Water Act, 1977) 등이 그것이다.

이 시기 동안 전국적인 규모를 지닌 12개의 환경단체 중에서 '지구의 벗'과 '야생생물 방어자들(Defenders of Wildlife)'을 제외한 모든 단체들은 주 활동무대를 미국의 수도인 워싱턴으로 국한시켰다. 이들은 연방정부와 의회를 상대로 그들이 목표로 하는 환경정책을 입법 혹은 집행시키기 위해 로비활동을 벌였다. 이들 단체들은 '10개의 집단(Group of 10)'이라는 비공식적 연합모임을 구성하여 정기적으로 공동의 목표와 전략을 논의했다.

그러나 1970년대 들어 국가가 적극적으로 환경문제에 관심을 기울이기 시작하자 환경운동은 오히려 쇠퇴의 길을 걸었다. '지구의 날' 행사가 끝난 후부터 미국인들의 환경에 대한 관심은 줄어들기 시작했다. 닉슨 행정부가 적극적으로 환경정책을 펼치는 것처럼 보이자, 시민들은 그들의 생업에만 관심을 기울이고자 했다. 게다가 언론도 환경문제를 취급하는 태도가 소극적으로 변했다. 보다 결정적인 계기는 1973년 석유수출국기구(OPEC)의 갑작스런 유가인상으로 인해 전세계에 드러워진 에너지 위기였다. 결과적으로 1973년과 1974년의 석유파동으로 인한 에너지 위기는 미국인들의 관심을 환경으로부터 더욱 멀어지게 만들었다.

에너지 위기 이후 '성장의 한계(limits to growth)'가 논쟁거리를 제공했지만, 대중들의 관심을 불러일으키지는 못했다. 1974년의 에너지

위기 이후 많은 정치가들과 미국인들의 다수는 미국이 필요로 하는 에너지를 확보하기 위해서는 환경규제에 대한 완화가 필요하다고 생각하게 되었다. 또한 지역의 수천 개의 환경단체들도 줄어들기 시작했다. 대학에 존재해 왔던 환경조직의 경우도 마찬가지였다. 전통적으로 민주당을 지지해 오던 노동계급의 경우도 보다 큰 파이를 통한 분배를 선호했기 때문에, 즉 경제성장 우선 정책을 원했기 때문에, 환경문제에 적대적인 경향을 지니게 되었다.

게다가 1976년 민주당 후보인 카터(Jimmy Carter)가 대통령으로 당선되고, 그가 친환경정책을 지향하면서 시민들은 국가가 환경문제를 해결하리라 낙관적으로 생각하게 되었으며, 결과적으로 환경에 대한 관심이 줄어들었다. 예들 들어, 로퍼(Roper)사의 1973 – 80년에 걸친 여론조사는 다수의 미국인들이 70년대가 진행되면서 에너지문제가 환경문제보다 더 중요하다는 의견을 갖게 되었음을 보여준다. 환경보호와 에너지 확보라는 두 입장에 관한 1973년의 여론조사 결과가 37% 대 37%로 동일했으나, 이후 1976년을 제외하고 1980년까지 보다 많은 수의 미국인들 (36% 대 45%)이 에너지 확보에 관심을 지니고 있었다. 따라서 환경운동에 비판적 시각을 지닌 사람들은 환경주의 및 환경운동은 이제는 더 이상 사회적 비중을 갖지 못한 일시적 유행에 지나지 않았다고 보았다. 즉, 환경주의의 쇠퇴를 주장했다.

또한 전국 규모의 주류 환경단체들은 많은 문제점들을 드러냈다. 1970년대를 통해 회원이 급증하고 자금이 증대되면서 이 단체들은 그에 비례하여 관료화되고 전문화되었다. 그 결과 백악관과 의사당 로비를 담당하는 간부들과 임원들에게 점차 의존하게 되고, 일반 회원들의 의사를 무시하게 되었으며, 환경문제보다는 조직 자체와 예산의 문제에 더욱 신경을 쓰고 있다는 비난을 받게 되었다.

미국인들의 환경에 대한 관심은 1960년대 후반 급속하게 증가하여, 1970년 '지구의 날'에 최고조에 달했다가, 그후 급속하게 감소하다가

1970년대 후반에 들어와서는 서서히 감소했다.

2. 환경운동의 다양화

1970년대 후반 들어서면서 환경운동은 새로운 양상을 띠기 시작했다. 목표나 이념, 실천방식 등에 있어서 분화가 시작되었다. 그 결과 미국의 환경운동은 크게 세 방향으로 나누어졌다고 볼 수 있다. 첫째, 전통적인 전국 규모의 환경단체들은 여전히 자연보전에 큰 관심을 기울이면서 환경오염 문제에도 관심을 기울이고 있었다. '시에라 클럽'이나 '오더번 협회' 같은 단체의 회원들은 주로 백인 중간계급 남성들로 구성되어 있었다. 이들 전통적 환경단체는 초기 자연보전주의 시기부터 회원자격에 배타적인 클럽 형태로 유지되었으며, 주로 돈 많은 백인 남성 낚시꾼, 등산가, 사냥꾼 등으로 구성되어 있었으며, 또한 도시의 번잡함을 피해 휴식과 여가활동을 목적으로 하고 있었다. 그러나 이들 단체들은 날로 확대되고 심화되는 여러 방면의 환경문제에 대해서 적극적으로 대처하지 못했다. 그렇기 때문에 새로운 종류의 환경단체들이 등장하게 되었던 것이다.

둘째, '심층 생태학(deep ecology)'을 주창하는 사람들은 기존의 인간 중심의 환경주의를 '얕은 생태학(shallow ecology)'으로 파악하고, 생태계 중심의 환경주의를 '심층 생태학'으로 이해하기 시작했다. 이들은 결국 자신들의 신념을 실천으로 옮기는 과정에서 비폭력에 기초하여 주류의 한계를 벗어난 급진적 환경주의에 이르게 되었다.

세째, 지역에서의 풀뿌리 환경운동으로서, 자신들의 이해관계를 넘어 환경오염 문제를 전국민의 관심으로 만드는 데 성공했다. 그런데 풀뿌리 환경단체들의 회원들은 전통적 환경단체들과는 달리 주로 여성과 소수인종들, 그리고 일부 백인 노동계급으로 구성되어 있었다.

가. 심층 생태학과 급진적 환경운동

1960년대와 1970년대 전반 사이에 환경운동에 새로운 이슈가 등장했다. 즉, 인구의 급속한 증가가 가져온 영향, 폐기물 등에 의한 공기·토양·물 오염, 그리고 이러한 오염이 야기한 인간의 건강문제, 증가하는 생물 종의 멸종을 목격하면서 환경문제를 새로운 시각에서 보게 되었다. 게다가 기존의 환경단체들의 관료화, 전문화가 진행되면서 이들 단체들은 새로운 문제들에 제대로 대응하지 못했다.

'심층 생태학'이니 '깊고 장기적인 생태운동(deep, long-range ecology movement)' 따위의 용어는 1973년 노르웨이의 철학자이며 사회운동가인 네스(Arne Naess)에 의해 고안되고 정교화되었다. 그는 환경운동을 '얕은 생태학'과 '심층 생태학'으로 구분했다. 그는 전자를 기존의 환경운동으로서 환경오염에 대한 저항으로 이해했으며, 후자를 자연 속의 인간 혹은 자연의 일부로서의 인간, 그리고 생태학적 지식에 입각한 환경운동으로 이해했다.

'얕은 생태학'이 인간중심주의에 입각한 공리주의적 시각을 지니고 있다면, '심층 생태학'은 '생명중심주의(biocentrism)'에 입각한 '생태중심적 동일화(ecocentric identification)'를 지향한다. 삼림학자이자 생태학자인 리오폴드(Aldo Leopold; 1887~1948)가 말한 "산처럼 생각하기(thinking like a mountain)"는, 어떤 면에서 보면, 바로 '심층 생태학'의 철학을 표현하고 있다고 볼 수 있다. 또한 '심층 생태학'은 개개 지역의 상황에 따라 토착의 생물종 다양성 회복을 목표로 하는 '자연회복 운동(restoration movement)'을 지원한다. 그렇기 때문에 열대우림이나 원시림 등을 있는 그대로 보존하고자 한다. 주목할만한 점은, 이들이 자신들의 목표를 달성하기 위한 수단으로 비폭력주의를 지향하고 있다는 것이다. 네스의 경우도 간디의 비폭력 원칙을 지지하고 있다.

이들은 산업사회를 비판적으로 평가하며, 산업사회를 적극적으로 비판하지 않는 기존의 '개량주의적' 전통적 환경단체에 비난을 가한다. 이점에서 '녹색주의자(greens)' 혹은 '녹색 사회주의자(green socialists)'들과 의견을 같이한다. 그러나 현대의 환경위기에 대한 시각은 상이하다. '녹색 사회주의자'가 그 문제의 원인을 자본주의로 돌리는 반면, '생태 페미니스트(ecofeminists)'는 가부장적 남성중심주의에서 그 원인을 찾고, 심층 생태주의자들은 인간중심주의에서 그 원인을 찾고 있다. '사회 생태학'적 입장을 지지하는 사람들도 '심층 생태학'에 대해서 비판적인 태도를 견지하고 있다. 그 대표자로 북친(Muray Bookchin)을 들 수 있다. 이들은 생태중심주의를 그것이 인간중심주의를 부정한다는 점에서 비판적으로 보고 있다.

사실상 '심층 생태학'은 일종의 철학운동으로 볼 수 있다. 그러나 시간이 지나면서 '심층 생태학'은 연좌데모, 시위, 친환경파업(ecotage; ecology와 sabotage의 합성어로서 환경오염이나 환경파괴에 태업을 통해 대항하는 행위) 등의 직접적 행동에 호소하는 '급진적 환경주의(radical environmentalism)' 단체와 연결되기 시작했다. 즉, 1980년대 이후 주류 환경단체가 레이건 대통령의 反환경정책에 적극적으로 대처하지 못한 것에 실망한 많은 환경운동가들은 급진적 환경운동에 흥미를 가지게 되었다. 그 결과 급진적 환경주의는 주류 환경주의의 실패와 '심층 생태학'의 영향 하에서 성장했다.

예를 들어, 급진적 환경운동 단체인 '지구 먼저!(Earth First!)'는 1980년에 시작되었는데, 그들의 목표는 순수 자연상태를 유지하고 생물의 다양성을 보호하는 것이었다. 또한 자연의 희생에 기초한 산업사회를 비판적인 시각으로 바라보았다. 이 단체는 미국의 남서부에서 시작하여 아메리카 대륙, 오세아니아, 유럽으로까지 회원을 확보하게 되었다.

'지구 먼저'는 특히 삼림 채벌이나 석유탐사 시설에 대해 '에코타지'를 통한 조직적이고도 끈질긴 방해 행위를 전개해 왔다. 그들은 '에코타지'와 테러리즘을 확실하게 구분하고자 하는데, 전자가 기계나 재산 따위의 "무생물 대상에 대한 폭력"이라면, 후자는 "인간에 대한 폭력"을 의미했다. 따라서 "인간들의 생명을 해치지 않는다"는 원칙은 '지구 먼저'를 비롯한 급진주의 환경운동 단체들이 기본적인 신조로 삼고 있었다. 그러나 이들 단체는 기존의 주류 환경단체나 반대자로부터 아나키스트, 몽상가, 생태 테러리스트라고 비난받았다.[2]

또 다른 급진적 환경단체로는 '그린피스(Green Peace)'를 들 수 있다. '그린피스'는 핵실험으로부터 대기를 보호하려는 목적으로 1971년 캐나다의 브리티시 콜럼비아주 밴쿠버에서 설립된 단체이다. 이후 1970년대 이들은 상업적 포경선과 고래의 수난 문제에 대해 전세계에 고발했다. 특히 고래잡이 배를 허용하려는 일본정부에 대해 저항운동을 전개했다. 그후 '그린피스'는 국가로부터 테러를 당한 최초의 환경단체가 되었다. 즉, 1985년 뉴질랜드의 수도 오크랜드의 항구에서 프랑스의 첩보요원이 '그린피스'의 배를 폭파시킨 결과 배 위에 있던 사진사 한 명이 사망하기도 했다. 그 결과 오히려 보다 많은 사람들이 '그린피스'의 존재를 인식하게 되었을 뿐만 아니라 동조적 입장을 지니게 되었다.

이렇듯 급진적 환경단체들은 주류 환경단체들이 내부의 문제들로 힘겨워하고 있는 동안 그들의 대의명분과 행동에 대한 많은 지지자들을 확보할 수 있었으며, 환경운동 내에서 나름대로의 위치를 확고히 만들 수 있었다.

나. 풀뿌리 환경운동(Grassroots Environmental Movement)

1970년대 후반 미국의 환경운동은 풀뿌리 시민들에 토대를 둔 사회운동의 성격을 지니게 되었다. 이른바 '풀뿌리 환경운동'이 그것이다. 이 운동은 환경문제가 바로 자신들이 살아가는 공간에서 벌어지고 있는 것에 의연히, 적극적으로 대처하기 시작하면서 시작되었다. 풀뿌리

---

2) Bill Devall, "Deep ecology and Radical Environmentalism," in Dunlap and Mertig, eds., *American Environmentalism*, p. 57.

환경운동은 '내 주변은 안 된다(Not In My Backyard: NIMBY)'는 지역이기주의의 한 표현에 불과한 것인가, 혹은 특정지역의 환경단체에서 지역의 특정한 환경문제를 자율적으로 해결하고자 하는 '누구의 주변에도 안된다(Not In Anyone's Backyard; NIABY)'는 표현으로 나타나듯이 지역이기주의를 넘어서고 있는가?

1978년 뉴욕주의 나이애가라 시에 위치한 러브 운하(Love Canal) 부근의 지역민들은 자신들이 살고 있는 지역에 화학폐기물이 매립되어 있음을 알게 되었다. 그리하여 이 물질들이 자신들과 자신들의 가족의 건강을 해칠 수 있다는 것을 깨닫게 되었다. 결과적으로 이 지역공동체 사람들은 미국 최초로 화학독극물에 의한 환경오염 문제를 제기하여 언론의 주목을 받게 되었으며, 그 문제는 연방의회 및 주의회의 의제로 채택되었고, 나아가 전국민의 관심을 받게 되었다. 이를 계기로 미국의 전 지역 수 천의 지역공동체에서도 오염지역의 제거, 오염을 야기하는 공장 폐쇄, 위험이 예상되는 공장시설 설치의 반대 움직임이 일어났다. 그리하여 러브 운하 사건은 풀뿌리 환경운동의 진정한 효시를 이루었다. 이후 지역사회에 기반을 둔 수 천의 환경단체들이 결성되었다.

그렇다면 어떻게 이런 일이 발생하게 되었을까? 1970년대 후반 풀뿌리 환경운동이 성장하게 된 배경으로는 다음과 같은 현상들을 지적할 수 있다. 첫째, 제2차세계대전 이후 석유화학산업의 급속한 발전 때문에 폐기물처리장이 전국적으로 자리잡게 되었다. 예를 들어, 1940년에서 1980년까지의 불과 40년 동안 합성유기화학물 생산량이 한 해 100억 톤 미만에서 3,500억 톤 이상으로 무려 35배 이상 증가했다. 그 결과 1988년의 행정부 일반회계국의 통계에 의하면, 미국에서 오염 폐기물 처리장이 13만 개에서 42만 5천 개로 늘어난 것으로 추정되었다.

둘째, 많은 미국인들 사이에서 환경오염물질에 대한 인식이 증가했다. 특히, 카슨의 『침묵의 봄』이나 코모너(Barry Commoner)의 『원은 닫혀야한다(The Closing Circle; 1971)』 등을 통한 환경오염에 대한 지식의 증대, 과학자들의 반핵운동, 환경단체들의 홍보 등으로 이러한 문제에 관심을 갖게 되었다. 예를 들어, 1980년의 전국적인 여론조사에 의하면, 응답자의 90%는 자신들의 집 근처에 원자력발전소가 건설되는 것에 반대했으며, 40%는 유해폐기물처리장(toxic waste dump)이 위치한 장소의 5마일 이내에 살지 않을 것이라고 답했다. 그런데 불과 10년 전인 1970년만 하더라도 거의 대다수의 미국인들은 이러한 위험에 대해 인식하지 못했으며 따라서 염려하지도 않았다.

셋째, 1960년대와 1970년대의 사회운동이 사회개혁에 필요한 전략과 전술에 대한 새로운 인식을 불러일으켰다. 즉, 민권운동이나 여성운동 혹은 반전운동 등에 참여했던 유능한 운동가들이 지역에서의 풀뿌리 환경운동 조직에서 중요한 역할을 맡게 되었다. 따라서 1960년대의 여러 사회운동은 풀뿌리 환경운동에 심대한 영향을 미쳤던 것이다.

풀뿌리 환경단체들은 지역사회(local community)에 기초한 조직으로서, 미국 전역에 정확하게 몇 개가 존재하는지는 통계치가 없다고 볼 수 있다. 또한 이들은 주로 유해물질에 의해 피해를 입은 지역주민들이 중심이 되어 만든, 이전의 전국규모의 환경단체에 비해 소규모로 구성된 조직들이다. 이들은 대기오염, 수질오염, 살충제, 핵발전소, 오염물질 투기, 방사능 폐기물, 쓰레기 소각장 등의 문제에 직면하게 되면 해당 기업이나 주정부 혹은 연방정부를 상대로 시정을 요구하는 운동을 전개하였다.

풀뿌리 환경운동에 참여하는 사람들의 계층과 직업은 다양하다. 흥미있는 점은, 여성들이 조직 내에서 중요한 위치를 차지하고 있다는 것이다. 나아가 이 여성들은 주로 가정주부이거나 사회생활을 하지 않는 사람들로 구성되어 있었다. 또 다른 특징은 소수인종들의 참여가 많다는 것이다. 즉, 흑인이나 인디언, 혹은 라틴계 미국인(Latinos)들이 적극적으로 참여하고 있었다.

이와 같이 풀뿌리 환경단체에는 많은 경우 소수인종들이 참여하고 있었으며, 이것은 바로 이들의 주거지에 유해물 폐기시설이나 공장 등이 자리잡고 있었고, 이들이 주된 환경오염의 피해자라는 것을 의미했다. 이 사실은 또한 소수인종들이 환경불평등에 노출되어 있음을 의미했다. 또한 인종적 불평등이 환경적 불평등으로까지 연결되었음을 보여준다. 특히, 흑인들이 주도하는 풀뿌리 환경운동은 그 대상지역이 주로 남부에 집중되어 있는데, 이것은 바로 남부 사회가 흑백간의 인종적 차별이 가장 큰 지역이면서 동시에 사회적, 경제적 차별이 가장 심한 지역이기 때문이기도 하다.

이러한 현상은 미국사회가 지니고 있는 사회적, 경제적 불평등 구조를 반영하는 것으로, 일부는 이것을 '환경 인종차별주의(environmental racism)'라고 주장하면서 환경문제를 사회정의의 문제와 연결시키기도 한다. 환경오염의 경우, 미국 전역이 노출되었다기보다는 특정 지역에 환경오염의 문제가 심각하게 내포되어 있었던 것이다. 그런데 그 특정지역은 많은 경우 사회적으로, 경제적으로 차별받는 소수인종이 거주하는 지역 혹은 그 부근에 자리잡고 있었던 것이다. 즉, 풀뿌리 환경운동으로부터 '환경정의(environmental justice)' 문제가 제기되었던 것이다.

미국 일반회계국(U. S. General Accounting Office)도 1983년의 보고서를 통해, 폐기물 매립지와 주변 지역사회의 인종별, 소득별 차이는 강한 상관관계가 있다고 증언하고 있다. 또한 '인종정의 위원회(Commission for Racial Justice)'의 1987년 보고서인 「유해폐기물과 인종(Toxic Wastes and Race)」에서, 흑인을 비롯한 유색인종들이 거주하는 지역에 타지역보다 더 많은 유해폐기물 처리장이 분포되어 있음을 보여주었다. 즉, 미국에서는 인종이 유해폐기물 처리장의 위치를 예측하는데 있어 가장 가능성이 높은 변수라는 것을 의미했다.

위와 같은 현상에 대해 행동으로 저항한 최초의 사건은 1982년 노스캐롤라이나주의 워렌 군(Warren county)에서 발생했다. 대다수 주민이 흑인이었던 이곳에 유독성이 강한 염화비페닐의 매립지를 건설하려는 데서 문제가 발생했다. 지역민들은 처음에는 자신들이 살고 있는 지역이 오염되는 것에 대해 저항했지만, 법정투쟁을 통해서도 자신들의 뜻이 좌절되자 이제는 '환경 인종차별주의'에 호소하게 되었다. 즉, 그들은 워렌군이 유독성 화학물질의 매립지로 선정된 것은 그 지역이 가난하고 대부분이 흑인들로 구성된 지역이었기 때문이라고 주장했다.

지역의 흑인 민권운동가와 정치 지도자 그리고 많은 지역주민들이 항의의 표시로 시위를 하다가 거의 5백 명에 달하는 사람들이 투옥되었다. 결과적으로만 본다면 이 사건은 매립지의 건설을 저지하는 데 실패했지만, 이는 흑인들에 의한 환경적 불평등에 대한 최초의 본격적인 저항이었으며, 또한 이러한 운동이 전국적인 규모로까지 확대된 것도 처음이었다. 그렇기 때문에 오늘날 워렌 군 사건은 환경정의 운동의 요람으로서 인식되고 있다. 또한 민권운동과 환경운동이 긍정적으로 결합될 수 있는 가능성을 보여주기도 했다. 왜냐하면, 그 이전까지는 "환경의 질을 추구하는 사람들"과 "사회정의를 추구하는 사람들" 간에 이념적 갈등이 존재해 왔었기 때문이다.[3]

이러한 풀뿌리 환경운동은 많은 긍정적 결과를 가져왔다. 많은 경우, 구체적인 성과를 거두는 데도 성공했다. 예를 들면, 유해물 처리시설이나 쓰레기 소각장 건설 반대, 기업에 폐수처리시설 요구 등에서 긍정적 결과를 가져올 수 있었다. 그렇기 때문에 러브 운하 사건 당시 주도적 역할을 했던 깁스의 조사에 따르면, 1978년 이후 지역주민들의 저항조직이 형성된 곳에서는 단 한 곳도 쓰레기 소각장이 건설되지 않았다는 것이다.

또한 경제주체인 기업이 자신들이 하는 일이 환경에 대해서 어떠한 결과를 가져오리라는 것에 대해서 진지하게 생각하게 되었다. 즉, 풀뿌

---

3) Eileen M. McGurty, "From NIMBY to Civil Rights: The Origins of the Environmental Justice Movement", *Environmental History*, vol. 2 (July 1997), p. 303.

리 환경단체의 표적이 된 혹은 될 가능성이 있는 기업들은 지역 주민들과 대립하기보다는 환경오염 방지시설을 하는 것이 경제적으로나 정치적으로나 이익이 된다고 판단하게 되었다. 예를 들어, 미국의 대표적 화학회사인 다우 케미컬(Dow Chemical)은 1983년 자사제품인 제초제 2, 4, 5 - T를 시장에서 회수하는 조치를 취했다. 나아가 대기업이나 정부는 환경오염에 대해 치료적 차원에서의 사후 문제해결보다는 예방적 차원에서 오염의 근원을 제거하거나 줄이는 데 보다 신경을 쓰게 되었다. 대기업은 재생(recycling)이 가능한 환경친화적인 상품을 만드는 데 주력하게 되었으며, 정부는 배출단계에서 오염물질을 규제하기보다는 오염방지에 더 관심을 기울이는 경향을 갖게 되었다.

마지막으로, 환경문제를 사회정의나 평등의 이념과 연결시켜 생각함으로써 당시까지 미국사회에서뿐만 아니라 환경운동에서도 비주류였던 여성이나 흑인 그리고 노동계급을 환경문제에 눈뜨게 만들었다. 그리하여 이들은 사회적으로나 경제적으로 차별받을 뿐만 아니라 환경오염에 있어서도 차별을 받고 있다는 자각을 하게 됨으로써 적극적으로 지역의 환경운동에 뛰어들게 되었다.

이러한 풀뿌리 환경운동은 종종 지역이기주의로 비난받기도 했다. 즉, 이러한 운동을 자신의 이해관계에 기초한 이기적이고 부정적인 사회운동으로 폄하하려는 움직임이 있었다. 그러나 이른바 '내 주변은 안 된다'는 '님비주의(NIMBYism)'로 이들의 운동을 비판하는 사람들은 이 운동이 자신의 지역뿐만 아니라 멕시코와 기타 저개발국가들도 포함하는 '누구의 주변도 안 된다(NIABY)'라는 '니아비 철학'으로 그 목표가 확대되고 있음에 주목해야 한다. 즉, 인간들이 모여 사는 지역사회 주변에는 환경오염과 관련된 어떤 유해시설이나 공장도 들어서서는 안 된다는 입장으로까지 발전했다. 게다가 풀뿌리 환경운동은 1980년대 초 이후 소수인종과 연관된 '인종정의운동'으로까지 나아갔다. 그리하여 인종문제가 어떻게 환경문제와 연관될 수 있는지를 보여주었다.

V. 1980년대: 레이건의 反환경정책과 反환경운동의 성장

1980년은 미국사에 있어서 여러 면에서 분수령을 이루고 있다. 이후 1980년대는 정치적으로 공화당의 레이건(Ronald Reagan)이 집권하게 됨으로써 전통적 가치관과 반공주의를 지지하는 보수주의를, 경제적으로는 작은 정부를 이상으로 생각하며 기업의 자유를 최대한 보장하는 자유방임 및 시장만능주의를, 환경면에서는 노골적으로 反환경주의를 추구했던 이른바 '레이건 혁명'을 목격하게 되었다.

1. 레이건의 반환경정책

환경운동에 대한 반대는 집요하고도 끈질긴 면이 있었다. 특히 정치 분야에서는 최대한 저항하고 최소한 후퇴하는 전략을 사용해 왔다. 문제는, 예를 들어 환경오염의 경우, 얼마만큼 통제해야 하며 또한 얼마까지 통제가 가능한가 하는 것이다. 이 문제는 과학과 기술의 발전 수준과 맞물려있다. 레이건 행정부는 과학적 평가에 있어서 反환경적 견해를 지닌 과학자들과 관료들로 대체해 나아갔다. 레이건은 집권 처음부터 단호하게 환경주의에 대한 반대로 일관했다.

레이건은 환경보호가 경제성장에 저해 요소가 된다고 보았다. 그는 70년대 공화, 민주 양당 모두 약속했던 환경보호정책을 기꺼이 포기하고자 했다. 그리고 무엇보다도 내무장관 제임스 왓트(James Watt)와 왓트의 추종자인 환경보호청장 앤 고어서치(Anne Gorsuch)는 레이건 정권의 反환경정책을 상징하게 되었다. 왓트는 노골적으로 환경주의자들을 파시스트나 공산주의자로 간주하기도 했다. 그는 장관직에 취임하자마자 60년대 이후 추진되어온 친환경정책을 뒤집겠다고 공언했다.

레이건 행정부의 反환경정책은 환경과 관련된 예산의 대폭적인 삭감과 인원의 축소를 통해 이루어졌다. 예를 들어, 환경보호청의 예산은 1981년에서 83년 사이에 1/3로 줄어들었다. 인원도 20% 정도 줄어들게 되었다. 환경의 질 협의회(Council of Environmental Quality; CEQ)의 경우도 비슷했다. 예산은 75년의 410만 달러에서 1990년에는 70만 달러로 감소되었으며, 인원은 1977년의 57명에서 80년대 말 무려 11명으로 줄어들었다.

레이건 대통령은 자신의 反환경철학을 취임 첫해부터 노골적으로 드러냈다. 카터 대통령은 임기가 끝나기 직전인 1981년 1월 15일, 미국의 기업들이 유해물질의 수출에 제한을 가하는 법안에 서명했다. 당시 카터의 행동은 시의적절한 것이었다. 즉, 자국에서는 생산과 사용을 금한 농약이나 의약품을 버젓이 개도국에 파는 선진국들이 많아 도덕적 문제를 야기하고 있었다. 그렇기 때문에 1981년 12월 17일 유엔 총회는 '건강과 환경에 유해한 제품으로부터의 보호(Protection Against Products Harmful to Health and Environment)'라는 결의안을 찬성 146, 반대 1로 채택했던 것이다. 그런데 놀랍게도 유일한 반대표는 미국으로부터 나왔다. 레이건 행정부의 환경정책의 성격을 극명하게 보여주는 사건이었다.

레이건은 유해폐기물을 수입하는 국가들의 주권을 들먹이면서, 그러한 물질을 수입하고 안 하고는 전적으로 수입국가의 특수한 상황에 달렸다고 주장했다. 따라서 미국 정부는 그러한 결정에 간섭할 권리가 없다면서, 그는 카터의 대통령령을 무효화해버린 것이다. 결국 레이건 정부는 1960년대 이후 20여년 이상 진보해온 환경정책에 있어서의 후퇴를 가져왔다. 그렇기 때문에 역사가 헤이즈는 1980년대를 '反환경혁명(Antienvironmental Revolution)'의 시대로 파악하고 있다.

그러나 역설적이게도 레이건 행정부가 反환경정책을 노골적으로 시행하고 환경운동에 대한 탄압을 계속해 나가자, 쇠퇴해 가던 환경운동 및 환경단체들은 그 저력을 되살리게 되었으며, 꺼져 가던 시민들의 관심도 되살아나게 되었다. 이러한 과정을 통해서 환경운동은 부활하였으며, 일반 미국인들의 환경에의 관심 증대로 이어졌다. 그러니까 레이건의 反환경정책은 국민들의 지지를 받기는커녕 오히려 반대의 결과를 가져왔다. 나아가 환경단체들의 활동도 적극적으로 변했으며, 신입회원도 증가했다. 그리하여 레이건 정부와 환경단체는 대립을 넘어서 적대적인 관계로까지 나아가게 되었다.

이렇듯 레이건 행정부가 노골적으로 反환경정책을 들고 나오자, 수그러들던 환경운동에 대한 대의명분이 1980년대 들어 오히려 강화되는 계기가 되었다. 여론조사기관인 로퍼 사가 시민들에게 70년대에 물었던 동일한 질문, 즉 환경보호와 에너지 확보 중에서 어느 쪽을 지지하느냐는 물음은 80년대 이후 전세가 역전되었음을 보여주고 있다. 즉, 80년에 36% 대 45%로 뒤지던 환경보호는 불과 일 년 후 레이건 취임 첫해에 40% 대 39%로 역전되었다. 그후 80년대에는 계속해서 환경보호의 중요성이 더 강화되어 갔다. 예를 들어, 1989년에는 57% 대 24%로, 1990년에는 52% 대 24%로 그 격차가 2배 이상 나게 되었다. 그러므로 레이건 정부가 경제성장에 필요한 에너지의 생산 확대를 지지하고 환경규제를 완화하려 했음에도 불구하고 결과는 정부의 의지와는 정 반대로 나타났다. 그렇기 때문에 레이건의 反환경정책은 오히려 환경보호에 대한 절대다수의 미국인들의 관심을 이끌어내 국민적 합의에 이르게 되었다.

언론 또한 80년대 후반 이후 집요하게 환경위기에 대한 여론을 불러일으켰다. 시사주간지 「U. S. News and World Report」는 1988년 9월 31일자 특집기사를 지구로 설정했으며, 1989년 1월 2일자 「타임」도 1988년도 올해의 인물로 지구를 선정하면서 '위기에 빠진 지구(Endangered Earth)'에 관심을 기울일 것을 촉구했다. 「뉴스위크」도 1988년과 1989년 여러 번에 걸쳐 환경문제를 주요 주제로 취급했다.

1990년 4월 22일, 수 백만 명의 사람들은 스무번째 맞이하는 '지구의 날'을 기념했다. 이 날을 기념하여 석유 및 가스산업, 목재산업 등의 주요 기업들도 '지구의 날'에 적극적이고도 호의적인 반응을 보이면서, "우리들에게는 매일 매일이 지구의 날입니다(Every day is Earth Day for us.)" 라는 전면광고를 신문에 싣기도 했다.[4] 신문을 비롯한 라디오, 텔레비전도 '지구의 날' 20주년 기념일을 크게 보도했다.

미국의 대표적인 여론조사기관인 갤럽은 흥미롭게도 환경문제에 관한 앙케이트 조사를 1970년부터 1990년까지 매년 해 왔다. 예를 들어, "환경오염을 방지하기 위해서는 많은 비용이 들어가는데, 따라서 세금이 증가되거나 상품의 가격이 오를 수도 있다. 이럴 경우에도 당신은 찬성할 수 있는가?"라는 질문에, 1970 ~ 90년 20년 사이에 찬성은 63%에서 79%로 늘어난 반면, 반대는 27%에서 17%로 줄어들었다. 그리고 모르겠다는 대답도 10%에서 4%로 줄어들었다. 이 지표는 분명히 미국민들의 다수가 기꺼이 환경보전에 필요한 비용을 지불할 의사가 있음을 보여주고 있다. 그리고 시간이 지니면서 전반적인 추세는 그러한 의지가 더욱 강화되었다는 것이다. 따라서 미국에서의 환경운동은 여전히 미국인들의 지지를 받고 있음을 알 수 있다.

1980년대 후반 이후 미국의 시민들은 국제적 환경문제에 대해서 전 지구적 관심을 지니고 있는 반면에, 연방정부는 무관심하거나 심지어 反환경적 입장을 취했다. 다만 부시(George Bush) 행정부가 들어선 이후에서야 마지못해 환경보호의 중요성을 인정하기 시작했다. 레이건의 뒤를 이은 부시는 1988년 대통령 선거 기간 중 자신을 환경주의자라고 하면서 '환경 대통령'이 될 것임을 선언했다. 비록 그가 환경주의자라는 것을 증명하지는 못했지만, 최소한 환경문제에 있어서 호의적인 태도를 지닌 것으로 간주되어 환경주의자들로부터 심한 비난을 받지는 않았다. 부시는 선거 직후인 88년 12월, 17개 환경단체가 작성한 『환경

---

4) Devall, "Deep Ecology and Radical Environmentalism," p. 59에서 재인용.

청서(Blueprint for the Environment)』를 선물받았다. 그 책자는 이들 단체들이 심혈을 기울여 만든 1990년대를 위한 환경정책 가이드라인으로 볼 수 있다. 그러나 그를 포함한 정치 지도자들이나 언론들은 어떠한 진지한 반응도 보이지 않았다.

부시는 선거가 끝난 직후 환경보호청장에 '세계야생생물기금(World Wildlife Fund)'의 회장으로 있던 레일리(William Reilly)를, 환경의 질 협의회 의장에 지방 환경보호청장인 디랜드(Michael Deland)를 임명하여 환경론자들의 지지를 받았다. 그러나 부시의 환경정책도 레이건의 그것과 근본적으로는 비슷했다. 예를 들어, 부시는 1990년 7월 휴스턴에서 열린 경제정상회담(Economic Summit)에서 "극단적" 환경주의자들을 비난했다.

부시가 환경주의자가 아니라는 것은 리우 회의를 통해서도 명백히 드러났다. 부시는 1992년 6월 초 리우 데 자네이루에서 열린 유엔 환경개발회의에 레일리를 책임자로 하는 대표단을 파견했다. 이 회의는 전 세계의 185개국이 참여한 최초의 지구환경 정상회담이라 할 수 있는데, 지속적 경제성장과 환경보호를 동시에 추구하려는 목표를 지니고 있었다. 그럼에도 불구하고 부시행정부는 대표단에게 대다수 국가들과의 협력을 거부한 채 교착상태에 빠질만한 주장을 되풀이하도록 명령했다. 결과적으로 이산화탄소 감소를 위한 목표 및 일정표 작성에 합의할 것을 거부했다. 그 결과 열대우림의 보호에 합의할 수 있는 기회마저 잃게 되었다. 왜냐하면, 개도국의 입장에서 보면 선진국들의 이산화탄소 배출량은 줄이지 않겠다면서 제3세계의 열대우림만 보호하자는 것은 일방적인 희생만을 강요하는 것이기 때문이었다.

2. 반환경운동의 성장

레이건 행정부의 노골적인 反환경정책은 '현명한 사용 운동(Wise

Use Movement)'이라는 환경운동에 대한 반동을 낳았다. 그런데도 주류 환경단체는 백인 중간계급으로 구성된 엘리트 집단인 'G－10'을 형성하여 기금모금이나 로비만을 행할 뿐이었다. 사실상 레이건 집권기까지 미국에 있어 反환경운동은 환경운동보다도 더 복잡한 세력이 여러 목소리를 내면서 그 힘이 분산되어 있었다. 反환경운동은 하나의 구심력이 있는 일관된 세력이 아니라 여러 다양한 사회·경제적 뿌리를 지닌 운동세력이었다. 그러나 80년대 후반 시작된 '현명한 사용 운동'은 기존의 反환경운동과 비교해 보면 훨씬 더 조직적이고 이론적이며 호소력을 지니고 있었다.

'현명한 사용 운동'은 한때 시에라 클럽에 몸담았다가 1988년 완전히 전향한 론 아놀드(Ron Arnold)와 보수주의적 기금모금자였던 엘런 고트리브(Alan M. Gottlieb) 두 사람에 의해 주도되었는데, 이 운동은 환경운동에 가장 커다란 타격을 입힌 反환경운동이 되었다. 이들은 기업의 자유와 자본주의를 환경주의라는 '재앙'으로부터 보호하기 위하여 환경운동에 대한 맞불작전을 펴기로 했다. 왜냐하면, 하나의 주류 사회운동을 없앨 수 있는 유일한 방법은 바로 또다른 사회운동을 통해서 가능하다고 생각했기 때문이다. 그리고 그들의 생각은 결실을 보았다. 그들의 조직은 환경운동에 대해 거대한 반격을 가했다.

예를 들어, 그들이 사용하는 '현명한 사용'이란 용어 자체는 환경운동의 원조격인 핀쇼가 처음 만들어낸 것으로서, 용어 자체의 내용을 잘 모르는 제3자가 보면 환경운동의 일환으로 오해할 정도로 의도적으로 선택된 수사학적 표현이었다. '현명한 사용 운동'의 교과서격인 아놀드의 '현명한 사용 의제(The Wise Use Agenda)'에서 그는 분명히 자신들의 운동을 "새로운 환경주의"로 규정하면서, 기존의 환경주의자들과 "생산적 조화"가 가능하다고 주장했다. 그러나 이러한 환경주의와의 공존 주장은 사실상 불가능한 것이었다. 아놀드는 "나무를 숭배하고 사람들을 희생시키는 새로운 이교도들에 대한 성전(聖戰)"을 선포했으며, 환경주의자들을 속은 붉으면서 겉은 녹색인 수박에 비유하면서 이들을 사회주의자로 간주했다. 게다가 그는 이들을 "산업문명을 파괴"하는 "자연 파시스트(nature fascists)"로, 그 자신이 벌이는 운동을 환경주의라는 바이러스를 없애기 위해 자생적으로 만들어진 항체라고 주장했다.[5]

'현명한 사용 운동'은 그들이 주장하듯이 미국에서 가장 힘있는 단체도 아니지만, 그렇다고 시에라 클럽이 주장하듯이 완전히 비이성적인 反환경정책을 고수한다고 볼 수도 없다. 차라리 우파의 호전적인 세력이 건강, 자연자원, 일자리 등의 토론에서 문제를 잘못된 방향으로 몰고 가거나 양극화시키려는 시도로 볼 수 있다.

'현명한 사용 운동'의 지도부는 자신들도 풀뿌리 조직으로서 1억 2천만 명의 동조자와 5백만 명의 적극적 지지자를 보유하고 있다고 주장한다. 그러나 이러한 주장은 명백히 과장되어 있다. 1992년 5월 여론조사기관인 로퍼(Roper)의 조사에 의하면, 80%의 시민이 여전히 환경문제에 관심을 지니고 있으며, 1994년의 자연보전유권자동맹(League of Conservation Voters)의 여론조사는 87%의 유권자가 자신들을 환경주의자로 간주하고 있다는 것이다. 이러한 통계의 오차를 가감하더라도 '현명한 사용 운동' 지도부의 자신들 조직규모에 관한 주장은 분명히 과장되어 있다. 그렇기 때문에 1992년 대통령 선거에서 부시는 서부의 몇몇 주에서 선거인단 확보에 실패했는데, 아마도 '현명한 사용 운동' 세력을 과대평가했거나 환경운동을 과소평가했기 때문일 것이다.

'현명한 사용 운동'이 확산되는 동안, 환경운동은 분열, 축소되고 있었다. 특히 시에라 클럽처럼 反환경운동에 적극적으로 대처했던 환경단체들을 의기소침하게 만드는 현상이었다. 왜 이러한 상황이 발생했을까? 한마디로 말하면, 주류 환경단체들의 민중주의적 反환경주의에 대

---

5) Mark Dowie, *Losing Ground: American Environmentalism at the Close of the Twentieth Century*(Cambridge, Mass.: MIT Press, 1995), p. 94.

한 대처방식이 부적절했기 때문이다. 즉, 많은 환경주의자들이 '현명한 사용 운동' 지지자들을 환경문제의 심각성을 모르는 촌뜨기 혹은 무지랭이 취급을 함으로써, 특히 서부 여러 주의 농촌지역을 '현명한 사용 운동'의 핵심적 지지세력으로 만들었던 것이다. 이러한 주류 환경단체들의 엘리트주의적 태도가 많은 보통사람들을 환경문제에 등을 돌리게 했던 것이다. 나아가 환경주의자들은 자신들이 절실한 도움을 필요로 하는 농부나 광산업자, 벌목업자들을 '현명한 사용 운동'의 적극적 지지자로 만드는 데 간접적으로 공헌했다.

또한 기존의 전통적 주류 환경단체들은, 많은 경우 자신들의 경쟁의식과 영역다툼 때문에, 레이건의 反환경정책에 적절하게 대응하는 데 실패했다. 이른바 10개의 주류 환경단체들로 구성된 G-10은 기본적으로 한계를 안고 있었다. 80년대 이후 G-10은 몇 개의 환경단체를 끌어안았지만, 그러한 연합은 비효율적이고 그들 간에 제로섬(zero-sum) 게임을 벌이는 양상을 보였다.

전통적 환경운동단체와 급진적 환경운동단체 및 풀뿌리 환경운동단체 사이에는 서로의 이념, 목표, 전략 등에 양보할 수 없는 커다란 차이가 있었다. 그렇기 때문에 그들끼리는 서로간의 환경운동에 대해 비판을 제기하고 있었다. 전통적 개량주의적 환경단체가 자연파괴에 관심을 기울이지 않는 행정부를 상대로 씨름하고 있다면, 급진적 환경단체는 산업문명 그 자체를 비판 내지는 부정하는 시각을 견지하고 있다. 따라서 미래의 환경운동에 있어 전통적 환경운동과 급진적 환경운동 사이의 이념노선 설정 및 관계정립이 중요한 변수로 자리잡을 수 있다. 그러나 일찍이 핀쇼와 뮤어 간의 환경과 환경문제에 대한 이념적 갈등 및 대립에서 보듯이, 사실상 환경운동 단체들 간의 분열은 1980년대의 새로운 현상은 아니었다. 그렇다 치더라도 이들 간의 분열은 反환경운동에 보다 조직적으로, 적극적으로 대응하지 못하게 했던 커다란 이유를 제공했다.

Ⅵ. 1990년대: 환경운동과 반환경운동의 대결

1992년 선거를 통해 정권을 잡은 민주당의 클린턴(Bill Clinton) 행정부에는 자타가 공인하는 환경주의자인 고어(Albert Gore)가 부통령으로 자리잡고 있었다. 고어는 대통령 선거가 있던 해인 1992년에 출간된 『위기의 지구(Earth in the Balance)』라는 책을 통해, 지구와 문명 사이의 균형을 회복하기 위해 위협받고 있는 지구의 환경을 되살리지 않으면 안 된다고 역설했다. 게다가 클린턴은 역대 대통령들과는 달리 부통령인 고어에게 많은 권력을 나눠주고 있었다. 특히, 환경과 정보화 사회 영역은 고어가 거의 전적으로 책임졌다.

그러나 1994년 11월 의회 선거를 통해 다수파가 된 공화당은 뉴트 깅리치(Newt Gingrich)를 중심으로 클린턴 정부의 정책에 사사건건 시비를 걸기 시작했다. 그리하여 공화당의 급진주의자들은 여러 환경법안들을 무효화시키는 데 다른 어떤 법안들보다도 우선적으로 노력을 경주했다. 예를 들면, 환경보호청의 예산이 삭감되어 강으로 흘러들어가는 오수나 폐수를 검사하는 비용이 줄어들게 되었다. 또한 수백만 에이커에 이르는 야생보호구역 내에서의 벌목 및 광산을 허용하고자 했다.

1996년 4월 24일, 깅그리치 하원의장은 의회연설을 통해 마치 자신이 대통령인양 '새로운 환경주의(new environmentalism)'를 제안했다. 그는 이러한 제안을 통해 지나친 환경규제로 인한 재산 소유자들의 손실을 보상해야 하며, 처벌이 아닌 순응을 위한 인센티브와 과학에 기초하여 접근한다면 규제로 인한 비용을 절감하고 보다 높은 수준의 환경보호가 가능할 것이라고 주장했다. 즉, 연방정부의 환경문제에 대한 간섭을 줄이고 민간분야에 보다 많은 유인책을 제공하고자 했다. 그러나 그의 주장은 지나친 환경규제 완화로 인한 정치적 손실을 염려하여 나온 절충안적 성격을 가지고 있었다.

제2기 클린턴 행정부(1997~2000)가 시작된 지 얼마 지나지 않아

많은 환경단체들이 자타가 인정하는 환경주의자인 고어 부통령을 비난
하기 시작했다. 그들은 환경운동에서 가장 우선권이 주어진 대기오염
기준과 지구온난화 문제에 대해서 고어가 신경을 쓰고 있지 않기 때문
에 좌절감을 많이 느낀다고 주장했다. 고어는 그들의 입장을 이해한다
면서, 자신 또한 자신의 입장에서는 아직 대통령이 분명하게 천명하지
않은 정책에 대해서 공개적으로 언급하기는 곤란하다고 주장했다. 그러
나 어떤 환경주의자가 "엘 고어의 침묵의 봄"이라고 불렀듯이, 환경단
체들의 고어에 대한 불만은 커져만 갔다.[6)

　　게다가 대항운동으로서의 反환경주의 운동은 1990년대 들어서 더
욱 강화되었다. 예를 들어, 1990년 여름 태평양 서북부에 위치한 목재
노동자들은 환경주의자들을 거짓말쟁이로 몰거나, 멸종위기에 빠진 종
들에 대한 보호를 요구하는 그들을 극단주의자로 보고 있으며, 목재산
업에는 아무런 문제도 없다고 주장했다.

　　목재산업은 국유림(national forests)에서 얼마만큼의 숲과 나무를 베
어낼 수 있는지에 대해서 자연보전주의자들과 계속 논쟁해 왔다. 그런
데 1960년 경 목재산업은 개인 소유의 산림에서 벌채할 수 있는 양의
한계를 느끼기 시작했다. 그 결과 목재산업의 소유주들은 산림국(U. S.
Forest Service)의 협조하에 국유림을 본격적으로 넘보기 시작했다. 당시
미국에서의 목재 생산량의 22%는 국유림에서 베어낸 것이었다.

　　'아이작 월튼 연맹'은 특정 지역의 산림을 통째로 벌목하는 것이
1897년의 산림관리법을 위반하는 것이라면서, 연방 산림국과 목재회사
들을 상대로 고소했다. 법원은 목재회사들의 그러한 행위가 허용되려면
새로운 법안이 필요하다고 판결을 내렸다. 그 결과 1976년 국가산림관
리법은 그러한 행위가 충분한 나무의 식수와 보살핌을 포함해야 한다
고 규정했다. 따라서 이 법안은 공유지에서의 벌목행위를 줄이는 효과

---

6) *New York Times*, July 22, 1997, Sec. 1, p. 1.

를 가져왔다.

그러나 레이건 행정부 하에서 수백만 에이커의 국유림이 목재회사들에 의해 대대적으로 벌목되었다. 특히 농업부는 국립공원 내에 도로 건설을 적극적으로 추진하여 그 과정에서 베어진 나무들을 헐값에 팔아 넘겼다. 이러한 일들이 1980년대를 통해 알래스카의 통가스(Tongass) 국유지, 캘리포니아 주, 오레곤 주, 워싱턴 주의 원시림에서 벌어졌다. 그나마 의회에서 공화, 민주 양당이 힘을 합쳐 레이건 행정부의 反환경정책으로 인한 더 큰 재난을 방지할 수 있었다. 부시 행정부 하에서도 별 큰 차이는 없었다. 산림정책에 관한 한, 여전히 국유림에서의 도로 건설 및 벌채가 성행했다.

그러자 1988년 오래된 삼림의 생태계를 영구히 보호하기 위하여 원시림연맹(Ancient Forest Alliance)이 결성되었다. 여기에 시에라 클럽, 오더본 협회, 자연보호협회, 전국야생생물협회(National Wildlife Association) 등이 합류했다. 그리고 1990년 초 원시림 보호를 위한 수천 개의 지역 환경단체가 만들어졌다. 각각의 단체는 단일한 삼림을 살리기 위해 투쟁에 들어갔다.

그렇기 때문에 클린턴이 대통령직에 취임한 직후 행한 조처들 중의 하나는 목재회사와 환경단체간의 논쟁을 중재하는 것이었다. 1993년 대통령과 부통령 고어, 내무장관 브루스 베빗(Bruce Babbit)을 포함한 행정관료들과 환경주의자, 목재회사 사장들과 산림국 관리들로 구성된 회담이 전개되었다. 그 결과 태평양 북서부 지역의 6백만 에이커의 원시림에 대해 80% 정도 벌목을 줄이는 데 합의를 끌어냈다. 그러나 1995년 여름 42년 만에 다수가 된 공화당 주도의 의회는 이 지역에서의 벌목을 다시금 허용하는 법안을 통과시켰다. 클린턴은 처음에는 거부했으나 결국 동 법안에 서명했다. 그리고 연방법원도 동 법안으로 대통령이 보호지역으로 선언한 산림에서 목재회사의 벌목이 가능해졌다고 해석했다. 고어 부통령은 법원의 결정을 엄청난 실수로 받아들이면서 불만을 토로했다.

그러나 마침내 클린턴 행정부와 환경단체들은 새로운 밀레니엄을 몇 달 앞두고 하나의 승리를 이끌어냈다. 캘리포니아의 거대 목재회사가 그들의 사유지의 일부인 삼나무 숲을 국가에 파는 데 동의하기에 이르렀다.

1999년 3월 2일, 협상시한을 불과 몇 분 남겨놓고 미 연방정부, 캘리포니아 주정부, 퍼시픽 럼버 사(Pacific Lumber Company) 간에 환경사에 남을 '역사적인' 계약이 채결되었다. 10년이 넘는 협상 끝에 퍼시픽 럼버 사는 자신들의 사유지로 되어 있는 약 일만 에이커—뉴욕 맨하탄의 2/3 크기에 해당—에 달하는 산림을 4억 8천만 달러의 가격으로 정부 소유로 만드는 데 합의했다. 이 사유지는 북 캘리포니아의 훔볼트 카운티에 위치한, 수령이 2천년에 달하는 거대한 아메리카산 삼나무들(redwood)과 그곳에 살면서 멸종 위기에 처한 생물종이 가득 찬 헤드워터즈 숲(Headwaters Forest)을 포함하고 있었다. 또한 이 목재회사는 약 7,900 에이커에 달하는 또 다른 12개의 숲에 대해서 적어도 50년간 벌목을 금지할 것에 동의했다.

정부관리들은 이 계약이 요세미티(Yosemite)가 국립공원이 된 것만큼이나 의미있는 일이라고 주장했다. 왜냐하면 미국 전체의 아메리카산 삼나무 숲 가운데서 단지 3 내지 4%만이 벌목되지 않은 상태로 남아 있었기 때문에, 이 계약으로 30년 전 캘리포니아에 레드우드 국립공원(Redwood National Park)이 생긴 이래 연방정부는 가장 큰 삼림지대를 획득하게 되었다.

이 지역의 매입으로 후손들에게 귀중한 자원을 물려주게 되었다고 클린턴도 말했듯이, 사유재산에 속해 있던 아메리카산 삼나무 숲을 영구히 보존하게 된 것은 환경운동사에 길이 남을 사건으로 볼 수 있다. 왜냐하면, 그동안 '환경보호 정보센타(Environemntal Protection Information Center)'를 비롯한 환경단체들은 이 지역에서 퍼시픽 럼버

사의 벌목행위에 저항했을 뿐만 아니라, 이 회사를 수질청정법(Clean Water Act)과 멸종위기 생물종 법(Endangered Species Act) 위반 혐의로 고발한 상태였다. 럼버사의 벌목행위로 이 지역에만 사는 연어나 바닷새가 멸종위협 상태에 놓이게 되었기 때문이다. 그러자 퍼시픽 럼버 사를 1985년에 사들인 지주회사 맥삼(Maxxam)의 회장인 허위츠(Hurwitz)는 연방정부를 상대로 사유지를 개인의 의지로 사용하지 못하게 한 데 대한 보상을 법원에 호소했다. 그러나 소송은 엄청난 비용과 오랜 시간이 소요될 것으로 예상되었기 때문에, 정부는 위 회사를 상대로 협상에 들어갔던 것이다. 그리하여 오랜 줄다리기 끝에 쌍방 간에 극적인 타결을 보게 되었던 것이다.

연방정부와 목재회사 간의 계약에 대하여 환경단체들의 반응은 엇갈렸다. 시에라 클럽같은 환경단체들은 이 계약을 환영했으나, 일부 환경단체들은 멸종 위기에 처한 생물종을 보호하기에는 충분하지 않다고 주장하면서, 또한 정부가 그 목재회사에 모종의 양보를 하지 않았을까 우려했다. 데모 당시 벌목업자가 쓰러뜨린 나무에 의해 한 회원이 죽음에까지 이르렀던 급진적 환경단체인 '지구 먼저'를 비롯한 몇몇 단체들은 저항을 계속할 것이라고 천명했다. 또한 퍼시픽 럼버 사의 삼나무 벌목행위에 저항하는 의미로 1년 넘게 삼나무 위에서 살아온 줄리아 버터플라이(Julia Butterfly)라는 이름의 한 여성 환경주의자는, "[헤드워터즈] 숲에 대해 필요한 보호를 볼 때까지 우리는 휴식하지 않을 것이며, 우리는 포기하지 않을 것이며, 우리는 물러나지 않을 것이다"고 말했다.[7] 이렇듯 전통적 환경단체들이 행정부와 목재회사와의 이러한 계약에 환영을 표하는 데 반해, 보다 급진적인 환경단체들은 두 당사자 간에 보이지 않는 뒷거래가 있지 않았나 하고 여전히 유보의 뜻을 표명하고 있다.

분명한 것은, 클린턴 행정부가 친환경정책의 의지를 지니고 있다는 점이다. 클린턴은 최근에 다수파인 공화당이 자리잡은 의회의 반대를 우회하여 무려 최소한 4천만 에이커의 연방정부의 산림을 도로건설이나 광산, 벌목으로부터 영구히 보호할 것을 선언했다. 1999년 10월 13일, 기포드 핀쇼의 손자도 참석했던 쉐난도어(Shenandoah) 국립공원 연설에서, 국유림 중 미개발지역에서의 개발을 방지할 것임을 제안했다. 그리고 1년여 남은 임기 동안 이러한 정책을 시행하는 데 전력을 다할 것을 천명했다. 당연히 제지산업 및 목재산업에 종사하는 사람들과 많은 경우 태평양 연안의 주를 대표하는 입법의원들은 클린턴의 국유림 보존 선언을 비난하고 나섰다. 공화당이 주도하는 의회가 앞으로 어떠한 반응을 보일지 귀추가 주목된다. 만약 그의 뜻이 실현된다면 산림보존에 있어 클린턴 행정부가 행사한 가장 의미있는 역사적 정책이 될 것이다.

Ⅶ. 결론: 환경운동의 평가와 전망

현대 환경운동을 미국에서의 여타의 사회운동과 비교해 보면, 그것은 분명히 커다란 성공으로 평가될 수 있을 것이다. 1960년대 이후 환경운동은 미국인들의 일상생활에 깊숙이 파고들었으며, 지역적 차원에서도 많은 환경단체들이 우후죽순격으로 증가했으며, 정치적 압력단체의 구실을 하게 되었다. 그리고 1980년 말에 이르면 환경운동 단체는 그 구성원과 성격에 있어 다양성을 보이게 된다. 그 결과 환경주의라는 의미가 단체에 따라 서로 다른 의미를 갖게 되었다. 이러한 현상은 미국의 환경운동에 적신호인가, 혹은 청신호인가? 즉, 이러한 환경운동단체의 다양성을 분열과 파편화로 이해해야 것인가, 혹은 약점이 아닌 강점으로 파악해야 할 것인가?

---

7) New York Times, March 3, 1999, Sec A., p. 1.

이 문제를 어떻게 보느냐에 따라 미국 환경운동의 미래를 낙관적으로 보느냐 비관적으로 보느냐가 결정될 것이다. 미국 환경운동의 다양성을 긍정적으로 평가해야 할지, 혹은 부정적으로 파악해야 할지는 얼마만큼이나 주류 환경단체들이 풀뿌리 환경단체나 급진적 환경단체들과 더불어 생태계 위기 극복이라는 목표를 잘 달성했는지로 판단되어야 할 것이다. 사실 전자는 지나치게 관료화와 전문화에 힘을 써왔다. 즉, 현장보다는 사무실에서 환경운동을 했다는 의미이다. 새로운 밀레니엄의 시대에서는 주류 환경단체들과 풀뿌리 및 급진적 환경단체가 서로 밀접하게 협력하지 않으면 안 될 것이다.

환경운동과 환경운동가들의 궁극적인 목표는 환경문제를 해결하여 환경의 질을 향상시키는 데 있는 것이지, 단지 시민들의 관심을 불러일으키는 데 있는 것은 아닐 것이다. 그렇기 때문에 사회운동의 성패를 그 운동이 목표로 했던 사회문제를 얼마나 해결했는가로 판단한다면, 미국에서의 현대 환경운동은 실패로 볼 수밖에 없다. 왜냐하면, 제1회 및 1990년에 행해진 제20회 '지구의 날'의 주요 조직자 중의 하나였던 데니스 헤이즈(Denis Hayes)도 인정하듯이, 전세계는 1990년을 기준으로 할 때 20년 전인 1970년에 비해 환경이 더 악화되었기 때문이다.

이러한 생각은 헤이즈 혼자만의 것은 아니다. 환경이 악화되고 있다고 생각하는 사람들이 점차 늘어나고 있다. 예를 들어, 1990년 NBC와 「Wall Street Journal」이 공동으로 주관한 여론조사를 통해, "지난 20년 동안 미국의 환경상태가 어떻게 되었는가"라는 질문에 응답자의 16%만이 호전되었다고 보았으며, 2/3는 악화되었다고, 나머지 16%는 변하지 않았다고 대답했다. 이것은 대다수 미국인들이 1970년부터 90년 사이에 국가가 환경문제 개선에 힘썼음에도 불구하고, 나아가 수많은 환경운동 단체들의 노력에도 불구하고, 환경의 질이 나빠지고 있다고 느낀다는 것을 명백히 보여주고 있다.

거기다가 환경입법에 대한 기업들의 저항 또한 집요하고 격렬했다.

그 결과 이러한 법안들이 최종적으로는 원래의 목적이 훼손되거나 약화된 경우가 많았다. 예를 들어, 1970년의 대기청정법은 미국의 주요 대도시 지역에서 1977년까지 일산화탄소, 탄화수소, 오존 등을 90% 줄일 것을 명시하고 있었다. 그러나 그해에 이미 대부분 도시에서의 목표치가 30%로 줄어들었으며, 기한 또한 1982년, 그리고 1987년으로 연장되었다. 나아가 90년대에 들어와서는 뉴욕, 로스앤젤레스, 휴스턴이라는 가장 오염이 많이 된 3대 대도시들에 대해 목표 달성 시한을 20년간 연장해 주었던 것이다. 물론, 그러한 환경운동단체들의 피나는 노력이 없었더라면 미국이나 지구의 환경이 더 나빠졌을 거라는 추정은 가능하며, 비록 역사적으로는 그러한 가정을 실증할 수 없다손 치더라도, 그러한 추정은 상당히 있음직하다.

이러한 측면에서 보면, 미국의 환경운동은 성공적이었다고 평가하기에는 불충분하고 한계를 지니고 있지만, 운동의 차원에서 볼 때, 환경운동 단체들이 시간이 지나면서 보다 많은 절대 다수의 국민들의 관심과 지지를 이끌어냈다는 점에서는 성공적이라 볼 수 있다. 왜냐하면, 바로 이 시민들이 사회변화에 필요한 사회적 자원이기 때문이다. 물론 시민들의 지원과 자발적 협조가 환경문제 해결을 자동적으로 가져오는 것은 아니지만, 이들의 적극적인 지지는 국가가 환경과 생태계 문제를 해결하기 위한 여러 정책들을 제공하여야 하며, 기업 또한 이러한 문제 해결에 적극적으로 동참해야 한다는 국민적 합의를 제공할 것이다. 이러한 점이 환경운동 단체들의 대의명분에 정당성을 부여하는 것이다.

다행스럽게도 시간이 지날수록 다수의 미국인들은 생태계 문제가 남의 일이 아닌 자신의 문제라는 것과 미룰 수 없는 절박한 문제라는 것을 인식하게 되었다. 그리하여 새로운 세기를 맞이하면서 보다 친환경적인 정책의 필요성에 대한 공감대가 형성되었다고 볼 수 있다. 그러나 동시에 '지속가능한 성장(sustainable growth)'을 어떻게 유지시킬 것인가 하는 문제 또한 딜레마로서 자리잡고 있는 것도 사실이다.

어찌되었건, 환경운동이 실패인지 성공인지를 판단하기에는 아직은 시기상조인 것 같다. 왜냐하면, 아직도 사회운동으로서의 환경운동은 활력을 지니고 있으며, 수많은 환경단체들이 환경악화를 막기 위해 여전히 애쓰고 있기 때문이다. 따라서 미국에서의 환경운동이 성공했는지 실패했는지는 21세기의 역사가 평가하게 될 것이다. 즉, 그러한 운동이 단지 살아남기만 했는지, 혹은 실질적으로 운동의 목표인 인간과 자연과의 새로운 관계를 정립함으로써 환경의 개선과 더욱 살기 좋은 지구를 만드는데 성공했는지의 평가는 새로운 밀레니엄을 맞이한 우리들의 몫이 아니라 우리 후손의 몫일 것이다.

환경운동은 여전히 해결되지 않은 미완의 사회운동으로 남아 있다. 그렇기 때문에 '환경'은 21세기 초의 화두로서 앞으로도 주요한 사회운동으로 자리잡을 가능성이 매우 크다. 이 시점에서 독일의 사회학자인 울리히 벡(Ulrich Beck)의 주장을 상기해 볼 필요가 있다. 이른바 '신자유주의'와 세계화의 유령이 전 세계를 휩쓸고 있던 20세기 말, 이러한 위기를 극복하기 위하여 국민국가를 초월한 세계시민정당의 필요성을 역설하면서, "만국의 세계주의자들이여, 단결하라!"는 그의 주장은, 1848년 '공산주의 선언(Communism Manifesto)'을 통해 "만국의 노동자들이여, 단결하라!"는 마르크스의 구호만큼 절실하게 느껴진다.[8] 또한 우리의 입장에서도 현 생태계 위기가 전지구적으로 심각한 상황에 대해서 "만국의 환경주의자들이여, 단결하라!"고 호소할 만큼 환경문제는 21세기에서 살게 될 인류가 직면할 가장 큰 문제 중의 하나로 남아 있을 것이다. 그렇기 때문에 우리는 21세기를 '환경의 세기'로 예측하고 있는 것이다. 그러나 어떠한 성격의 환경운동이 진정으로 전지구적 생태문제를 극복할 수 있을지는 여전히 풀어야 할 어려운 문제로 남아 있다.

---

8) 울리히 벡, "초국가 정당 선언", 「한겨레」, 1999년 1월 4일, p. 13.

◀ 편저자 소개 ▶

김덕호

State University of New York at
Stony Brook 사학과(박사)
현재: 한국기술교육대 교수

논문:「미국 금주법과 위커쉠
　　　(Wickersham) 특별위원회」
　　　「코카콜라 광고와 미국의 소비
　　　문화, 1886〜1940」
　　　「'빈곤과의 전쟁'을 통해서 본
　　　1960년대 미국의 복지정책」
　　　외 다수
역서:『미국인의 역사』
　　　（공역, 비봉출판사）

김연진

University of Illinois at Urbana–
Champaign 사학과(박사)
현재: 단국대학교 교수

논문:「1960년대 백인 소수 민족의
　　　부활」
　　　「호레이쇼 얼저와 성공신화」
　　　「이민가족, 가족 경제, 그리고 성:
　　　미국의 러시아계 유태 이민가족,
　　　1880〜1917」외 다수
저서:『미국현대사』(공저, 비봉출판사)
역서:『미국인의 역사』
　　　（공역, 비봉출판사）

현대 미국의 사회운동

초판 인쇄	2001년 3월 5일
초판 발행	2001년 3월 10일
엮은이	김덕호 · 김연진
펴낸이	朴琪鳳
펴낸곳	比峰出版社
주소	서울 마포구 서교동 480-10 미리내 빌딩 3층
대표전화	(02)3142-6551〜5
팩시밀리	(02)3142-6556
e-mail	bbongbooks@hanmail.net
	beebooks@hitel.net
등록번호	2-301(1980. 5. 23)
ISBN	89-376-0269-5
값 15,000원	

＊ 역자와의 합의하에 인지는 생략합니다.